ASIA 2030

Dr. Karl Pilny ist einer der profundesten deutschen Asienkenner und hat viele Jahre in der Region gearbeitet. Der Wirtschaftsanwalt aus Berlin ist auch in Zürich als Investmentexperte für Emerging Markets und Unternehmer tätig und hat eine Professur für International Technology Transfer Management an der bbw Hochschule Berlin. Er ist Keynote Speaker, Cross Culture Coach und Autor unter anderem der bei Campus erschienenen Bücher *Das asiatische Jahrhundert* (2005), *Tanz der Riesen* (2006) und *Tiger auf dem Sprung* (2008).

Karl Pilny

ASIA 2030

Was der globalen Wirtschaft blüht

Campus Verlag
Frankfurt/New York

MIX
Papier aus verantwortungsvollen Quellen
FSC® C089473

ISBN 978-3-593-50833-7 Print
ISBN 978-3-593-43937-2 E-Book (PDF)
ISBN 978-3-593-43957-0 E-Book (EPUB)

Umschlaggestaltung: Guido Klütsch, Köln
Umschlagmotiv: © Getty Images/Moment RF
Redaktion: Dr. Kirsten Reimers
Satz: DeinSatz Marburg
Gesetzt aus der Minion und der Titillium
Druck und Bindung: Beltz Grafische Betriebe GmbH, Bad Langensalza
Printed in Germany

www.campus.de

Inhalt

II. Neue Märkte

III. Neue Menschen

Einleitung

Zwischen 2005 und 2007 erschien meine Trilogie *Das asiatische Jahrhundert*, bestehend aus *Das asiatische Jahrhundert, Tanz der Riesen* sowie *Tiger auf dem Sprung*. Sie untersuchte Wirtschaft, Gesellschaft und Politik in Ostasien, Südasien und Südostasien. Die Bestandsaufnahme nach einer Dekade zeigt: Die wesentlichen Prognosen sind eingetroffen. Meist sogar schneller und dramatischer als vorhergesagt.

Wir leben in einer historischen Zeitenwende. Rund siebzig Jahre nach dem Ende der alten Nachkriegsordnung zeichnen sich Konturen einer neuen – hoffentlich – multipolaren Welt ab. Gleichwohl lässt der scheinbar unaufhaltsame Aufstieg Chinas zur globalen Supermacht viele ein »chinesisches Jahrhundert« befürchten.

Diese tektonische Plattenverschiebung geht Hand in Hand mit gewaltigen technischen Umwälzungen, die immer häufiger ihren Ursprung in China haben, das nun offen »seinen Platz an der Sonne« geltend macht. Die Ablösung der gegenwärtigen Supermacht USA durch China und die Frage, ob dies friedlich geschehen wird, ist natürlich von zentraler Bedeutung. Doch die wachsende Rivalität ist vor dem Hintergrund eines noch größeren Trends zu sehen: 500 Jahre westliche Hegemonie neigen sich dem Ende zu, und Asien spielt bei der Ausgestaltung dieser neuen Normalität eine, wenn nicht gar *die* entscheidende Rolle.

Der Einfluss der USA in der Welt nimmt seit Jahren kontinuierlich ab. Damit geht auch das »US-amerikanische Zeitalter« und mit ihm die alte atlantische Nachkriegsordnung ihrem Ende entgegen. China wird bis spätestens zum Ende dieses Jahrzehnts zur weltweit größten Volkswirtschaft aufsteigen, und sein immer selbstbewussteres Auftreten führt bereits jetzt zu Zerreißproben an vielen Fronten. Doch das Reich der

Mitte ist auch der unerwartete, neue Champion von Freihandel, Klimaschutz und einer nachhaltigen *sharing economy* und propagiert einen neuen Sozialismus chinesischer Prägung, ja einen neuen Menschen- und Gesellschaftsentwurf. China will und wird nicht nur wirtschaftlich und militärisch, sondern auch eine »digitale« und »grüne« Supermacht sein.

Aber Asien besteht nicht nur aus China. Dank Kim Jong-un und seinen unberechenbaren Plänen stehen auch Japan und die koreanische Halbinsel im Fokus. Der frühere US-amerikanische Außenminister John Hay konstatierte Anfang des 20. Jahrhunderts: »Das Mittelmeer ist der Ozean der Vergangenheit, der Atlantik ist der Ozean der Gegenwart und der Pazifik ist der Ozean der Zukunft.« Diese Prognose gilt heute mehr denn je.

Deshalb ist eine Bestandsaufnahme dessen, was in den letzten Jahren in Asien passiert ist, wo es heute steht und wo es 2030, in zwölf Jahren, stehen wird und was dies für uns bedeutet, dringend geboten. In wenigen Jahren werden zwei Drittel der Menschheit in Asien leben. Die Geschwindigkeit des wirtschaftlichen und sozialen Wandels in Asien ist dramatischer und rasanter als in jeder anderen Epoche oder Region der Welt.

Auf dem größten Kontinent der Erde leben derzeit rund 3,8 Milliarden Menschen, schon jetzt stellen sie über 60 Prozent der Weltbevölkerung. Die Schere zwischen Arm und Reich wächst dort rasant, dazu kommen massive Umweltzerstörung, politische Probleme sowie zögerliche Fortschritte bei der Demokratisierung und im Kampf gegen die Korruption. Klimawandel und Rohstoffmangel verschärfen die Situation. Asien – und damit die Welt – steht vor enormen Herausforderungen: Wird in dieser dynamischen Wachstumsregion die politische Entwicklung weiter mit der wirtschaftlichen Erfolgsgeschichte Schritt halten können?

Im Jahr 2030 werden nach Berechnungen der UNO rund 8,5 Milliarden Menschen auf der Erde leben, zwei Drittel davon in Asien. Ostasien wird voraussichtlich bis 2030 als wirtschaftlich erfolgreichster Teil Asiens die geringste Wachstumsrate aufweisen. Südostasien wird das Mittelfeld bilden, und das wirtschaftlich später gestartete Südasien unter Führung von Indien wird die höchsten Wachstumsraten verzeichnen. Eine regelrechte Bevölkerungsexplosion droht bestehende Gegensätze noch zu verschärfen und den Kontrast zwischen einzelnen

Ländern zu verstärken. Es zeichnet sich ab, dass sich der Nationalismus vertieft und sich die Vermögensschere weiter öffnet. Bereits bestehende regionale Wirtschaftszentren wie Bangkok in Thailand und Jakarta in Indonesien werden an Bedeutung gewinnen. Die Urbanisierung wird sich weiter beschleunigen und die Spannungen zwischen Stadt- und Landbevölkerung zunehmen.

Die daraus resultierenden Verluste an Agrarflächen werden die Frage der Versorgung dramatisch zuspitzen. Einkommensgefälle, Arbeitslosigkeit, steigende Zinsen, Ausbildungsdefizite, Konflikte zwischen notwendigen Militär- und Sozialausgaben könnten bis 2030 eskalieren und sich ausweiten. Umweltkatastrophen würden die Probleme zusätzlich vertiefen.

Die bedrohlichsten Konflikte des 21. Jahrhunderts könnten die Konflikte der asiatischen Mächte werden, die global, also auch in Europa und Zentralasien direkt oder durch Stellvertreterkriege ausgefochten werden. Die alten und neuen Supermächte Asiens wie Indien, Indonesien und Japan beginnen sich bereits geschickt zu umkreisen, neue Allianzen einzugehen und neue Märkte zu erobern.

Was kommt da also auf uns zu?

I. Neue Mächte

Einführung

Wir leben in einer Zeit rasanten Wandels. Die Globalisierung und der damit einhergehende Aufstieg neuer Mächte bei gleichzeitigem relativem Abstieg der USA, Europas und Japans ist der Megatrend unserer Zeit. Der Fall des Eisernen Vorhangs und das Ende des Kalten Krieges haben zusammen mit technologischen Entwicklungen zu einer enormen Beschleunigung der weltweiten Veränderungen geführt.

Die globale Machtverschiebung ist gleichwohl kein Tsunami, sondern ein Prozess, der noch viele Jahre andauern dürfte, zugleich aber unaufhaltsam ist. Trotz relativem Machtverlust werden die USA noch längere Zeit Primus inter Pares bleiben. Dennoch nimmt der US-amerikanische Einfluss in der Welt seit einigen Jahren kontinuierlich ab. Für alle sichtbar ist dies im aktuellen Rückzug aus Afghanistan und zuvor aus dem Irak. Damit geht auch das »US-amerikanische Zeitalter« und mit ihm die alte Ordnung ihrem Ende entgegen, die geprägt war durch die beiden Weltkriege, die Weltwirtschaftskrise und den Kalten Krieg. Auch die Institutionen des so genannten Washington Consensus wie die Vereinten Nationen, die Weltbank und der Internationale Währungsfonds verlieren an Einfluss. So konnte beispielsweise die von China vorangetriebene Gründung einer Asiatischen Infrastruktur Entwicklungsbank (AIIB) als neuer Wettbewerber von den USA nicht verhindert werden und findet regen Zulauf.

Der Aufstieg Chinas und anderer neuer Gestaltungsmächte symbolisiert mithin den Beginn einer neuen Ordnung, deren genaue Umrisse aber erst allmählich erkennbar werden. China dürfte bis spätestens zum Ende dieses Jahrzehnts zur größten Volkswirtschaft aufsteigen und könnte auch bei den Verteidigungsausgaben bis 2025 mit den USA gleichziehen.

Mit China steigt ein Staat in der weltwirtschaftlichen und weltpolitischen Hierarchie auf, der sich in Konkurrenz zum Westen zu einem ordnungspolitischen Modell für andere Staaten entwickeln könnte. China hat in den vergangenen dreißig Jahren ein erfolgreiches Entwicklungs- und Modernisierungsmodell geschaffen, das autoritäre politische Führung mit staatlich beaufsichtigtem Kapitalismus kombiniert. Statt auf Marktwirtschaft setzen auch viele der Aufsteigerländer auf einen staatlich gelenkten Kapitalismus. Ihre Industriepolitik zeichnet sich durch die Dominanz von Staatsunternehmen und nationaler Champions aus. »Sovereign Wealth Funds«, Subventionen und Kapitalverkehrskontrollen sowie Wechselkursmanipulationen sind die wichtigsten Mittel einer solchen Strategie. Eine solche Wirtschaftspolitik zeigt nicht nur in China, sondern auch in einigen anderen autoritär regierten Ländern positive Ergebnisse, sodass sich hier nur wenig Druck in Richtung Demokratisierung und gesellschaftspolitischer Teilhabe entwickelt.

Nahezu alle neuen Gestaltungsmächte haben zudem im Zuge ihres wirtschaftlichen Aufstiegs ihre Verteidigungsausgaben erhöht und das Militär modernisiert. Vor allem in Asien dürften die wachsenden Militärausgaben einerseits wachsenden regionalen Rivalitäten geschuldet sein, andererseits stellen sie eine Reaktion auf den Einflussverlust der USA dar, verbunden mit Zweifeln an der amerikanischen Fähigkeit, für den Schutz seiner Bündnispartner zu sorgen.

Viele der neuen Gestaltungsmächte orientieren sich an engen nationalen und allenfalls noch regionalen Interessen. Trotz wachsender globaler Interdependenz findet Institutionenbildung und politische Integration nur auf der regionalen Ebene statt. Darum dürfte die Zukunft durch eine multizentrische Welt gekennzeichnet sein.

Neue Herausforderungen für Deutschland und Europa

Die globale Machtverschiebung kann zwar nicht verhindert werden, gleichwohl besteht aber für Deutschland und Europa die Möglichkeit, die dadurch entstehende neue Ordnung mitzugestalten. Es wird immer deutlicher, dass ein vereinigtes Eurasia die bisherige Hegemonie der USA in den Schatten stellen könnte.

Rund drei Dutzend europäische Staaten, die effektiv über Land, See und andere Wege miteinander und mit Zentralasien verbunden und auf diese Weise auch mit anderen asiatischen Ländern in Kontakt sind, würden mit Abstand den weltweit größten Handelsraum bilden. Ein einheitlicher Binnenmarkt, ausdifferenzierte und arbeitsteilig agierende Industrien und moderne Logistik würden diesen Raum, der Russland beinhaltet, unabhängig machen von den USA. Eurasia ist somit ohne Zweifel die wichtigste und größte sowie komplexeste geografische Region der Welt. »Connectivity« ist deshalb das neue Zauberwort für die asiatischen und europäischen Nationen.

Das Bündnis des Asia-Europa Meeting (ASEM) ist ein Anfang. Bereits existierende Mitglieder der ASEM hegen visionäre Pläne, wie zum Beispiel den Ausbau der Infrastruktur, den Masterplan der Asian Connectivity sowie die »One Belt One Road« (OBOR)-Initiative der Chinesen.

Es ist also ein neues Kapitel der Kooperation zwischen Asien und Europa angebrochen. Das Potenzial ist gewaltig – jedoch auch die Risiken durch mögliche Störfälle sind riesig.

Wie Asiens Aufstieg Deutschlands Zukunft prägen wird

Asien wird das 21. Jahrhundert entscheidend beeinflussen. Die rapide Entwicklung vor allem in China und Indien verändert das globale Machtgefüge. Egal ob im Arbeitsmarkt, der Migrationspolitik, bei der

Ressourcensicherheit oder im Wettbewerb um Talente: Die Bewältigung der großen deutschen Zukunftsaufgaben hängt maßgeblich von Ereignissen und Entscheidungen in Asien ab. Um die richtigen Antworten zu finden, brauchen alle Akteure in Politik, Wirtschaft und Gesellschaft Deutschlands ein solides Verständnis der Ursachen und Folgen der Entwicklung Asiens, denn das asiatische Jahrhundert wirkt sich in vielen Bereichen aus. Die Entwicklung von mehr Asienkompetenz und die Entwicklung und Umsetzung einer Asienstrategie sind für Politik und Wirtschaft alternativlos.

Asien ist zum Motor der Weltwirtschaft geworden, und viele asiatische Volkswirtschaften wachsen mit hohem Tempo und werden zunehmend komplexer. Damit gehen jedoch auch gesellschaftliche Probleme einher, die sich ebenfalls verstärken: Fast alle asiatischen Gesellschaften befinden sich im Auf- und Umbruch und werden durch tiefgreifende Transformationsprozesse verändert. Die soziale Ungleichheit und damit die sozialen Fliehkräfte werden größer. Deswegen gibt es in vielen asiatischen Ländern zunehmend Spannungen und Konflikte, die den gesellschaftlichen Zusammenhalt, aber auch die politische Stabilität beeinträchtigen können.

Für Deutschland ist insbesondere mit China ein formidabler Wettbewerber auf den Plan getreten, der die deutschen Paradedisziplinen durcheinanderwirbeln wird. China will bis Mitte des Jahrhunderts eine industrielle Supermacht werden – besonders bei der Digitalisierung und Automatisierung der industriellen Fertigung. Die Innovationsfähigkeit und das Technologieniveau der fertigenden Industrie sollen schlagartig erhöht werden. Elektronik sowohl von der Hardware- als auch von der Software-Seite zählt zu den Stärken Chinas; die Digitalisierung der Industrie, in Deutschland gern unter dem Schlagwort »Industrie 4.0« gefasst, wird hier also vorangetrieben.

Dennoch wiegen sich Teile der deutschen Wirtschaft in falscher Sicherheit und verweisen darauf, dass zum Beispiel die chinesische Automobilindustrie nach diversen Rückschlägen noch immer hinterherhinkt und nicht mit der deutschen mithalten kann. Man sollte jedoch nicht vergessen, wie in den siebziger Jahren japanische Autos belächelt wurden, was sich in den achtziger Jahren mit koreanischen Autos wiederholte. Beide Länder lernten schnell und wuchsen zu globalen Automobilmächten heran. Es gibt keinen Grund, warum sich das nicht in China wiederholen sollte. Auch für andere Bereiche wie Maschinenbau, Luft- und Raumfahrt und Biotechnologie ist dies vorstellbar.

Bereits heute sind chinesische Smartphones von Huawei und Laptops von Lenovo Weltspitze. Von 2013 bis 2015 meldete China deutlich mehr Patente an als Deutschland und die USA zusammengenommen. Mögen diese hinsichtlich ihrer Qualität im Augenblick nur zum Teil Weltmarktstandard sein, so sind sie im Gegensatz zu den japanischen Massenanmeldungen in den achtziger Jahren jedoch deutlich innovativer. Und das ist erst der Anfang! Die Investitionen in Forschung und Entwicklung stiegen in China von 30 Milliarden US-Dollar im Jahr 2005 auf 200 Milliarden US-Dollar im Jahr 2014.

Einschränkend muss erwähnt werden, dass nur 5 Prozent der chinesischen Patente gleichzeitig in den USA und Europa eingereicht werden. Zudem hat sich gezeigt, dass erfolgreiche Innovationen in China in der Regel nicht im Zusammenhang mit wissenschaftlicher Forschung und Technologie stehen, sondern mit nicht-wissenschaftlichen Abläufen in der Wirtschaft und zum Beispiel die Effizienz der Verwaltung, den Kundendienst und das Produktdesign betreffen.

Daraus jedoch abzuleiten, dass China noch eine weite Strecke vor sich hat auf dem Weg zu einem Innovationsland, ist aber voreilig. Die Kombination von systematischer Innovationspolitik, die sich abzeichnet in der staatlichen Gründung von Hunderten von exzellenten Hochschulen und Forschungszentren, und finanzieller Unterstützung aus dem wachsenden privaten Sektor, führt aufgrund der schieren Masse der Absolventen und der Institute zu einer erhöhten Wahrscheinlichkeit wissenschaftlichen Fortschritts.

Das Paradebeispiel ist die Anzahl der Ingenieure: In Deutschland treten pro Jahr rund 70 000 Ingenieure in den Arbeitsmarkt ein, in China sind es rund 700 000. Selbst wenn nur die Hälfte dieser 700 000 Weltmarktniveau erfüllen sollten, sind sie eindeutig in der Mehrheit. Trotz steigender Sozial- und Lohnkosten werden auch künftig Produktionskostenvorteile weiterhin bestehen bleiben: Somit ist die Gefahr groß, dass Produkte von ähnlicher Qualität wie in Deutschland in doppelter Menge zum halben Preis in China produziert und von dort exportiert werden können.

Die erfolgreiche Attacke auf die deutschen Vorzeigebranchen Maschinenbau und Automobilbau ist bereits im Gange. Der chinesische Maschinenbau wächst seit einigen Jahren mit gesunden 4 bis 5 Prozent pro Jahr, die Industrialisierung der Landwirtschaft sorgt für einen anhaltend hohen Bedarf an Agrar- sowie Nahrungsmittel- und Verpackungsmaschinen. Zugleich schreitet die Entwicklung zu einem modernen Industriestandort mit großem Tempo voran.

Deswegen ist es umso wichtiger, dass deutsche Unternehmen, die im Maschinen- und Anlagenbau erfolgreich sind, ihren chinesischen Kunden nicht nur langlebige Produkte verkaufen, sondern ebenso erstklassige After-Sales-Services im Angebot haben. Es versteht sich von selbst, dass die Produkte dem lokalen Markt angepasst, also weder *overengineered* noch veraltet sind.

Was Elektrofahrzeuge angeht, wurde Deutschland schon 2015 von China überholt. Nach den Plänen der chinesischen Regierung sollen im Jahr 2020 rund fünf Millionen Elektrofahrzeuge auf den Straßen Chinas rollen. In keinem anderen Politikfeld hat der Fünfjahresplan so konkrete Ziele festgeschrieben wie im Umweltbereich. Dabei geht es nicht nur um die Reduzierung des Schadstoffausstoßes, sondern um eine umfassende Verbesserung der gesamten Lebensqualität, insbesondere die Reduzierung bis hin zur Eliminierung von Verschmutzung von Luft, Böden und Gewässern. Die Politik der Regierung wird sich in den nächsten Jahren in diesem Punkt eher noch intensivieren. Und noch haben chinesische Unternehmen einen technologischen Rückstand.

Die Größe des Landes und die Größe der Probleme bergen deshalb – zur Zeit! – enorme Chancen für deutsche Firmen, die Umwelttechnologie, erneuerbare Energien und Reinigungstechnologie anbieten können. Filteranlagen, Sensoren, Wasseraufbereitungsanlagen werden langfristig in großer Menge gebraucht werden. Die Chancen für deutsche Unternehmen in China sind darum trotz aller Herausforderungen weiterhin gut.

Doch auch die zweitgrößte Wirtschaft Asiens Japan bietet Möglichkeiten. Ähnlich wie Deutschland ist Japan eine Wissensgesellschaft und eine stabile Demokratie – sowie zudem die drittgrößte Volkswirtschaft der Welt. In den letzten Jahren stand Japan im Schatten des Wachstums von China und Indien. Doch die Bemühungen Shinzo Abes, der mit seinen drei Pfeilen der Abenomics die Wirtschaft wieder beleben will, verbunden mit den anstehenden Olympischen Spielen in Tokio 2020 sind ein Grund, das Land wieder mehr ins Auge zu fassen. Nach wie vor investiert Japan stark im Ausland, deutlich mehr zum Beispiel als China und Südkorea. Die japanische Wirtschaft hat sich intensiver globalisiert, und insbesondere in Asien hat Japan Gas gegeben, um Wachstum und Wettbewerbsfähigkeit seiner hoch entwickelten Wirtschaft zu sichern, deren Rückgrat wie in Deutschland die kleinen und mittleren Unternehmen (KMU) sind.

Seit Fukushima 2011 ist Japan eher bereit, erneuerbare Energien einzusetzen. Gleichzeitig wird massiv in Forschung und Entwicklung von Zukunftstechnologien investiert. In den Bereichen alternative Energien und Elektromobilität ist Japan auf Augenhöhe mit Deutschland. So wundert es nicht, dass die beiden Regierungen eine engere Zusammenarbeit beim Thema Industrie 4.0 insbesondere in den Bereichen Standards, Datensicherheit und der Zusammenarbeit mittelständischer Unternehmen anstreben. Dies war auch das Motto der CEBIT 2017 in Hannover, bei der Japan das offizielle Partnerland war.

Für deutsche Unternehmen gibt es vor allem Chancen auf interessante Drittmarktgeschäfte, bei denen sie zusammen mit japanischen Unternehmen in Asien aktiv werden können. Hierbei helfen eine ähnliche Mentalität, ein hohes Qualitätsbewusstsein und Zuverlässigkeit. In Branchen wie Industrie 4.0, erneuerbare Energien, Medizintechnik und Umwelttechnologien gibt es mithin gute Chancen für deutsche Unternehmen.

Die drittgrößte Volkswirtschaft Asiens, Indien, hat zwar einige hausgemachte Probleme, doch bietet sie auch viel Potenzial, zumal sie mittlerweile schneller wächst als China und 2025 China als bevölkerungsreichstes Land der Erde ablösen wird.

Wirtschaftlich gesehen zählt der indische Subkontinent zu den ärmsten Regionen Asiens und trägt nur etwas über 10 Prozent zur gesamtasiatischen Wirtschaftsleistung bei. Die Wirtschaftskraft pro Kopf liegt damit nur etwas oberhalb des Niveaus von Afrika, und das BIP pro Kopf in Indien beträgt nur knapp ein Drittel des chinesischen Wertes.

Allerdings weist die Region seit einigen Jahren eine ausgesprochen hohe Wachstumsdynamik auf. Südasien hat dabei die gesündeste Bevölkerungsstruktur aller asiatischen Regionen, eine wichtige Voraussetzung für nachhaltiges Wachstum. So sind in Indien mehr als 50 Prozent der Bevölkerung unter 25 Jahre alt. Indien ist nach den 1991 eingeleiteten Reformen auf dem Weg in eine soziale Marktwirtschaft, wobei der öffentliche Sektor in zentralen Wirtschaftsbereichen mit einem Anteil von über 70 Prozent noch immer dominiert. Das indische Wachstumsmodell zeichnet sich durch seine Fokussierung auf den Dienstleistungssektor aus. Der Sektor liegt mit einem Anteil am BIP von fast 50 Prozent fast auf dem Niveau der Industriestaaten. Die Entwicklung des industriellen Sektors hingegen kommt nur langsam voran. Die Infrastruktur Indiens weist noch große Defizite auf und ist derzeit nur ungenügend entwickelt. Der Verfall der indischen Rupie neben den nachgebenden Kursen vieler indischer Aktien unterstreicht die Fragilität der Situation.

Sollte es Indien gelingen, sich weiter zu öffnen, dann bietet das Land große Chancen, da die demografische Situation günstiger ist als in China. Doch eine umfassende Erneuerung und Modernisierung seiner Infrastruktur und seiner Verwaltungsstrukturen sind dafür unabdingbar.

Die Bevölkerung in Indien wächst stetig: Im Jahr 2030 wird Indien China als das bevölkerungsreichste Land der Welt mit geschätzten 1,8 Milliarden Menschen überholen. Deswegen ist die Versorgung mit Nahrungsmitteln und Energie ein zentrales Thema der Regierung. Nach wie vor haben über 52 Millionen Inder keinen Zugang zu Strom. Ähnlich wie in China ist der wichtigste fossile Energieträger Kohle, gefolgt von Holz und anderer Biomasse sowie Öl und Erdgas. Aus diesem Grund ist Indien nach China und den USA zum drittgrößten Kohlendioxid-Emittenten der Welt geworden.

Doch die Regierung hält dagegen und möchte in den nächsten sechs Jahren eine Kapazität von insgesamt 175 Gigawatt (GW) aus erneuerbaren Energien aufbauen. 100 GW sollen an Photovoltaikanlagen erstellt werden, hiervon alleine 40 GW an Solaranlagen. Damit würde Indien Deutschland in den Schatten stellen. Denn 40 GW ist gerade einmal das, was in Deutschland seit Anfang der neunziger Jahre an Photovoltaikanlagen insgesamt installiert wurde. Geschäftschancen für deutsche Unternehmen liegen vor allem in diesem Bereich sowie im Einzelhandel, in der Medizintechnik und im Cleantech-Bereich.

Aber auch weitere Staaten sind für die deutsche Wirtschaft interessant. Taiwan ist gerade so groß wie Baden-Württemberg und ist dennoch im Bereich der Vernetzung und Robotisierung mittlerweile weltweit führend. Vergleichbar mit dem Konzept »Industrie 4.0«, gibt es ein »Connectivity-4.0-Programm« für Maschinen, die mit Operatoren, Sensoren und verschiedenen Netzwerken verbunden sind. Weil es in Taiwan im Maschinenbau und der IT-Entwicklung nicht zuletzt durch die Fertigung von iPhones und Computern hohes Know-how und Kompetenz gibt sowie eine große Dichte an hoch qualifizierten Hochschulen, existiert in diesem Bereich ein ideales Ökosystem. Hinzu kommt eine großzügige und strategische staatliche Förderung, um durch eine Vernetzung der bereits bestehenden taiwanesischen Player einen neuen Global Player herauszubilden. Das kleine Land hat es zum siebtgrößten Herstellerland von Werkzeugmaschinen weltweit geschafft. Über 80 Prozent der Werkzeugmaschinen werden exportiert, nicht zuletzt auch nach Deutschland.

Bangladesch ist ein Land mit großem Potenzial und über 140 Millionen Einwohnern. Gerade in den letzten Jahren hat sich eine blühende Textil-, und Bauindustrie herausgebildet. Allerdings gewinnt seit ein, zwei Jahren ein islamistischer Fundamentalismus an Einfluss, der das politische Leben und Wirtschaftswachstum zunehmend behindert. Eigentlich war von Regierungsseite geplant, bis zum fünfzigjährigen Jubiläum der Unabhängigkeit im Jahr 2021 den Ruf als bitterarmes Land zu überwinden. Und in der Tat gab es zwischen 1991 und 2008 enorme Fortschritte, das BIP hatte sich vervierfacht. Dies war einem Pakt der politischen Parteien PAL und BNP zu verdanken, die sich unter der Führung von zwei Politikerinnen – den Töchtern von ehemaligen Ministerpräsidenten – arrangiert hatten. Dieser Pakt ist nun jedoch offener Rivalität gewichen.

Ein interessanter Markt sind auch die Philippinen mit ihrer jungen Bevölkerung – über 100 Millionen Einwohner sind unter 30 –, wenig Schulden und einer wachsenden Wirtschaft. Das BIP pro Kopf liegt bei nur rund 2900 US-Dollar pro Kopf, was ungefähr der Hälfte des thailändischen Wertes entspricht. Gleichzeitig erstarkt die Wirtschaft in den letzten Jahren konstant mit 6 Prozent pro Jahr. Im einzigen katholischen Land Asiens bleibt die Geburtenrate hoch, sodass die Einwohnerzahl in den nächsten Jahrzehnten wohl auf 150 Millionen ansteigen wird. Die Philippinen bestehen aus 7500 Inseln – von der Fläche her insgesamt gerade einmal so groß wie Italien – und sind reich an natürlichen Ressourcen und biologischer Vielfalt. Sowohl die Staats- als auch die Firmen- und Privatverschuldung sind gering. Private Haushalte sind mit nur 8 Prozent des BIP verschuldet. Einzelhandel, Konsumgüter, Telekommunikation und Straßenbau bieten gute Aussichten.

Chancen bietet auch Myanmar, dessen Wirtschaft in den letzten Jahren mit rund 7 Prozent gewachsen ist. Beobachter erwarten sogar für die nächsten Jahre ein durchschnittliches Wachstum von rund 9,2 Prozent aufgrund eines noch höheren Zustroms von Finanzhilfen und Direktinvestitionen aus dem Ausland. Da sich das enorm ressourcenreiche Land, das im 19. Jahrhundert eines der reichsten Länder Südostasiens und der britischen Kolonien war, gerade erst geöffnet hat, gibt es naturgemäß noch Engstellen im Bereich Infrastruktur, Verkehrswege, Stromversorgung, Transportwesen und Bildungswesen.

Ungleich dynamischer geht es seit einigen Jahren in Vietnam zu. Vietnam hat etliche hausgemachte Probleme wie eine hohe Inflation und einen Werteverfall der Landeswährung Dong, doch bleibt mittelfristig zu erwarten, dass die Mischung aus einer jungen lern-, leidens- und leistungsfähigen Bevölkerung kombiniert mit einem großen Nachholbedarf bei Konsum, Infrastruktur und Industrieaufbau ein attraktives Umfeld für Unternehmer und Investoren darstellt. Das Land hat sich politisch aus dem Gröbsten herausgearbeitet und legt nun eine beeindruckende Wachstumsgeschwindigkeit an den Tag.

Insgesamt gesehen setzen die aufstrebenden Wirtschaftsmächte Asiens immer mehr auf Innovation und fordern uns heraus. In den letzten Jahren haben Schwellenländer wie Indien und China kräftig aufgeholt und mit innovativen Technologien und innovativen Geschäftsmodellen ihre europäischen Konkurrenten überrumpelt und überrascht. Im Gegensatz zu ihren europäischen Konkurrenten genießen sie dabei in der Regel starke politische Rückendeckung.

Wo die Chancen und Schwierigkeiten im Einzelnen liegen, was die neuen Mächte jeweils kennzeichnet, das wird in den kommenden Kapiteln eingehend betrachtet.

China Inc. – von der Weltfabrik zur globalen Supermacht

Der Vorstoß zur Gründung einer asiatischen Investitionsbank; Investitionen auf allen Kontinenten, um den Zugang zu wichtigen Rohstoffen zu sichern; die Ankündigung des Staatspräsidenten, mithilfe beschleunigter Reformen eine »Armee von Weltklasse« zu schaffen; der Bau von Flugzeugträgern und die Eröffnung von Militärbasen im Ausland; der Ausbau der Raumfahrtkapazitäten und der Plan zum Aufbau einer bemannten Raumstationen – China ist in vielen Bereichen auf dem Weg, zur Weltmacht Nummer eins zu werden.

Chinas sanfter Griff nach der Weltmacht löst Bewunderung und Ängste aus. Doch welche Ziele verfolgt China konkret? Welche Konsequenzen sind für das internationale System zu erwarten? Und was bedeutet dies für Europa?

Der neue Kaiser von China

Für Jahrhunderte hatte sich das Reich der Mitte hinter der Großen Mauer abgeschottet. Doch seit dem 18. Parteikongress 2013, seitdem der mächtigste Führer der im Jahr 1949 gegründeten chinesischen Volksrepublik seit Mao Zedong, die Macht übernommen hat, weht ein anderer Wind. Xi Jinping will sein Land politisch, militärisch und wirtschaftlich zur ersten Weltmacht formen. In einem beispiellosen Spagat zwischen liberaler Wirtschaftspolitik und repressiver Innenpolitik tritt er auch außenpolitisch immer selbstbewusster auf. Er sieht sich dabei in bester Gesellschaft: Mao Zedong hat das gedemütigte China vereint, Deng Xiaoping hat es reich gemacht, und Xi Jinping will China wieder zu der zentralen starken Weltmacht machen, die es den größten Teil seiner Geschichte über war.

Xi ist seit Frühjahr 2018 Parteichef der Kommunistischen Partei Chinas (KPCh) und Präsident auf Lebenszeit und damit der mächtigste Mann Chinas – vielleicht sogar der Welt?

Schon vorher hatte der 64-Jährige als Präsident, Generalsekretär der kommunistischen Partei und Vorsitzender der Zentralen Militärkommission eine unbegrenzte Machtfülle wie vor ihm nur Mao Zedong und Deng Xiaoping. Letzterer hatte angesichts der Exzesse der Kulturrevolution und des »Großen Sprungs nach vorn«, die viele Millionen Opfer gefordert hatten, das Präsidentenamt auf zwei Fünfjahreszeiträume begrenzt. Daran hatten sich Jiang Zemin (1993–2003) und Hu Jintao (2003–2013) auch gehalten. Doch ausgerechnet Xi Jinping hebelte dies aus.

Xi galt zu Beginn seiner Machtübernahme als dem Westen gegenüber aufgeschlossen und modern. Als einer der ersten politischen Führer Chinas ließ er zum Beispiel seine Tochter in den USA studieren. Doch spätestens seit dem dramatischen Machtkampf 2012 mit dem charismatischen Bo Xilai, dem ehemaligen Regierungschef der regierungsunmittelbaren Stadt Chongquing, wurde seine Politik konservativer und die Machtfülle größer.

Der konsequente Kampf gegen Korruption war in den ersten Regierungsjahren eines der Kernthemen Xis. Dies brachte ihm Sympathien beim Volk ein, jedoch auch viele Feindschaften, da er auch vor obersten Machtetagen nicht zurückschreckte. Zeitgleich intensivierte sich die Überwachung der eigenen Bürger und die Verhaftungen von Menschenrechtlern, Anwälten und die Unterdrückung von Minderheiten.

Xi führt heute das Land mit straffer Hand und hat auch einen Plan. Sogar mehr als das, einen Traum: Spätestens zum hundertjährigen Jubiläum der Gründung der Volksrepublik China im Jahr 2049, aber im Grunde schon 2030 soll China nach dem Plan Xi Jinpings eine moderne wohlhabende Nation, eine globale Supermacht sein. Dafür werden große Anstrengungen unternommen und zahlreiche Programme und Initiativen aufgelegt. China soll nicht länger die kostengünstige Werkbank der Welt sein, »Made in China« soll bis 2025 von »Made by China« abgelöst werden. Dies soll zum Gütesiegel avancieren.

Die rapide wachsende Mittelschicht Chinas, die mittlerweile mehr Köpfe zählt als die amerikanische, stellt immer höhere Ansprüche. Sie will nicht mehr nur noch abgekupferte Produkte kaufen oder solche, die im Westen entworfen und in China nur produziert werden. Symptomatisch dafür ist die rasende Entwicklung der geschichtslosen Stadt Shenzhen, in deren Nähe die Mutter von Xi aufgewachsen ist. Aus diesem einstmals verschlafenen Fischerdorf wurde in weniger als einer Generation eine 12-Millionen-Metropole mit der fünfthöchsten Bevölkerungsdichte und dem drittgrößten Containerhafen der Welt. Die am Reißbrett geplante Stadt an der Mündung des Perlflusses ins südchinesische Meer war einstmals unter Deng Xiaoping die erste Sonderwirtschaftszone, die den Übergang von der Plan- zur Marktwirtschaft vollziehen durfte. Der visionäre Unternehmer Yuan Geng war anfangs die treibende Kraft der Öffnung und Reformpolitik. Er initiierte die große Explosion, durch die ein großer Berg gesprengt wurde, um Land zu gewinnen. Dies war der Startschuss für das Projekt Shenzhen. In Lichtgeschwindigkeit wurde Tabula rasa gemacht und Gewinn erzielt. Es ist kein Zufall, dass Deng Xiaoping auf seiner berühmten »Reise in den Westen« im Jahr 1992 diesen Ort wählte, um den Aufruf zum Reformprozess zu erneuern: »Lasst den Westwind herein, Reichtum ist ruhmvoll.«

Nachdem der Volkskongress im März 2018 der Entscheidung des Zentralkomitees zugestimmt hat, die Begrenzung der Amtszeiten aufzuheben, kann Xi nun solange Präsident bleiben, wie er will. Begründet wurde die Notwendigkeit für diesen Schritt damit, dass nur so eine starke und stabile Führung für den entscheidenden Zeitraum zwischen 2020 und 2030 sichergestellt ist.

Zur Machtsicherung war dies nicht unbedingt nötig. Das Präsidentenamt ist innerhalb der drei Ämter Xis das vielleicht unbedeutendste. Als Vorsitzender der zentralen Militärkommission kann Xi den Umbau der chinesischen Streitkräfte fortsetzen, und auch als Generalsekretär der Kommunistischen Partei hätte er über 2023 hinaus die Macht behalten können. Er hätte auch nach dem Vorbild Deng Xiopings jahrzehntelang als graue Eminenz im Hintergrund die Fäden ziehen können. Dass Xi es dennoch für notwendig hielt, sich als einziger chinesischer Führer auf eine Stufe mit dem legendären Staatsgründer Mao Zedong zu stellen, könnte auf große Eitelkeit hindeuten. Es könnte allerdings auch nahelegen, dass er diesen Schritt für notwendig hielt, um seine zahlreichen Gegner in Schach zu halten. Unter diesem Blickwinkel wäre es ein Eingeständnis von Schwäche.

Doch welche Gründe auch ausschlaggebend waren: Zumindest nominell dürfte diese neue Machtfülle Xi zum mächtigsten Menschen der Welt machen. US-Präsident Trump ist an eine Amtsbegrenzung gebunden, Wladimir Putin hat diese zwar elegant umschifft, ist aber letztlich nicht so mächtig wie Trump oder Xi.

Ohne Zweifel wird die neue Machtfülle dazu führen, dass sich die aktuellen innen- und außenpolitischen Initiativen und Entwicklungen in China verfestigen und langfristig Wirkung zeigen. Man kann damit rechnen, dass die Verhärtung im Land zunehmen wird und dass der Personenkult um den allmächtigen Führer, den neuen Kaiser Xi, noch stärker werden wird.

Der wirtschaftliche und politische Vormarsch wurde im Oktober 2017 beschlossen. Präsident Xi schwor auf dem 19. Nationalen Volkskongress der Kommunistischen Partei Chinas, dass bis 2035 das Land eine moderne Wirtschaft haben werde. 2049 zum hundertjährigen Jubiläum der Gründung der Volksrepublik solle China ein Land »mit hohen Einkommen« sein.

Es bleibt zu hoffen, dass er erfolgreicher ist als der erste Ministerpräsident der Volksrepublik Zhou Enlai. Dieser hatte 1964 »Vier Modernisierungen« bis zum Ende des 20. Jahrhunderts versprochen und sich dabei auf die Reform der vier Schlüsselsektoren Verteidigung, Landwirtschaft, Industrie sowie Wissenschaft und Technologie bezogen. Um die Jahrtausendwende war China jedoch nur ein Land der unteren Mittelklasse. Die angestrebte Steigerung des Pro-Kopf-Einkommens dürfte für Xi die einfachere Übung sein. Momentan liegt das reale Pro-Kopf-BIP Chinas bei rund 25 Prozent der USA. Um in die Gruppe der vierzig Volkswirtschaften zu kommen, die über ein hohes Einkommen verfügen, muss sich China auf mindestens 45 Prozent steigern. Dies wäre machbar, wenn bis 2049 die chinesische Wirtschaft jedes Jahr mindestens 1,7 Prozent mehr wächst als die amerikanische. Das ist nicht unmöglich, denn bei einer langfristigen Fortschreibung der derzeitigen Wachstumsrate der

USA von 2 Prozent müsste China jährlich um 3,7 Prozent wachsen, was niedriger ist als die mittelfristig angestrebten 6,5 Prozent.

Doch Modernisierung bedeutet mehr als bloße Einkommenssteigerung. Es handelt sich um einen umfassenden Prozess. der viele Aspekte hat. Auch ein schonenderer Umgang mit der Umwelt und deren Regeneration gehören dazu. Die Kosten dafür werden gewaltig sein. Ebenso muss die Verringerung der Kluft zwischen Stadt und Land weiter vorangetrieben werden, denn obgleich die Einkommensunterschiede in China insgesamt abnehmen, haben Landbewohner immer noch weniger Zugang zu Bildungsinfrastruktur und Daseinsvorsorge als die Städter. Zwar greift die Urbanisierung um sich und es ziehen immer mehr Menschen vom Land in die Stadt, doch werden 2030 immer noch 300 Millionen Chinesen auf dem Land leben.

Zusätzlich wird die Bevölkerung im erwerbsfähigen Alter abnehmen und bis 2030 um beinahe 10 Prozent sinken. Die steigende Automatisierung wird zwar einen ernsten Arbeitskräftemangel verhindern, aber die wirtschaftliche Belastung durch Sozialleistungen wird wachsen. Das chinesische Rentensystem hatte vor zwanzig Jahren Einzelkonten eingeführt, basiert aber immer noch auf dem Umlageverfahren. Wenn die zwischen 1962 und 1976 geborenen Babyboomer in den Ruhestand gehen, wird das Defizit explodieren. Ein einheitlicheres und umfassenderes System zur Deckung der sozialen Sicherheit im ganzen Land ist dringend notwendig.

Auch Rechtsstaatlichkeit muss weiterentwickelt werden. Es geht dabei nicht allein darum, die Korruption einzudämmen, sondern notwendig ist ein Kulturwandel. Die Bürger Chinas wünschen sich eine Gesellschaft, die von rechtlichen Strukturen und verlässlichen Regeln bestimmt wird und nicht nur von örtlichen und familiären Bindungen. Xi behauptet zumindest, dass das übergeordnete Ziel laute, »die Rechtsstaatlichkeit umfassend voranzutreiben«. Ein Hindernis auf diesem Weg könnte jedoch das politische System sein. Freie Wahlen sind beim Aufstieg zur globalen Supermacht nicht vorgesehen, der alleinige Machtanspruch der kommunistischen Partei bleibt unangefochten.

Hard Power

Wie beim Go-Spiel setzt China heute in den verschiedensten Bereichen Standards und Markierungen. Im Folgenden stehen verschiedene Spielfelder und Kreuzungspunkte im Mittelpunkt: *Hard Power*, also Außenpolitik, militärische Macht, Wirtschaft, politische Macht, und *Soft Power*, die eng mit der Innenpolitik zusammenhängt.

Nach innen betreibt Xi eine immer rückschrittlichere Politik mit weniger Meinungsfreiheit und weniger Transparenz, aber mit mehr Personenkult, was an den großen Steuermann Mao erinnert. Nach außen tritt China verstärkt aggressiv auf, dies gilt für die geopolitische wie auch die wirtschaftliche Ebene. Der defensive Protektionismus von US-Präsident Trump droht mit Strafzöllen, der chinesische Protektionismus ist im Vergleich dazu deutlich offensiver. Es gibt eine aggressive Strategie von Investitionen in Infrastrukturprojekte entlang der »Neuen Seidenstraße« von China bis nach Europa und verstärkte Investitionen in europäische Technologieführer. Gleichzeitig werden die Hürden für ausländische Investoren in China hochgehalten.

Herausforderungen im Inneren

China ist darauf angewiesen, wirtschaftlich auf Kurs zu bleiben. Seit Anfang der achtziger Jahre gilt ein unausgesprochener Deal zwischen der Partei und dem chinesischen Volk: Wir sorgen für *mehr Wohlstand* – ihr folgt unserer Führung. Solange die Wirtschaft wächst, wird dieses Abkommen fortbestehen, doch sollte das Wachstum enden oder sich gar umkehren, ist es mit der Ruhe vorbei. Eine weitere Herausforderung für die Partei ist die *Versorgung der Bevölkerung mit Lebensmitteln*: Rund 40 Prozent des urbaren Landes in China sind nach Angaben des chinesischen Agrarministeriums verseucht. Ein fatales Dilemma: Einerseits muss China die Industrialisierung vorantreiben, um sich zu modernisieren und den Lebensstandard anzuheben, aber andererseits bedroht genau dieser Prozess die Produktion von Nahrungsmitteln. Kann diese Herausforderung nicht gelöst werden, ist ein Aufruhr zu erwarten.

Die Regierung hat sich zum Ziel gesetzt, die *Armut* bis 2020 auszurotten. Durch das starke Wirtschaftswachstum und etliche staatliche Eingriffe ist es bislang gelungen, rund 700 Millionen Menschen aus der extremen Armut zu befreien. Dennoch leben noch immer mehr als 43 Millionen Chinesen von weniger als 0,80 Euro pro Tag, die meisten von ihnen auf dem Land. Der Ständige Ausschuss des Nationalen Volkskongresses hat darum zum Jahresende 2017 etliche Gesetze und Verordnungen erlassen, die es chinesischen Bauern einfacher machen sollen, Gewinn zu erwirtschaften. Vor allem zwei Gesetze erregen Aufmerksamkeit: Zum einen wurden Bestimmungen für bäuerliche Kooperativen geändert, und zum anderen wurde ein Pilotprogramm verlängert, das es Bauern erleichtert, Kredite aufzunehmen.

Das Gesetz für bäuerliche Kooperative ist ein wichtiger Bestandteil der Initiative, Bauern das Leben zu erleichtern. Nach wie vor sind die meisten Höfe in China sehr klein, im Durchschnitt beträgt ihre Größe weniger als ein Hektar. Der daraus resultierende geringe Ertrag lässt keine größeren Investitionen in Maschinen, Saatgut oder Pestizide zu. Das neue Gesetz ermöglicht es einzelnen Familien, sich zu größeren Einheiten zusammenzuschließen und dadurch gemeinsame Anschaffungen zu tätigen. Mit großem Erfolg: Gab es am Anfang gerade einmal 30 000 registrierte Kooperativen, so sind es mittlerweile knapp 2 Millionen.

Auch der zweite Beschluss des Ständigen Ausschusses, die Verlängerung des landwirtschaftlichen Programms zur einfacheren Kreditvergabe, soll Chinas Bauern unterstützen. Durch das im Dezember 2015 eingeführte Programm können Bauern ihr Pachtland als Sicherheit für einen Kredit angeben. Zwar berichtet die staatliche Nachrichtenagentur ausschließlich von den großen Erfolgen, dennoch wird es auch in Zukunft ein Pilotprojekt bleiben, das nur wenige Gebiete um Peking und Tianjin umfasst. Die Gründe dürften darin liegen, dass es bislang nur durchwachsene Ergebnisse hervorgebracht hat: Einerseits haben zahlreiche Bauern das dringend benötigte Geld für Investitionen bekommen, andererseits sind aber die Formalitäten für die Kreditaufnahme so kompliziert, das viele Bauern am Antragsprozess gescheitert sind. Und last, but not least fehlt es auch bei den Banken an Wissen, um die Lage eines Bauern richtig einschätzen zu können.

Es geht Präsident Xi mit diesen Gesetzesänderungen aber nicht nur darum, das große Ziel 2020 zu erreichen, es geht vor allem um *soziale und politische Stabilität.* Immer noch drängen Millionen von armen Landbewohnern in die Städte, wo sie sich als rechtlose Wanderarbeiter auf den Baustellen der Großstädte verdingen. Dies wird nicht so weitergehen können, und die Geschichte, die den Chinesen stets präsent ist, hat gezeigt, dass die Bauernunruhen am Anfang jeder großen Veränderung standen. Sie stürzten die Ming- wie auch die Quing-Dynastie und brachten die Kommunisten an die Macht.

Gefahrenanzeichen gibt es durchaus: Es mehren sich kritische Stimmen an der Zwangsräumung von Wanderarbeiterräumen in Peking, und ein bekannter Immobilien-Tycoon verglich Chinas Politik der Wohnsitzkontrolle, die noch auf Mao Zedong und den Bürgerkrieg zurückgeht, mit nordkoreanischen Verhältnissen. Zudem beginnt sich die Mittelschicht gegen die Verwendung des Begriffs »sozialer Abschaum« zu verwahren, der immer wieder von der Bezirksregierung für die unter prekären Verhältnissen lebenden Wanderarbeiter verwendet wird. Es wäre übertrieben, darin ein umfassendes Erwachen politischen Bewusstseins zu sehen, jedoch wird der Mittelschicht zunehmend bewusst, wie stark das städtische Leben von der Arbeit der Wanderarbeiter geprägt ist. Sie leisten im Gastronomiesektor, als Haushaltskräfte und auf dem Bau essenzielle Arbeit, und dies ohne soziale und rechtliche Absicherung für wenig Geld.

Auf der anderen Seite ist das *Wachstum des Wohlstandes* in China schnell und hat das Interesse vieler Privatbanken geweckt. Die Zahl der Chinesen, die über mehr als eine Million Euro an investiertem Vermögen verfügen, ist in den letzten zehn Jahren geradezu explodiert. Nach einer Studie der Beratungsfirma Bain gab es 2006 ungefähr 180 000 Chinesen mit rund 1 Million Euro Vermögen, im Jahr 2017 hat sich diese Zahl verhundertfacht und liegt bei beinahe 1,8 Millionen Chinesen.

Damit gibt es mittlerweile nicht mehr nur mehr Milliardäre als in den USA, auch der *chinesische Binnenmarkt* rückt in den Fokus. Momentan wird nur ein Bruchteil der Gelder von ausländischen Firmenmanagern verwaltet. Der wahre Reichtum verbleibt vorerst in China. Doch dort werden nun die Daumenschrauben angezogen. Es ist schwieriger für chinesische Unternehmer geworden, in China erarbeitetes Geld im Ausland anzulegen. Der von der Führung kontrollierte Kapitalverkehr und der Wechselkurs sorgen dafür, dass das Geld zu Hause bleibt.

Seit dem 19. Parteitag 2017 hat Xi Jinping die Kontrolle der KPCh über den Staat weiter ausgebaut. Nicht nur wurde auf dem Nationalen Volkskongress im März 2018 die Verfassung dahingehend geändert, dass es für die oberste politische Führung keine Begrenzung der Amtszeit auf zwei Perioden mehr geben wird. Auch Xis Antikorruptionskampagne wurde stärker institutionell verankert, wofür ebenfalls die Verfassung geändert werden musste. Faktisch wurden *alle staatlichen Organe unter Parteikontrolle* gebracht.

Zudem wurde auf dem 19. Parteitag erstmals seit Beginn der Öffnungspolitik die Rolle der Privatunternehmen in der Wirtschaft des Landes definiert. Dabei wurde der *Patriotismus* zur obersten Pflicht von Unternehmen erklärt. Das Modell eines Staatskapitalismus nimmt also konkretere Formen an. Die chinesische Führung zielt offenbar darauf ab, die Kontrolle über große Teile der chinesischen Wirtschaft wiederzuerlangen, die sich bislang außerhalb der Aufsicht durch die Partei entwickeln konnten. Bereits im Jahr 2017 hatte die KPCh den Einfluss von Parteikomitees an Privatunternehmen in einem so starken Maße ausgeweitet, wie es bis hierher nur von Staatsunternehmen bekannt war. Auch ausländische Beteiligungen von Unternehmen sind davon betroffen. Ranghohe ausländische Manager berichten inoffiziell, dass sie gedrängt werden, Parteistrukturen in ihren Firmen zu entwickeln.

Wie soll man auf diese Tendenzen reagieren, die vielleicht noch zunehmen werden, da seit Jahren wichtige Wirtschaftsreformen als neue Wachstumstreiber für die Binnenkonjunktur fehlen. Einzig steigender Konsum könnte helfen, doch die *Verschuldung* Chinas, und zwar sowohl die des Staates und der Unternehmen als auch die der privaten Haushalte, steigt rasant und beträgt mittlerweile 270 Prozent des BIP.

Zu den Herausforderungen Chinas zählt unter anderem die *Industriepolitik*. Eines der größten Länder der Welt wird von einer der kleinsten Führungsgruppen regiert, dem Ständigen Ausschuss des Politbüros mit sieben Mitgliedern. Zwar hat es Xi Jinping geschafft, seine Machtfülle zu zementieren und sich weiteren Spielraum für *Reformen* zu eröffnen, doch diese sind auch dringend notwendig: Diverse alte ehrgeizige Reformpakete sind noch lange nicht umgesetzt wie zum Beispiel, gewisse Sektoren für ausländische Investoren zu öffnen. Auch bei der immer wieder versprochenen Liberalisierung der Kapitalmärkte gibt es Handlungsbedarf: Die bisherige Öffnung vollzieht sich eher asymmetrisch, denn Kapitalzuflüsse, also Investitionen, werden zwar erleichtert, doch Kapitalabflüsse, insbesondere die Verbringung von Kapital ins Ausland, wird immer stärker reglementiert. Möglicherweise ein Indiz dafür, dass Xi mehr Wert auf die Konsolidierung seiner Macht legt als auf die Umsetzung der Wirtschaftsagenda.

Nach wie vor ist die zweitgrößte Volkswirtschaft der Welt stark abhängig vom *Immobilienmarkt* und von *schuldengetriebenen Wachstumsimpulsen*. Die chinesische Führung ist jedoch lernfähig. So hat sie nach der Finanzkrise 2008 – unter Ausnutzung astronomisch hoher Währungsreserven – das Wirtschaftsmodell mit Erfolg von exportgetrieben auf industriebasiert umgestellt.

Das spiegelt sich im Bruttoinlandsprodukt (BIP) wieder. Lag das von China 1991 noch bei 0,49 Billionen US-Dollar, legte es bis 2016 auf 11,22 Billionen US-Dollar zu. Während China 1991 damit noch auf dem neunten Rang verglichen mit den USA mit dem größten BIP von 7,04 Billionen US-Dollar lag, rangierte das Reich der Mitte 2016 bereits auf dem zweiten Rang direkt hinter den USA. Bis 2030 erwartet man, dass Chinas BIP auf 24,77 Billionen US-Dollar ansteigen wird und dann die USA mit prognostizierten 22,09 Billionen US-Dollar überflügelt.

Auch die Anzahl chinesischer Unternehmen in der Liste der *Fortune 500*, den weltweit 500 umsatzstärksten Unternehmen, wird weiter steigen. Waren es 2006 gerade einmal 16 Unternehmen, kletterte diese Zahl in 2017 bereits auf 115. Bis 2030 dürfte die Zahl auf 200 weiter zulegen.

Auch der bis 2020 gültige *Fünfjahresplan* steht für eine weiterhin positive Entwicklung Chinas. Die Verschuldung soll maximal bei 3 Prozent des BIP liegen, der Fokus wird verstärkt auf innovative Technologien und eine Vielzahl großer Infrastrukturinvestments gesetzt, wie etwa 11 000 Kilometer Schnellzugtrassen und fünfzig neue Flughäfen.

Die stärkere *Binnenmarktorientierung* führt zwar zu einer gestiegenen Verschuldung des Landes, bringt jedoch auch eine dringend notwendige Schaffung von mehr zukunftsträchtigen Arbeitsplätzen mit sich. Neben den Staatsunternehmen bieten sich hierfür immer häufiger die erfolgreichen Privatunternehmen an. So hat sich bei den Internetfirmen eine große Dynamik entfaltet; zunehmend sind chinesische Wettbewerber auch in der Konsum-, Telekommunikations- oder Finanzbranche mit ihrer Marktkapitalisierung auf Augenhöhe mit ihren westlichen Konkurrenten.

Die Initiative »Made in China 2025« ist Teil des großen Masterplans, China zur globalen Supermacht zu machen. Durch Investitionen von über 300 Milliarden US-Dollar in die Zukunftstechnologien Robotik, Umwelttechnik und Biochemie soll der Anschluss an die Industrieländer endgültig geschafft werden. Dafür braucht es jedoch noch immer die Technologie der entwickelten Länder, insbesondere Deutschlands. Dies ist allerdings nicht ohne Risiko. Es ist seit Jahren bekannt, dass die Zwangs-Joint-Ventures mit einer Durchschnittslebensdauer von fünf Jahren, die bereits in der Anfangszeit der Sonderwirtschaftszonen unter Deng Xiaoping eingerichtet wurden, vor allem dazu dienten, dass die chinesischen Partner Know-how erwarben, um sich dann selbstständig und dem ausländischen Konkurrenten das Leben schwer zu machen.

Dies gilt unter anderem für die Automobilbranche. Mittlerweile stammt jedes zweite in China verkaufte Auto von einem chinesischen Unternehmen. Gleichzeitig werden die Chinesen immer anspruchsvoller. Je weiter sie selbst die Wertschöpfungskette hinaufklettern, umso selektiver werden sie bei Unternehmen, die sie im Land dulden. Eigentlich interessieren sie sich nur noch für Unternehmen, die neue und wichtige Technologie mitbringen.

Die bereits im Land ansässigen ausländischen Unternehmen werden hingegen trotz jahrzehntelangen Investments auf Abstand gehalten. Ein Beispiel dafür ist die Textilfirma Hugo Boss, die wie die meisten Unternehmen in China kopiert wurde und dessen Marke von einem chinesischen Wettbewerber registriert worden war. Die Benachteiligung gegenüber der heimischen Konkurrenz ist auch in Fragen der Qualitätsstandards und Garantievorschriften gegeben, ebenso wie bei der Zulassungsdauer für neue Medikamente.

Trotz zahlreicher Proteste der europäischen Handelskammern und Politiker hat sich die Situation nicht verbessert, sondern im Gegenteil eher verschlechtert. Zudem hat die Internetzensur zugenommen, was dazu führt, dass Homepages von ausländischen Unternehmen sich bis zu fünfmal langsamer öffnen als chinesische Homepages. Neue Datenschutzgesetze versuchen die Internetzensur noch deutlicher auszuweiten. Durch die strengen Vorschriften müssen deutsche Firmen seit April 2018 mit großen Unannehmlichkeiten und Kosten rechnen.

Wie die japanische Regierung in den achtziger Jahren ist die chinesische erfinderisch, wenn es darum geht, die Schaffung oder Anwendung umfangreicher Regelungen für ausländische Unternehmen so eng zu gestalten, dass sich faktisch eine deutliche Benachteiligung durch Kosten und/oder steigenden Arbeitsaufwand gegenüber den heimischen Unternehmen ergibt.

Die Tendenz, so viel wie möglich von ausländischen Unternehmen zu profitieren, sie aber ansonsten möglichst zu isolieren, war besonders im Bereich der erneuerbaren Energien erkennbar. Seien es deutsche Hersteller von Windkraftanlagen wie Nordex und Repower oder Hersteller von Solarzellen: Alle hatten sich enorme Umsätze im Megamarkt China versprochen, doch die Träume ließen sich nicht verwirklichen. Erst wurden die deutschen Unternehmen wie üblich gezwungen, ihre innovative Technologie in Joint-Ventures zu übertragen; und schließlich wurde dafür gesorgt, dass bei Ausschreibungen faktisch nur chinesische Mitbewerber zum Zuge kommen konnten. Deshalb zogen sich Nordex und Repower 2011 und 2012 aus dem Markt zurück; heute liegt der Anteil zu 100 Prozent bei chinesischen Wettbewerbern. Genauso verlief die Entwicklung im Bereich der Hochgeschwindigkeitszüge.

Das ehrgeizige Programm »China 2025« ist also mit Vorsicht zu genießen. Zwar bieten sich durchaus große Chancen für europäische und deutsche Zulieferer, die die notwendige Hardware für den technischen Aufschwung bereits liefern und weiterhin liefern sollen. Doch die Gefahr besteht, dass China in Kürze in der Lage ist, die Maschinen nachzubauen.

Zugleich bleibt es schwierig für ausländische Investoren, in China aktiv zu sein. Die Versprechungen, den Banken- und den Versicherungssektor zu öffnen, sind nur bedingt eingehalten worden. Ausländische Versicherungskonzerne wie Ergo, Allianz oder Swiss Re benötigen weiterhin einen Joint-Venture-Partner in China und müssen in jeder Provinz eine gesonderte Lizenz für den Vertrieb der Policen beantragen. Lokale Anbieter bekommen diese deutlich schneller und können diese auch bündeln.

Es gibt also keine echte Reziprozität. Wegen des aggressiven Protektionismus im Inneren sind deshalb auch die Auslandsinvestitionen Chinas möglicherweise anders zu beurteilen als die von anderen Ländern. In der Regel ist nicht erkenntlich, wer hinter einem Investor steht, ein vermuteter staatlicher Einfluss bewahrheitet sich meist. Deshalb wird der Einstieg chinesischer Staatskonzerne bei deutschen Unternehmen skeptisch beäugt. So will zum Beispiel eine Tochter des Staatskonzerns China Iron & Steel Research Institute Group den sächsischen Mittelständler Cotesa, einen Zulieferer für Unternehmen wie Airbus und Boeing, übernehmen. Das Bundeswirtschaftsministerium hat sich in die geplante Transaktion eingeschaltet. Doch die Beamten müssen diesen und andere Fälle mit Augenmaß betrachten: China ist unser Partner, unser Wettbewerber und auch unser Herausforderer. Gegner ist die Volksrepublik (noch) nicht.

Fehlende Reziprozität gehört zu den alljährlich vorgetragenen Kritikpunkten der europäischen Handelskammer, die gemeinsam mit der deutschen Regierung diese wiederholt einfordert: Reziprozität sei der Schlüssel und die Lösung. Wenn China ausländische Eigentümerschaft auf 49 Prozent der Anteile beschränke, so sollte man das Gleiche im umgekehrten Falle tun. Das liest sich zwar gut, es ist aber fraglich, ob sich das durchsetzen lässt.

Im Laufe des Jahres 2018 wird voraussichtlich ein von Frankreich, Deutschland und Italien initiiertes EU-Gesetz verabschiedet werden, das besagt, dass künftig ausländische Direktinvestitionen genauer geprüft werden sollen. Dies bezieht sich auch auf kritische Bereiche wie etwa künstliche Intelligenz, Robotik oder Informationstechnologie und Versorgungssicherheit. Diese Art von Prüfung ist bereits in vielen anderen Ländern wie den USA und verschiedenen asiatischen Staaten gängige Praxis, insofern wäre es kein Verstoß gegen Reziprozität. Im Gegenteil es wäre eine Annäherung an bereits existierende Standards.

Wichtig ist, dass deutsche Wirtschaftsunternehmen trotz der bestehenden Chancen im Riesenmarkt China sich nicht zu abhängig von diesem machen, wie es in einigen Sektoren der Automobilindustrie in den letzten Jahren geschehen ist. Zwar war die Volksrepublik bislang durchaus auf deutsche Technologie etwa im Maschinen- und Anlagenbau angewiesen, doch mittlerweile hat die chinesische Wirtschaft ein

Niveau erreicht, das es ihr ermöglicht, die Nachfrage in vielen Bereichen selbst zu bedienen. Die Konkurrenz in China wird somit für deutsche Unternehmen stärker werden.

Im Jahr 2017 betrug die *Summe der chinesischen Investitionen* in Deutschland 11,2 Milliarden Euro – knapp eine Milliarde mehr als 2016 und damit ein neuer Rekord. 54 von 247 Käufen wurden in Deutschland getätigt, Übernahmen in Großbritannien und Italien folgen mit 44 beziehungsweise 24 Käufen auf den Plätzen zwei und drei.

Die *Gesamtanzahl* der chinesischen Käufe ist in Deutschland jedoch um rund ein Fünftel zurückgegangen und in Europa sogar um ein Drittel auf insgesamt 57,6 Milliarden Euro. Dies hängt zum einen damit zusammen, dass die chinesischen Aufsichtsbehörden strengere Kontrollen für Übernahmen im Ausland eingeführt und Auflagen verabschiedet haben, um den Kapitalabfluss zu kontrollieren. Nach aktuellem Stand müssen Übernahmen, die 1 Milliarde Euro übersteigen, besonders gut begründet werden.

Doch auch die europäischen Firmen sind vorsichtiger geworden. Aufgrund vieler geplatzter Transaktionen und teils betrügerischer Strukturen verlangen inzwischen viele Unternehmen hohe Garantiesummen vor Vollzug eines Kaufvertrages.

Nach wie vor sind die chinesischen Unternehmen sehr interessiert an den Bereichen Industrie, Mode, Einzelhandel, Lebensmittel und Pharma. Besonders gern kaufen Chinesen allerdings Hidden Champions in den Bereichen Maschinenbau und Automobilbau. Geografischer Schwerpunkt der chinesischen Aktivitäten in Deutschland ist der Südwesten, wo beispielsweise vom Automobilzulieferer ZF Friedrichshafen der Bereich Fahrzeugbedienungssysteme übernommen wurde. Das Startergeschäft von Bosch ging für rund eine halbe Milliarde Euro an ein chinesisches Konsortium.

Anfang 2018 hatte für Überraschung und auch für Unmut gesorgt, dass sich Li Shufu, der Gründer des chinesischen Autobauers Geely, mit knapp 10 Prozent am deutschen Vorzeigekonzern Daimler beteiligen konnte. Die Daimler AG ist wie andere deutsche und internationale Automobilkonzerne seit längerem in China tätig und von den dortigen Umsätzen stark abhängig. Mit der Firma BAAIC und BYD hat Daimler starke Partner vor Ort. Warum also noch ein chinesischer Partner?

Li Shufu hatte sich bereits vor einigen Jahren erfolgreich Volvo einverleibt und zu einem profitablen Unternehmen gemacht. Trotz aller Erfolge ist Li in China nicht so akzeptiert wie andere Autofirmen; Geely ist das einzige private Automobilunternehmen ohne staatliche Beteiligung. Deswegen hat Li Probleme, mit den Marktführern von Elektroautos wie BYD zusammenzuarbeiten. Dennoch ist es sein ehrgeiziges Ziel, bis zum Jahr 2020 zum überwiegenden Teil nur noch hybride oder Elektroautos herzustellen. Um die notwendige E-Autotechnologie zu erlangen, sucht er darum den Umweg über Daimler. Mithilfe eines Aufsichtsratspostens hätte er die Möglichkeit, an wichtiges Know-how zu gelangen. Doch es muss gar nicht unbedingt ein Aufsichtsratsposten sein, die Beteiligung an Daimler eröffnet vielleicht andere Wege, um Zugriff auf die F&E-Ergebnisse des Konzerns zu erhalten. Li Shufu agiert dabei in einem juristischen Graubereich, wie die unerwartete Offenlegung eines 9,99-Prozent-Anteils der Aktien zeigt.

Im Februar 2018 verkündeten BAAIC und Daimler, gemeinsam 1,5 Milliarden Euro in einen neuen Standort in Peking zu investieren, um neue Mercedes-Modelle »Made in China for China« zu produzieren. Dies dürfte für viele Großunternehmen mit Präsenz in China ein neuer Fokus werden. Daimler, bei Premiumautomobilen hoch profitabel und inzwischen wieder global führend, sieht sich mit seinen Partnern für die Zukunftsfelder Elektromobilität, autonomes Fahren und Dienstleistungen gut aufgestellt. Dies ist auch notwendig, denn bislang fehlt Daimler im Vergleich zu BMW der Anschluss an die E-Mobilität. In der Kombination kann für Daimler eine große Chance liegen.

Die Einführung einer Elektroautoquote von 10 Prozent, die China bis 2019 plant, zeigt einmal mehr, wie sehr die Volksrepublik langfristig bestrebt ist, durch Industriepolitik und staatliche Eingriffe vorübergehend genutzte ausländische Technologie durch chinesische Technologie zu ersetzen. Zudem dürfte der Rückstand bei Verbrennungsmotoren kaum aufzuholen sein, die Konzentration auf E-Mobilität hingegen eröffnet für China die Chance, den Weltmarkt zu erobern, zumal deutsche Hersteller sich in diesem Punkt nur langsam entwickeln und bewegen.

Nach einer Studie der Unternehmensberatung McKinsey wurden im Jahr 2016 375 000 Elektroautos von chinesischen Firmen hergestellt. Dies bedeutet einen Anstieg um 43 Prozent in der Elektro-Automobilproduktion weltweit. Bereits im Jahre 2015 hatten die chinesischen Hersteller einen Weltmarktanteil von 40 Prozent. Damit sind auf Chinas Straßen weltweit die größte Anzahl von Elektroautomobilen unterwegs.

Das Land hat damit in dieser Hinsicht erstmalig die USA überholt. Schon 2013 war es der größte Automobilmarkt der Welt – und in anderen Branchen spielt sich Vergleichbares ab. Chinas Vorteil ist, zugleich der größte Absatz- wie der größte Herstellungsmarkt der Welt zu sein für ausgewählte Branchen, die sich in immer schnellerer Folge abwechseln. Im Jahr 2010 hat McKinsey einen Elektroauto-Index erschaffen und nationale Märkte im Hinblick auf Produktion und Nachfrage analysiert. Unter bestimmten Gesichtspunkten wurden im Jahr 2016 15 Länder aus allen Kontinenten untersucht. Sowohl auf der Produktions- wie auch auf der Nachfrageseite hat China bei weitem die Mitbewerber übertroffen.

Aber China zeichnet sich nicht nur durch die hohe Zahl verkaufter Elektromobile aus, sondern bietet auch eine enorme Bandbreite an verfügbaren Modellen. 24 neue Automodelle wurden allein 2016 im chinesischen Markt vorgestellt. Mittlerweile können chinesische Kunden zwischen über 75 verschiedenen Elektroautotypen wählen, weitaus mehr als in jedem anderen Land. Zudem gibt es Erleichterungen von staatlicher Seite: Die Zulassung von Neufahrzeugen ist seit mehreren Jahren stark beschränkt, um Emissionen zu reduzieren. Wer in China ein Auto kaufen will, muss an der staatlichen Kfz-Kennzeichen-Lotterie teilnehmen, um eine Zulassung zu gewinnen. Dies kann oftmals Jahre dauern. In einigen großen Städten wie Peking oder China sind Elektroautomobile von der Lotterie ausgenommen: Eine Zulassung ist ohne größere Umstände möglich.

Diese und ähnliche Erleichterungen sollen vor allem erstmalige junge Autokäufer zu E- Mobilen locken. Insgesamt addieren sich laut McKinsey die Steuervorteile und Nachlässe auf rund 23 Prozent des Gesamtpreises eines Elektroautos. Im Vergleich zu skandinavischen Ländern fallen die Beihilfen zwar niedriger aus – in Dänemark zum Beispiel betragen diese 49 Prozent, in Norwegen 45 Prozent –, doch sie sind höher als die Beihilfen, die in den USA (18 Prozent), Deutschland (13 Prozent) und Japan (10 Prozent) angeboten werden. Für die Zukunft hat die chinesische Regierung angekündigt, ab dem Jahr 2020 von Direktsubventionen langsam zu nichtmonetären Anreizen überzugehen.

Laut McKinsey ist es dennoch nur schwer abzuschätzen, wohin die Reise langfristig geht. Elektromobile machten 2016 nur 1,4 Prozent des chinesischen Marktes aus, in Norwegen hingegen waren es 24 Prozent. Auf der anderen Seite wird in China in die Infrastruktur investiert: 2016 gab es 107 000 offizielle öffentliche Ladestationen für Elektromobile, das bedeutet einen Anstieg von 118 Prozent gegenüber 2015.

Der Volkswagen-Konzern reagiert bereits auf den Druck der chinesischen Führung: In den nächsten zwei bis drei Jahren will VW in China mit seinen Partnerunternehmen vermehrt Elektroautos auf den Markt bringen. Bis 2025 sollen insgesamt Investitionen in Höhe von 10 Milliarden Euro fließen.

Aber Elektroautomobile sind nur ein Bereich: Die globale Auto-Studie 2018 der Beratungsfirma KPMG zeigt Überraschendes: Für sie wurden 900 Führungskräfte aus der Automobil- und Tech-Branche nach den kommenden Trends befragt. Das unerwartete Ergebnis: Für 2040 wird ein ausgeglichenes Kräfteverhältnis von Verbrennungsmotoren (25 Prozent), Hybridantrieben (24 Prozent), batterieelektrischen Fahrzeugen (26 Prozent) und brennstoffzellenelektrischen Antrieben (25 Prozent) erwartet.

Brausen also deutsche Autohersteller – die sich ja nur langsam in den Elektroautomobilmarkt vorwagen – schon jetzt in die falsche Richtung, indem sie es vernachlässigen, sich in Fragen des Antriebs breit aufzustellen?

Wie schnell Technologieführerschaft verloren gehen kann, zeigt die *Zugbranche*. Diese ist mittlerweile von der chinesischen Politik auserkoren, zum wichtigsten Mobilitätsträger zu werden und die Mobilität nachhaltig zu verändern. Schon 2005 hat Siemens den ersten Hochgeschwindigkeitszug gebaut, der Peking mit dem 120 Kilometer entfernten Tianjin verbindet. Dabei ist viel Know-how an den staatlichen chinesischen Eisenbahnkonzern CRRC transferiert worden. Mittlerweile ist durch konsequente Weiterentwicklung eine eigene chinesische Marke entstanden.

Mittlerweile hat China mit 15 000 Kilometern das längste Schnellzugnetz der Welt; es ist fast sechsmal so umfangreich wie das deutsche. Für die 1 200 Kilometer lange Strecke zwischen Peking und Schanghai werden gerade einmal dreieinhalb Stunden benötigt bei einer Geschwindigkeit von durchschnittlich 350 Stundenkilometern. Die Züge werden von der China Railway Rolling Stock Corporation (CRRC) gebaut.

Für die chinesische Regierung hat der Ausbau des Schienennetzes absolute Priorität. Die Seidenstraßen-Initiative (mehr dazu im Kapitel »Die Seidenstraßen-Initiative« in Teil II) hat dies noch forciert. Europa soll fest mit China verbunden werden – vielleicht sogar eingebunden. Dennoch produziert CRRC seine Züge derzeit hauptsächlich für den Binnenmarkt. Erste Vorstöße in den Weltmarkt sind jedoch erfolgt, sicherlich werden sie weiter zunehmen. CRRC ist damit im direkten Wettbewerb mit Deutschland. Hier fusionierten mittlerweile Siemens und der französische Zughersteller Alstom, um mit dem technologisch inzwischen erstklassigen Konkurrenten mitzuhalten. Die chinesischen Hochgeschwindigkeitszüge, die dem deutschen ICE entsprechen, werden erfolgreich nach Südostasien und andere asiatische Länder sowie in den Nahen Osten und sogar die USA verkauft. Einzig die Japaner versuchen dagegenzuhalten, indem sie die Shinkansen-Technologie nach Indien verkaufen. Da die Staatschefs Narenda Modi und Shinzo Abe sowohl wirtschaftlich als auch politisch ein Gegengewicht zu Chinas beginnender Übermacht bilden wollen, könnte dies für die Zukunft auch in Afrika ein Modell sein.

Aber nicht nur in der Mobilitätsbranche, auch in der Währungspolitik tut sich einiges. Durch den Rückzug der USA unter Präsident Trump aus der globalen Führungsrolle wird ein Ende der »Dollar-Diplomatie« wahrscheinlicher. Bedeutet dies aber den Aufstieg einer »Renminbi-Diplomatie«?

Schon seit den neunziger Jahren, als sich China umfassend reformierte, strebt die chinesische Regierung danach, die Rolle des Renminbi in der internationalen Finanzwelt auszubauen, um so das geopolitische Ansehen Chinas zu stärken. In energischen Schritten versuchte die Regierung die Internationalisierung der chinesischen Währung zu erreichen. Doch faktisch folgen die Märkte bislang weiterhin anderen Leitwährungen, sodass bis 2030 ein Renminbi als internationale Leitwährung äußerst unwahrscheinlich ist.

Einer der Hauptgründe für die untergeordnete Rolle ist, dass der Renminbi nach wie vor international als unreif gilt. Er ist nicht liquide und außerhalb der ausgewiesenen Offshore-Märkte nicht ohne weiteres umtauschbar. Sogar China selbst nutzt den Renminbi im Welthandel nur zu einem Viertel. Es ist kein Zufall, dass die chinesischen Vorzeigeweltunternehmen Alibaba, Baidu und Tencent an den Börsen in New York und Hongkong gelistet sind, wo sie entweder in US- oder Hongkong-Dollar bewertet werden. Auch die meisten der schnell expandierenden Auslandsinvestitionskredite in China erfolgen in US-Dollar.

Zudem gibt es bislang noch kein klares Commitment der chinesischen Führung, den Renminbi nachhaltig als Leitwährung und echte Alternative zum US-Dollar zu etablieren. Stattdessen war bisher die offizielle Linie der chinesischen Regierung, einen kooperativen Ansatz zu wählen. Auch weiterhin scheint die chinesische Regierung ein System zu verfolgen, in dem mehrere nationale Währungen Platz haben.

Ein wichtiger Schritt der Währungsausweitung war allerdings, dass sich im Januar 2018 die chinesische Großbank ICBC mit über 54 000 Mitarbeitern auch in der Schweiz ansiedelte. Die ICBC ist die größte und wertvollste Bank im weltweiten Vergleich, sie ist nach der Bank of China das zweite chinesische Geldinstitut, das sich in Zürich niederlässt. Die ICBC hat den Ruf, marktorientierter zu sein als andere staatsnahe Institute. Die Verbindung des Instituts zur Schweizer Finanzbranche und zur eidgenössischen Finanzmarktaufsicht FINMA gelten als gut. Die Schweizer Großbank Credit Suisse war vor über zehn Jahren federführend beim Börsengang der ICBC, und die beiden Banken unterhalten auch ein Joint Venture im chinesischen Markt.

Ein vielversprechender Wachstumsmarkt in China ist der *Tourismus*. Im Jahr 2016 setzte die lokale Tourismusindustrie 4,7 Billionen Yuan (74 Milliarden US-Dollar) um, 2020 dürfte diese Summe bereits 6,4 Billionen Yuan (rund 101 Milliarden US-Dollar) erreichen. Die Anzahl der Grenzübertritte aufs chinesische Festland ist von knapp 100 Millionen im Jahre 2013 auf mittlerweile 145 Millionen im Jahr 2018 angestiegen – diese Dynamik übertrifft sogar die allgemeine Dynamik des Konsumwachstums.

Aufgrund der wachsenden Einkommen der Mittelschicht werden auch weltweit die Einnahmen durch chinesische Touristen weiter stark steigen. Stammten nach Angaben des World Tourist Council im Jahre 2006 erst 3 Prozent aller Tourismuseinnahmen weltweit von Chinesen, so waren es 2016 bereits 22 Prozent. China liegt damit weltweit an der Spitze. Nach Schätzungen werden chinesische Touristen 2021 über 400 Milliarden US-Dollar im Ausland ausgeben. Das weitere Zuwachspotenzial ist gewaltig, wenn man bedenkt, dass erst 10 Prozent aller Chinesen einen Reisepass haben.

Schon heute stellen Chinesen in Staaten wie Thailand, Malaysia oder Kambodscha und zunehmend auch in Japan das größte Kontingent an ausländischen Reisenden. Der chinesischer Tourismus ist damit ein immer stärker werdender Wirtschaftsfaktor im Land selbst und für die anderen Länder geworden. Nicht zuletzt deswegen werden die regionale Infrastruktur und die Verkehrsnetze in China in rasantem Tempo ausgebaut. So entstand innerhalb von nur einem Jahrzehnt das längste Schnellbahnverbindungsnetz der Welt, auf dem über 400 Millionen Menschen transportiert werden.

Herausforderungen im Außen

Trotz des raschen Wirtschaftswachstums seit der Öffnung des Landes durch Deng Xiaoping im Jahr 1978 hat sich China lange Zeit außenpolitisch zurückgehalten und sich konsequent nicht eingemischt. Diese Zurückhaltung hatte Deng dem Land verordnet, um sich auf den wirtschaftlichen Aufschwung zu konzentrieren.

Doch diese Phase ist nun zu Ende. Xi Jinping will China zu einem zentralen Akteur der Weltpolitik machen. Durch ein starkes Netz von Handelsbeziehungen und internationalen Institutionen sollen unter der Führung Chinas dauerhaft Stabilität und Frieden gesichert werden. China ist dabei laut Xi nicht wie westliche Mächte von einem Sendungsbewusstsein getrieben, sondern begnügt sich mit einer an chinesischen Interessen und Leitprinzipien ausgerichteten stabilen Weltordnung, in der es keine neuen Krisenherde gibt. Xi will »eine Familie des harmonischen Miteinanders der Nationen« begründen und macht sich für Austausch statt Entfremdung stark.

Xi inszeniert sich als Verteidiger der Globalisierung und einer regelbasierten Weltordnung – doch ist das glaubwürdig? Geschickt nutzt er das Vakuum, das durch den Rückzug der USA unter Präsident Trump aus der Rolle der globalen Führungsmacht entsteht. Aber schützt

China wirklich den freien Welthandel? Ist er wirklich der Verteidiger der Klimapolitik gegen den auf Protektionismus und Isolation setzenden US-Präsidenten?

Oder betreibt Xi nur eine besonders geschickte »China first«-Politik? Handelt es sich womöglich um eine breit angelegte Eroberungsstrategie eines merkantilistischen Sozialismus, die an vielen Fronten implementiert wird? Sind Industriepolitik, Währungs- und Handelskrieg, Aufrüstung, Innovation-, Infrastruktur- und Entwicklungshilfe lediglich ineinandergreifende Teile eines globalen, langfristigen Masterplans, der Sun Tsu, General von Clausewitz und Alexander dem Großen – dem es ja um eine Verbindung von Ost und West ging – alle Ehre machen würde? Fest steht: Xi will China als starke, in Gegensätzen geübte Kraft positionieren; das wird nicht nur bei Handelsabkommen und in der Klimapolitik deutlich, sondern auch in einer globalen *Außenwirtschaftspolitik*.

Allein in den letzten zwölf Jahren hat sich Chinas Außenhandel mehr als verzehnfacht; 2016 exportierte China Waren im Wert von mehr als 2 Billionen US-Dollar, die Importe erreichten eine Höhe von fast 1,6 Billionen US-Dollar. Im Inland hingegen verliert das Wirtschaftswachstum an Tempo. Ist China also in der Falle der mittleren Einkommen gefangen? Hat es deswegen den Blick in die unmittelbare Nachbarschaft gelenkt, um durch die Seidenstraßen-Initiative ein neues Handelsnetz zwischen Asien und Europa zu spannen? Oder sollen nur Deflation und industrielle Überkapazität, die zum Beispiel im Stahlsektor viele Millionen Tonnen beträgt, exportiert werden – nebst dem merkantilistischen Sozialismus »chinesischer Prägung«?

Nicht nur im Rahmen des Seidenstraßenprojekts, sondern auch in Afrika und Südamerika investiert China Riesenbeträge. So ist China seit 2009 der größte Handelspartner Afrikas, unter anderem hat es in Kenia eine 470 Kilometer lange Eisenbahnstrecke von Mombasa nach Nairobi gebaut, die 2017 fertiggestellt wurde. Seit jeher ist China geschickt darin, Außenpolitik für geopolitische Zwecke wie etwa Rohstoff- und Energiesicherung zu nutzen.

Auch der kulturelle und politische Einfluss Chinas in diesen Ländern ist nicht zu unterschätzen. China offeriert zum Beispiel Wissenstransfer und Schulung etwa beim Aufbau von Infrastruktur und Millionenstädten. In der Regel bietet die Volksrepublik ein Gesamtpaket an, das neben der Projektfinanzierung auch Weiterbildung und Dienstleistungen beinhaltet. Dadurch wird auch eine politische Botschaft vermittelt: dass das chinesischen Modernisierungsmodell erfolgreich ist und kopiert werden sollte. Diese Botschaft findet immer mehr Gehör bei afrikanischen und lateinamerikanischen Machthabern und Staaten.

Teil dieser Botschaft ist, dass es eine vereinte und starke Regierung wie in China braucht, um erfolgreich einen solchen Modernisierungsprozess durchzuführen. Dies ist die eigentliche Bedeutung dieser Programme, denn so wird der Export der chinesischen Modernisierung und konkludent auch des politischen Systems propagiert. Im Wettbewerb der politischen Systeme tritt China immer offensiver auf und achtet darauf, dass durch die spürbare politische und wirtschaftliche Schwäche des Westens die Überlegenheit des chinesischen Systems immer stärker wahrnehmbar wird.

Zugleich versucht China, die vom Westen geschaffenen multinationalen Institutionen zu umgehen oder umzugestalten. Da die Weltbank von den USA und die asiatische Entwicklungsbank ADB von Japan dominiert werden, hat sich China erfolgreich gegen viele Widerstände durchgesetzt und sich eine eigene Weltbank in Gestalt der Asiatischen Infrastruktur Investmentbank (AIIB) geschaffen. Zu den 57 Gründungsmitgliedern zählen auch Deutschland und die Schweiz.

Die Europäische Union wird unterminiert durch die so genannte 16+1-Initiative, mit deren Hilfe China versucht, sich durch viel Geld Einfluss zu erkaufen in mittel- und osteuropäischen Staaten, darunter auch etliche EU-Mitgliedstaaten. Auch in Zusammenschlüssen wie den BRICS-Staaten, der Schanghaier Organisation für Zusammenarbeit und einer neu gegründeten multilateralen Investitionsbank sowie einer neuen Ratingagentur versucht China, die Führungsrolle einzunehmen und zu gestalten.

Bislang zahlen sich diese Erfolge Chinas außenpolitisch nur zögerlich aus. Am 1. Dezember 2017 haben die USA die Welthandelsorganisation WTO offiziell davon in Kenntnis gesetzt, dass sie Widerspruch dagegen einlegen wird, China den Status einer Marktwirtschaft zu verleihen. Dies hat in China viel Kritik ausgelöst. Die chinesische Führung wies darauf hin, dass mit dem Beitritt Chinas in die WTO im Jahre 2001 das Versprechen gegeben wurde, mit dem Ablauf des Jahres 2016 der Volksrepublik automatisch den Marktwirtschaftsstatus zu verleihen, wie dies auch bei 160 anderen Mitgliedstaaten der Fall gewesen war.

Allerdings waren die Chinesen vorgewarnt durch die Asienreise von US-Präsident Trump im November 2017, bei der dieser die WTO und die multilateralen Handelsabkommen seit dem Zweiten Weltkrieg kritisierte. Von einem ausdrücklichen Support des Welthandelssystems war nicht die Rede. Präsident Xi Jinping hingegen lässt kaum eine Gelegenheit aus, die globale Führungsrolle Chinas zu betonen, die mit sich bringe, dass China seiner Verantwortung gerecht werde, indem es in der WTO aktiv werde und das weltweite multilaterale Handelssystem unterstütze. China betont dabei, wie viele Reformen es bereits erfolgreich umgesetzt habe, was die USA und Europa aber ignorierten.

Hand in Hand mit der Internationalisierung der Wirtschaftspolitik versucht China, durch die geschickte Schaffung neuer Instrumente seinen Einfluss in der Welt zu erhöhen. Dazu gehört auch eine neue *militärische Stärke.*

Der chinesische Militärhaushalt wächst seit 2010 zweistellig und ist hinter den USA der zweitgrößte der Welt, allerdings investieren die USA immer noch fünfmal so viel in Rüstung wie China. Mittelfristig plant die Volksrepublik aber, hinsichtlich der Aufrüstung mit den USA gleichzuziehen. Das Militärbudget für das Jahr 2017 ist mit 174 Milliarden US-Dollar 8,1 Prozent höher als das des Vorjahrs. Der Hauptteil fließt in Ausrüstung, Ausbildung und Versorgung der Streitkräfte.

Im Herbst 2017 hat Xi versprochen, dass Peking bis zur Hundertjahrfeier im Jahr 2049 auch militärisch eine Weltmacht sein wird. Dafür ist ein technologischer Quantensprung notwendig, er wird angestrebt, und er ist möglich. China hat zum Beispiel mit dem Bau des J-20 Stealth Fighter die USA überrascht, in diesem Zusammenhang hat es zugegeben, das hoch moderne Kampfflugzeug vom Typ SU-35 aus Russland importiert und weiterentwickelt zu haben. Schon bald soll die DF-41-Interkontinentalrakete vorgestellt werden, die multiple Sprengköpfe tragen kann und schwer zu entdecken ist. Die neue DF-21D-Rakete ist eine tödliche Gefahr für amerikanische Flugzeugträger. Zugleich erweitert sich laufend der Operationsradius der Volksrepublik. So hat Ende 2017 ein Marineverband eine 25-tägige Reise von 8 000 Kilometern von der Südchinesischen See bis zum Indischen Ozean unternommen.

Die konsequente qualitative und quantitative Aufrüstung Chinas könnte ein Wettrüsten auslösen oder zumindest beschleunigen. US-Präsident Trump hat beispielsweise das Verteidigungsbudget für 2019 um 7 Prozent auf 617 Milliarden US-Dollar erhöht. Das ist der höchste Betrag seit 2011 und das Vierfache des chinesischen Budgets. Nicht ganz zu Unrecht weisen chinesische Politiker gern darauf hin, dass auf einer Pro-Kopf-Basis das chinesische Militärbudget das niedrigste einer führenden Macht weltweit ist. Dennoch sind die chinesischen Pläne ehrgeizig. So hat der Staatskonzern China Shipbuilding Industry (CSIC) angekündigt, nach der erfolgreichen Entwicklung von Atom-U-Booten nun einen atomgetriebenen Flugzeugträger zu kreieren. Es gibt zwar noch keinen offiziellen Termin, doch hat CSIC zugesagt, bis 2025 zu liefern. Dies wäre ein großer Erfolg, denn noch 2012 musste ein abgewrackter russischer Flugzeugträger gekauft werden, der 2017 als »Liaoning« in Dienst gestellt wurde.

Derzeit wird angeblich ein zweiter Flugzeugträger in Schanghai gebaut. Gerüchtweise soll in der nördlichen Stadt Dalian ein dritter atomgetriebener Träger produziert werden. Zudem soll 2030 ein vierter nuklearer oder gar mit einer Brennstoffzelle angetriebener Träger in Dienst gestellt werden.

Doch trotz aller Fortschritte ist das Land noch weit davon entfernt, eine globale Supermacht zu sein. Nach wie vor ist China nicht in der Lage, auf zwei unabhängigen Kriegsschauplätzen mehrmonatige Konflikte durch zwei unabhängig agierende Flugzeugträgerverbände zu bewältigen. Dennoch hat Xi durch die Änderung der Kommandostruktur, den Austausch von Führungskräften, die Anschaffung beziehungsweise Entwicklung neuer Hardware und einen Wechsel der Militärdoktrin den Schwerpunkt der Volksbefreiungsarmee deutlich geändert. Die reine Landesverteidigung durch ein großes Heer steht heute nicht mehr im Vordergrund. Durch eine massive Aufrüstung vor allem von Marine und Luftwaffe und durch die gezielte Förderung von Logistik, Ausbildung und Strategie liegt der Fokus inzwischen darauf, bewaffnete chinesische Kräfte im Ausland einsetzen zu können.

Aber bedeutet dies, dass China von nun an auf militärischen Expansionskurs gehen wird? Eher nicht, denn nach wie vor dürfte das »Weltklasse-Militär« das Xi schaffen will, vor allem defensiv ausgerichtet sein mit dem Ziel, nationale Interessen und globale Gestaltungsansprüche zu sichern und zu untermauern. Natürlich kann es im Süd- und Ostchinesischen Meer zu mehr Konflikten mit Taiwan, Japan, Vietnam und auch Indien kommen, doch zunächst ist dieser Prozess nicht per se auf militärische Aggression gerichtet. Dennoch verschärft sich die militärische Rhetorik, was auch an den USA liegt, deren Verteidigungsminister James Mattis im Januar 2018 offen aussprach, dass sich die Vereinigten Staaten in einem Duell mit einer künftigen Supermacht befinden: mit China. Dies sei in den Augen der USA noch gefährlicher als Russland.

Unter anderem deshalb ist eine starke Marine für China wichtig. Zudem gibt es eine intensive Aufrüstung im Bereich der landbasierten Raketensysteme zur Schiffsabwehr, die von gewaltiger Feuerkraft sind. Sie sollen verhindern, dass ausländische Mächte im Südchinesischen Meer patrouillieren. Die immer weiter reichende Feuerkraft von Chinas Küstenartillerie wird es seiner wachsenden Marine erlauben, sich immer weiter von der eigenen Küste zu entfernen. Dies hat sich bereits im September 2015 angedeutet, als die Chinesen vor Alaska – nach Einholung einer Genehmigung durch die USA – mit fünf Schiffen durch US-amerikanische Hoheitsgewässer fuhren.

Was China fehlt, ist der freie Zugang zum Pazifik. Dieser wird im Nordosten vor allem durch Japan und die Senkaku-Inseln eingeschränkt. Der Streit um die Oberhoheit über die rund 200 winzigen Inseln vergiftet und belastet seit Jahren Chinas Verhältnis zu seinen Nachbarn. Neben geopolitischen Interessen spielen auch die Erdgaslager im Ostchinesischen Meer eine Rolle.

Südwestlich der Senkaku-Inseln liegt Taiwan, das die Volksrepublik gern wieder als zwanzigste Provinz einbinden würde. Dabei setzt sie nicht auf militärische Gewalt, sondern versucht es indirekt über die Verstärkung von Handel und Tourismus zwischen den beiden Staaten.

Um aus den Golfstaaten weiterhin Gaslieferungen beziehen zu können, müssen chinesische Schiffe durch das Südchinesische Meer vorbei an Vietnam und den Philippinen, bis sie die Straße von Malakka passieren können. Diese liegt zwischen Malaysia, Singapur und Indonesien – und alle drei Staaten sind diplomatisch und militärisch mit den USA verbunden sind. Darum ist die Straße von Malakka ein großes Ärgernis für die Volksrepublik. Sie ist rund 800 Kilometer lang und an der schmalsten Stelle gerade einmal 3 Kilometer breit. Ein Nadelöhr. Aus diesem Grund unterstützt China den Bau eines Kanals am Krat Isthmus in Thailand: Es möchte mehr Bewegungsfreiheit.

Im Südchinesischen Meer befindet sich außerdem das »Mischief Riff«, es ist Teil der Spratly-Inseln und Gegenstand langjähriger territorialer Auseinandersetzungen zwischen China und anderen Anrainerstaaten. Es liegt mehr als 1 000 Kilometer südlich des chinesischen Festlands in der ausschließlichen Wirtschaftszone der Philippinen. Neben China erheben auch Taiwan und Vietnam Anspruch darauf. Bis die Volksrepublik begonnen hat, das Riff baulich zu verändern und damit faktisch zu besetzen, lag dieses fast vollständig unter Wasser. Aus den ersten provisorischen Eingriffen, die angeblich zum Schutz der Fische errichtet wurden, sind inzwischen Betonbauten geworden. Seit Jahren schwelt der Streit, in der letzten Zeit häufen sich gewalttätige Zwischenfälle.

Vor allem Peking geht in dieser Frage immer offensiver vor. Um den Anspruch auf die Inseln zu untermauern, benötigt die chinesische Marine und die Küstenwache Stützpunkte im Meer. Dies führt zu mannigfaltigen Konflikten, denn um seinem Ziel näher zu kommen, setzt China Roboter zur Landgewinnung ein, die aus einer Reihe von Riffen und Atollen Inseln mit eigenen Flugplätzen schaffen. Auf immer mehr dieser künstlichen Inseln sind Artillerie und Flugabwehrraketen stationiert.

Um also die Seehandelswege für die Rohstoffversorgung wie auch den Export von Waren zu sichern, will China seine Präsenz im Südchinesischen Meer ausbauen. Es kann sich keine existenzgefährdende Blockade der Straße von Malakka leisten und versucht darum, dem mit allen Mitteln der Diplomatie und mithilfe einer stetig wachsenden Marine vorzubeugen. Mit Zuckerbrot und Peitsche will die Volksrepublik die Staaten Südostasiens von den USA weglocken.

Neben dem Pazifik behält China auch den Indischen Ozean im Blick. Hierfür investiert China in Hochseehäfen in Myanmar, Bangladesch, Pakistan und Sri Lanka. China erkauft sich mit diesem Einsatz gute Beziehungen und die Möglichkeit, dort künftig Marinestationen einzurichten. Ein noch größerer Plan sind die Häfen im Indischen Ozean und im Golf von Bengalen zur Zukunftssicherung von China. Eine Schlüsselrolle für die Schaffung eines alternativen Landwegs nach China wird die Pacht des neuen Tiefseehafens im pakistanischen Gwadar sein – vorausgesetzt, die pakistanische Provinz Belutschistan bleibt stabil. Außerdem hat China vor der Küste von Myanmar große Pipelines für Erdgas und Öl gebaut, die den Golf von Bengalen mit Südwest-China verbinden.

Der 19. Parteikongress der Kommunistischen Partei Chinas veränderte nicht nur die Stellung Xi Jinpings, sondern brachte auch Veränderungen für die Innen- und die Wirtschaftspolitik, die auch die *Beziehung Chinas zu seinen Nachbarn* in Asien verändern werden.

In der Außenpolitik wurden die Ratschläge von Deng Xiaoping aufgegeben, zum Beispiel »den rechten Augenblick abzuwarten«, seine »Fähigkeiten zu verbergen« oder »nicht die Führung zu beanspruchen«. Das Gegenteil ist nun der Fall: Xi Jinping hat ein neues Zeitalter ausgerufen und ist zunehmend bereit, bei territorialen Konflikten, ob nun im Ost- oder Südchinesischen Meer, oder bei multilateralen Organisationen eine aktive Rolle zu übernehmen oder sogar neue Institutionen ins Leben zu rufen. Die Gründung der AIIB und das gewaltige Seidenstraßenprojekt sind deutliche Beispiele dafür. Dies betrifft die Nachbarn von China mittel- und zum Teil sogar unmittelbar.

Für China geht es um die Balance zwischen seinen regionalen und globalen Interessen, nach wie vor versucht die Volksrepublik dabei, den Eindruck einer Hegemonialmacht zu vermeiden. Die Nachbarstaaten wollen einerseits von Chinas Wirtschaftsleistung und Freigebigkeit partizipieren – für viele asiatische Staaten ist es der wichtigste Wirtschaftspartner geworden und das Import- und Exportvolumen sind gewaltig –, müssen aber gleichzeitig den politischen und sicherheitspolitischen Herausforderungen begegnen, die dadurch entstehen.

In *Südasien* ist *Indien* Chinas bedeutendster Gegenspieler und weist, was die Größe und Geschichte anbetrifft, viele Parallelen auf. Allerdings war Indien im Laufe seiner dreitausend Jahre alten Geschichte überwiegend föderalistisch und dezentral strukturiert, während China die meiste Zeit, insbesondere zwischen 221 vor und 1911 nach unserer Zeitrechnung, in einem zentralistischen Kaiserreich straff organisiert war.

Seit seinem Amtsantritt 2014 versucht Premierminister Narendra Modi mehr Direktinvestitionen von chinesischen Unternehmen in Indien zu erreichen. Vor allem das Straßen- und Schienennetz muss dringend ausgebaut werden. Auch eine Unterstützung der Kampagne »Make in India« wird von Indien angestrebt.

Die Voraussetzungen sind also eigentlich gut, dass der wirtschaftliche Austausch der beiden Länder wieder erblüht wie während der ersten Jahre des Jahrtausends. Indien erzielte damals Überschüsse, die sich schon bald jedoch in einer dauerhaften negativen Bilanz mit China verfestigten. Dies liegt daran, dass Indien wie viele andere Länder vor allem Rohstoffe und Verbrauchsgüter exportiert, aus China jedoch vor allem Fertigprodukte importiert.

Die chinesischen Investitionen in Indien sind dennoch gestiegen: von gerade einmal 16 Millionen US-Dollar im Jahr 2007 auf 243 Millionen US-Dollar im Jahr 2014. Umgekehrt erhöhten sich die indischen Investitionen in China von 52 Millionen US-Dollar im Jahr 2006 auf 564 Millionen US-Dollar im Jahr 2014. Indische Unternehmen haben wie westliche Firmen Probleme, in China Aufträge zu erhalten, und machen dafür das undurchsichtige Rechtssystem verantwortlich, was in ihren Augen insbesondere indische Farmer und IT-Firmen behindert.

Andererseits sind chinesische Investoren für junge Technologieunternehmen in Indien äußerst wichtig geworden, wie etwa Alibaba bei Paytm und BigBasket. Dies wird in indischen Politik- und Sicherheitskreisen jedoch nicht positiv gewertet, vielmehr vertieft es ein latent vorhandenes Misstrauen gegenüber der geopolitischen Ambitionen von China. Erschwert wird die Situation dadurch, dass sich Indien gegenüber seinen kleineren Nachbarn Bangladesch und Pakistan wenig kooperativ zeigt. Dies führt dazu, dass China in verschiedenen Regionen und Ländern Südostasiens zunehmend als Gegenspieler von Indien betrachtet wird. Darauf hat wiederum Indien reagiert und nicht zuletzt wegen chinesischer Übergriffe eine neue Gebirgstruppe an der umstrittenen Grenze zu Kaschmir aufgestellt, die gegen China gerichtet ist.

Zudem will Indien die militärischen Beziehungen mit Japan und den USA intensivieren. Dabei steht die Marine im Zentrum der Aufmerksamkeit, was wiederum Myanmar ins Zentrum rückt, weil dort wie auch in Pakistan und Sri Lanka China diverse U-Boot-Basen unterhält. Dies wird von Indien als Bedrohung vor seiner Haustür auffasst. So gab es beispielsweise 2014 einen Eklat, als Indien das unangekündigte Auftauchen chinesischer U-Boote in Sri Lanka als »feindselige Handlung« verstand.

Die Beziehung Chinas zu *Sri Lanka* ist grundsätzlich gut. Unter dem derzeitigen Präsidenten Maithripala Sirisena ist wieder Schwung in die Beziehungen gekommen. Große Infrastrukturvorhaben im Zuge des Seidenstraßenprojekts wie etwa der Ausbau des Hafens in Colombo haben einen belebenden Effekt auf den Binnenmarkt Sri Lankas. In politischen und wirtschaftlichen Kreisen gilt China als guter Freund, den man nicht vergraulen möchte. Ein Freihandelsabkommen mit China wird angestrebt, was zum Beispiel von indischer Seite nicht der Fall ist.

Das Verhältnis zu *Japan* ist konfliktbeladen – durch Probleme in der Vergangenheit und eine akute Rivalität. Der bilaterale Handel der beiden Staaten hatte 2014 mit rund 43 Milliarden US-Dollar das größte Gesamtvolumen der Welt. Die energische Hinwendung Chinas zu hochwertiger Fertigung und einem umweltfreundlichen Wachstumsmodell wird sich zunächst auch noch weiterhin auf japanische Hochtechnologie stützen. Doch das politische Vertrauen ist auf beiden Seiten nicht besonders ausgeprägt.

Chinas Volkswirtschaft hat die Japans als zweitgrößte der Welt vor einigen Jahren überholt, das schürt Verlustängste bei den Japanern. Nicht zuletzt deswegen haben viele japanische Hersteller, die Produktionsbetriebe in China unterhielten, diese in Länder mit geringeren Lohn- und Produktionskosten verlagert; hinzu kommen die steigenden Produktionskosten in China. Der konservative Ministerpräsident Shinzo Abe begrüßt dies, denn seine Außen-, Handels- wie Innenpolitik zielt darauf ab, die frühere Bedeutung Japans im asiatischen Machtgefüge wiederherzustellen. Doch die Lage bleibt heikel. Trotz diverser chinesischer Provokationen im Südchinesischen Meer wollen viele südostasiatische Länder auf keinen Fall ein Wiedererstarken Japans in militärischer Hinsicht oder zu enge Bande zu den USA. Sie sind immer noch traumatisiert durch die brutale Errichtung der »Großasiatischen Wohlstandssphäre« durch Japan in den vierziger Jahren.

Zudem macht Japan die rasante militärische Modernisierung Chinas in wachsendem Maß Sorgen. Chinesische Rüstungsgüter, die technologisch zum Teil weit fortgeschritten sind, machen zwar nur einen kleinen Teil des Waffenhandels in Südostasien aus, doch durch die Lizenzierung nimmt der Kauf chinesischer Waffen in einigen Ländern Südasiens, vor allem in Pakistan, einen erheblichen Anteil im Haushalt ein. Außerdem scheut sich China nicht, der Welt seine Fortschritte zu zeigen. So veranstaltete es im August 2015 anlässlich der Feier des Sieges über Japan im Zweiten Weltkrieg eine gewaltige Militärparade, zu der auch andere asiatische Länder ihre Regierungschefs oder Truppen entsandten. So kamen Militäreinheiten aus Laos und Kambodscha ebenso wie aus Russland, der Mongolei, Kasachstan, Kirgistan, Tadschikistan und Pakistan. Auch der vietnamesische Präsident nahm teil. Japan aber beäugt dies misstrauisch.

Die Kernfrage bleibt, ob die auf den ersten Blick großzügig und groß angelegten Programme Chinas wirklich zur Entwicklung der Wirtschaft umliegender asiatischer Staaten dienen sollen oder letztendlich nur dazu, die politischen und innenpolitischen Ziele der Volksrepublik zu verschleiern und durchzusetzen.

Pakistan zieht wahrscheinlich den größten Nutzen aus diesen Programmen. Der »Chinesisch-Pakistanische Wirtschaftskorridor«, der anlässlich eines Staatsbesuchs im April 2015 vereinbart wurde, wird mit rund 46 Milliarden US-Dollar veranschlagt. *Bangladesch* profitiert ebenfalls von diversen Infrastrukturprojekten. Im Südwesten des Landes soll zum Beispiel mithilfe Chinas eine gewaltige Brücke über den Pamir gebaut werden, deren Preis sich auf 1,2 Prozent des BIP Bangladeschs belaufen soll.

Stärker als Südasien ist *Südostasien* wirtschaftlich mit China verzahnt. Die Beziehungen der ASEAN-Staaten zu China sind von großer Bedeutung, und hierbei besonders die zu *Thailand*, der zweitgrößten Volkswirtschaft der ASEAN. Um dessen Wettbewerbsfähigkeit zu erhalten, hat die chinesische Regierung gemeinsam mit der thailändischen Regierung das Programm »Thailand 4.0« ins Leben gerufen, eine langfristige Strategie, die ausländische Direktinvestitionen und Innovation in zehn Schlüsselindustrien wie Smartfarmen, Luftfahrt und Robotik fördern und anziehen soll.

Eine Schlüsselinitiative dieses Programms ist der so genannte Eastern Economic Corridor (EEC), durch den die östlichen Provinzen Thailands in eine Sonderwirtschaftszone verwandeln werden sollen. Dienstleistungen, aber auch Landwirtschaft, Medizin sowie Tourismus sollen die neuen Industrien und Märkte darstellen. Gerade diese eröffnen gewaltige Möglichkeiten für chinesische Unternehmen. Diese haben sich in den letzten Jahren immer häufiger in Thailand niedergelassen und die neuesten Technologien mitgebracht. Für die Entwicklung der Infrastruktur in den Ostprovinzen von Thailand mit einer Gesamtfläche von 13 285 Quadratkilometern sind 46 Milliarden US-Dollar von der Regierung bereitgestellt worden. Die Regierung hofft, durch den Bau von Flughäfen, Eisenbahnlinien und Häfen die Errichtung eines Zentrums technologisch führender Produktionsmethoden, das mit den Nachbarn durch Land- wie Luftverbindungen eng interagiert. Dies soll unter anderem durch einen thailändisch-chinesischen Hochgeschwindigkeitszug unterstützt werden und gleichzeitig eine Anbindung an die neue Seidenstraße mit sich bringen.

Zwar sind auch Kambodscha, Laos und Vietnam derzeit dabei, attraktive Rahmenbedingungen zu schaffen, um ausländisches Investment vor allem aus China anzuziehen, doch Thailand befindet sich in einer privilegierten Stellung. Dies nicht zuletzt deshalb, weil es im Herzen der ASEAN-Ländern liegt und von überall gut zu erreichen ist. Und last, but not least haben ein Drittel aller Einwohner in Thailand chinesische Wurzeln. Deswegen ist es nur folgerichtig, dass im Jahr 2016 China der zweitgrößte Investor in Thailand wurde. Der größte Investor bleibt allerdings Japan mit 15 Prozent der Investments.

Auch *Myanmar*, der unmittelbare Nachbar Chinas und Thailands, macht Fortschritte. Die politische Umwandlung einer strikten Militärdiktatur in eine zivile Regierung schreitet weiter fort. Ihren vorläufigen Höhepunkt fand sie in der historischen Bestätigung Aung San Suu Kyis als Regierungschefin im April 2016. Zwar hat sich das Militär durch 25 Prozent der Parlamentssitze und die Kontrolle des Innenministeriums, des Verteidigungsministeriums und des Ministeriums für Grenzangelegenheiten die wichtigsten Machtgrundlagen gesichert, doch ist der Prozess der politischen und wirtschaftlichen Öffnung weiterhin auf Kurs. Sowohl die EU als auch die USA sehen den Staat auf einem guten Weg, was zum Aussetzen wirtschaftlicher Sanktionen führte. Dies bewirkte geradezu eine Boomstimmung, was es bei einem rohstoffreichen Land, das doppelt so groß wie die Bundesrepublik Deutschland ist und knapp 60 Millionen Einwohner hat, nach 60 Jahren Abschottung nicht wirklich überraschend ist. Das Wirtschaftwachstum in Myanmar wird von der asiatischen Entwicklungsbank auf durchschnittlich 5 Prozent pro Jahr eingeschätzt. Man könnte es vielleicht gar als schlafenden Riesen unter den asiatischen Staaten bezeichnen. Sein Potenzial ist gewaltig und auch die strategische Lage als physisches Bindeglied zwischen den beiden Giganten China und Indien ist nicht zu unterschätzen. Der massive Ausbau der Verkehrsinfrastruktur in den nächsten Jahren wird die Wirtschaft zusätzlich voranbringen.

Vietnam ist Chinas fünftgrößter Handelspartner und sein größter Importpartner – und dies, obwohl es heftige Dispute wegen der Paracel- und Spratly-Inseln im Südchinesischen Meer gibt. 2017 sollen im bilateralen Handel 100 Milliarden US-Dollar erreicht werden. Über 10 Prozent der vietnamesischen Exporte gehen nach China, darunter vor allem Lebensmittelrohstoffe. Die Volksrepublik ist ferner Vietnams fünftgrößter Geber von internationaler Entwicklungshilfe.

Ähnlich wie im Falle Indiens stieg das vietnamesische Handelsbilanzdefizit in den letzten Jahren gegenüber China stark an. Für die meisten seiner Industrieerzeugnisse ist Vietnam auf Rohstofflieferungen aus China angewiesen. Zudem ist das Reich der Mitte der größte Abnehmer für Agrarprodukte. So ist etwa China der größte Käufer von vietnamesischem Reis.

Die *Philippinen* unter Präsident Rodrigo Duterte boomen ebenfalls wirtschaftlich. Das einzige katholische Land in Südostasien befindet sich im Inneren auf einem Stabilisierungskurs. In geostrategischer Hinsicht bedeutsam ist die Abkehr der Philippinen von den USA und ihre offensive Hinwendung zu China. Abgesehen von chinesischem Kapital und Know-how könnte sich dies auch in militärischer Kooperation niederschlagen. Nicht zuletzt sollen die Philippinen wie Indonesien und Malaysia von der maritimen Seidenstraße profitieren, deshalb hat der Staat viele Milliarden US-Dollar von China erhalten, um seine Hafeninfrastruktur auszubauen.

Soft Power

So wichtig China in wirtschaftlicher Hinsicht heute ist, kulturell hat die Volkswirtschaft noch keine Leitbildfunktion herausgebildet, in diesem Punkt hinkt es zum Beispiel Südkorea mit seinem K-Pop in der Musik und Japan im gastronomischen Bereich hinterher. Doch mehren sich inzwischen tragende Rollen für chinesische Schauspieler in Hollywood-Filmen, seit der Medien- und Kinokonzern Wanda immer mehr Marktmacht auf sich vereinigt.

Somit gilt für Medienkonzerne, Filmproduzenten und ähnliche Unternehmen in den USA das Gleiche wie für Amazon und Facebook: Die Zahl der potenziellen Kunden in China ist fünfmal so groß wie die in den USA. Dies stellt eine natürliche Marktmacht dar, die durch zusätzlich gewonnene internationale Märkte noch verstärkt werden dürfte.

Auch der Einfluss und die Größe der chinesischen Diaspora sollte nicht unterschätzt werden: Allein in Südostasien leben geschätzte 120 Millionen Chinesen, die in der Regel auch politisch und wirtschaftlich sehr einflussreich sind. In diesem Zusammenhang ist das Ergebnis einer Untersuchung des Berliner Mercator Institute for China Studies (MERICS) interessant: Es stellte fest, dass der stille Einfluss der chinesischen Regierung, der auf politische, wirtschaftliche und soziale Eliten, die Medien und die öffentliche Meinung zielt, viel stärker und effektiver sei, als die zum Teil plumpe Rhetorik Russlands, die manchmal an den kalten Krieg erinnert.

Dies ist nur folgerichtig: Die Wirtschaftssupermacht China will auch politische Weltmacht werden, deshalb achtet sie zunehmend auf ihre Reputation, die Außendarstellung und Wahrnehmung in den wichtigsten Zielmärkten, zu denen auch Deutschland zählt. Langfristig geht es darum, dass die kommunistische Führung Chinas ihre Macht stabilisieren will und muss, um Modellfunktion für andere Staaten zu gewinnen. Hierfür ist ein Netzwerk aus Unterstützern in Politik, Wirtschaft, Medien und auch der Wissenschaft notwendig, das offenbar weltweit mit Erfolg aufgebaut wird.

Etlichen europäischen Staaten und Institutionen wird bereits vorauseilender Gehorsam im Wettlauf um das Wohlwollen Pekings attestiert.

Auch die stark wachsende Anzahl der chinesischen »Gongos« – »government-organized non-governmental organization«, also stark von staatlicher Seite finanzierte, beeinflusste oder geförderte Nichtregierungsorganisationen – bei den Vereinten Nationen und in den europäischen Hauptstädten löst Besorgnis aus. So machen bei den Vereinten Nationen in Genf Gongos fast drei Viertel der dort registrierten NGOs aus: nämlich 34 von 47. Es wird kritisiert, dass politische Entscheidungen und der Umgang mit für China heiklen Themen – beispielsweise Tibet – darüber gesteuert werden.

Der Führungsanspruch der Kommunistischen Partei Chinas (KPCh) soll auch weltweit verstärkt werden. So waren auf einem Treffen der KPCh mit unterschiedlichen Parteien aus der ganzen Welt im Dezember 2017 300 Parteien aus rund 120 Ländern vertreten. Xi Jinping beteuerte zwar in seiner Eröffnungsrede, »dass die KPCh weder ausländische Entwicklungsmodelle importieren noch das chinesische Modell exportieren oder andere Länder auffordern werde, chinesische Praktiken zu kopieren«. Doch zugleich verkündigte er, dass China der Welt durch seine weitere Entwicklung neue Möglichkeiten eröffnen und sie auf ein neues Level führen würde.

Smart Power

Nachdem Xi Jinping auf dem 19. Parteitag der KPCh den Anbruch »einer neuen Ära« angekündigt hat, veröffentlichte die Zentralregierung kurz danach einen neuen »Aktionsplan zur Modernisierung von heimischen Industrien«, der unter anderem Robotik, neue Werkstoffe, Hochgeschwindigkeitszüge und Fahrzeuge mit alternativen Antrieben aufführt. Ziel des auf drei Jahre ausgelegten Plans ist, dass die heimischen Industrien gegenüber der ausländischen Konkurrenz aufholen. Der Plan wurde Ende November 2017 von der Staatlichen Kommission für Entwicklung und Reform (SKER) veröffentlicht und verleiht der industriepolitischen Strategie »Made in China 2025« deutlichen Auftrieb. Diese sieht vor, die industrielle Produktion zu modernisieren, die Innovationskraft des Landes zu erhöhen und China bis 2049 in ein Hightech-Land zu verwandeln.

Im Zentrum des Plans der SKER stehen künstliche Intelligenz und Big Data. Zwar fehlen konkrete Details, doch sind einige spezifische Ziele genannt, darunter die Entwicklung von Fahrzeugen mit alternativen Antrieben, eine neue Generation von Magnetschwebebahnen und die Integration von zivilen und militärischen Anwendungen. Ebenfalls Ende November 2017 kündigte der Staatsrat an, spezielle Modellzonen zu errichten, in denen Industrien gefördert werden sollen, die von der Bedeutung für das Programm sind. Städte mit führenden Industrien und innovativen Unternehmen können sich darum bewerben. Dieses Vorgehen untermauert den Top-down-Ansatz der Strategie »Made in China 2025«. Von regionalen Regierungen wird erwartet, die Pläne der Zentralregierung zu implementieren und Zielvorgaben zu erfüllen. Unter diesem Gesichtspunkt gleicht sie der sozialistischen Planwirtschaft, die in der Vergangenheit oftmals verheerende Auswirkungen auf die Bevölkerung hatte, man denke nur an den »Großen Sprung nach vorn«, den Mao der Volksrepublik verordnet hatte. Es bleibt abzuwarten, ob sich die Planwirtschaft durch die Anwendung der Big-Data-Methoden unter Umständen verbessert und die Treffsicherheit erhöht. In jedem Falle sind die Konsequenzen aufgrund des technologischen Fortschritts wohl deutlich dramatischer als bei den Fünfjahresplänen der Vergangenheit.

Digitale Supermacht

Im Jahre 2015 startete China seine Initiative »Internet Plus«. Diese zielte ursprünglich auf die Modernisierung traditioneller Industrien durch die Einführung neuer Technologien wie mobiles Internet, Cloud-Computing, Big Data und Internet-Office. Schon heute sind die Ziele übererfüllt. Durch internetbasierte Technologien wurden Sektoren wie Handel und Transport, die Finanzbranche und die Medizintechnik revolutioniert. Xi Jinping hat zudem versprochen, dass China die Entwicklung von modernsten Fertigungstechniken durch eine weitere Integration von Internet, 3-D-Druck und künstlicher Intelligenz deutlich beschleunigen will.

Durch die schnelle Implementierung neuer digitaler Technologien in traditionellen Sektoren war es China möglich, eine extrem starke Informationsinfrastruktur aufzubauen. Das Land hat die weltweit größte Breitbandnetzstruktur. Dank der schnellen Einführung der 4G-Mobiltechnologie und optischer Netzwerke hat die zweitgrößte Volkswirtschaft der Welt nunmehr 751 Millionen Netizens, sozusagen »Einwohner« des Internets. Das entspricht ungefähr der Menge der Internetnutzer in den USA und Indien zusammen. Der Anstieg war in den letzten Jahren enorm: Noch im Juni 2012 gab es in China 538 Millionen Internetnutzer. Nicht zuletzt dadurch hat sich China als starker globaler Player im Internetbereich und im Produktionsbereich etabliert.

Seit 2015 hat die Regierung 206 Smart-Management-Pilotprojekte initiiert, 28 von diesen haben durch die Anwendung digitaler Technologien ihre Produktionseffizienz um 30 Prozent erhöht. Mittels der computerbasierten Vernetzung von Maschinen, Big Data und dem Internet of Things (IoT), das riesige Datenmengen von Maschinen wie Nutzern analysieren und anpassen kann, gelingt es immer mehr Firmen in China, Kundenwünsche personalisiert in kürzester Zeit zu erfüllen.

Eine Besonderheit Chinas ist das Verschmelzen von Online- und Offline-Shops. China ist darin weltweit führend. Es geht darum, den Kunden eine bruchlose Einkaufserfahrung zu ermöglichen durch das Angebot eines physischen wie eines virtuellen Ladens. Nicht zuletzt durch die Vorreiterrolle der Verkaufsplattform Alibaba werden immer mehr klassische Einzelhandelsgeschäfte in intelligente Stores verwandelt, die mittlerweile Tausende von Labels angezogen haben. Die Integration von virtuellen und physischen Landschaften, die Möglichkeit sinnlicher Wahrnehmungen – Fühlen, Riechen, Hören – ist schon weit vorangeschritten. Hand in Hand geht damit auch die Entwicklung von Zahlungssystemen. Fünf der zehn erfolgreichsten Fintechs weltweit kommen aus China.

Chinas neue Ära

In den vergangenen Jahrzehnten hat das Reich der Mitte durch die Einleitung von Reformen wie der Öffnung seiner Binnenmärkte eine rasche Transformation durchlaufen und enorme wirtschaftliche Erfolge erzielt. Um die nächste ökonomische Entwicklungsstufe zu erreichen, ist jedoch mehr nötig: China schlägt unter der strengen Hand von Präsident Xi einen neuen Wachstumspfad ein, bei dem der Fokus auf Innovation, Binnenmarkt, Dienstleistungen und höherer Qualität bei der Fertigung liegt. Die Führung des Landes hat verstanden, dass das Wachstum nicht grenzenlos ist und sich die Volkswirtschaft nicht ausschließlich auf Investitionen und externe Nachfrage beziehungsweise den Export stützen kann.

Im 13. Fünfjahresplan für die Jahre 2016–2020 wurden die wesentlichen Ziele dargelegt. Vor allem soll die Förderung höherwertiger Fertigungsindustrie und die Entwicklung fortschrittlicher Technologien unterstützt werden. China soll sich zu einem Land der Innovationen entwickeln. Unter anderem deshalb hat Chinas Bildungsministerium Kreativität auf die Schulagenda gesetzt. Durch die Strategie »Made in China 2025« soll sich das Land von einem quantitäts- zu einem qualitätsorientierten Produzenten weiterentwickeln. Die im Mai 2015 veröffentlichte Strategie ist seither durch zahlreiche Details konkretisiert worden. Das letztendliche Ziel ist, China bis 2049 zu einem führenden Zentrum von qualitativ hochwertiger und wertschöpfungsintensiver Fertigung zu machen.

Die Strategie »Made in China 2025« identifiziert zehn Sektoren, die im Mittelpunkt des ökonomischen Übergangs stehen, darunter fallen unter anderem moderne Informationstechnologie, Robotik, biologische Medizin und medizintechnische Produkte. Darüber hinaus wurden neun Aufgaben mit Priorität versehen, beispielsweise verstärkte Innovationen in der Fertigungsindustrie, die Förderung chinesischer Marken und die Unterstützung dienstleistungsorientierter Fertigung. Es handelt sich also um eine klar definierte Politik zur Reduktion der Abhängigkeit von der Fertigung bloßer Geräte und zur Steigerung der Wertschöpfung bei der Produktion und damit auch bei den Exporten.

Hatte 1993 der Anteil wertschöpfungsintensiver Komponenten bei den Exporten bloße 20 Prozent betragen, so hat sich 2015 dieser Anteil mit 51 Prozent mehr als verdoppelt. Internetgiganten wie Alibaba und ähnliche Konzerne belegen, wie sich das Konsumentenverhalten weiterentwickelt und die Arbeitsweise der Unternehmen verändert hat. China steht nicht still, sondern klettert weiterhin die Wertkurve hinauf. Es hat sich entschlossen und fähig gezeigt, sich von einer agrarisch geprägten Volkswirtschaft zur größten Hersteller- und Handelsnation der Welt und zur bislang zweitgrößten Volkswirtschaft der Welt zu entwickeln.

Die Aufhebung der Amtszeitbegrenzung des Präsidenten, die beim Volkskongress im März 2018 beschlossen wurde, ist unter diesem Gesichtspunkt eine positive Entwicklung, da man davon ausgehen kann, dass die wichtigsten wirtschaftspolitischen Maßnahmen von Xi Jinping – die angebotsseitige Wirtschaftsreform (Reform der Staatsbetriebe) und die Seidenstraßen-Initiative – fortgeführt werden. Zwar kann die Rückkehr des Führungskults wie zu Zeiten Mao Zedongs langfristig ein Risiko für die (innen-)politische Stabilität bedeuten, doch für kürzer- bis mittelfristig orientierte Anleger verheißt dies genau das Gegenteil. Investoren erwartet für die nächsten Jahre mehr Planungssicherheit.

Schon durch die Antikorruptionskampagne schuf Präsident Xi Jinping bereits eine wichtige Voraussetzung für anhaltende Stabilität: Auf diese Weise hat er in den Augen der Bevölkerung die Legitimität der Volksrepublik wiederhergestellt. Der Fokus der Kampagne lag im vergangenen Jahr vor allem auf dem Finanzdienstleistungsbereich. Das harte Vorgehen gegen das Schattenbankwesen ist konstruktiv, da durch dieses System immer wieder Finanzmarktturbulenzen ausgelöst wurden, die sich negativ auf Chinas Privatwirtschaft auswirkten. Die derzeitige Politik des Schuldenabbaus bringt aber natürlich das Risiko negativer Auswirkungen auf die Realwirtschaft mit sich.

Ein weiterer Beweis für Pekings anhaltendes Engagement für Wirtschaftsreformen und für die Begrenzung des Schuldenwachstums ist, dass Xis Topwirtschaftsberater Liu He im März 2018 als Vizepremier nominiert wurde. Liu He ist bekannt für sein Engagement bei der Reform der Staatsbetriebe und den Bemühungen, die hohe Unternehmensverschuldung in den Griff zu bekommen. Die anhaltenden Schuldenbegrenzungsmaßnahmen werden letztlich dazu führen, dass weniger

Unternehmenskredite für staatsnahe Unternehmen verfügbar sind und sie somit teurer werden. Dies sollte wiederum die Finanzierungsmöglichkeiten für den Privatsektor verbessern, der sich ohnehin viel besser und gesünder entwickelt.

Der im März 2018 erneut im Amt bestätigte Ministerpräsident Li Keqiang verkündete als Zielwert für das BIP-Wachstum in 2018 »etwa 6,5 Prozent«. Damit ist dieser unverändert gegenüber 2017. Gleichzeitig signalisierte Li Keqiang jedoch eine deutlich geringere Unterstützung der Wirtschaft durch die Politik – mit einem deutlich niedrigeren Ziel für das Haushaltsdefizit und einer anhaltend niedrigen Geldmengenausweitung. Da es schwierig sein wird, ein stabiles Wachstum bei reduziertem Stimulus zu erhalten, wird eine Abschwächung des BIP-Wachstums auf 6,3 Prozent im Jahr 2018 erwartet.

Insgesamt steht also die Erhöhung der Qualität des Wirtschaftswachstums in China deutlich im Fokus. Weitere wirtschaftliche Prioritäten sind die Eliminierung von Armut und die Reduzierung der Umweltverschmutzung.

Das atemberaubende Tempo, das die Volksrepublik bei ihrem Transformationsprozess vorlegt, ist beeindruckend, selbst wenn die Zeit der zweistelligen Wachstumsraten vorüber zu sein scheint. Der Wandel vom agrarisch geprägten Land zur Industrienation ist noch nicht ganz vollzogen, doch bereits jetzt strebt China schon die nächste Transformation an und will den Aufstieg zu einer führenden Wissensgesellschaft des 21. Jahrhunderts schaffen. Nicht länger Werkbank der Welt, sondern ein innovatives Dienstleistungs- und Technologiezentrum soll China werden.

Im Gegensatz zum Westen, wo man oft nur in Quartalsberichten und in Legislaturperioden denkt, plant China für lange Zeiträumen, gar für Jahrhunderte. Seine Fünfjahres- oder auch Zehnjahres-Pläne sind nur die Etappen und Zwischenziele.

Der lange Marsch zur Weltmacht hat also mächtig Fahrt aufgenommen und wird 2030 ein wichtiges Zwischenziel erreicht haben. Wenn die Reformen weiterhin so erfolgreich umgesetzt werden, wird das Land bis dahin die größte Volkwirtschaft der Welt sein. China wird dann eine globale Weltmacht sein, wenn auch noch nicht in militärischer Hinsicht. Dies könnte jedoch 2049 zur Hundertjahrfeier der Volksrepublik China durchaus der Fall sein.

Incredible India – Karma und Kaste in the Modi

Der 15. August 2027 ist ein sonniger Tag. Heute vor 70 Jahren ist Indien unabhängig geworden.

Nachdenklich sitzt Rahul Gandhi, der Sohn von Sonia Gandhi, auf dem Balkon des Präsidentenpalastes in Neu Neu-Delhi. Seine Mutter hatte im Jahre 2004 mit einem überraschenden Wahlsieg die Rückkehr der Gandhi-Dynastie an die Macht eingeleitet. Die weitsichtige Wirtschaftspolitik des Ministerpräsidenten Manmohan Singh hatte Indien zu einer alle Erwartungen übertreffenden wirtschaftlichen Blüte verholfen. Zwar war es Narendra Modi im Jahre 2014 gelungen, Singh abzulösen und bis 2024 an der Regierung zu bleiben. Doch nach zwei Amtszeiten war Schluss: Zu sehr hatte er das Land durch einen nationalistischen Hinduismus polarisiert.

Zugegebenermaßen hatte er aber auch wichtige Reformprojekte eingeleitet und Indien wirtschaftlich auf Vordermann gebracht. Modi hatte an die alten Wachstumsraten von Manmohan Singh Anfang der Jahrtausendwende anknüpfen können. Heute lag Indien mit einer durchschnittlichen jährlichen Wachstumsrate von 8 Prozent seit einigen Jahren sogar vor China. Doch durch eine Zuspitzung der innenpolitischen Konflikte und aufgrund gewalttätiger Auseinandersetzungen zwischen konservativen Hindus, den niedrigen Kasten und anderen Bevölkerungsschichten hatte er seinen Kredit bei der Bevölkerung und den Nachbarländern verspielt. Modi hatte sie einige Jahre lang bei Laune halten können durch Projekte wie »Digital India« und Reformen, die zu einer umfassenden Versorgung im Sozialbereich und der Daseinsvorsorge geführt hatten. Andererseits hatte es immer wieder brüskierende Nacht-und-Nebel-Aktionen gegeben wie die Nichtigerklärung der 500- und 1000-Rupien-Scheine.

Bei der letzten Wahl 2024 hatte Rahul Gandhi das Blatt wenden können und die Dynastie der Nehrus in nunmehr der fünften Generation wieder auf den Sessel der Macht zurückgeführt. Heute profitierte er von den Erfolgen der Reformpolitik von Modi: Hunderte Milliarden US-Dollar waren mithilfe privater Investoren in neue Flughäfen, Staudämme und Häfen geflossen. Die ausländischen Direktinvestitionen wuchsen von Jahr zu Jahr und umfassten mittlerweile über 100 Milliarden US-Dollar pro Jahr. Da die Umweltzerstörung Chinas trotz energischer Gegenmaßnahmen der Regierung weiter dramatisch voranschritt und weil die gewaltige Explosion einer Chemiefabrik in der Nähe von Schanghai das gesamte Jangtse-Delta auf Jahre hinaus toxisch verseucht hatte, siedelten ausländische Investoren ihre Projekte nun vor allem in Indien an.

Indische Unternehmen hatten im IT-Bereich und der Pharmabranche den Weltmarkt erobert. In ihren Forschungseinrichtungen in den USA, Deutschland und anderen europäischen Ländern sowie den Versuchslabors in Osteuropa wurde günstiges Know-how geschaffen und von Indien ausgewertet. Das weltgrößte Stahlunternehmen, die größten Medizintechnik- und Pharmaunternehmen, die größten IT-Outsourcing-Unternehmen kamen alle aus Indien. Immer mehr Asiaten gingen in die Privatkliniken Nordindiens, um sich mit modernster Gentechnik gezüchtete Organe einpflanzen zu lassen. Die Kombination des Jahrtausende alten Ayurveda mit der weltweit führenden indischen Genforschung hatte dafür gesorgt, dass sich Indien als weltweit wichtigster Standort für medizinische Leistungen, chirurgische Eingriffe und Heilkunde etabliert hatte.

Die Schaffung einer ganz Südasien umfassenden Freihandelszone 2020 war ein großer wirtschaftlicher Erfolg gewesen. Im Zuge dessen war Indien wirtschaftlich und politisch eng mit seinen Nachbarstaaten zusammengewachsen. Die Versöhnungspolitik mit Pakistan und Bangladesch sorgte für Stabilität. Indische U-Boote patrouillierten im Indischen Ozean und beschützten die Öltanker aus dem Nahen Osten auf ihrem Weg nach Ost – und Südostasien.

Indien arbeitete militärisch eng mit Vietnam, Malaysia und anderen vormaligen ASEAN-Mitgliedstaaten zusammen. Im Zuge des »Indopazifischen Projektes«, das als Gegengewicht zur Chinesischen »One Road, One Belt«-Initiative gedacht und vor allem durch die USA und Japan angestoßen worden war, gab es enge Kooperationen. Die ASEAN selbst gab es nicht mehr – sie war erweitert worden zur »Asian Union«, der Gemeinschaft asiatischer Staaten, einer panasiatischen Wirtschafts- und Währungsunion, der auch die südasiatischen Staaten beigetreten waren. Der Ratsvorsitz der Union wechselte turnusmäßig alle zwei Jahre, und derzeit hatte Indien die Präsidentschaft inne. Im nächsten Jahr würde es durch das von inneren Unruhen erschütterte China abgelöst werden.

In Ostasien prägte die Vergreisung der Bevölkerung mittlerweile sichtbar die Gesellschaft. Indien hingegen – nach wie vor ein Land von immenser Vielfalt und pittoresker Intensität – war zum jungen und dynamischen Zentrum Asiens und zur drittgrößten Volkswirtschaft der Welt geworden. Bollywood-Filme und Saris hatten neben Curry und Karma die Welt erobert.

Fiktion, Vision oder indisches Wunschdenken?

Der schnelle Aufstieg Indiens zum Liebling der Medien überrascht, aber nicht allzu sehr. Denn China ist nicht der einzige künftige Global Player in Fernost.

Die Substanz dieser 5000 Jahre alten Kultur ist in vielerlei Hinsicht der von China ebenbürtig. Obwohl die Aufholjagd gegenüber der Volksrepublik mit zwölf Jahren Verspätung begann und zwischenzeitlich viele Jahre verloren gingen, hat Indien das Potenzial, in einigen Jahren weltweit wirtschaftlich, politisch und kulturell eine bedeutende Rolle zu spielen.

Könnte es gar 2030 ebenfalls eine Supermacht sein?

Indien ist die zweite Milliardennation des asiatischen Kontinents, und schickt sich an, eine bedeutende Rolle auf der Weltbühne auszufüllen. Die größte Demokratie der Welt wandelt sich – wirtschaftlich gesehen – vom behäbigen Elefanten zum angriffslustigen Tiger. Bereits 2020 wird Indien die deutsche Volkswirtschaft überholt haben, 2027 dürfte die heutige drittgrößte Ökonomie, Japan, überrundet sein. Und

2048 könnte Indien auch die USA hinter sich lassen und zur zweitgrößten Wirtschaftsnation der Welt hinter China werden. So zumindest die Prognosen der Investmentbank Goldman Sachs.

Derzeit ist Indien gegenüber China noch in fast jeder Hinsicht im Nachteil. Spätestens 2020 jedoch wird sich die demografische Waagschale zugunsten des Subkontinents senken. Unweigerlich wird die chinesische Gesellschaft und Wirtschaft dann die Folgen der zunehmenden Vergreisung zu spüren bekommen, die nicht zuletzt aus der jahrzehntelangen Ein-Kind-Politik erwächst. Indien hingegen hat eine jüngere Bevölkerung und damit eine gesündere Altersstruktur. Aber ob der demokratische Tiger oder der autokratische Drache letztlich Asiens Gesicht prägen wird, lässt sich aus heutiger Sicht nur schwer prognostizieren.

Das Entwicklungspotenzial von Indien ist jedenfalls gewaltig. Von seinen 1,3 Milliarden Einwohnern sind rund 70 Prozent unter 35 Jahren alt. 2010 verfügten nur 20 Millionen Inder über einen Internetzugang, 2015 waren es schon 350 Millionen, und bis 2020 sollen es 730 Millionen sein. Vor allem die explodierende Mittelschicht führt zu stetigem Wachstum. Der Internationale Währungsfonds (IWF) prognostizierte 2017 6,7 Prozent pro Jahr.

India Shining – die Kongresspartei unter Manmohan Singh bis zur Wahl von Narendra Modi 2014

Seit dem Erdrutschsieg von Modi im Jahr 2014 scheint in Indien wieder die alte Wachstumsdynamik einzusetzen, die nach 2010 abgeflaut war. Zahlreiche Korruptionsskandale und eine unentschlossene Führung der Kongresspartei unter dem Vorsitz von Manmohan Singh mündeten bis 2013 in eine große Stagnation. Diese politische Lähmung war der Nährboden für Narendra Modis Wahlkampfkampagne: Er versprach, die Korruption zu bekämpfen und »eine Entwicklung mit allen und für alle« in Gang zu setzen, dazu 100 Smart Citys und ein Hochgeschwindigkeitsnetz für Eisenbahnen. Damit hatte er die Fantasie der unteren und mittleren Schichten beflügelt, und verbunden mit seiner Erfolgsbilanz als Chief Minister des Bundesstaates Gujarat, den er zehn Jahre lang geleitet hatte, hatte dies ihm 2014 eine klare Parlamentsmehrheit verschafft.

Zu den Hauptproblemen der größten Demokratie der Welt zählen die föderale Struktur und eine träge, ineffiziente Bürokratie. Große Defizite in der materiellen wie sozialen Infrastruktur im Verbund mit massivem Widerstand gegen jegliche Veränderung in der ministerialen und lokalen Administration behindern seit Jahrhunderten positive Entwicklungen in Indien. Der schrittweise Ausbau von Infrastruktur und Humankapital, der für eine nachhaltige Wirtschaft und Gesellschaft notwendig ist, verschlingt viel Zeit und ist zunächst auch unspektakulär.

Verglichen mit China hat zudem das hohe Wirtschaftswachstum der letzten beiden Jahrzehnte nur vereinzelt zu positiven Effekten in der unteren Mittelschicht geführt. Wohlstand hat sich nicht von selbst in massenhafte Beschäftigung übersetzt, denn trotz eines großen Überangebotes an Erwerbsfähigen ist das Wirtschaftswachstum in Indien nach wie vor sehr kapitalintensiv, und der Fertigungssektor wird durch technologische Entwicklungen wie die Initiative »Industrie 4.0« eher technologie- als beschäftigungsintensiv sein.

Angesichts dessen stellt sich die Frage, inwieweit technologischer Fortschritt, große Investitionsvorhaben, Smart Cities und Hochgeschwindigkeitszüge ein Land voranbringen können, in dem jeden Monat Millionen von Menschen neu in den Arbeitsmarkt drängen, in dem aber nicht ausreichend Beschäftigung vorhanden ist.

Derzeit dürfte es kaum einen anderen Weg geben, als die untere und mittlere Bevölkerungsschicht in großen Projekten mit einfachsten Tätigkeiten zu betrauen. Um die ungelernten Massen sinnvoll zu beschäftigen, wären riesige Investitionen in Bildung, Ausbildung und Gesundheit der Bevölkerung notwendig. Hinzu kommt, dass das Kastenwesen nach wie vor sehr stark ist. Die beiden Vorzeigebranchen, der IT-Sektor und Bollywood, konnten wahrscheinlich nur deswegen so erfolgreich erblühen, weil dort das Kastenwesen keine so bestimmende Rolle spielt wie im normalen Wirtschaftsleben.

Das Kastenwesen behindert aufgrund seiner sozialen Ausgrenzung ganzer Bevölkerungsgruppen massiv die Gewerbefreiheit, die eine der

Grundvoraussetzungen für freie Marktwirtschaft und das Funktionieren von Märkten ist. In Indien leben weltweit die meisten armen und unterprivilegierten Menschen. Sie werden vom Privatsektor ausgenutzt, der sich über verbindliche Regelungen zur Arbeitssicherheit und zu Löhnen einfach hinwegsetzt, und von einem Verwaltungsapparat gegängelt, der über ihr Schicksal nach Gutdünken befindet.

Um Abhilfe zu schaffen, hat Modi begonnen, durch eine geschickte Kombination von Versicherungen und direkten Transferleistungen ein Netz sozialer Sicherheit zu knüpfen, nach dem Grundsatz, dass Selbsthilfe die beste Hilfe ist. Dies bedeutet einen riesigen Schritt in die richtige Richtung. Die Initiativen, die Mittelsmänner ausschließen und Leistungsempfänger durch Banknoten und digitale Dienstleistungen stärken, sind wichtig und richtig und können in Verbindung mit ehrgeiziger Bildungsförderung und Gesundheitsmaßnahmen viel dazu beitragen, dass sein postulierter Traum von der »Entwicklung mit allen und für alle« erfolgreich wird.

Modis Kombination eines Infrastrukturausbaus mit einer unternehmerfreundlichen Politik unterscheidet sich von der für Indien typischen Mitte-Links-Koalition, die normalerweise eine staatliche Kontrolle der Wirtschaft anstrebt, um den Reichtum auf andere Schichten zu verteilen. Modi plädiert für Selbstverantwortung und hat mit dem Slogan »Möglichst viel gestalten, möglichst wenig regieren« viele seiner Wähler begeistert. Politisch brisante Reformen, wie etwa für das Mehrwertsteuergesetz, für das es viele Jahrzehnte keine Lösung gab, hat er erfolgreich zu Ende gebracht. Die versprochenen Smart Citys und das Hochgeschwindigkeitsnetz für Eisenbahnen sind zwar noch nicht fertig, dafür gibt es neue Insolvenzregeln, staatliche Hilfen für Start-ups und ehrgeizige Ziele beim Ausbau der erneuerbaren Energien.

Dem Sozialsektor hat Modi einen grundlegenden Paradigmenwechsel verordnet – weg von der Anspruchsberechtigung, hin zu mehr Eigenverantwortung. Dies soll nicht zuletzt durch eine Effizienzsteigerung des öffentlichen Dienstleistungssektors und einer größeren Rolle des Marktes erreicht werden. Derzeit hält die indische Bürokratie einen traurigen Rekord in der Ineffizienz. So gelangen schätzungsweise 54 Prozent des Reises für Arme in unbefugte Hände, jeder zweite Wassertropfen und jede dritte Kilowattstunde versickern. Dies schürt bei der Bevölkerung Misstrauen gegenüber Politik und Wirtschaft.

Die größten Erfolge der Regierung Modi liegen in der erfolgreichen Implementierung zweier Initiativen. Die erste, das »JAM-Programm« zur finanziellen Inklusion und Selbstbestimmung der Armen, hat sie selbst ins Leben gerufen. Die zweite wurde von der Vorgängerregierung übernommen, aber neu gegliedert: das zehn Jahre alte Sozialprogramm Mahatma Gandhi National Rural Employment Generation Act (MGNREGA).

Narendra Modi hat eine starke Affinität zu modernen Technologien, dies spiegelt sich auch in seinen sozialpolitischen Initiativen wieder, gerade in der Frage der finanziellen Inklusion. 2011 hatte eine Zählung ergeben, dass 557 Millionen Menschen, also die Hälfte der damaligen Bevölkerung, nicht am Bankverkehr teilnahmen. Diese weltweit größte Gruppe ohne Zugang zu Geldinstituten lebt auf dem Land und ist durch hohe Kreditausfälle, hohe Transaktionskosten und fehlende Sicherheiten für Darlehen charakterisiert. Zwar gibt es in Indien mobile Geldautomaten und Postgirokonten, doch die indische Wirtschaft ist sehr bargeldorientiert. Nahezu 13 Prozent des BIP entfallen auf Bargeld – zum Vergleich: In Brasilien sind es nur 4 Prozent. Der Anteil der bar abgewickelten Verbrauchergeschäfte ist sogar noch höher, Indien steht in dieser Hinsicht mit 98 Prozent weltweit an zweiter Stelle hinter Indonesien. Die indische Notenbank gibt jährlich mehr als 3 Milliarden Euro nur für die Aufrechterhaltung von Geschäften in der Landeswährung aus.

Grund genug für Modi, durch biometrische Identifizierung und mobile Bankenlösungen dafür zu sorgen, dass Millionen neue Bankkonten eröffnet werden können, um öffentliche Leistungen effizient bereitzustellen und Fördermittel auszuzahlen. Zudem gewährt das JAM-Programm den Kontoinhabern Lebensversicherungsschutz, eine Unfallversicherung sowie eine Geldkarte – in einem Land mit einem rudimentären Sozialversicherungssystem ist dies besonders wichtig. Nur 20 Prozent der Bevölkerung haben eine Art Krankenversicherung, und nur 11 Prozent sind rentenversichert. Jährlich rutschen mehr als 39 Millionen Inder wegen ihrer Gesundheitskosten in die Armut. Dank der mit JAM verbundenen Versicherungsprogramme sind mittlerweile 30 Millionen

Inder zusätzlich kranken- und weitere 3,4 Millionen rentenversichert, und es gibt über 52 Millionen neue Bankkonten.

Dass Modi auch vor Überrumpelungsaktionen nicht zurückschreckt, zeigt seine Entscheidung vom 8. November 2016, sämtliche 500- und 1 000-Rupien-Banknoten aus dem Verkehr zu ziehen, die zu dem Zeitpunkt 86 Prozent des indischen Bargeldumlaufs ausmachten. Es kam zu zahlreichen Protesten, viele Inder standen tagelang vor den Banken Schlange, doch letztlich wurden 80 Prozent des Bestandes eingezogen und bis Ende Dezember 2016 rund 97 Prozent des Bargeldes eingezahlt.

Das eigentliche Ziel dieser Aktion war die Aufdeckung und Trockenlegung von Schwarzgeldreservoirs. Leidtragende waren jedoch vor allem Arbeitnehmer. Mehr als 90 Prozent der indischen Erwerbstätigen sind im informellen Sektor beschäftigt und als Wanderarbeiter und Straßenverkäufer auf Bargeld angewiesen. Viele haben ihre Existenzgrundlage eingebüßt, weshalb die Weltbank daraufhin die ursprüngliche Wachstumsprognose Indiens von 7,6 auf 7 Prozent nach unten korrigierte.

MGNREGA, das zweite Programm, ist das weltweit größte Beschäftigungsprogramm. Es bildete den Kern der Sozialpolitik der Vorgängerregierung und wird von der Regierung der Nationalen Demokratischen Allianz (NBA) unter Modi fortgeführt. Es sieht vor, dass jedem Dorfbewohner, der zu einer einfachen Tätigkeit zum Mindestunterhalt bereit ist, eine Beschäftigung für 100 Tage garantiert wird. Er kann die Beschäftigung bei der Regierung beantragen und hat diese binnen 15 Tagen zu bekommen, andernfalls hat er Anspruch auf Arbeitslosenunterstützung. In den zehn Jahren seines Bestehens hat das Gesetz mehr als 51 Milliarden Euro ausgezahlt und 276 Millionen Beschäftigten genutzt. Damit hat es die Existenz vieler Menschen gesichert und die Landflucht verringert.

Es ist nicht einfach, die Sozialpolitik Modis im Ganzen zu beurteilen. Nach wie vor scheint das Wachstum in Indien nur bestimmte Schichten zu erreichen, während die unterste Schicht weiter in Armut versinkt. Allerdings hat Modis marktorientiertes Konzept in Verbindung mit einem präsidialen pragmatischen Regierungsstil die Entscheidungsprozesse dramatisch beschleunigt. Dies wird nicht zuletzt von internationalen Anlegern und Großinvestoren sehr geschätzt.

Modis Traum: Großmacht Indien, wohlhabend und sauber

Modi genießt das Wohlwollen und Vertrauen der Bevölkerung, doch ihm dürfte klar sein, dass die verbesserten Staatseinnahmen nur temporär sind. Sie entspringen historisch niedrigen Ölpreisen, billigen Kapitalzuflüssen infolge der expansiven Geldpolitik in Europa und den niedrigen Zinssätzen in den USA. Doch der Ölpreis steigt wieder, und eine Zinswende ist in den USA und mittelfristig auch in der EU absehbar. Dadurch könnten sich die Kapitalströme umkehren.

Modi hat nur wenige Möglichkeiten, eine solide Basis für eine sozioökonomische Entwicklung zu schaffen: nämlich indem massiv und konsequent in Bildung, Gesundheit und Infrastruktur investiert wird. Wenn ein solches Fundament fehlt, könnten globale wirtschaftliche Turbulenzen Indien nachhaltig erschüttern. Vordergründig ist die indische Wirtschaft derzeit noch auf Kurs. Sie wuchs 2017 mit 6,7 Prozent, was allerdings nicht mehr ganz die Dynamik aufweist, die zuvor mit den Reformen von Modi verknüpft worden war. Treiber der Wirtschaft ist nach wie vor der private Konsum, der sich lebhaft entwickelt und die Bankreform von 2016 überwunden hat. Bei den Verbrauchern profitieren vor allem Staatsangestellte von erhöhten Löhnen, aber in Maßen auch untere Einkommensklassen.

Die indische Zentralbank hat die Leitzinsen gesenkt, die Regierung hat ein neues Infrastrukturprogramm aufgelegt, mit dem der Straßen- und Eisenbahnbau angekurbelt werden soll. Die Elektrizitätsversorgung soll verbessert werden, was allerdings durch Budgetrestriktionen und die bislang blockierte Landreform etwas behindert ist. Die indische Notenbank hat ihren Kurs von zuletzt »unterstützen« auf »neutral« umgestellt und mit der Einengung des Zinskorridors Fakten geschaffen.

Nach wie vor stützen der Dienstleistungssektor mit den Hightech-Zweig und der IT-Branche Wirtschaft und Wachstum. Die Leistungsbilanz Indiens ist ausgeglichen, wohingegen die Lage der Staatsfinanzen im Spagat zwischen Haushaltskonsolidierung und Verschuldung der öffentlichen Hand angespannt bleibt. Sollten die geplanten weiteren Privatisierungen und Lizenzverkäufe zum Beispiel im Telekommunikationsbereich erfolgreich sein, müssen die anstehenden Infrastrukturmaßnahmen nicht weiter über Kredite finanziert werden.

Politisch darf die Macht von Modi allerdings nicht überschätzt werden. Er hat zwar die Mehrheit im Unterhaus hinter sich, aber nicht im Oberhaus. Die Opposition ist durchaus in der Lage, Reformen zu blockieren oder sie zumindest zu verzögern – selbst wenn die Wirtschaft und die Bevölkerung überwiegend begeistert reagieren.

Die mit Spannung erwartete Wahl im März 2017 in Uttar Pradesh, einem Bundesland Indiens mit mehr Einwohnern als Deutschland, Frankreich und Großbritannien zusammengenommen, wurde als Lackmustest für die Akzeptanz Modis und seiner Reformen bei der Bevölkerung gesehen. Es war ein überwältigender Sieg, als die BJP, Modis Bharatiya Janata Party, in der Lage war, über 300 der 403 Parlamentssitze zu erobern. Die Börsenkurse stiegen, und Modi bekräftigte, er würde den Blick über die nächste Wahl 2019 hinaus richten. Zudem bat er erneut die Inder, ihm dabei zu folgen, ein neues Indien zu errichten: »Wenn wir im Jahre 2022 unsere 75-jährige Unabhängigkeit feiern, dann möchte ich ein Indien gebaut haben, dass Mahatma Gandhi vorhersah und stolz macht. Indien muss und wird durch die Stärke jedes einzelnen Bürgers verändert werden. Es wird durch Innovation, harte Arbeit und Kreativität angetrieben, und es wird ein Indien sein, dass sich durch Frieden, innere Einheit und Brüderlichkeit auszeichnet. Indien wird frei von Korruption, Terrorismus, Schwarzgeld und Schmutz sein.«

Genauso wichtig ist Modi ein »Swachh Bharat«, ein sauberes Indien: Es soll keine Drogen geben, und auch die Verbesserung der Stellung der Frau liegt ihm am Herzen.

Es war nicht nur seine Popularität, die Modi im größten Bundesstaat Indiens den Sieg sicherte, sondern auch die Unfähigkeit der Kongresspartei unter dem damaligen Vizepräsidenten Rahul Gandhi. Seit dieser im Herbst 2017 von seiner Mutter das Amt des Präsidenten der Kongresspartei übernommen hat, nimmt die innenpolitische Auseinandersetzung an Schärfe zu.

Hard Power

In wirtschaftlicher Hinsicht versucht Indien, dem Beispiel Chinas zu folgen und die *Basis der Industrieproduktion im eigenen Land* zu stärken, vor allem im Bereich Elektronik. Schon heute werden 500 Millionen Smartphones in Indien produziert, und acht von zehn Telefonen, die 2017 in Indien verkauft wurden, wurden in Indien hergestellt. Um den Aufbau einer heimischen Industrie zu fördern, hat Indien im Dezember 2017 für Dutzende von elektronischen Produkten eine Importsteuer von 10 bis 15 Prozent eingeführt, in erster Linie entfällt diese auf Smartphones. Insbesondere Apple dürfte darunter leiden, denn Apple importiert 88 Prozent seiner Telefone nach Indien, weil der Konzern dort nur wenige selbst produziert. Durch die Steuererhöhung ist zu erwarten, dass Apple nachzieht und verstärkt Produktionskapazitäten in Indien aufbaut.

Vor allem versucht Indien, aktiv den Heimatmarkt vor der Konkurrenz aus China zu schützen. Chinesische Billigwaren sind vielen Indern ein Dorn im Auge, besonders da die indische Industrie bei der Produktivität nicht mithalten kann. Deswegen führte Indien 2018, wie viele andere Länder auch, Strafzölle auf chinesische Solarzellen ein. Diese hatten als Reaktion auf die Einführung von EU- und US-Strafzöllen seit Jahren den indischen Markt überflutet. Der chinesische Export von Solarzellen nach Indien etwa war von 2012 bis 2016 um 1100 Prozent gestiegen.

Ein weiteres wichtiges Feld sind *Innovationen*. Im Jahr 2016 erstellte die Bertelsmann Stiftung eine »Innovationsstudie Indien«, die unternehmerische Innovationen in Indien und deren Auswirkungen auf Deutschland analysiert. Aufgrund des demografischen Wandels verschärft sich in Deutschland der Fachkräftemangel. Eine Folge davon: Deutschland ist, was Innovationen angeht, hinter europäische Länder wie die Schweiz, Schweden, Finnland, Irland, Dänemark und die Niederlande zurückgefallen. Da sich der Wettbewerb zwischen den Staaten intensiviert, hat Deutschland einen Grund mehr, innovationsfreudige Länder wie China und Indien mit ihren großen jungen Bevölkerungsgruppen und einer Vielzahl an Fachkräften als Innovationspartner und -standort näher in Betracht zu ziehen.

Für Indien bietet sich das Konzept der »innovativen Imitation« an: die Anpassung bereits angebotener Produkte und Dienstleistungen an den heterogenen und unterversorgten indischen Markt. Auch das Konzept der Frugalität von Innovation ist in Indien anwendbar, dies bedeutet, dass Unternehmen teilweise radikal neue Produkte, Dienstleistungen und Geschäftsmodelle mit begrenzten Ressourcen entwickeln. Die Herausforderungen in Indien und letztlich in jedem Schwellenmarkt sind dabei Faktoren wie ein niedriges Pro-Kopf-Einkommen, eine schwache Infrastruktur, unkonventionelle Lieferketten, schwache Distributionskanäle, schlechter Zugang zu Elektrizität und Transportmitteln, niedriger Bekanntheitsgrad und Mangel an ausgebildetem Personal.

Ein weiterer Bereich, der im Zusammenhang mit der Hard Power Indiens relevant ist, sind *Investitionen*. Laut einer Studie der Bertelsmann Stiftung erzielen indische Firmen in Deutschland knapp 70 Prozent ihrer Umsätze in den arbeitsintensiven Sektoren der Metall und Automobilindustrie (40 beziehungsweise 29 Prozent). Erstaunlicherweise hat die indische Vorzeigebranche der IT-Dienstleistungen nur einen Umsatzanteil von 9 Prozent. Dennoch wird der Zugang zu deutschen Hochtechnologieprodukten und Marken für Inder immer wichtiger. Für die Studie wurden CEOs indischer Großunternehmen befragt, deren überwiegender Teil sagte, dass neue innovative Ideen der Hauptgrund seien, hier zu investieren. Durch den Brexit wird Deutschland für Indien als Innovationsstandort sogar noch attraktiver. Noch tätigt die indische Wirtschaft 46 Prozent ihrer europäischen Investitionen in Großbritannien, Deutschland liegt mit 17 Prozent auf Platz zwei.

Dies dürfte sich in Kürze ändern: 90 Prozent der befragten indischen CEOs sind überzeugt, dass sich die Attraktivität Deutschlands erhöhen und das Volumen sowie die Vielfalt indischer Investitionen stark zunehmen wird. Zudem spielt die im europäischen Vergleich hohe Lebensqualität zu erschwinglichen Preisen eine Rolle. Dies bedeutet unter anderem, dass nicht nur eine gute Infrastruktur und politische Stabilität, sondern auch weiche Standortfaktoren wie Lebensqualität und Sicherheit zunehmend wichtiger werden, um indische Firmen und Fachkräfte zu werben.

Die Studie »Indian Investments in Germany – Prospects for shared Prosperity« von der Unternehmensberatung Ernst & Young und dem indischen Industrieverband CII analysiert Investitionen, die seit 2010 von indischen Unternehmen mit mehr als 10 Millionen Euro Jahresumsatz in Deutschland getätigt wurden. Sie kommt zu dem Ergebnis, dass auch Deutschland von steigenden indischen Investitionen profitieren kann. Deutsche Firmen sollten engere Bande zum asiatischen Zukunftsmarkt knüpfen, um das Innovationspotenzial zu nutzen und gleichzeitig besseren Zugang zu indischen Fachkräften zu bekommen.

Um Deutschland für ausländische Investoren weiterhin attraktiv zu halten, sind allerdings staatliche Anreize wie steuerliche Erleichterungen für technologieintensive Branchen wie die Automobil- und IT-Industrie dringend geboten. Viele indische Unternehmer empfinden das deutsche Steuer- und Sozialabgabensystem als unattraktiv, eine Harmonisierung mit anderen europäischen Systemen wäre deshalb hilfreich.

Für Investitionen in Indien wie in Deutschland ist eine gute *Infrastruktur* wichtig. Indien hat unter Präsident Modi verschiedene Infrastrukturprogramme aufgelegt, um Straßen, Häfen, Bahnstrecken sowie die Luftfahrt zu modernisieren und an die gestiegenen Anforderungen anzupassen. Die indische Regierung beabsichtigt, rund 20 Milliarden US-Dollar in den Ausbau des Straßennetzes zu stecken. Die Einführung des so genannten IRB – des ersten Infrastruktur-Investmentfonds Indiens – im Mai 2017 belegt die Erwartungen, dass Infrastrukturausgaben das Wachstum dieses Landes in den nächsten Jahren entscheidend bestimmen werden. Der IRB-Trust, der sechs Mautstraßen betreibt, bietet eine Rendite von 10 bis 12 Prozent und dürfte nur der erste einer ganzen Reihe derartiger Trusts sein.

Mit 4,7 Millionen Kilometern besitzt Indien das zweitgrößte Schienennetz der Welt, das allerdings dringend überholt und ausgebaut werden muss. Derzeit liegt aber das Augenmerk vor allem auf dem Bereich Luftfahrt. Im Jahr 2016 wurden in Indien etwa 150 Millionen Inlandsflüge registriert (im Vergleich zu rund 90 Millionen in den USA). Indien dürfte bald Großbritannien als weltweit drittgrößten Markt für Flugreisen ablösen. Bis 2030 könnte Indien gar der größte Flugmarkt der Welt sein. Deshalb ist zu erwarten, dass die Zahl der Flughäfen ansteigen wird; diese werden zudem mit großer Wahrscheinlichkeit im Rahmen öffentlich-privater Partnerschaften privatisiert werden.

Auch in der Automobilindustrie tut sich etwas. Volkswagen und Tata Motors, der größte indische Autokonzern, wollen gemeinsam den Prototyp eines neuen preiswerten Autos entwickeln. Hinzu sollen gemeinsame Fahrzeugkomponenten bis hin zu gemeinsamen Fahrzeugen und Modellen kommen, um sie gemeinsam in andere Schwellenländer zu exportieren. Bei Volkswagen wird Skoda in Tschechien die Projektverantwortung übernehmen, da es auf günstige Fahrzeuge spezialisiert ist.

Schon einmal hatte Volkswagen einen Anlauf unternommen, in den indischen Markt vorzudringen, damals gemeinsam mit Suzuki, doch das Bündnis hielt nicht lange. Preiswerte Autos gehören nicht zu den Stärken von Volkswagen, weshalb der japanische Partner dem deutschen Konzern eine gewisse Arroganz nachsagte. Mit dem neuen Partner Tata Motors stehen die Chancen allerdings gut. Tata ist innovativ und hat bereits mit dem Billigauto Nano die Marktführerschaft in Indien erlangt. Der Kleinstwagen ist bereits ab 3 000 US-Dollar zu haben. Zugleich ist Tata in Europa durch den Kauf der Nobelmarke Jaguar und Land Rover vertreten und führt dort mit ruhiger Hand eine erfolgreiche Markenpolitik.

Indien bietet also attraktives Potenzial in den Konsumsektoren, die von den gestiegenen Löhnen, der allgemeinen Belebung der indischen Wirtschaft und dem Zugang zu einer breiteren Palette von Gütern und Dienstleistungen profitieren werden. Dazu gehören neben Autos das Gesundheitswesen, Internet und Finanzdienstleistungen.

Außenpolitik

Seit mehreren Jahren beschnuppern sich die beiden eigentlich komplementären Volkswirtschaften China und Indien skeptisch. Sie sind ähnlich groß, alt und bedeutsam; während China für Hardware steht, wird Indien mit Software identifiziert. Der Himalaya trennt beide Länder wie eine 2 659 Kilometer lange Mauer. Einzig Tibet ist eine strategische Gemeinsamkeit. In den vergangenen 3 000 Jahren gemeinsamer Geschichte hat es nur Anfang der 1960er Jahre Grenzscharmützel im Himalaya gegeben, nie jedoch einen großen Krieg. Trotzdem haben sich in den letzten Jahren Spannungen aufgebaut.

Indien versucht durch wachsendes Engagement in Südost-, Ost- und Zentralasien, den chinesischen Einfluss einzudämmen und ein Gegengewicht zur Volksrepublik zu schaffen. Seitdem China eine aggressivere Politik in Südost- und Ostasien verfolgt, gilt Indien dort als zunehmend attraktiver Partner. Zudem sucht Indien seit geraumer Zeit den engeren Schulterschluss mit Japan und den USA.

Im Jahr 2005 hatten Indien und China eine strategische Partnerschaft angekündigt, die Beziehungen haben sich seitdem aber verschlechtert. Dazu tragen sowohl Indiens hohes Handelsbilanzdefizit gegenüber China bei – indische Unternehmen klagen über Barrieren im Zugang zum chinesischen Markt –, die Aufrüstung des chinesischen Militärs als auch Chinas Staudammprojekte im Himalaya. Im Himalaya entspringen einige der wichtigsten Flüsse Indiens, die Staudammprojekte schüren deshalb Bedenken hinsichtlich der Zukunft der indischen Wasserversorgung.

China ist hingegen die Präsenz des Dalai Lama in Indien ein Dorn im Auge. Hinzu kommt die Verbesserung der Beziehungen Indiens zu den USA, die mit der Unterzeichnung des Abkommens zur zivilen Nutzung der Atomenergie im Jahr 2008 besiegelt wurde und von China mit Sorge betrachtet wird.

Im Bereich der Infrastruktur ist China in den Bau einer Reihe von Häfen am Indischen Ozean involviert, wodurch in Indien die Furcht wächst, eingekreist zu werden – häufig ist von einer chinesischen »Perlenkette« die Rede, die Indien einschnüre. Neben dem pakistanischen Hafen Gwadar geht es dabei um den Hafen von Chittagong in Bangladesch, der eine wichtige Rolle für den Zugang zur Provinz Yunnan spielt, den Hafen von Hambantota in Sri Lanka und den Hafen von Sittwe in Myanmar. Für China stellen diese auf der Route zu den ölproduzierenden Staaten der Golfregion gelegenen Häfen bedeutsame logistische Stützpunkte dar und – bei einem entsprechenden Ausbau der Infrastruktur über Land – potenzielle Knotenpunkte, durch die China auf den Seeweg durch die Straße von Malakka verzichten könnte. Indien befürchtet allerdings, dass diese Häfen auch zu Militärstützpunkten ausgebaut werden, wodurch die eigene traditionelle Dominanz im Indischen Ozean infrage gestellt würde.

Auch der Ausbau von Straßen und Eisenbahnlinien durch chinesische Unternehmen hat in den vergangenen Jahren in Südasien zugenommen. Zu den größten Projekten zählt der Chittagong-Kunming-Highway, der den von China erbauten Hafen in Bangladesch mit der chinesischen Provinz Yunnan verbinden soll. Ebenfalls geplant ist eine Eisenbahnlinie, die vom tibetischen Lhasa ins nepalesische Khasa führen soll. Die Tatsache, dass durch dieses Projekt der Himalaya seine Funktion als natürliche Barriere zwischen China und Indien verlieren würde, trägt zu den indischen Bedrohungswahrnehmungen bei.

China stellt für die meisten Staaten Südasiens einen attraktiven Kooperationspartner und eine erwünschte Alternative zur dominierenden Regionalmacht Indien dar. Den kleineren Staaten ist es so möglich, ein Gegengewicht zum Giganten Indien aufzubauen und Indien und China gegeneinander auszuspielen.

Die wachsende Spannung in den bilateralen Beziehungen zu China hat dazu beigetragen, dass sich Indien seit einigen Jahren intensiver als zuvor in verschiedenen Regionen Asiens engagiert. Indien hat also begonnen, die Anfang der 1990er Jahre verkündete, aber nie intensiv betriebene »Look East«-Politik mit Leben zu füllen. Während des Kalten Krieges war der Einfluss Indiens in Südostasien begrenzt, doch in den vergangenen Jahren hat das Land die Beziehungen zu den südostasiatischen Staaten verstärkt ausgebaut. Diese Bemühungen führten dazu, dass das Verhältnis zu allen ASEAN-Staaten mittlerweile stabil ist. Die gegenseitige Handels- und Investitionstätigkeit ist dabei verstärkt ausgebaut worden.

Auf politischer Ebene hat Indien genauso wie die ASEAN-Staaten ein Interesse daran, dass China nicht uneingeschränkt zur wichtigsten Macht in der Region wird. Insbesondere Singapur bemüht sich darum, dass Indien eine größere Rolle in Südostasien spielt und beispielsweise eine aktivere Position bei Sicherheitsfragen im Indischen Ozean einnimmt. Die Kooperation mit den ASEAN-Staaten wurde mit der Unterzeichnung eines Freihandelsabkommens im Jahr 2009 intensiviert.

Indien hat seine bilateralen Beziehungen zu den meisten Staaten Südostasiens ausgebaut. Intensiv bemüht sich Indien vor allem um eine Kooperation mit den Staaten Südostasiens, mit denen es substanzielle politische, ökonomische und militärische Verbindungen pflegt. Dazu gehören in erster Linie Singapur, Vietnam und Thailand. Insbesondere mit Vietnam besteht im Hinblick auf China eine strategische Schnittmenge, weswegen die indisch-vietnamesische Zusammenarbeit in den letzten Jahren deutlich intensiviert wurde.

Im Februar 2011 unterzeichneten Indien und Japan ein umfassendes Wirtschaftsabkommen (CEPA), das die noch geringen japanischen Investitionen in Indien stärken soll. Südkorea, mit dem Indien bereits im August 2009 ein solches Abkommen unterzeichnet hat, ist hingegen einer der wichtigsten Investoren in Indien, vor allem im Elektronik- und Automobilsektor.

Die Kooperation mit einzelnen Ländern umfasst auch die Seestreitkräfte. Zudem führt Indien seit mehreren Jahren Militärmanöver durch, was zum Ärger Pekings eine wachsende indische Präsenz im Südchinesischen Meer bedeutet.

Auch zu den Ländern Zentralasiens hat Indien seine Beziehungen intensiviert. Im Mittelpunkt steht hier die Energieversorgung. Indiens Versuche der Einflussnahme in Zentralasien kommen jedoch vergleichsweise spät, da China – und selbstverständlich Russland – dort schon viel länger aktiv sind.

Tanz der Riesen – Indien und China zwischen Konflikt und Kooperation

Immer wieder versucht Indien den vermeintlich oder manchmal auch realen Expansionsgelüsten Chinas entgegenzutreten.

Etwa bei der von China angestrebten Erweiterung der BRICS-Staatengruppe. Im Jahr 2017 hatte China die Führungsrolle innerhalb des Verbundes inne und hatte im September zum BRICS-Gipfel nach Xiamen eingeladen. Der chinesische Außenminister hatte im Vorfeld mehrfach vorgeschlagen, den BRICS-Verbund auf »BRICS Plus« zu erweitern. Ziel sollte die Schaffung eines einflussreichen Süd-Süd-Verbundes sein. Peking hatte unter anderem die Aufnahme seiner Verbündeten Pakistan, Sri Lanka und Mexiko ins Spiel gebracht.

Dies stieß Indien sauer auf. Bereits auf dem Gipfel des Jahres 2016 im indischen Benaulim war es Peking gelungen, eine Verurteilung Pakistans durch Indien zu verhindern. Pakistan und Sri Lanka sind wichtige strategische Partner für China und spielen in der »One Belt, One Road«-Initiative (OBOR) eine zentrale Rolle.

Die BRICS-Staaten haben große Erfolge vorzuweisen, etwa die Gründung der in Schanghai ansässigen Neuen Entwicklungsbank (NDB) – eine Konkurrenz zur asiatischen Entwicklungsbank (ADB) und der von China initiierten asiatischen Infrastrukturinvestitionsbank (AIIB). Dennoch ist Indien alarmiert. Aus seiner Sicht plant China, seine Macht auszubauen, indem es seine Alliierten nicht nur durch Programme wie OBOR versucht wirtschaftlich zu fördern, sondern durch die Schaffung weiterer politischer Vehikel wie BRICS Plus auch politisch eine Plattform zu schaffen, die den Einfluss Chinas zementieren würde.

Indien wäre subjektiv von allen BRICS-Partnern dadurch am härtesten getroffen. Mit dem wachsenden wirtschaftlichen Selbstbewusstsein dürfte sich die Rivalität zwischen Indien und China noch verstärken.

Durch den Ausbau seiner Marine hat China zum ersten Mal die Möglichkeit, in direkte Konfrontation mit Indien zu treten. Indien besitzt zwar eine große und gut ausgerüstete moderne Marine, zu der auch ein Flugzeugträger gehört. Doch mittel- und langfristig wird es nicht mit dem konkurrieren können, was China gerade im Begriff ist aufzubauen. Allerdings ist von keiner direkten militärischen Konfrontation in der näheren Zukunft auszugehen.

Im Augenblick ist es noch zu früh zu entscheiden, in welche Richtung sich das Verhältnis der beiden Riesen entwickeln wird – wie bei einem Tanz neigen sie sich einmal der Konfrontation und dann der Kooperation zu. Entscheidend ist ihr Verhältnis zueinander für Asien und die Welt jedoch allemal.

Perlenketten und der böse Nachbar

Das Verhältnis von Indien und Pakistan ist nach wie vor angespannt. In Indien leben fast 1,3 Milliarden Menschen, in Pakistan gerade einmal 182 Millionen. Beide Länder sind aufs Engste miteinander verstrickt und haben vier größere Kriege miteinander geführt, hinzu kommen zahlreiche Scharmützel.

Pakistan ist in gewisser Weise ein Kunstprodukt, entstanden durch eine Teilung nach dem Rückzug der Engländer 1947. Der Name bedeutet »Land der Reinen«, laut Choudhary Rahman Ali, Begründer des Pakistan National Movement und einer der Gründerväter des Landes, ist es auch eine Abkürzung: P steht für Punjab, A für Afghania, K für Kaschmir, S für Sindh und T für – tan wie Belutschistan. Aus diesen fünf unterschiedlichen Regionen mit jeweils eigener Sprache, ist zwar ein gemeinsamer Staat entstanden, aber keine Nation. Nach wie vor heiraten die großen Volksgruppen nicht untereinander.

Nach der Aufteilung des britischen Kolonialreichs in die hinduistische und die muslimische Welt war Pakistan zunächst überfordert. Es erhielt nur 17 Prozent der Geldreserven, verfügte also über keinerlei Mittel für Entwicklungen und Investitionen. Das Agrarland stand ohne Unterstützung da mit einer instabilen Westgrenze und einem Staat, der kulturell zersplittert war und ist.

Von entscheidender strategischer Bedeutung ist die Region Belutschistan, in der nicht viele Pakistaner leben, ohne die es Pakistan aber nicht geben würde. Es macht fast 45 Prozent der Fläche Pakistans aus und enthält viele Erz- und Erdgasvorkommen. Das Juwel in dieser speziellen Krone ist die Küstenstadt Gwadar, sie liegt strategisch günstig am Eingang vom Persischen Golf, von dem ein Großteil der Erdöllieferungen der Welt stammen. Diese Stadt war vermutlich auch das eigentliche Ziel der russischen Invasion nach Afghanistan 1979, denn sie hätte Moskaus lang gehegten Traum von einem eisfreien Hafen erfüllt. Auch China ist von diesem Juwel angelockt worden und hat Milliarden von US-Dollar in dieser Region investiert. 2007 wurde ein Tiefseehafen eingeweiht, und die beiden Länder arbeiten daran, ihn mit China zu vernetzen. Zudem sind Überlandverbindungen geplant, um Öl aus dem Iran und vom Kaspischen Meer durch Pakistan nach China zu transportieren.

Ein chinesisch-pakistanischer Wirtschaftskorridor soll die 2900 Kilometer lange Strecke von Gwadar in die chinesische Provinz Xinjiang stabilisieren. Dadurch bekommt China einen direkten Zugang zum Indischen Ozean. Ende 2015 unterzeichneten die Parteien außerdem einen Pachtvertrag über 40 Jahre für knapp 930 Hektar des Hafengebiets, um eine große Sonderwirtschaftszone und einen Flughafen zu errichten.

Eine spezielle Sicherheitstruppe in der Stärke von bis zu 35 000 Mann soll die Unruheprovinz Belutschistan befrieden.

Aber auch Kaschmir verursacht in dem Dreieck aus Pakistan, Indien und China Spannungen. Die Situation ist durchaus mit der in Tibet zu vergleichen. Nach Abzug der britischen Kolonialmacht wurde Kaschmir 1948 entlang der »Line of Control«, eine Art Berliner Mauer im Hochgebirge, geteilt. Indien und Pakistan machen weiterhin ihre Ansprüche auf die Region geltend. Nach einem kurzen Grenzscharmützel zwischen Indien und China im Jahr 1962 kam es 1984 zu einer Auseinandersetzung zwischen Pakistan und Indien in 6 700 Meter Höhe, weitere Kämpfe brachen 1985, 1987 und 1995 aus. Nach wie vor bildet Pakistan Milizen aus, die illegal die indische Grenze überqueren, deshalb kam es 1999 zu einem weiteren Krieg um Kaschmir – eine heikle Situation angesichts der Tatsache, dass mittlerweile beide Seiten über Atomwaffen verfügten.

Ähnlich wie Tibet für China ist Kaschmir für Indien von existenzieller strategischer Bedeutung. Die Kontrolle über ganz Kaschmir würde Indien ein Fenster nach Zentralasien öffnen und eine Grenze mit Afghanistan verschaffen – gleichzeitig würde es Pakistan die Grenze zu China nehmen und damit den Nutzen und das Ziel der pakistanisch-chinesischen Beziehungen empfindlich verringern.

Hätte wiederum Pakistan die volle Kontrolle über Kaschmir würde das die außenpolitischen Optionen der Regierung deutlich erhöhen und Indien diese Möglichkeiten nehmen. Last, but not least wäre auch die pakistanische Wasserversorgung gesichert, denn der Indus entspringt dem tibetischen Himalaya und fließt durch den von Indien kontrollierten Teil Kaschmirs, bevor er Pakistan erreicht, um dann bis zur Mündung ins Arabische Meer bei Karachi pakistanisch zu bleiben.

Der Indus und seine Nebenflüsse liefern Wasser für zwei Drittel des Landes. Ohne diese natürliche Versorgungslinie würden die Baumwollindustrie und andere Pfeiler der labilen pakistanischen Wirtschaft straucheln und womöglich zusammenbrechen. In einem Vertrag, der bisher in keinem der Kriege gebrochen wurde, haben Indien und Pakistan vereinbart, sich das Wasser zu teilen. Doch das Bevölkerungswachstum in beiden Ländern ist rasant, und wenn die globale Erwärmung weiter so voranschreitet, könnte der Wasserfluss rapide nachlassen.

Ganz Kaschmir zu annektieren, würde Pakistans Wassernachschub dauerhaft sichern.

Letztendlich fühlt sich Pakistan durch Indien immer noch bedroht. Seine Hauptstadt Islamabad liegt gerade einmal 380 Kilometer von der indischen Grenze entfernt und bietet in militärischer Hinsicht keine großen Hindernisse. Bei einem großen konventionellen Angriff würde die indische Armee binnen weniger Tage die Hauptstadt erobern. Als Gegenmaßnahmen haben die pakistanischen Militärs eigentlich nur zwei Pläne erarbeitet: Eine Möglichkeit wäre der Versuch, den indischen Vorstoß nach Punjab aufzuhalten und einen Gegenangriff jenseits der Grenze zu starten, um den indischen Highway 1 A zu sperren, der die lebenswichtige Nachschublinie für die indische Armee darstellt. Die indische Armee ist mit über einer Million Mann zwar mehr als doppelt so groß wie die pakistanische, kann aber ohne Nachschub nicht kämpfen. Die andere Variante wäre, hinter die afghanische Grenze zurückzufallen, aber das verlangt eine Pakistan wohlgesonnene Regierung in Afghanistan.

Und da fangen die Probleme an. Die Grenze zwischen Afghanistan und Pakistan, die 1893 gezogene so genannte Durand-Linie, wurde 1949 annulliert. Im Herzen des umliegenden Gebietes, das man als Patschunistan bezeichnet, liegt die Stadt Peschawar. Sie ist eine Art Militärkomplex der afghanischen Taliban, die eine natürliche Bindung – auch ethnisch – zu Pakistan haben. Wie so oft im Mittleren Osten und Zentralasien sind künstlich gezogene Grenzen nicht so wichtig wie ethnische Stammeszugehörigkeiten. Auch aus diesem Grunde ist dieses Gebiet von zentraler Bedeutung. Sowohl die afghanischen als auch die pakistanischen Taliban sind ethnisch gesehen Patschtunen, und niemand von ihnen wird je akzeptieren, von einer fremden Macht beherrscht zu werden – seien es die Engländer im 19. Jahrhundert oder die Pakistaner im 21. Jahrhundert. Aus all diesen Gründen handelt es sich bei dieser Region um ein Bermudadreieck.

Das Interesse der USA in Afghanistan dürfte begrenzt sein, solange die Taliban stillschweigend einwilligen, nie wieder eine international agierende Terroristengruppe zu beherbergen. Die Pakistaner hingegen werden genügend Verbindungen zu den afghanischen Taliban beibehalten, um sicherzustellen, dass jede Regierung in Kabul auf Pakistan hört und sich nicht bei Indien einschmeichelt.

Die innenpolitische Lage in Pakistan bleibt unübersichtlich. Die islamistischen Kräfte des Landes sind aus einem Kräftemessen mit der Regierung im Herbst 2017 gestärkt hervorgegangen. Viele Beobachter glauben, dass im Hintergrund die Armee die Fäden zieht. Die Partei Athyra ist die Bewegung jener, die dem Ruf der Propheten folgen. Sie gilt als Kreation der Armeeführung, die früher auch schon Gruppen wie nicht zuletzt die afghanischen Taliban unterstützt hat. Die Athyra-Partei war im Untergrund tätig, und es ist auffällig, dass sie über große finanzielle und logistische Mittel verfügt, um landesweit Anhänger zu mobilisieren und zu ermutigen – zum Beispiel zu einem mehrwöchigen Sitzstreik im Dezember 2017.

Seit der Staatsgründung vor 70 Jahren ist die Armee die mächtigste Institution in Pakistan und weiß ihre Interessen über alle zivilen Regierungen hinweg zu verteidigen. Die gegenwärtige zivile Regierung in Pakistan weiß ein Lied davon zu singen. Eines der Probleme ist die außenpolitische Öffnung unter dem früheren Premierminister und 2013 wiedergewählten Nawaz Sharif. Die Sicherheitsstrukturen haben daran kein Interesse, und der konziliante Ton gegenüber Afghanistan und Indien löst Besorgnis aus und muss in den Augen der Armee begrenzt werden.

Der primär wirtschaftspolitisch interessierte Sharif hatte nämlich am Beginn seiner Amtszeit versöhnliche Signale an das westliche und das östlichen Nachbarland geschickt. Die Beziehungen zu New Delhi haben sich allerdings dramatisch verschlechtert, nachdem von islamistischen Kräften eine Reihe von Angriffen auf indische Armeelager in Pakistan ausgeführt worden waren.

Der eigenwillige und populäre Sharif war der Armeeführung ein Dorn im Auge – obwohl günstige Rohstoffpreise, aber vor allem auch günstige und großzügige Milliarden-Investments aus China das chronische Energieproblem etwas gelindert haben, und auch die Sicherheitslage hat sich trotz gelegentlicher Anschläge gebessert, was sich wiederum positiv auf das Wirtschaftswachstum auswirkt.

2018 wird in Pakistan gewählt. Sharifs Partei, die Pakistan Muslim League (PML-N), hat gute Chancen. Deshalb haben Militärs mit allen

Mitteln versucht, die Partei zu schwächen, indem ein Korruptionsprozess gegen Sharif nach der Veröffentlichung der Panama Papers angestrengt wurde. Sharif musste daraufhin im Juli 2017 von seinem Amt zurückgetreten. Es drängt sich die Frage auf, wieso nur gegen Sharif Anklage erhoben wurde, obwohl Dutzende von pakistanischen Namen in den Panama-Dokumenten zu finden waren. Da Sharif sich zunächst nicht aus der Ruhe bringen ließ und weiter politisch aktiv war, versuchten die Militärs über religiöse Befindlichkeiten Sharif anzugreifen. Die muslimische Religionsgruppe der PML-N stellt die Kernwählerschaft seiner Partei da. Mit einem neu entstandenen islamistischen Parteityp soll genau diese Wählerbasis gespalten werden. Vor diesem Hintergrund ist die Islamisierung immer breiterer Bevölkerungsschichten zu sehen, die die Sicherheitskreise zwar nicht auslösen, sich aber wohl zunutze machen wollen. Inzwischen wurde Sharif am 13. April 2018 mit einem lebenslangen Politikverbot belegt.

Die politische Elite in Pakistan ist von Korruption geprägt, und da die Sicherheitsdienste über belastendes Material über fast jeden im Land verfügen, ist diese Gruppe erpressbar. Dazu zählt Sharif genauso wie der ehemalige Kricketstar Imrat Khan, dem auch ein Korruptionsprozess gemacht werden sollte, was allerdings durch die Weigerung des Gerichts mitzuspielen vorläufig verhindert wurde.

Es hat seit dem Herbst 2017 wochenlange, gewalttätige Proteste gegeben, als in Punjab eine Wahlrechtsreform beschlossen wurde. Darin wurde unter anderem die Eidesformel für Volksvertreter so abgeändert, dass dies als Abschwächung des Bekenntnisses zu Mohammed als letzten Propheten Allahs verstanden werden kann. Umstritten ist nach wie vor, wie diese Formulierung überhaupt in den Gesetzesvorschlag gelangen konnte. Die Regierung spricht von einem Versehen, die islamistische Partei fordert eine schonungslose Untersuchungskommission. Unbestritten ist, dass die Streiterheblichkeit erkannt und genutzt wurde, um die Regierungspartei über die religiöse Flanke zu schwächen.

Es bleibt abzuwarten, wie dieser Machtkampf ausgehen und wie er sich außen- und sicherheitspolitisch im Verhältnis zu Indien auswirken wird. China wiederum könnte diese Chance nutzen und seinen Einfluss in Pakistan durch weitere großzügige Finanzierungs- und Aufrüstungsprogramme für die Militärs für sich nutzen.

Die USA werden zunehmend ungeduldig mit den langsamen Fortschritten im Kampf gegen den Terror. Im Januar 2018 froren sie die Militärhilfe an Pakistan vorläufig ein. Die USA haben wiederholt versucht, Pakistan zu mehr Kooperation im Kampf gegen die afghanischen Taliban zu zwingen. Doch da die Vereinigten Staaten davon abhängig sind, dass beispielsweise Flüge über Pakistan erlaubt werden, um Truppen nach Afghanistan zu bringen, kam es nie zu einem Bruch. Seit 2002 haben die USA nach amerikanischen Angaben 33,4 Milliarden US-Dollar an Pakistan ausgezahlt, sie sind damit der größte Geldgeber des südasiatischen Schwellenlandes. Alleine 14,6 Milliarden US-Dollar davon sind Nutzungsgebühren für Infrastruktur und andere Leistungen, die Pakistan im Rahmen des Krieges gegen den Terror erbracht hat, womit sie im strengen Sinne nicht als Hilfszahlungen anzusehen sind.

Der zweitwichtigste bilaterale Geldgeber Pakistans ist die ehemalige Kolonialmacht Großbritannien, die im Jahr 2015 knapp 500 Millionen US-Dollar für Hilfsprogramme in Pakistan aufbrachte. Auch multilaterale Institutionen wie die asiatische Entwicklungsbank oder der International Monetary Fund unterstützen Pakistan wirkungsvoll. Interessanterweise leistet China, das immer näher an Pakistan herangerückt, nur in beschränktem Maße direkt Hilfe. Das gewaltige Investitionsprogramm des chinesisch-pakistanischen Landkorridors, das ein Gesamtvolumen von mehr als 60 Milliarden US-Dollar haben soll, wird zum größten Teil über Kredite finanziert und dies meist zu Markt- und nicht zu Sonderkonditionen. Dadurch sichert sich Peking – wie andere Länder – anhaltenden Einfluss auf den Schuldnerstaat.

Pakistan hatte im Jahr 2016 ein BIP von 283,7 Milliarden US-Dollar. Die Verteidigungsausgaben der Nuklearmacht liegen offiziell bei 9 Milliarden US-Dollar, dürften in Wahrheit jedoch deutlich höher sein. Der Wegfall der amerikanischen Hilfe ist schmerzhaft, wird aber zu verkraften sein.

Soft Power

Die indische Diaspora – die so genannten »NRIs« (Non-Resident Indians, Auslandsinder mit indischer Staatsangehörigkeit) und »PIOs« (People of Indian Origin, Inder mit der Staatsangehörigkeit des Gastlandes) – umfasst circa 31 Millionen Menschen, rund ein Viertel weniger als die chinesische. Die Ursachen der umfassenden Bevölkerungsbewegung, die die moderne indische Diaspora ausmachen, liegen in der Zeit, als Indien Teil des britischen Empires war.

Ein Schlüsselereignis, das der indischen Einwanderung starken Auftrieb gab, war die Abschaffung der Sklaverei durch den Slavery Abolition Act 1834, der zu einem massiven Arbeitskräftemangel auf den Plantagen und Minen in den Kolonien führte. Um dieses Problem zu lösen, folgte ein intensiver Import von Arbeitskräften, die vor allem in Indien rekrutiert wurden. Zahlreiche Inder wanderten als billige Arbeitskräfte in ferne Teile des britischen Weltreiches aus. In vielen ihrer Gastländer schufen sich die geschäftstüchtigen und fleißigen Inder einen ansehnlichen Wohlstand und stellen heute oftmals die reichsten Volksgruppen.

Nach dem Ende der Kolonialzeit nahm die Auswanderung nicht ab, sondern erreichte eine neue Dimension: Indische Arbeitskräfte verstreuten sich über die ganze Welt, um in den wirtschaftlich erfolgreichen Ländern ein besseres Auskommen für sich und ihre Familien zu erarbeiten. Zunächst wanderten zahlreiche Inder in die Golfstaaten des Nahen Ostens aus, die nach den 1970er Jahren einen Erdölboom durchlebten. Die meisten der indischen Gastarbeiter im Nahen Osten stammen aus Kerala und anderen Bundesstaaten des südlichen Indiens. Attraktiv ist für sie hierbei nicht nur die Aussicht auf ein hohes Gehalt, sondern auch die geografische Nähe zum Mutterland.

Die größte und wohl auch die wohlhabendste Gruppe indischer Auswanderer ist heute in den Vereinigten Staaten zu finden, wo circa 4,1 Millionen Inder leben. Ihr mittleres Einkommen beträgt nahezu das Doppelte des amerikanischen Durchschnittes. Das hat seinen Grund in der von Washington verfolgten kontrollierten Einwanderungspolitik, die vor allem auf Spitzenkräfte ausgerichtet ist, sodass vor allem hervorragend ausgebildete Inder mit der Aussicht auf lukrative Stellen in die USA ausgewandert sind. Die amerikanischen Inder sind vor allem im akademischen und im medizinischen Bereich tätig sowie in der IT-Branche. So haben die IT-begabten Inder in nicht unbedeutendem Maße zum kometenhaften Aufstieg des Silicon Valley beigetragen. Nach einer Studie von Merrill Lynch aus dem Jahre 2016 sind etwa 200 000 von 4,1 Millionen Indern in den USA Millionäre – das bedeutet, etwa 2 Prozent aller amerikanischen Millionäre sind indischstämmig.

In Saudi-Arabien sind Inder mit 4,1 Millionen Einwohnern vertreten. Es folgen die Vereinigten Arabischen Emirate mit 3,5 Millionen Indern, Malaysia und Pakistan mit jeweils 2 Millionen, das Vereinigte Königreich mit 1,45 Millionen, Südafrika mit 1,3, Kanada mit 1,2 und Myanmar mit 1,1 sowie Sri Lanka mit 0,85 Millionen. Unter den Ländern, aus denen die meisten Auswanderer stammen, steht Indien mit 15,6 Millionen Migranten an der Spitze, gefolgt von Mexiko mit 12,3, Russland 10,6 und Bangladesch mit 7,2 Millionen Menschen.

Smart Power

Bei der Entwicklung der Volkswirtschaften sind China und Indien unterschiedliche Wege gegangen; derzeit ist China mit seinem Fokus auf Hardware erfolgreicher als Indien mit seiner Software-Ausrichtung, denn die Wirtschaftskraft der beiden Länder ist deutlich unterschiedlich.

Das BIP von China ist mehr als fünfmal so hoch wie das von Indien. Das könnte sich jedoch ändern, wenn die Digitalisierung auch auf dem Land und in kleinen und mittelgroßen Unternehmen Indiens ankommt. China strukturiert mit ehrgeizigen Programmen im Rahmen von »Made in China 2025« die Volkswirtschaft um und legt Wert darauf, moderne Fertigungstechniken zu verbreiten.

Doch im Zentrum von Industrie 4.0 steht auch *intelligente Software*, die zum Beispiel die Roboter und Maschinen steuert. 3-D-Druck ist ein gutes Beispiel dafür. In der Vergangenheit wurde die Fertigung von Prototypen und Mustern aus Kostengründen häufig nach China verlagert. Doch wenn 3-D-Druck weiter verbreitet ist und leistungsfähige Drucker verfügbar sind, lassen sich überall Prototypen herstellen. Sogar große Teile für den Schiffs- oder Flugzeugbau können mit der neuen Technik kostengünstig produziert werden. Airbus will zum Beispiel 10 Prozent seiner Ersatzteile mit 3-D-Druckern selbst herstellen. Das bedeutet, dass die Dezentralisierung der Produktion dazu führen könnte, dass es keine großen Fabriken mehr geben wird. Eine Entwicklung, die für Indien bedeutsam werden könnte.

Die *indische IT-Branche* zählt bereits heute zur Weltspitze. Indien ist einer der größten Exporteure von IT-Dienstleistungen weltweit, über 70 Prozent des Umsatzes werden im Ausland erwirtschaftet. Dennoch ist das Wachstum zurückgegangen – noch 2006 hatte es um 33 Prozent gegenüber dem Vorjahr zugelegt, im Finanzjahr 2016/17 lag es nur noch bei 8,3 Prozent. Die Verlangsamung hat nicht nur mit der größeren Reife des indischen IT-Marktes, sondern auch mit der steigenden Internetkonkurrenz und einer gewissen Sättigung der Exportmärkte zu tun.

Die indische IT-Branche ist sehr exportorientiert und deswegen anfällig für geopolitische Veränderungen, zumal sie den größten Teil des Umsatzes in Nordamerika und Großbritannien erwirtschaftet. 17 Prozent der gesamten IT-Exporte Indiens gehen nach Großbritannien; die Exporte in die restliche Europäische Union umfassen lediglich rund 12 Prozent. Durch den Brexit wird sich das Wachstum in Großbritannien wahrscheinlich verringern, weshalb mit einer gewissen Wahrscheinlichkeit die britischen Unternehmen ihre IT-Budgets senken werden, was sich negativ auf die bekannten indischen IT-Dienstleister wie Infosys, Wipro und Tata auswirken wird.

Im Finanzjahr 2015/2016 wurden rund 100 Milliarden US-Dollar mit Exporten umgesetzt. Trotz der temporären Schwierigkeiten durch den Wechselkurs des Pfunds und die Verlangsamung des Wachstums im indischen Finanzsektor bleiben die Aussichten aber langfristig positiv.

Doch auch bracheninterne Hürden wie neu entwickelte Produkte und Dienstleistungen belasten die IT-Industrie. Immer mehr multinationale Unternehmen, schätzungsweise rund 1000, unterhalten in Indien eine Forschungs- und Entwicklungsabteilung, doch deren Ergebnisse bleiben das Eigentum der ausländischen Firmen. Einnahmen aus Lizenzgebühren fließen nicht nach Indien. Deswegen hat die indische Regierung im Rahmen der globalen »Base Erosion and Profit Shifting«-Initiative (Aushöhlung der Steuerbasis und Gewinnverlagerung) der OSZE ein »Patentbox Incentive Regime« eingerichtet. So sollen durch Steuervorteile multinationale Unternehmen dazu bewogen werden, ihre Patente in Indien anzumelden. Es ist allerdings zu berücksichtigen, dass gewisse Vorbehalte bei ausländischen Unternehmen gegen Patentanmeldungen in Indien bestehen, seit mehrere wichtige Schlüsselpatente von indischen Gerichten einfach für nichtig erklärt wurden, wie etwa im Falle von Repower.

Nichtsdestotrotz ist die IT-Branche einer der führenden Wirtschaftszweige Indiens und hat im Finanzjahr 2015/2016 beachtliche 9,3 Prozent des indischen BIP erwirtschaftet. Der Umsatz der Branche wächst durchschnittlich mit 8 bis 10 Prozent pro Jahr, wobei etwa die Hälfte des Gesamtumsatzes auf den Bereich IT-Dienstleistungen entfällt. Rund 20 Prozent werden durch den Betrieb von Callcentern und andere Formen von Kundenbetreuung erwirtschaftet, wie beispielsweise Buchhaltungsdienstleistungen sowie logistische Unterstützung. 18 Prozent des Umsatzes werden mit Engineering, Packaged Software und Forschung und Entwicklung erzielt. Nur 10 Prozent macht der Verkauf von Hardware aus.

Mit dem Projekt »Digital India« will die Regierung der indischen Bevölkerung den Zugang zum Internet erleichtern, sie investiert massiv in die digitale Infrastruktur. Nach wie vor gibt es einen stetigen Zufluss an gut ausgebildeten IT-Fachkräften. Fächer wie IT-, Ingenieur- und Wirtschaftswissenschaften sind beliebt in Indien, da die späteren Gehälter im Vergleich zu anderen Sektoren hoch und die Karrierechancen dementsprechend gut sind. Ingenieure werden auch an Eliteuniversitäten ausgebildet wie etwa dem Indian Institute of Technology.

Mit 3,5 Millionen Beschäftigten im organisierten Sektor war die IT-Industrie der größte Arbeitgeber der Privatwirtschaft im Jahre 2015/16. 2016/17 stieg die Zahl auf 3,7 Millionen. Im nicht organisierten Sektor dürfte die Zahl noch deutlich höher liegen.

Die Dynamik wird aller Voraussicht nach anhalten. Indien schafft nicht nur die regulatorischen Rahmenbedingungen dafür. Auch die profitablen Unternehmen tragen dazu bei, dass Indien immer mehr eine digitale Macht wird. Wenn es gelingt, bei disruptiven Technologien und neuen Leistungsdimensionen in sozialen Netzwerken sowie mobilen

Anwendungen, Analytics und Cloud-Services die Nase vorne zu haben, dürfte Indien künftig eine wichtige Rolle spielen. Die vier Trends werden unter dem Akronym SMAC zusammengefasst. Der globale Markt dafür soll sich bis 2020 auf 225 Milliarden US-Dollar belaufen.

Schon heute verfügt Indien über eine vielfältige und lebendige Start-up-Szene. Im Jahr 2015 zählte man 4200 Start-ups, bis 2020 soll sich ihre Zahl auf 11500 erhöhen. Auch in diesem Bereich versucht die Regierung die Initiative zu übernehmen, deshalb hat sie die »Startup-India-Mission« ins Leben gerufen, die mit mehreren Milliarden US-Dollar unterstützt werden soll.

Parallel dazu haben im Finanzjahr 2015/16 ausländische Unternehmen rund 6 Milliarden US-Dollar in Computer, Hardware und Software in Indien investiert. Auch deutsche IT-Unternehmen sind in Indien bereits aktiv. So betreiben SAP, Volkswagen und Mercedes große Forschungs- und Entwicklungszentren in Bangalore, Pune und anderen Technologiestandorten in Indien.

Die indische IT-Branche ballt sich vor allem um die Metropolen Neu-Delhi/Gurgaon, Hyderabad, Chennai und Bangalore. Letztes gilt als das Silicon Valley Indiens, weshalb in den vergangenen Jahren dort die Kosten stark gestiegen sind. Darum rücken derzeit andere Standorte wie Kolkata, Chennai und Hyderabad mit ihren Techclustern immer mehr in den Vordergrund, sie sind zum Teil bis zu 30 Prozent günstiger.

Premierminister Modi hat die Bedeutung der IT-Branche für das Wirtschaftswachstum erkannt und ihr als Schlüsselindustrie höchste Priorität eingeräumt. So wurde die IT-Branche ausdrücklich in die »Make in India«-Kampagne mit einbezogen. Sie soll die Investitionsbedingungen für in- und ausländische Firmen umfassend verbessern, um die industrielle Wertschöpfung im Land zu steigern. Bereits im Jahr 2012 wurde noch unter der alten Regierung ein Strategieplan für die IT-Industrie mit dem Titel »National Policy on Information Technology« verabschiedet, der den Fokus auf die Entwicklung der digitalen Infrastruktur, der Stärkung von Forschung und Ausbildung und die Verbesserung der Rahmenbedingungen vorsieht.

Indien ist also in Südasien und weltweit gut aufgestellt. Bangalore ist weltweit der größte IT-Hub, und Indien besitzt mit Abstand den größten weltweiten Pool an englischsprachigen, sehr gut ausgebildeten

IT-Fachkräften; in den nächsten Jahren dürfte sich dieser Trend noch verstärken. Die akademische Ausbildung ist in Indien allerdings sehr theorielastig, weshalb Indien im »Global Competitive Index« in der Kategorie »Higher Education« erst auf Platz 81 landet. Deutschland belegt hier Platz 16 und China Rang 54.

Durch den wirtschaftlichen Erfolg und die dynamische Entwicklung in Indien gelingt es zudem, immer mehr indische Topabsolventen, die in den USA studiert oder gearbeitet haben, zur Rückkehr in die aufblühende IT-Szene in Indien zu bewegen. Die Jahresgehälter indischer Software-Entwickler sind allerdings trotz der Lohnsteigerungen noch vergleichsweise niedrig. Sie liegen durchschnittlich bei 38 000 Euro pro Jahr – deutlich weniger als in Deutschland (104 000 Euro) und auch China (40 700 Euro). Aber die Konkurrenz schläft nicht: Billiglohnländer wie Vietnam und Bulgarien mit Durchschnittsgehältern von 31 000 Euro und 35 000 Euro sind inzwischen günstiger als Indien.

Die Lohnsteigerungen haben die Gesamtkosten für indische Unternehmen so stark erhöht, dass der Software-Gigant Infosys die durchschnittlichen Gehaltssteigerungen eingefroren hat, was de facto einem Inflationsausgleich entspricht. Neben der Begrenzung der Gehaltssteigerung auf 6,5 Prozent werden auch weniger Absolventen eingestellt. Allerdings sind die Gehälter im Vergleich zum internationalen Markt immer noch relativ niedrig, sodass sie in Zukunft durchaus steigen dürften.

Ist die indische Software-Industrie gerüstet für die Umbrüche, die die IT-Branche erwarten? In der Vergangenheit wurden Datenzentren von multinationalen Konzernen oft von indischen IT-Firmen betrieben, was durch die steigende Verbreitung von cloud-basierten Datenzentren abnehmen könnte. Auch durch die Fortschritte in künstlicher Intelligenz wird die maßgeschneiderte Erstellung von Software in Zukunft womöglich mehr von Maschinen als von indischen Software-Unternehmen vorgenommen. Andererseits steigt die Bedeutung der Digitalbranche, weshalb mehr Unternehmen in innovationsgetriebene Geschäftsbereiche investieren müssen, wofür sie erfahrene und gut ausgebildete Ingenieure brauchen. Einer der großen Vorteile Indiens gegenüber China ist die günstige demografische Altersstruktur. Über die Hälfte der 1,3 Milliarden Inder ist unter 25 Jahre alt, was auf Jahre hinaus ausreichend Nachschub an IT-Experten gewährleistet.

Steuererleichterungen und andere finanzielle Anreize sowie die Gründung von Kompetenzzentren und Technologie-Clustern forcieren langfristig den Ausbau der IT-Branche und der Software-Entwicklung. Auch ausländische Direktinvestitionen sind im IT-Sektor erlaubt, sie müssen lediglich bei der indischen Zentralbank angemeldet werden. Eine noch weitergehende Liberalisierung im E-Commerce-Sektor wird von der indischen Wirtschaft nachdrücklich gefordert, steht aber noch aus.

Das »Digital India«-Programm, das auch das Programm »Internet der Dinge« umfasst, in das die indische Regierung 15 Milliarden US-Dollar investiert, wird ebenfalls durch privatwirtschaftliche Initiativen unterstützt. Auch die NASSCOM, die National Association of Software and Services Companies, will bis 2020 10 000 Start-ups fördern. Indien ist also auf einem guten Weg, zu einer digitalen Smart Power zu werden. Da auch die Themen Ökologie und Nachhaltigkeit immer mehr ihren Weg in die Gesetzgebung und die öffentliche Diskussion finden, gesellt sich eventuell auch der Status einer Green Power dazu, sodass Indien möglicherweise mit China gleichzieht. Dass Indien mehr auf Software und China mehr auf Hardware spezialisiert ist, dürfte jedoch auf absehbare Zeit so bleiben. Wenn sich nicht die Handelsspannungen in Form von wechselseitigen Antidumping-Zöllen auf importierte Produkte erhöhen, worunter vor allem chinesische Exporteure leiden würden – denn indische Software-Unternehmen sind bislang kaum im chinesischen Markt erfolgreich –, dann hat Indien ein gutes Potenzial, mit der Schlüsselindustrie IT- und Business-Services die beachtlichen Herausforderungen der Sozialpolitik zu meistern.

Handelspolitik – global und national – hat großen Einfluss auf den Status einer Smart Power. Die 14. Runde im Indien-EU-Gipfel im Oktober 2017 war jedoch nicht in der Lage, die festgefahrenen Verhandlungen für das vorgesehene Freihandelsabkommen (FTA) wieder in Gang zu bringen, und das obwohl die EU vermutet, dass das Handelsvolumen von 100 Milliarden US-Dollar zwischen den beiden Parteien durch den Abschluss des FTA maßgeblich verbessert werden könnte. Indien hat diverse andere Freihandelsabkommen abgeschlossen und verhandelt aktuell auch mit Australien und Neuseeland. Es erwägt zudem, in Handelsblöcke wie die Regional Comprehensive Economic Partnership (RCEP) der ASEAN mit sechs weiteren Staaten einzutreten. Der Grund, warum Indien noch zögert, ist, dass der Nutzen aus den existierenden Freihandelsabkommen bislang eher negativ ist. Eine Analyse der Handelsbilanz Indiens mit den sechs existierenden FTA-Partnern – also mit Singapur, Japan, Malaysia, Korea, Thailand und den ASEAN-Staaten – zeigt, dass seit den Abschlüssen der Abkommen die Handelsbilanz sich zu Ungunsten Indiens verschlechtert hat. Besonders dramatisch ist die Situation im Handel mit China. Das Handelsdefizit ist zwischen 1996 und 2016 von rund 5 Milliarden auf knapp 30 Milliarden US-Dollar angestiegen. Die chinesischen Importe sind für die indischen Verbraucher zu verlockend und machen es den indischen Produkten schwer. Diese wiederum haben deutlich höhere Produktionskosten.

Es gibt also Probleme auf der makroökonomischen Ebene, in der Wertschöpfungskette und auch in der Technologie. Das Programm »Make in India«, im September 2014 verkündet, hat sich bislang nicht wirklich durchsetzen können, da die Rahmenbedingungen für die indische Wirtschaft zu schlecht sind. Einzig zwischen Indien und der EU gibt es einen Handelsüberschuss.

Das nationale Budget für 2018/2019 macht deutlich, dass Indien den Blick momentan stärker nach innen richtet. Unter dem Vorwand, den marktwirtschaftlichen Imperialismus der Chinesen zu konterkarieren, weist es zudem immer stärkere protektionistische Züge auf. Es besteht sogar die Gefahr, dass die »Make in India«-Kampagne zu einer Art »Importersetzungsstrategie« verkommt, wie sie zwischen den 1950er und 1980er Jahren in Indien üblich war. Indische Politiker befürworten eine nochmalige Kosten-Nutzen-Analyse sämtlicher existierender und zur Verhandlung stehende Freihandelsabkommen: Man solle nicht automatisch annehmen, dass mehr Handel auch mehr Nutzen für alle Beteiligten bringe. Es geht dabei jedoch nicht nur um wirtschaftlichen Nutzen, sondern auch um politischen Nutzen. Eine »Indopazifische Partnerschaft« mit Japan und den Europäern wäre darum eine wichtige Möglichkeit, um mit mehr Handelsabkommen der Partner untereinander die Beziehungen zu intensivieren.

Der Begriff »Indopazifik« ist etwas diffus – aus der Sicht Japans ist Indien das am weitesten entfernte asiatische Land, China, Korea und Südostasien liegen deutlich näher. Von Europa aus gesehen wiederum ist

Indien das nächste asiatische Land. Indien wiederum liegt im Zentrum dieser Region und sorgt sich über die wachsende Rivalität mit China.

Der 1. Oktober 2030 ist ein sonniger Tag.

Im obersten Stockwerk des 888 Meter hohen Planet Schanghai haben sich die wichtigsten Vertreter der Zentralregierung aus Peking, der Volksbefreiungsarmee, der Oberbürgermeister von Schanghai und Chongqing, dem neuen Rüstungszentrum Chinas, sowie die Vertreter verschiedener Provinzen versammelt.

Thema des außerordentlichen Treffens ist die eskalierende außenpolitische Situation aufgrund der Explosion einer schmutzigen Bombe im Zentrum von Neu Neu-Delhi – aller Wahrscheinlichkeit nach von pakistanischen Terroristen gezündet – sowie der Beschuss des atomgetriebenen US-Flugzeugträgers USS Carl Vinson nahe der US-Basis im japanischen Yokata mit Raketen, was im Zuge des Putsches eines nordkoreanischen Generals erfolgte. Die Lage ist aufs Äußerste angespannt.

Japan hat den Verteidigungsfall ausgerufen und beschuldigt China, die pakistanischen und nordkoreanischen Terroristen logistisch unterstützt zu haben. Indien schließt sich den japanischen Vorwürfen uneingeschränkt an und bietet volle militärische und politische Unterstützung. In einem Ultimatum fordert Japan eine öffentliche Erklärung Chinas vor den Vereinten Nationen, dass jegliche Unterstützung für Terroristen und die Regierung von Pakistan, den Iran und Nordkorea unterbleibt.

Im Hinblick auf die in den letzten Jahren besonders enge Zusammenarbeit im Rahmen des »Indopazifischen Sicherheitsbündnisses« mit den USA und Indien fordert Japan eine Garantieerklärung bezüglich der Unantastbarkeit Taiwans. Zugleich erklärt Japan gegenüber den USA den Bündnisfall und fordert öffentlich die Unterstützung der USA auch für den Fall eines militärischen Präventivschlags durch japanische Truppen. Japan die USA und China sowie Indien machen mobil.

Alle Augen richten sich nun auf Neu Neu-Delhi.

Aus Angst vor der chinesischen Perlenkettenstrategie der Einkreisung hat Indien in den letzten Jahren die militärische und wirtschaftliche Kooperation mit Japan, Vietnam und anderen ASEAN-Staaten im Zuge der Indopazifik-Initiative deutlich erweitert. Intensiv wurde am Aufbau einer schlagkräftigen Marine gearbeitet, die durch in Russland entwickelte Cruise Missiles, U-Boote sowie Flugzeugträger umfangreich modernisiert wurde. Indische Öl- und Gasfirmen liefern sich seit einigen Jahren einen erbitterten Wettlauf mit chinesischen Energiekonzernen.

Angesichts der Gefahr eines Krieges sperren die USA vorläufig sämtliche Transporte durch die Straße von Malakka. Dies trifft China besonders, denn noch werden mehr als 80 Prozent der Importe Chinas auf diesem Weg transportiert. Der in Nord-Thailand begonnene Krat-Kanal, der die Straße von Malakka überflüssig machen würde,ist noch nicht fertig.

Deswegen patrouillieren nun indische U-Boote in der Straße von Malakka und stellen unter Nutzung des weltweit funktionierenden indischen Satellitennetzes IRN SS sicher, dass keine Tanker durchkommen. China stellt Indien und den USA ein Ultimatum, aber ohne Erfolg. Chinesische Schiffe verminen zusammen mit iranische Schnellbooten die Straße von Hormus im Persischen Golf, durch den die meisten Transporte für die westliche Welt und auch für Ostasien laufen.

Im riesigen Containerhafen von Gwadar hat China zusammen mit Pakistan Flüssiggas-Abfüllanlagen, einen Containerhafen und einen von den Augen der Welt abgeschirmten Kriegshafen gebaut und eine 100 000 Mann zählende Eingreiftruppe stationiert. Diese kann jedoch nicht verhindern, dass die meisten der Anlagen durch unbekannte Spezialkommandos gesprengt werden.

Im Sudan explodieren Bomben an der Greater Nile Pipeline, die Indien und China gemeinsam gehört, und zerstören die Anlage. Noch versuchen indische und chinesische Politiker, die direkte Konfrontation zu vermeiden. Doch dann fasst man im indischen Teil von Kaschmir vermeintliche chinesische Terroristen.

Von einem geheimen Horchposten im Süden von Myanmar registriert Peking Bewegungen großer indischer Flottenverbände im

Golf von Bengalen. Als schließlich die USA mit einem lokal begrenzten Atomschlag zeitgleich iranische Atomreaktoren und Abschussvorrichtungen für die baugleichen Rodong-Raketen im Iran und die Taepodong-Raketen in Nordkorea zerstören und beginnen, von Afghanistan und dem Irak in den Iran einzumarschieren, ist es zu spät.

China, von den USA und Japan in der Straße von Taiwan bedrängt und durch japanische Flugzeuge bei den Senkaku-Inseln provoziert, erklärt seine Unterstützung für den Iran. Pakistan tut dasselbe und feuert aus Solidarität mit dem angegriffenen muslimischen Bruderstaat mehrere Mittelstreckenraketen auf Nordindien ab. An der Demarkationslinie im Kaschmir beginnen auf 3 000 Meter Höhe starke Einheiten den Vormarsch auf indisches Gebiet. In Bangladesch, wo auch China militärische Stützpunkte unterhält, wird ebenfalls mobil gemacht. In einem Zangenangriff marschieren pakistanische Truppen von Westen und iranische Truppen von Osten her in Indien ein. Innerhalb weniger Tage stehen China, Pakistan, der Iran und Nordkorea in einen Weltenbrand von unvorstellbarem Ausmaß den USA, Indien und Japan – kurz dem »Indopazifischen Verband« – gegenüber.

Durch die chinesische Seidenstraßen-Initiative werden auch Russland und diverse zentralasiatischen Staaten in den Konflikt mit hineingezogen.

Ein Albtraum, bloße Fantasie, dramatische Überzeichnung oder doch ein denkbares Szenario?

Sowohl China als auch Indien sehen sich gewaltigen Veränderungen unterworfen. Der rasante Aufstieg an die Weltspitze darf nicht darüber hinwegtäuschen, dass Wirtschaft und Politik nicht in einem Vakuum stattfinden, sondern in einer Region der Erde, die durch mannigfaltige historische, politische und wirtschaftliche Rivalitäten gekennzeichnet ist. Zu den Herausforderungen, Problemen und Gefahren jedes der beiden Länder kommen noch die Risiken und Gefahren durch die Beziehungen der beiden Länder untereinander und zu ihren jeweiligen Nachbarstaaten hinzu.

Die Geschichte Europas im 18. und 19. Jahrhunderts hat gezeigt, dass der Aufstieg zu einer Großmacht friedlich und ohne Reibungen mit anderen Staaten stattfinden kann – aber nicht muss.

Aus Sicht der USA befindet sich China in einer Thukydides-Falle – benannt nach dem bekannten Historiker der Antike –, was bedeutet, dass der Aufstieg einer neuen Großmacht nur mit Krieg gegen den bisherigen Hegemon erreicht werden kann. Doch gilt dies genauso für Indien und andere aufstrebende Mächte? Eine ausgefeilte Bündnispolitik und komplexe Strategien erschweren den Überblick.

Indien und China sind in gewisser Weise natürliche Konkurrenten und gleichzeitig natürliche Partner. Beide Länder haben sich vorgenommen, nicht nur gewichtige regionale Mächte zu sein, sondern diese regionale Vormachtstellung auch als Startrampe für globale Bedeutung zu nutzen. Es ist unter diesen Umständen nicht einfach, eine konfliktfreie Koexistenz zu führen, zumal das Verhältnis der beiden Riesen in den letzten 50 Jahren immer wieder politisch belastet war. Allerdings führte die seit Jahrhunderten bestehende Rivalität nur selten zu militärischen Konflikten. Es ist also offen, wohin sich dies entwickelt. Zugleich stellen die Beziehungen der beiden größten und einwohnerstärksten Länder der Welt für alle eine große Chance dar. Wenn sie richtig genutzt wird. könnte sie das Gesicht der Welt für immer verändern.

Japan Inc. 2.0 – Olympiade 2020 und Abenomics

Am 11. März 2011 ereignete sich 130 Kilometer östlich der japanischen Hafenstadt Sendai im Pazifischen Ozean ein Erdbeben der Stärke 9,0 auf der Richterskala. Das Beben löste einen Tsunami aus, der verheerende Zerstörungen in der Region Tohoku anrichtete und ganze Küstenstädte fortriss. Auch Teile des Atomkraftwerks Fukushima-1 wurden stark beschädigt, sodass die Kühlung der Reaktoren ausfiel. Die Folge war eine Kernschmelze. Große Mengen an radioaktivem Material wurden freigesetzt.

Über die humanitären und volkswirtschaftlichen Schäden ist viel geschrieben worden. Bemerkenswert ist aber ebenfalls die Entwicklung der Nuklearindustrie Japans, die einen wichtigen Faktor der japanischen Volkswirtschaft darstellt. Exemplarisch lassen sich daran Schwächen der weiterhin bestehenden »Japan AG« festmachen, die in den 1980er Jahren die Welt in Angst und Schrecken versetzte. Die Schwächen und Auswirkungen dieser Strukturen wurden durch die Vorfälle rund um Fukushima schlaglichtartig erhellt.

Japan ist ein ressourcenarmer Inselstaat, der fast 100 Prozent seiner Ölversorgung importieren muss und dabei in erster Linie auf den politisch instabilen Nahen Osten angewiesen ist. Seit dem Jahr 1956 verfolgt das Land langfristige Pläne zur Förderung der Atomenergie, um das zentrale Ziel der Energiesicherheit durch zwei Maßnahmen zu erreichen: die Steigerung des Anteils von Atomstrom an der Energieversorgung und die Erstellung eines geschlossenen Brennstoffkreislaufs, der Japan unabhängiger von Uranimporten machen soll. Die Ölkrise im Jahr 1973 bestärkte die Regierung in diesen Zielen. Mit den Stromquellengesetzen aus dem Jahr 1974 wurde eine doppelt so hohe Subventionierung von

AKWs im Vergleich zu kohle- oder ölbetriebenen Kraftwerken etabliert. Diese finanzielle Förderung wurde weiter ausgebaut, sodass sich Japan bereits im Jahr 1995 zu über 50 Prozent selbst mit elektrischer Energie versorgen konnte, wobei Atomkraft mit einem Anteil von 29 Prozent als Hauptquelle fungierte. Japan avancierte zum drittgrößten Erzeugerland von Atomstrom nach den USA und Frankreich und unterhält eines der größten Atomforschungsprogramme der Welt.

Im Jahr 1966 ging das erste japanische AKW ans Netz. Seit Mitte der 1980er Jahre betreiben die neun größten japanischen Stromkonzerne, darunter die Tokyo Electric Power Company (TEPCO), mittlerweile 55 AKWs. Bis zum Jahr 2020 will das Ministerium für Wirtschaft, Handel und Industrie (METI) neun zusätzliche AKWs in Betrieb nehmen und bis zum Jahr 2030 sogar mehr als vierzehn. Trotz der negativen Erfahrungen hält Japan an seiner Atomenergiestrategie fest. Eine Abkehr Japans von der Atomenergie ist deshalb mittelfristig nicht zu erwarten. Dies liegt unter anderem auch daran, dass erneuerbare Energien in der Vergangenheit im Vergleich zur Atomkraft kaum gefördert oder ausgebaut wurden, deshalb können sie kurz- und mittelfristig nicht als Substitut fungieren. Da 15 Reaktoren infolge des Erdbebens derzeit nicht in Betrieb und weitere wegen Sicherheitsinspektionen vorübergehend abgeschaltet sind, wird der erwartete Strommangel durch Elektrizitätserzeugung aus fossilen Brennstoffen, vor allem Flüssig-Erdgas, überbrückt.

Allerdings veranlasste die Energiekrise die japanische Regierung, den Ausbau erneuerbarer Energien in Zukunft stärker voranzutreiben. Dafür muss sie jedoch Widerstand in Bürokratie, Atomindustrie und den eigenen Reihen überwinden. Technologisch verfügt Japan bereits über alle Voraussetzungen für eine Energiewende, vor allem in den Bereichen Kraft-Wärme-Kopplung in Kombination mit intelligenten Stromnetzen und Photovoltaik.

Eine solche grundlegende Überarbeitung der Energiestrategie brächte immense Kosten mit sich, doch die japanische Volkswirtschaft ist und bleibt auf Wachstumskurs seit Premierminister Shinzo Abe 2012 gewählt wurde. Das liegt nicht nur am florierenden Exportgeschäft und der anziehenden Binnenkonjunktur. Auch die gefestigte Macht von Premierminister Abe wirkt sich wirtschaftspolitisch positiv aus. Ende September 2017 hatte er mit der Auflösung des Unterhauses im Parlament den

Weg für vorgezogene Neuwahlen geebnet. Seine Wiederwahl war allerdings zunächst fraglich, da die neu gegründete »Partei der Hoffnung« der Tokioter Gouverneurin Yuriko Koike einen fulminanten Start hingelegt hatte. Dies schien die bisherigen Mehrheitsverhältnisse in Japan zu gefährden. Rechtzeitig zum Wahltag konnte der Premierminister die Situation aber herumreißen. Gemeinsam mit dem kleineren Koalitionspartner Komeito gewannen Abes Liberaldemokraten 312 von 465 Sitze im Parlament und verfügen damit über eine Zweidrittelmehrheit. Damit hat ihm das japanische Wahlvolk nicht nur das Amt, sondern auch die Fortführung seiner Wirtschaftspolitik übertragen.

Abe ist mit sechs Jahren Amtszeit einer der am längsten regierenden Premierminister Japans seit dem Zweiten Weltkrieg: 31 waren es bislang mit 52 – meist kurzen – Amtszeiten.

Die drei Pfeile der Abenomics

Seit seinem Amtsantritt 2012 versucht Abe mithilfe einer expansiven Fiskal- und expansiven Geldpolitik sowie zahlreichen fiskalpolitischen Maßnahmen und Strukturreformen die japanische Wirtschaft nach Jahren der Stagnation in Gang zu bringen. Erstmalig seit 20 Jahren scheint dies auch zu funktionieren. Es gibt Anzeichen für eine nachhaltige Verbesserung, Japan ist aus seiner Lethargie erwacht.

Derzeit ist Japan nach den USA und China die drittgrößte Volkswirtschaft sowie der zweitgrößte Kapitalmarkt der Welt; es hat zudem die viertgrößte Marine der Welt. Allerdings liegen die Aktienmärkte noch immer unter dem Niveau von 1989, als der Nikkei sein historisches Hoch bei knapp 40 000 Zählern verzeichnete.

Die meisten japanischen Unternehmen erwirtschaften ihren Umsatz im Ausland. Deshalb ist für die exportorientierte Wirtschaft die Konjunktur in anderen Ländern der Welt wichtig. Doch die seit 2013 äußerst lockere Geldpolitik der Bank of Japan gibt sowohl der Wirtschaft als auch den Finanzmärkten die wohl noch entscheidenderen Impulse. Nach dem Schock der geplatzten Börsenblase 1990 haben die japanischen Unternehmen sehr vorsichtig mit ihrem Kapital gewirtschaftet. Über die Hälfte der börsennotierten Unternehmen in Japan verfügt über eine Nettoliquidität in der Bilanz, die weit über dem Niveau in Europa oder den USA liegt. Bei so niedrigen Zinsen belasten jedoch die mangelnden Renditen dieses liquiden Kapitals die Rentabilität. Deswegen ist es wichtig, dass sich die Unternehmen noch stärker auf die Eigenkapitalrendite konzentrieren und Wege einer wertschöpfenden Kapitalverwendung finden.

Eines der Hauptprobleme der letzten Jahrzehnte war die Deflation. Doch dank des nunmehrigen Übergangs der Deflation in eine moderate Inflation ist ein wichtiger Katalysator für die höheren Vermögenspreise nicht nur in den Finanzmärkten, sondern auch in der Realwirtschaft eingetreten. Auch die Preise für Immobilien sind wieder angezogen, es herrscht mit einer Arbeitslosenquote von unter 3 Prozent beinahe Vollbeschäftigung, und die Kaufkraft der privaten Haushalte ist ein wichtiger Wachstumstreiber.

Acht Quartale in Folge ist das Wachstum des japanischen BIP positiv gewesen, damit ist es das größte Wirtschaftswachstum seit der Jahrtausendwende. Dies sorgt für eine gute Stimmung unter japanischen Unternehmen und Kunden. Der wichtige japanische Frühindikator Tankan-Index stieg um zehn Punkte auf den höchsten Stand seit zehn Jahren. Es darf aber nicht vergessen werden, dass Japan vor allem von der hohen Dynamik und positiven Entwicklung der Weltwirtschaft profitiert. Von dem relativ schwachen Yen wird zusätzlich der japanische Export in andere Länder begünstigt. Beides zusammen stützt den japanischen Außenhandel, der im Gesamtjahr 2017 rund 15 Prozent höher war als im Vorjahr. Die Hauptexportgüter sind Autos, Autoteile sowie Halbleiter.

Doch nicht nur in der Exportbranche herrscht Zuversicht, auch der Binnenkonsum scheint nach langer Zeit wieder anzuziehen. Er stagnierte lange Jahre, nicht zuletzt aufgrund von Mehrwertsteuererhöhungen und fallenden Reallöhnen. Eine Reihe von unkonventionellen Maßnahmen der Regierung sollte dies ändern. So wurden zum Beispiel Shoppingtage eingeführt: Unternehmen wurde nahegelegt, Arbeitnehmer am Freitag früher nach Hause zu schicken, damit diese einkaufen gehen können. In der Gesamtheit scheinen diese Programme zu funktionieren, was sich am deutlich angezogenen Konsum zeigt. Dies hat dazu geführt, dass die ohnehin starken japanischen Unternehmen noch größere Gewinne erzielt haben. Weitere positive Effekte zeitigten Effizienzsteigerungen durch Rationalisierungsmaßnahmen und Automatisierung.

Dies macht sich auch am Aktienmarkt bemerkbar: Der Nikkei- und auch der Topix-Index haben im Herbst 2017 den höchsten Stand seit Beginn der neunziger Jahre erreicht. Die Bank of Japan, deren Chef Kuroda 2018 eine zweite Amtszeit gewährt bekam, stützt die Märket weiterhin durch fortgesetzte Ankäufe japanischer Aktien. Derzeit kauft sie im Volumen von rund 48 Milliarden US-Dollar jährlich, was ungefähr 2,5 Prozent der Marktkapitalisierung des Aktienindex entspricht. Damit ist die Bank of Japan der drittgrößte Anteilseigner japanischer Unternehmen. Solange sie an ihrer ultralockeren Geldpolitik festhält und das Zinsniveau im Land niedrig bleibt, dürfte der Aufschwung anhalten. Davon ist für die nächsten drei bis fünf Jahre auszugehen.

Fraglich ist, ob die massive staatliche Stimulans verbunden mit der Aufnahme weiterer Staatsschulden langfristig gesund ist. Immerhin werden die Schulden vor allem durch die japanische Notenbank, die einen Großteil dieser Schulden in Form von Staatsanleihen hält, aufgekauft. Alleine im September 2017 hat die Regierung ein Konjunkturprogramm für 115 Milliarden Euro auf den Weg gebracht, die unter anderem in Bildung und Kinderbetreuung fließen sollen, zudem sollen Investitionsanreize für Unternehmen geschaffen werden. Die aktuelle Staatsverschuldung mit 280 Prozent des BIP ist weltweit eine der höchsten. Zum Vergleich: Deutschland ist mit weniger als 70 Prozent des BIP verschuldet. Der große Unterschied ist jedoch, dass der Großteil der Schulden bei der Bank of Japan liegt.

In vielerlei Hinsicht sind japanische Unternehmen in den letzten Jahren innovativer geworden, deshalb dienen sie auch weiterhin als Vorbild für westliche Unternehmen. So hat zum Beispiel das Unternehmen Walmart, der größte Händler der Welt, mit dem japanischen Online-Unternehmen Rakuten eine Kooperation vereinbart, nicht zuletzt um von der Erfahrung von Rakuten beim Vertrieb von E-Books und E-Readern zu profitieren und damit die Abhängigkeit von Amazon zu minimieren. Zudem stellen japanische Unternehmen mit ihren beinahe schuldenfreien Bilanzen, die überwiegend reale Vermögenswerte und nur in einem geringen Umfang spekulative Elemente umfassen, und ihren im Vergleich viel niedrigeren Bewertungen derzeit eine bessere Investmentmöglichkeit als europäische und amerikanische Aktien dar. Dies umso mehr, als japanische Unternehmen zu den Hauptprofiteuren der großen Megatrends gehören: Das Konsumwachstum der chinesischen Mittelschicht, die immer mehr High-End-Elektronikgeräte nachfragt, das »Internet of Things«, die Digitalisierung und Automatisierung sowie die Elektromobilität bringen Unternehmen wie beispielsweise Japan Display (elektronische Komponenten für Smartphones), Keyence (Sensoren), Fanuc (Industrieroboter) oder Panasonic (Batterietechnologie) große Wachstumschancen. Dies ist nur ein Bruchteil der japanischen Unternehmen, die stark von den aktuellen Entwicklungen profitieren.

Abes Traum

Vor rund 120 Jahren wandte Japan Asien den Rücken zu und wechselte auf die Seite der westlichen Großmächte. Japan übernahm dabei auch die Ideologie des Imperialismus: Am 1. August 1894 erklärte die Regierung in Tokio China den Krieg und verdrängte dessen Truppen aus Korea. Weitere zehn Jahre später besiegte Japan im Krieg gegen Russland als erster und bis heute einziger asiatischer Staat der jüngeren Geschichte eine westliche Macht. Trotz der Niederlage im Zweiten Weltkrieg gelang es Japan, mithilfe seines Sicherheitsvertrages mit den USA im westlichen Lager zu bleiben. Unter dem atomaren und militärischen Schutzschirm der USA entwickelte sich die Inselnation trotz ihres Mangels an natürlichen Ressourcen zur zweitgrößten Volkswirtschaft der Welt.

Shinzo Abes Großvater Nobusuke Kishi war während des Zweiten Weltkriegs eine Art japanischer Albert Speer und verantwortete als Rüstungsminister den hohen industriellen Output der japanischen Kriegsmaschinerie. Er wurde nach einer kurzen Inhaftierung als Kriegsverbrecher der erste Premierminister des Nachkriegsjapans. Shinzo Abe träumt von der Wiederherstellung der alten Größe Japans. Für ihn ist das so etwas wie sein Familienvermächtnis. Japan will und soll wieder

»Großmacht« sein. Aus diesem Grund sieht Abe Japan in einem Wettlauf mit China um die Vorherrschaft in Asien.

Der derzeitige Aufstieg Chinas zu einer dominanten Militär- und Wirtschaftsmacht zwingt nach Auffassung Abes den Nachbarn Japan erneut zur Wahl zwischen Asien und dem Westen. Für den Premierminister ist die Antwort klar: Japan muss China die Stirn bieten, indem es sich noch enger mit den USA verbündet. Die Vereinigten Staaten sind die einzige Macht, die dem Riesenreich der Mitte Paroli bieten kann.

Daher hat Abes Kabinett den pazifistischen Artikel 9 der Verfassung am 60. Jahrestag der Gründung der japanischen Streitkräfte neu interpretiert. Bisher durften die Soldaten nur bei einem direkten Angriff auf das eigene Territorium aktiv werden. Jetzt sollen sie auch gemeinsam mit anderen Nationen – sprich den USA – kämpfen dürfen, wenn japanische Interessen betroffen sind. Verteidigungsminister Onodera verdeutlichte Anfang Juli 2014 in Washington, was die Neuausrichtung der japanischen Politik bedeutet. Japan werde sein Engagement in der Sicherheits- und Verteidigungspolitik in Ostasien deutlich ausweiten. »Für eine Großmacht wie Japan ist es nur natürlich, in der zunehmend angespannten Sicherheitslage der Region eine verantwortliche Rolle zu spielen«, erklärte Onodera. Bisher hatte Japan sich höchstens als Wirtschaftsmacht, aber so gut wie nie als »Großmacht« bezeichnet. Von offizieller japanischer Seite wurde der Ausdruck anschließend jedoch wieder heruntergespielt, doch das Pentagon war begeistert.

Der Großteil der japanischen Bevölkerung will Umfragen zufolge jedoch keine Abkehr vom Pazifismus. Der einflussreiche Oppositionspolitiker Ichiro Ozawa warnte Abe vor einer Wiederbelebung der Vorkriegszeit. Der Unwillen ist so groß, dass die Regierung die Anpassung der Gesetze an die Neuauslegung der Verteidigungspolitik verschoben hat. Die USA halten jedoch an ihrem Beifall fest. Der damalige Verteidigungsminister Chuck Hagel sprach von einer »mutigen, historischen Grundsatzentscheidung« Tokios, die er »fest« unterstütze. Washington hatte Japan schon lange zu diesem Schritt gedrängt.

Die Parteinahme der USA zugunsten von Japan wird in Südkorea mit Argwohn verfolgt. Korea gehörte über Jahrhunderte zum Einflussbereich von China. Dass Südkorea und Japan heute als US-Verbündete gemeinsam auf einer Seite stehen, ist eine Folge des Kalten Krieges und des Korea-Konflikts. Inzwischen sind Japan und Korea allerdings zumindest in wirtschaftlicher Hinsicht zu Rivalen in der Automobil-, Elektronik- und in der Schwerindustrie geworden.

Hard Power

In den vergangenen 30 Jahren scheint Japan der Welt vorausgeeilt zu sein, dort wurde viel von dem vorweggenommen, was mittlerweile der westlichen Welt Probleme verursacht. Nach einem schier grenzenlosen Wachstumsboom in den 1980er Jahren, dem 1990 das verheerende Platzen der Aktienmarkt- und Immobilienblase folgte, rutschte das Land in eine über fünfundzwanzigjährige Rezession. Fast alle Mittel hat Japans Regierung eingesetzt, um die Wirtschaft wieder zu beleben. So führte es als erstes Land Nullzinsen ein und erfand das *Quantitative Easying.*

Nach über 30 Jahren zeigen die Maßnahmen endlich Wirkung: Die Abenomics beleben die *Wirtschaft.* Die zahlreichen Investitionsprogramme und die massive Erhöhung der Staatsausgaben seit Anfang der 1990er Jahre hatten zunächst lediglich dazu geführt, dass Japan heute im Verhältnis zum BIP das am stärksten verschuldete Land der Welt ist. Die Programme waren begleitet von einer Niedrigzinspolitik, die mehr Investitionen der Unternehmen auslösen sollten. Dies verpuffte jedoch wirkungslos.

Erst die Wahl von Shinzo Abe Ende 2012 leitete einen Wandel ein, der seither anhält. Der wichtigste Pfeiler seiner Wirtschaftspolitik ist die dramatische Erhöhung der quantitativen Lockerung, die im Vergleich zu anderen Ländern geradezu ausufernd scheint. Wie schon erwähnt hält die Bank of Japan mehr als 40 Prozent der ausstehenden Staatsschulden sowie indirekt 5 Prozent vom japanischen Aktienmarkt.

Die Arbeitslosenquote, die 2012 noch 4,3 Prozent betragen hatte, liegt derzeit bei 2,7 Prozent, was beinahe an die Vollbeschäftigung der 1980er Jahre heranreicht. Die Gewinne japanischer Unternehmen wachsen erstmals seit 1991 wieder strukturell und erreichen im Verhältnis zum BIP neue Rekordwerte. Japanische Unternehmen hatten in Folge des Immobilen- und Aktienmarkt-Crashs Anfang der 1990er Jahre enorm überschuldete Bilanzen. Die binnenwirtschaftliche Schwäche in Japan seit damals ist im Wesentlichen darauf zurückzuführen, dass die Unternehmen im vergangenen Vierteljahrhundert ihre operativen Gewinne weniger für Investitionen und Gewinnausschüttungen, sondern primär zur Rückführung ihrer Schulden verwendet hatten. Dieser Prozess ist nun abgeschlossen

Das BIP wuchs zwischen 2012 und 2016 um 3 Prozent, die Kapitalisierung des Nikkei-Aktienindex stieg von 10 230 im Dezember 2012 auf 22 149 Zähler im Februar 2018. Japan ist hinter den USA und China mit einem BIP von 4 993 Milliarden US-Dollar mit deutlichem Abstand vor Deutschland (BIP von 3 467 Milliarden US-Dollar) die drittgrößte Volkswirtschaft der Welt.

Die Reduzierung der Staatsschulden soll durch eine Schwächung des Wechselkurses erreicht werden, die Aufkäufe den japanischen Aktienmarkt stützen und über den Vermögenseffekt die Wirtschaft ankurbeln. Doch damit nicht genug: Diese unkonventionelle, beinahe extreme Geldpolitik wird durch verschiedenste Strukturreformen flankiert wie etwa die Verbesserung der *Corporate Governance*, die Senkung der Unternehmensteuer, Arbeitsplatzreformen und die Förderung von Tourismus. Dass die Olympiade 2020 an Japan ging, war ein großer Erfolg für Abe, die ohnehin sehr günstige Entwicklung der Tourismuszahlen erhält dadurch noch einmal einen großen Auftrieb.

Die Maßnahmenbündel zeigen inzwischen die gewünschte Wirkung. Das Pro-Kopf-Einkommen betrug 2017 38 550 US-Dollar, das Wachstum 1,5 Prozent, die Inflation gerade einmal 0,4 Prozent. Die Nettoverschuldung lag allerdings bei 240,3 Prozent des BIP, und die Handelsbilanz wies ein Plus von 50,6 Milliarden US-Dollar auf.

Aufschlussreich ist auch ein Blick auf die Innovationsstatistik des Global Competitveness Report. 2017/2018 rangiert Japan hinter den führenden Ländern Schweiz, USA, Israel, Finnland und Deutschland als einziges asiatisches Land auf dem achten Platz vor Singapur auf dem neunten Platz. Auf den Plätzen sechs und sieben befinden sich Holland und Schweden, und Platz zehn von 137 untersuchten Ländern nimmt Dänemark ein. Japan hat insgesamt 25 Nobelpreisträger aufzuweisen, 11 davon für Physik.

Weitere Standortvorteile Japans sind eine erstklassige Infrastruktur – die viertbeste der Welt – sowie eine hohe Lebensqualität in den großen Städten. So übertreffen Tokio und Kyoto in kulinarischer Hinsicht mit 304 und 135 Michelin-Sternen sogar das drittplatzierte Paris.

Der *Tourismus* ist seit Einführung der Kampagne »Visit Japan« im Jahr 2003 geradezu explodiert und erreichte mit 28,7 Millionen Besuchern im Jahr 2017 einen beeindruckten historischen Höchststand, wenn auch das Desaster in Fukushima im Jahr 2011 zu einer deutlichen Delle im Aufwärtstrend geführt hatte – wenn auch nicht für lang. Besonders bemerkenswert ist, dass laut Zahlen der japanischen Nationalen Touristenbehörde im Jahre 2015 erstmalig ein wichtiger Trend gebrochen wurde: Die Anzahl der Touristen, die Japan bereisten, rund 16 Millionen, übertraf die Anzahl der Japaner, die im Ausland reisten. Japan profitiert vor allem vom Wachstum der asiatischen Mittelschichten und den fokussierten Anstrengungen, Japan als Reiseland attraktiver zu machen.

Den größten Anteil der knapp 16 Millionen Besucher machen mit 75 Prozent Ostasiaten aus: 7,3 Millionen chinesische und 7,14 Millionen koreanische Touristen im Jahr 2017 belegen dies. Bestärkt durch diese Erfolge und die bevorstehenden Olympischen Spiele plant die Regierung, den Tourismus zu einer entscheidenden Industrie in Japan zu machen. Die ehrgeizigen Ziele sehen einen Anstieg der Touristen von 24 Millionen im Jahr 2016 auf 40 Millionen im Jahr 2020 und sogar 60 Millionen im Jahr 2030 vor. Damit wäre nach globalen Schätzungen Japan 2030 nach Frankreich, USA und Spanien sowie vor China und Italien die viertgrößte Tourismusdestination der Welt. Die Chancen dafür stehen nicht schlecht. Der niedrige Wechselkurs und die bevorstehenden Großereignisse haben eine gewisse Sogwirkung: Neben den Olympischen Spielen 2020 findet der Rugby World Cup 2019 in Japan statt. Ebenso soll die Weltausstellung EXPO 2025 erneut nach Osaka gehen; dort hatte sie bereits 1970 den ersten Durchbruch Japans in der öffentlichen Wahrnehmung markiert.

Die zu erwartende positive Entwicklung der japanischen Unternehmensgewinne wird vor allem durch die Befriedigung der Bedürfnisse der wachsenden chinesischen Mittelschicht gestützt. Neben der erstarkten Binnenwirtschaft ist somit hauptsächlich das asiatische Festland der Garant für weiteren japanischen Erfolg. China wird die USA als wichtigsten Absatzmarkt für japanische Produkte schon bald überholen, ähnlich wie in vielen anderen asiatischen Ländern.

Auf Anleger könnte allerdings die hohe Staatsschuld abschreckend wirken. Es muss bei der fiskalpolitischen Situation jedoch auch die Vermögensseite der Bilanz berücksichtigt werden, und die ist eher beruhigend. Das Vermögen der Privathaushalte liegt bei derzeit 250 Prozent des BIP, ist also ungefähr so hoch wie die Staatsverschuldung, doch verfügt der Unternehmenssektor darüber hinaus über eine netto Auslandsvermögensposition von 70 Prozent des BIP. Daraus ergibt sich die interessante Position, dass Japan einerseits das Industrieland mit der größten Brutto-Staatsschuld der Welt ist, zur gleichen Zeit aber auch der größte Gläubiger der Welt, weitaus größer als China.

Seit mehr als 30 Jahren hat Japan einen nachhaltigen Leistungsbilanzüberschuss, die Staatsausgaben werden fast ausschließlich über inländische Ersparnisse finanziert. Daraus ergibt sich, dass mittelfristig keine Staatsschuldenkrise bevorsteht, zumal ja durch steigende Unternehmensgewinne und die niedrige Arbeitslosenrate die Einnahmen kontinuierlich weiter steigen. Das Haushaltsdefizit dürfte sich also in den nächsten Jahren deutlich verringern.

Zu den Herausforderungen der japanischen Innenpolitik zählt die *demografische Entwicklung*. Nach manchen Szenarien soll die Zahl der Einwohner Japans bis zum Jahre 2110 unter die Marke von 50 Millionen fallen – das wäre der Stand von 1910. Die rasche Überalterung der Gesellschaft – schon jetzt ist ein Viertel der Bevölkerung über 65 Jahre alt – wird sich in den nächsten Jahren beschleunigen. Abe versucht gegenzusteuern, indem mehr öffentliche Ausgaben zugunsten der jüngeren Bevölkerung fließen, außerdem wurden zahlreiche Unterstützungsmaßnahmen für Familien eingeführt. Es sollen sowohl die Geburtenrate erhöht als auch die Erwerbstätigkeit der Frauen intensiviert werden; in Zukunft sollen gerade Frauen eine größere Rolle im Arbeitsleben spielen. Zudem werden sukzessive die Immigrationsanforderungen für den dauerhaften Aufenthalt ausländischer Arbeitnehmer gelockert, um mehr Arbeitskräfte aus erwünschten Ländern zuzulassen. Das ist auch eine positive Seite der schrumpfenden Bevölkerung, die Hand in Hand geht mit einer sinkenden Sparquote, weil dadurch negativer Druck auf die

Löhne reduziert wird. Dies könnte die Deflationsmentalität beim japanischen Verbraucher beenden und den Konsum noch weiter ankurbeln. Ein erstes Anzeichen in diese Richtung ist zum Beispiel, dass sich das Kreditwachstum im privaten Sektor seit Ende der 1990er Jahre wieder positiv entwickelt.

Die Abenomics sorgen also für eine positive Angebots- und Nachfragesituation. Sie wurden gestützt durch die Bank of Japan, dies bleibt auch in absehbarer Zukunft so, da Haruhiko Kuroda 2018 eine zweite Amtszeit als Präsident der Bank of Japan antrat.

Die Bank of Japan hat in den letzten Jahren Obligationen und Bargeld im Vergleich zu Aktien unattraktiv gemacht. Ihr Programm der quantitativen Lockerung durch den Kauf von Aktien und börsengehandelten Fonds dürfte sie bis 2021, vielleicht noch bis 2030 fortführen.

Ein wichtiger positiver Schritt zur Wiederbelebung der japanischen Wirtschaft ist der erfolgreiche Abschluss des Freihandelsabkommens Japan-EU im Jahre 2017, das wohl 2020 in Kraft treten wird. Die Verhandlungen waren 2013 gestartet mit der Maximalforderung Japans, Zölle für Autos so schnell wie möglich auszusetzen. Die EU-Mitgliedstaaten machten jedoch Bedenken geltend, dass weiterhin nicht-tarifäre Handelshemmnisse in Japan bestünden. Dies konnte zügig ausgeräumt werden. Nach Schätzungen ist zu erwarten, dass das BIP der EU durch die Einrichtung der wohl größten Freihandelszone der Welt um 0,6 Prozent wachsen dürfte. Die EU-Exporte nach Japan werden voraussichtlich um ein Drittel steigen und alleine in der EU 400 000 neue Jobs kreieren.

Nach 18 intensiven Verhandlungsrunden wurde prinzipielle Einigung am 6. Juli 2017 erreicht. Der Feinschliff an einigen wichtigen Kapiteln geht noch weiter, darunter beispielsweise der Investitionsschutz: So soll in der EU ein neuer Investitionsschutz-Gerichtshof eingeführt werden. Die finale Fassung des Agreements muss noch von den einzelnen EU-Mitgliedstaaten und dem EU-Parlament ratifiziert werden; dies wird für 2018 erwartet.

Es war ein großer Erfolg für die Verhandlungsführer und die beteiligten Länder, dass in kurzer Zeit so wichtige Einigungen erzielt werden konnten. Der beiderseitige Wille zu Reform, Liberalisierung und intensiven Handelsbeziehungen sowie die umfassenden Zugeständnisse an die Position des jeweils anderen dürften nicht zuletzt durch die gemeinsame Furcht vor einer chinesischer Dominanz geprägt worden sein.

Die EU und Japan umfassen gemeinsam mehr als 630 Millionen Einwohner und machen einen Anteil von 28,4 Prozent des globalen BIP aus. Der Austausch von Waren und Dienstleistungen, die Investitionen sowie die Kooperation bei Standards wie auch der Klimaschutz bilden den Kern des Abkommens. Das Freihandelsabkommen Japan-Europa soll rund 37 Prozent des Welthandels umfassen und vor allem den Abbau von Handelsschranken erreichen. Beide Seiten haben ihre Verhandlungsziele erreicht; der EU ging es vor allem um einen leichteren Marktzugang für Agrarprodukte und größere Chancen bei örtlichen Auftragsvergaben. Im Agrarsektor hat Japan mit durchschnittlich 13 Prozent relativ hohe Durchschnittszollsätze, während Investitionsgüter mit deutlich geringeren Zöllen belegt werden. Japan wiederum erwartet für Exporte in die EU Zollsenkungen auf wichtige industrielle Erzeugnisse wie Fahrzeuge und elektrische Maschinen. So beträgt momentan der Zollsatz auf Komplettfahrzeuge 10 Prozent, auf Schaltgetriebe 3 bis 4,5 Prozent, auf Autoreifen 4,5 Prozent. Nach den Problemen der 1980er und 1990er Jahre war der Anteil japanischer Automobilhersteller in der EU auf 12,7 Prozent gesunken, er soll nun deutlich erhöht werden.

Mit großzügigen Übergangsfristen von bis zu 16 Jahren will die japanische Seite rund 94 Prozent seiner Handelstarife senken, während die EU 99 Prozent der Zölle abschaffen will. So werden zum Beispiel auf Weine aus der EU sofort nach dem Start des Handelsabkommens keine Zölle mehr erhoben, verschiedene europäische Käsesorten, Teigwaren und Schweinefleisch sollen nach ein bis zwei Jahren davon befreit werden. Umgekehrt kann japanischer Sake sofort zollfrei in die EU eingeführt werden ebenso der überwiegende Anteil der japanischen Kfz-Teile. Für die wichtige Frage der Komplettfahrzeuge aus japanischer Produktion soll der bestehende Zollsatz innerhalb von acht Jahren auf null abgesenkt werden.

Abgesehen vom Freihandel mit Waren werden auch diverse Wirtschaftspartnerschaftsabkommen geregelt; Standards und andere Bestimmungen sollen harmonisiert werden, um nicht-periphere Handelshemmnisse abzubauen. Ebenso soll der Markt für Dienstleistungen stärker geöffnet werden, Gleiches gilt für E-Commerce, Finanzen, Telekommunikation und Transport.

Die japanischen Einfuhren aus Deutschland umfassten 2016 42 Milliarden US-Dollar. Den Hauptanteil bildeten Straßenfahrzeuge mit rund 25 Prozent. Die japanischen Exporte nach Deutschland lagen 2016 bei 17,7 Milliarden Euro. Japan hat gegenüber Deutschland also ein Handelsdefizit.

Auch die *Außenpolitik* soll hier nicht vernachlässigt werden. Viele Japaner streben noch beziehungsweise wieder danach, den als naturgemäß empfundenen Platz an der Sonne einzunehmen, ihnen geht es darum, an Japans Vergangenheit anzuknüpfen: 1930 war Japan in China und Anfang der 1940er Jahre in andere südostasiatische Länder eingefallen, um seinen wachsenden Hunger nach Erdgas und Erdöl zu stillen. Taiwan wurde bereits 1895 besetzt, 1910 folgte Korea, 1931 okkupierte Japan die Mandschurei, und 1937 folgte die Invasion in China. Trotz der Verankerung des Pazifismus in der japanischen Verfassung sind die frühere Kriegslust und der Militarismus in Japan womöglich nicht komplett verschwunden.

Wie eingangs erwähnt, betrachtet es Shinzo Abe als persönliche Mission, Artikel 9 der japanischen Verfassung zu ändern: Dieser erlaubt nur Selbstverteidigungsstreitkräfte. Die Nachkriegsvereinbarungen, die die USA Japan auferlegt hatten, begrenzen die Rüstungsausgaben auf 1 Prozent des Bruttosozialprodukts und sorgen dafür, dass noch immer 230 000 US-Soldaten auf japanischem Boden stationiert sind. Im Laufe der Jahre wurde die Verfassung allerdings immer flexibler ausgelegt, sodass die japanischen Selbstverteidigungskräfte allmählich zu einer modernen Kampfgruppe ausgebaut wurden. Die Gründe liegen im Aufstieg Chinas und dem amerikanischen Wunsch nach Verbündeten im Pazifik.

Abe ist mittlerweile dem Ziel einer *Verfassungsänderung von Artikel 9* recht nahe gekommen. Im Weißbuch zur Sicherheitspolitik von 2013 wird zum ersten Mal der potenzielle Feind beim Namen genannt: »China hat Maßnahmen ergriffen, die als Versuche betrachtet werden können, den Status quo durch Gewalt zu ändern«. In der Folge war der Verteidigungshaushalt von 2015 mit 242 Milliarden US-Dollar der bislang größte Japans. Die größten Ausgaben waren für die Marine und

die Luftwaffe vorgesehen, darunter für neue Tarnkappenflugzeuge der USA vom Typ F-35A.
Im Frühjahr 2015 stellte Japan den neuen Helikopterträger *Izumo* in Dienst. Die Bezeichnung »Helikopterträger« kann man mit einigem Recht als Feigenblatt bezeichnen, denn das Schiff ist so groß wie die japanischen Flugzeugträger im Zweiten Weltkrieg. Überdies kann der so genannte Helikopterzerstörer auch für Starrflügelflugzeuge eingerichtet werden. Zwar ließ der Verteidigungsminister verlautbaren, man beabsichtige nicht, das Schiff als Flugzeugträger einzusetzen, aber faktisch ist es einer.

Hauptrisikozonen sind die Senkaku-Inseln, die von Japan kontrolliert, aber auch von China beansprucht werden. Sie sind Teil der Ryukyu-Inselkette, die ein besonders sensibles Gebiet darstellt, ebenso wie die mehrere Inselgruppen umfassende Präfektur Okinawa: Jede feindliche Streitmacht muss auf dem Weg zum japanischen Kernland diese Inseln passieren.

Der direkte Nachbar China tritt zur Beunruhigung Japans immer selbstbewusster auf. Aufgrund der Verpflichtung zur Selbstverteidigung benötigt Japan also Verbündete, insbesondere die USA, die sowohl in Japan wie Südkorea physisch präsent sind. Zwischen diesen drei Ländern besteht also eine Dreiecksbeziehung, die immer wieder durch Abkommen, wie derzeit über den geplanten Austausch von Geheimdiensterkenntnissen, gefestigt wird. Zwar ist die Beziehung von Japan und Südkorea durchaus von Streitpunkten und unbewältigten Konflikten aus der Vergangenheit geprägt, doch raufen sie sich zusammen, da die gemeinsame Angst vor China und Nordkorea stärker ist. Noch.

Das *Verhältnis von Japan und China* ist vielfältig und komplex. Beide Länder sind wichtige Partner, kulturell wie auch wirtschaftlich. Beide teilen die Schriftkultur, den Konfuzianismus sowie in Teilen den Buddhismus. Dennoch haben Konflikte zwischen den Schwergewichten eine lange Tradition. Im ersten und zweiten Chinesisch-Japanischen Krieg (1894/95 und 1937–1945) erlitt China bis in den heutigen Tag empfundene Demütigungen. Das Massaker von Nanking 1937 und andere unvorstellbare japanische Kriegsverbrechen sind eine schwere Erblast, die immer noch die Beziehungen überschatten. China ist der Ansicht, dass sich Japan dafür nur unzureichend entschuldigt hat. Die japanische Gesellschaft und Politik wiederum hat sich zu keinem Zeitpunkt tiefgehend mit der eigenen Kriegsvergangenheit angemessen auseinandergesetzt. Mit der Kapitulation Japans und dem damit einhergehenden Ende des Zweiten Weltkriegs am 15. August 1945 sollte sofort ein Schlussstrich unter dieses unselige Kapitel gezogen werden. Bis heute wird die jüngere Geschichte beschönigend, ja verfälschend dargestellt. Die Voraussetzungen für ein gedeihliches Miteinander von China und Japan sind daher nicht besonders vielversprechend.

In ihrer langen Geschichte gab es kaum eine Etappe, in denen beide Länder gleichzeitig prosperierten. Beide rivalisierten stets um die Vorherrschaft in Ostasien. Während China vom 2. Jahrhundert vor unserer Zeitrechnung bis 1800 die wirtschaftlich und kulturell prägende Nation der Region war, übernahmen die Japaner ab dem 19. Jahrhundert die Führungsrolle. Nach dem Ersten Weltkrieg trat Nippon als Kolonialmacht in China auf den Plan und versuchte, die Schwäche und innere Zerrissenheit des Riesenreiches auszunutzen und seinen Einfluss auf das Festland auszudehnen. Diese Gewinnung von »Lebensraum« für das japanische Volk wurde vor allem von 1937 bis 1945 mit äußerster Brutalität betrieben. Bis heute sind die Gräueltaten der kaiserlich-japanischen Armee nicht verziehen, die alleine in China geschätzte 20 Millionen Opfer, vornehmlich in der Zivilbevölkerung, forderten.

Auch wenn 1972 die diplomatischen Beziehungen normalisiert wurden, kann von politischer Normalität bis heute keine Rede sein. Noch 2005 kam es in China zu Unruhen, als in Japan neue Schulbücher zugelassen wurden, die die Kriegsverbrechen aus Sicht der Chinesen unzureichend wiedergaben. Jeder offizielle Besuch eines führenden Politikers des Kriegsdenkmals Yasukuni-Schrein im Tokioter Stadtteil Chiyoda führt in China zu scharfen Protesten. Schließlich werden dort die Gefallenen der japanischen Kriege geehrt – darunter viele führende Kriegsverbrecher. Deshalb müssen Anleger rund um den 15. August immer mit unangenehmen Überraschungen rechnen, sobald ein japanischer Politiker offiziell dem Yasukuni-Schrein seine Aufwartung macht. Denn dies betrachtet China als diplomatischen Affront, und die daraus erwachsenden Spannungen könnten zu Verwerfungen an den Märkten führen.

Langfristig können enge wirtschaftliche Verflechtungen ohne auskömmliche politische Beziehungen keinen Bestand haben. Ein gutes Verhältnis der beiden Wirtschaftsgiganten würde Auswirkungen auf die gesamte Region haben. Es ist die Voraussetzung dafür, dass die wirtschaftliche Integration der asiatischen Staaten Richtung Freihandelszone voranschreiten kann.

Bei guten sino-japanischen Beziehungen wären in wirtschaftlicher Hinsicht drei große Visionen denkbar. Die erste umfasst die gemeinsame Entwicklung umweltschonender Energieformen: Die beiden Länder haben ein großes Interesse daran, denn ihnen droht ansonsten ein Engpass oder im Fall von China der Umwelt-GAU. Neben der Energieinitiative ist die Gründung eines Gemeinschaftsunternehmens zum Bau von Flugzeugen analog des europäischen Airbus-Konsortiums in den siebziger Jahren ein zweites mögliches Szenario, da nichts so sehr verbindet wie gemeinsame Arbeit. Die Flügel des Asien-Airbus könnten aus China und die Motoren aus Japan kommen. Die Einbeziehung weiterer Länder wie Südkorea könnte die panasiatische Integration weiter vorantreiben. So erinnert die dritte Vision ein wenig an die Europäische Union: ein Freihandelsabkommen zwischen Japan und China. Schon heute sind beide die wichtigsten Handelspartner füreinander. Die Volkswirtschaften des Kaiserreichs und der Volksrepublik sind komplementär. Während Japan kapitalintensiv fertigt, dominiert in der Volksrepublik die billige Arbeitskraft. Sollte ein Technologietransfer vom Kabuto-Cho an den Yangtse gelingen, könnte das für China ein höheres nachhaltiges Wachstum bedeuten. Beide Volkswirtschaften zusammen könnten es mit der derzeit weltgrößten Ökonomie, den USA, spielend aufnehmen.

Auch das *Verhältnis von Japan und Indien* ist nicht ganz einfach. Die zweit- und die drittgrößte Volkswirtschaft Asiens sind zunehmend besorgt über die wachsende regionalpolitische Dominanz Chinas. Für Jahrzehnte waren das BIP von China und Indien ähnlich hoch, doch nun hat China ein fünfmal höheres BIP als Indien. Zusammengenommen sind die Verteidigungsausgaben von Indien und Japan immer noch weniger als halb so groß wie die von China.

Deswegen versuchen die beiden Länder, wirtschaftlich zusammenzurücken und sich politisch gegenseitig zu unterstützen, so gut es geht.

Auch militärisch soll enger zusammengearbeitet werden, weshalb Modi ungeduldig darauf wartet, dass Abe die ins Auge gefasste Revision der pazifistischen Verfassung in die Tat umsetzt.

Im Herbst 2017 legten die Premierminister Modi und Abe den Grundstein für die erste Hochgeschwindigkeitslinie Indiens. Von den 17 Milliarden US-Dollar Investmentvolumen werden 80 Prozent über einen günstigen japanischen Kredit finanziert. Nach der geplanten Inbetriebnahme 2022 soll sich die Fahrzeit für die 530 Kilometer lange Strecke zwischen der Hauptstadt und Modis Heimatstadt in Gujarat von acht auf drei Stunden verringern. Die Strecke ist der erste Abschnitt eines geplanten Hochgeschwindigkeitsnetzwerks, das die vier Megastädte Delhi, Kolkata, Chennai und Mumbai verbinden soll.

Der Großteil der indischen Eisenbahn fährt allerdings heute immer noch auf Schienen aus der Kolonialzeit. Obwohl die Kreditbedingungen äußerst großzügig sind – in den ersten 15 Jahren müssen keine Rückzahlungen getätigt werden, und das Darlehen wird mit 0,1 Prozent verzinst –, ist das Geschäft für Japan dennoch sehr interessant: Denn trotz seiner weltweit bekannten Zuverlässigkeit hat der Shinkansen Schwierigkeiten, international exportiert zu werden, bislang hat dies nur in Taiwan geklappt.

Im Finanzbereich ist Japan nach wie vor eine Großmacht. Eine Studie der Federal Bank of San Francisco hat nachgewiesen, dass bei internationalen Projektfinanzierungen seit Jahren weder die Amerikaner noch die Chinesen führend sind, sondern die Japaner.

Im Jahr 2016 hatten die japanischen Großbanken Mitsubishi UFJ, Sumitomo Mitsui und Mizuho mit einem Volumen von 236 Milliarden US-Dollar einen Weltmarktanteil von 14,4 Prozent. Mitsubishi UFJ nimmt dabei mit 14,5 Milliarden US-Dollar den ersten Platz ein, gefolgt von der China Development Bank (CDB) mit 13,2 Milliarden. Die CDB finanziert außerhalb von kommerziellen Krediten auch staatliche Projekte im Ausland. Somit ist sie überraschend als Anbieter kommerzieller Kredite in Erscheinung getreten, vorher war sie aber nicht einmal unter den 250 führenden Adressen zu finden.

Im Gegensatz dazu ist Mitsubishi UFJ sieben Jahre lang der Hauptkreditgeber in Nord- und Südamerika gewesen und hat unter anderem viele US-Projekte zum Ausbau der Schiefergasförderung finanziert. Mag

Japan auch hoch verschuldet sein, seine Banken jedoch haben weiterhin eine wichtige internationale Position.

Auch für den Freihandel macht sich Japan stark. Drei Tage nach seiner Amtseinführung hatte US-Präsident Trump den Ausstieg der USA aus dem Transpazifischen Freihandelsabkommen, kurz TPP, besiegelt. Dass ein abgespecktes TPP 11 im März 2018 zustande kam, ist vor allem ein großer Erfolg Japans. Es hatte aus wirtschaftlichen und sicherheitspolitischen Gründen die verbliebenen elf TPP-Unterzeichnerstaaten mobilisiert und das Freihandelsabkommen auch ohne die Vereinigten Staaten vorangetrieben. Die Bedrohung aus Nordkorea spielte dabei eine Rolle. Japan hat dabei mehr als seine Einstellung zu einem – wenn auch ohne Zweifel sehr wichtigen – Freihandelsabkommen revidiert. Vielmehr scheint sich die japanische Regierung endgültig dafür entschieden zu haben, im asiatisch-pazifischen Raum künftig eine stärkere Führungsrolle zu übernehmen, obwohl das in der Region und im eigenen Land immer noch kritisch gesehen wird.

TPP 11 ist weitaus mehr als ein einfaches Zollabkommen. Es umfasst insbesondere auch den Schutz von geistigem Eigentum und den Umweltschutz. Hinzu kommt, dass das Abkommen keine rein asiatische Partnerschaft, sondern wirklich pazifikumspannend ist: Zum TPP gehören neben den asiatischen Staaten auch Australien, Neuseeland, Chile und Mexiko.

Soft Power

Binnen weniger Wochen hatten im Herbst 2017 renommierte Vorzeigeunternehmen wie Mitsubishi Materials, Kobe Steel und Toray zugeben müssen, dass sie trotz Qualitätskontrollen ihren Kunden wissentlich minderwertige Ware geliefert hatten. Schlimmer noch: Die Daten und Resultate der Kontrollen waren gefälscht worden. Früher hatte in einem solchen Fall eine tiefe Verbeugung und eine aufrichtige Entschuldigung gereicht, um das Problem aus der Welt zu schaffen. Doch dieses Mal wurden die Chefs der Firmen Mitsubishi Materials und Toray Hybrid

Control zum Rücktritt gezwungen. Das sind die ersten Fälle, in denen Topmanager persönlich die Verantwortung für verfälschte Qualitätsdaten übernehmen mussten. Bahnt sich damit ein Mentalitätswandel in der Japan Inc. an?

Auch andere Unternehmen haben über Jahre hinweg ihre Kunden betrogen. Der Airbag-Hersteller Takata wusste zum Beispiel über zehn Jahre, dass Airbag-Zünder manchmal zu stark explodierten. Dennoch wurden sie weiter produziert. Dies kostete 17 Menschen das Leben, mehr als 100 wurden verletzt. Inzwischen ist Takata bankrott gegangen. Der Mischkonzern Asahi Kasei sparte an den Fundamenten für Wohnungsblocks, in 3000 Fällen konnte dies nachgewiesen werden. In einer Erdbebenregion wie Japan kann sich dies fatal auswirken.

Kobe Steel ging sogar noch einen Schritt weiter: Der Konzern stellte falsche Daten und sogar Zertifikate für Metallwaren, zum Beispiel für Rohre aus Aluminium und Kupfer, aus, die angeblich exakt den Forderungen und Erwartungen der Kunden entsprachen. Dies war gelogen. Davon betroffen waren unter anderem Toyota und andere Autobauer sowie die Flugzeugindustrie wie auch der Shinkansen. Auch nachdem der Betrug intern bekannt geworden war, wurden die Firmen noch acht Monate lang mit minderwertigen Metallen beliefert. Ähnlich lag der Fall bei Toray, dem Hersteller von Karbonverbundstoffen, der unter anderem für Boeing tätig ist. Die Mängel wurden über anderthalb Jahre verschwiegen. Der damalige Chef von Toray ist heute Präsident des Industrieverbandes Keidanren in Japan. Ausgerechnet er verkündete vollmundig, dass das Vertrauen der Kunden ein wichtiger Wettbewerbsvorteil der Industrie Japans gegenüber anderen Ländern sei.

Meist werden Sparmaßnahmen und die stark abgeschotteten Unternehmenshierarchien für solche Skandale verantwortlich gemacht. Aber es mehren sich die Stimmen – auch innerhalb Japans – die führenden Industriemanagern Arroganz sowie Realitätsverweigerung vorwerfen.

Was in Japan oft übersehen wird, ist die Tatsache, dass die japanischen Unternehmen nur Glieder einer weltweiten, sehr straff organisierten Zuliefererkette sind. Was in Japan in mangelhafter Qualität hergestellt oder mit verfälschten Daten ausgeliefert wird, geht in die ganze Welt; die Produkte werden von vielen verschiedenen Automobil-, Eisenbahn-

und Flugzeugproduzenten verbaut. Japanische Firmen müssen sich darum gegen weltweite Schadensersatzansprüche wappnen.

Nach wie vor ist man in Japan überzeugt, dass das Land mit den rasch aufholenden Tigerstaaten konkurrieren kann. Man sei China nach wie vor technisch überlegen; nur Japan könne die heikelsten Komponenten mit der größten Präzision und den komplexesten Materialien herstellen. Doch die Nachbarn holen rasant auf und arbeiten mittlerweile fast genauso effizient und deutlich billiger als Japan. Die Überalterung in der japanischen Gesellschaft sowie die Tatsache, dass immer weniger junge Menschen Ingenieure werden wollen, bereitet den Unternehmen Sorgen. Deswegen verlagern viele japanische Firmen ihre Entwicklungslabors nach Taiwan.

Über Jahrzehnte hat Japan dem Wettbewerb aufgrund überlegener Qualität standgehalten, doch wenn das Vertrauen in die Qualität schwindet, ist dies gefährdet.

Smart Power

Auf der CeBIT 2017 hatte Japan die »Society 5.0« präsentiert: die Vision einer supersmarten Gesellschaft, in der die Stärken des Internets bestmöglich genutzt und somit virtuelle und reale Welt zusammengeführt werden. Das ist der Unterschied zu Deutschlands Konzept der »Industrie 4.0«, bei dem vor allem Unternehmen im Mittelpunkt stehen. Gleichwohl ist Deutschland ein Vorbild, denn auch in Japan sind die kleinen und mittleren Unternehmen wenig international vernetzt; Neuentwicklungen werden vornehmlich innerhalb der eigenen Firma vorangetrieben. Der deutsche Mittelstand gilt in Japan in Sachen Digitalisierung als Wunschpartner der Zusammenarbeit.

Durch eine umfassende Digitalisierung will Japan drängende gesellschaftliche Herausforderungen wie zunehmende Überalterung, Naturkatastrophen und Klimaerwärmung lösen oder zumindest mildern. Der japanische Industrieverband Keidanren hat fünf Bereiche identifiziert, um eine digitalisierte »Society 5.0« zu verwirklichen: die öffentliche

Verwaltung im Rahmen von E-Government, ein Rechtssystem, das an die digitale Welt angepasst ist, Weiterbildung in Sachen Digitalisierung, der Fachkräftemangel und die Akzeptanz in der Bevölkerung.

Bereits zu Beginn des Jahres 2015 war in Japan die so genannte Roboterrevolution ausgerufen worden: Bis 2020 soll ein Markt für Industrieroboter im Volumen von 10 Milliarden Euro geschaffen werden. Grundsätzlich gelten die mechanischen Anwendungsbereiche der Robotertechnik, vor allem die Sensortechnik, weiterhin als Domäne Japans, während lokale Hersteller auf das Know-how aus den USA angewiesen sind, was Internetsteuerung und künstliche Intelligenz betrifft. Nicht zuletzt deshalb kooperiert der japanische Roboterhersteller Fanuc mit NVIDIA, dem in den USA ansässigen globalen Marktführer bei Grafikchips.

2019 sollen laut Prognosen weltweit 2,6 Millionen Industrieroboter auf den Arbeitsmarkt kommen, rund eine Million Einheiten mehr, als für 2018 prognostiziert wurden. Der Einfluss des Internets auf die Steuerungsprozesse wächst sprunghaft an, und damit wachsen auch die Anforderungen an das technische Know-how. Internationale Beteiligungen und Kooperationen sind daher die beste Lösung, um den gewaltigen technischen und finanziellen Herausforderungen gerecht zu werden. Die japanische Industrie will jedoch trotz anhaltender Produktionsauslagerungen ins Ausland und trotz der expansiven Robotermarktentwicklung in China die sensiblen Bereiche der Hightech-Wartung weiterhin im Inland belassen.

Die Verkäufe steigen kontinuierlich an. Mit rund 5 Prozent jährlich ist der Absatz vor allem in der Kfz- und der Kfz-Teile-Industrie führend, 34,2 Prozent der Umsätze für Roboter wurden 2016 dort erzielt, bei Elektromaschinen waren es 29,1 Prozent, knapp 4 Prozentpunkte weniger als im Jahr zuvor. In diesem Segment sind vor allem Schweißroboter und Handling-Roboter die größte Sparte.

Doch es wird auch kräftig exportiert, mengenmäßig waren im Jahre 2016 die Wachstumsraten im Inland mit 10,3 Prozent und im Ausland mit 9,2 Prozent vergleichbar. Rund 40 Prozent der Roboterexporte gingen nach China, rund 25 Prozent in die USA, nur 10 Prozent nach Deutschland und noch weniger nach Südkorea und Taiwan.

Laut Prognosen soll mittelfristig die Inlandsnachfrage überproportional zulegen, zwischen 2015 und 2020 erwartet man eine jährliche Zunahme von rund 15 Prozent. Sollte es Japan gelingen, seine Technologieführerschaft in diesem Segment auszubauen und durch geschickte Kooperationspolitik weiterhin seine hohe Fertigungstiefe und seine Qualität etwa im Verbund mit deutschen Unternehmen zu halten, kann Japan seine hochgesteckten Ziele einer Society 5.0 sicherlich erreichen. Aufgrund der dramatischen demografischen Lage und der komplexen Logistik auf den Inseln wäre dies eine wichtige und willkommene Erleichterung der politischen Herausforderungen.

Die Konzentration auf die Ballungsräume ist in Japan ohnehin immens, und sie steigt sogar noch an. Immer mehr junge Menschen ziehen vor allem aus beruflichen Gründen in die großen Städte der Kanto- und Kansai-Ebene. Für die ländlichen Regionen wird der Abzug der jungen Bevölkerung zu einem großen Problem. Um diese Herausforderung zu meistern, werden von der Regierung zahlreiche Smart-City-Projekte geplant und umgesetzt.

So ist für die Olympischen Spiele 2020 unter dem Slogan »New Tokyo. New Tomorrow« ein Programm im Umfang von 50 Milliarden US-Dollar für die Jahre 2017 bis 2020 aufgelegt worden. Ähnlich wie in den 1960er Jahren, als Tokio anlässlich der Olympiade 1964 durch neue Hochhäuser und den Hochgeschwindigkeitszug Shinkansen Ausrufezeichen setzte, soll diesmal durch ein vollständig mit Wasserstoff betriebenes Olympisches Dorf, smarte Transportinfrastruktur sowie mit autonom fahrenden Bussen Aufsehen erregt werden.

Wasserstoff als Energiequelle spielt bei den Zukunftsplänen eine zentrale Rolle: Schon bei der Olympiade sollen 40 000 Wasserstoffautos fahren, und bis 2030 sollen mehr als 800 000 Fuel Cell Vehicles (FCV) über die Straßen Tokios rollen, versorgt von 150 Wasserstofftankstellen. Derzeit beträgt die Zahl der Tankstellen rund 80. Aktuell wird Wasserstoff in Japan überwiegend noch aus fossilen Energiequellen erzeugt. Zudem sollen bis 2030 Smart Grids und Smart Metering flächendeckend verbreitet sein, was bedeutet, dass die Automatisierung von sämtlichen energiebezogenen Prozessen in den Stromnetzen deutlich vorangetrieben werden soll.

Man kann mit vollem Recht Japan als Smart Power bezeichnen, die große Stärken im digitalen und grünen Bereich kombiniert mit einer strategischen Industriepolitik verbunden mit wachsendem außenpolitischen Selbstbewusstsein. Auch die Soft Power der japanischen Kultur gewinnt deutlich an Kraft. Zudem hat sich der Tourismus als weitere Schlüsselindustrie Japans herauskristallisiert und bringt weiterhin Devisen und Know-how ins Land.

Korea Inc. – zwischen Wiedervereinigung und Atomkrieg

Der Gründungsmythos besagt, dass Korea 2333 vor unserer Zeitrechnung nach einem göttlichen Plan geschaffen wurde. Der Herr des Himmels schickte seinen Sohn Hwanung auf die Erde. Dieser stieg vom Bergheiligtum Paektu herab und heiratete eine Frau, die zuvor eine Bärin gewesen war. Ihr gemeinsamer Sohn Tangun gründete später am 3. Oktober im heutigen Pjöngjang das Reich Alt-Joseon. Dieses frühe Beispiel einer Staatenbildung, deren älteste schriftliche Version aus dem 13. Jahrhundert stammt, mag erklären, warum ein kommunistischer Staat mittlerweile in der dritten Genration durch eine vergöttlichte Familiensippe regiert wird.

Die demilitarisierte Zone (DMZ) am 38. Breitengrad teilt das Land seit dem Ende des Koreakriegs 1953 in zwei Hälften. Eine Teilung – ebenfalls entlang des 38. Breitengrades – war schon einmal vorgesehen, nämlich als Japan 1904 nach dem Sieg über Russland dort seine Kolonie Korea nach Süden hin abschließen wollte.

Korea ist nicht nur politisch gespalten, sondern auch geografisch, und zwar zwischen West und Ost. Der Westen ist flacher als der Osten, dort leben auch die meisten Menschen. Die südkoreanische Hauptstadt Seoul mit ihren 15 Millionen Einwohnern befindet sich nur 56 Kilometer südlich der DMZ. Über die Hälfte der 50 Million Einwohner Südkoreas leben im Großraum von Seoul, dem Industrie- und Finanzzentrum, und mithin in der Reichweite der nordkoreanischen Artillerie. Man muss also keinen Atomschlag, Cyberwar oder biologische Kampfmittel bemühen, um die Gefahr zu beschreiben, die von der nordkoreanischen Armee ausgeht.

In den Bergen oberhalb der 238 Kilometer langen DMZ hat das nordkoreanische Militär geschätzte 10 000 Artilleriegeschütze in Stellung gebracht – sie sind gut verborgen, in Bunkern oder vergraben im Boden. Experten schätzen, dass die Streitkräfte der Demokratischen Volksrepublik Nordkoreas (DVRK) in einem bewaffneten Konflikt bereits während der ersten Stunde bis zu 500 000 Salven auf Seoul abschießen könnten. Millionen nach Süden flüchtende Menschen würden ein Chaos verursachen.

Da das Land zwischen Seoul und der Grenze relativ flach ist, könnte die nordkoreanische Armee schnell vorstoßen, insbesondere wenn Spezialkräfte durch das gut ausgebaute Tunnelsystem unter der DMZ vorrücken. Dieses System hat es immer wieder Attentätern und Terroristen aus Nordkorea ermöglicht, plötzlich mitten in Südkorea aufzutauchen. Zudem verfügt Nordkorea über 73 U-Boote, die Stoßtruppen südlich von Seoul anlanden könnten. Man geht davon aus, dass Nordkorea über 100 000 Mann an Spezialkräften verfügt, darunter bestens ausgebildete Tunnelspezialisten.

Auch ohne einen nuklearen Erstschlag stellt die Situation in Korea also ein enormes Risiko für alle Beteiligten und damit auch für die Weltwirtschaft dar, denn ohne Südkorea würde der Welthandel zusammenbrechen. Wenn der Konflikt zwischen Nordkorea und den USA militärisch eskaliert, würden Produktionsausfälle und die Störung der Schifffahrtsrouten zum Beispiel die Computer- und Smartphone-Industrie massiv beeinträchtigen. Denn für zahlreiche Unternehmen aus China, Vietnam, Japan und USA sind die südkoreanischen Konzerne wichtige Zulieferer.

99,7 Prozent des Außenhandels von Südkorea laufen über den Seeweg, 97 Prozent seines Energiebedarfs werden per Schiff bedient. Da das Land an keine Öl- oder Gas-Pipelines angeschlossen ist, wäre eine eskalierende Situation im Ostchinesischen Meer fatal.

Für *Südkorea* ist die wirtschaftliche Situation seit rund zwanzig Jahren positiv: Das Land schickt sich an, den Status einer Schwellenökonomie endgültig hinter sich zu lassen und in den Club der Industrienationen aufzusteigen. Von dieser Entwicklung zeugt, dass Südkorea – anders als andere fernöstliche Nationen – mit globalen Marken präsent ist:

Namen wie Samsung, Hyundai oder LG haben auch hierzulande einen guten Klang.

Das Land hat eine ganz eigene Form des Kapitalismus entwickelt, man kann fast von einem staatsmonopolistischen Kapitalismus sprechen. Der südkoreanische Staat hat als Förderer und Patron weniger großer Familienunternehmen, der so genannten Chaebols, aktiv eine regelrechte Oligarchisierung der Wirtschaft betrieben. Vorbild und Pate war dabei Japan mit seinen Keiretsu, die Ende des 19. Jahrhunderts ähnlich wie in Deutschland einen Gründerzeitboom auslösten. Der südkoreanische Machtapparat beschränkte sich dabei nicht allein auf die herkömmliche Rolle des Entscheidungsträgers makropolitischer Maßnahmen, wie etwa die Erhebung von Steuern oder die Erteilung von Subventionen. Vielmehr griff er unmittelbar in Unternehmensentscheidungen ein, indem er Investitionen in die Elektro-, Automobil- und Schiffbauindustrie von oben herab verordnete. Der Staat wurde zum Motor des Industrialisierungsprozesses. War Südkorea noch in den 1960er Jahren eines der ärmsten Länder Asiens, konnte die Republik 1996 der Runde der entwickelten Industrieländer OECD beitreten. Aktuell ist es die zehntgrößte Wirtschaftsnation der Welt.

Um zu verstehen, warum der starke Staat so erfolgreich das Land voranbrachte, ist ein Blick in die Historie notwendig. Die südkoreanische Geschichte wurzelt in den dramatischen Erfahrungen des Landes als Kolonie und Schauplatz eines besonders grausamen Krieges. War die japanische Kolonialzeit zwischen 1910 und 1945 ein Unglück, so war der drei Jahre andauernde Koreakrieg eine unbeschreibliche Katastrophe. Sein doppelter Charakter als Bürgerkrieg und als Stellvertreterkrieg der damaligen Machtblöcke führte zu einer Multiplizierung von Zerstörung und Leid. Er kostete eine Million Südkoreaner das Leben.

Nach dem Ende des Koreakriegs im Juli 1953 kamen Wirtschaft und Politik zunächst nicht vom Fleck. Die Zerstörungen durch den Krieg und die Misswirtschaft des damaligen Präsidenten Rhee führten im April 1960 zu einem vom Volk erzwungenen Machtwechsel. Doch auch die neu gebildete Regierung unter Ministerpräsident Meon Chang verfügte über wenig Fortune und wurde im Zuge eines Militärputsches am 16. Mai 1961 aus dem Amt getrieben. Nach der Machtübernahme durch eine Gruppe von Offizieren unter der Führung von General Cheong-Hee

Park lag die Macht in Korea bei einem militärischen Revolutionskomitee. Dieses nannte sich selbst »Komitee für den Wiederaufbau des Staates« und rief das Ziel aus, die alten von Korruption und Günstlingswirtschaft geprägten Strukturen aufzubrechen.

Nach getaner Arbeit wollte das Komitee wieder abtreten und einer Demokratie Platz machen. Doch es begann eine Zeit ganz eigener Kumpanei zwischen Staat und Wirtschaft. Zwar wurden zunächst die alten Familienunternehmer abgesetzt und enteignet, jedoch merkte die Militärregierung schnell, dass sie ohne die Industrielenker das Land nicht von der Hungersnot befreien konnten, zumal die USA als wichtigster Entwicklungshelfer seit 1958 ihre Finanzspritzen nur noch in Form von Krediten gewährten. Deshalb wurden die abgesetzten Unternehmenseliten unter staatlicher Aufsicht kurzerhand wieder inthronisiert.

Als 1963 die Devisen knapp wurden, reagierte Putschgeneral Park, der sich im selben Jahr vom Volk zum Präsidenten wählen ließ, mit einer Wende in der Wirtschaftspolitik. Er erklärte die Förderung der Ausfuhren zum vorrangigen Ziel der Wirtschaftspolitik und nötigte den Unternehmen regelrecht eine Exportstrategie auf. Zu diesem Zeitpunkt bestand der einzige Wettbewerbsvorteil des Landes in günstigen Arbeitslöhnen; die Unternehmen waren vor allem auf den Binnenmarkt fokussiert und galten wegen veralteter Anlagen international als wenig wettbewerbsfähig. Um Devisen zu sparen, hatten sich die Firmen auf Importsubstitution spezialisiert, also darauf, ehemalige Einfuhrgüter in Eigenproduktion zu fertigen. Doch Park gab nun als Marschrichtung den Schwenk von Importsubstitution auf Exportsteigerung vor, teilte zwangsweise günstige Kredite über das verstaatlichte Bankensystem an die großen Konzerne für neue Maschinen und eine generelle Modernisierung des Kapitalstocks aus. Zudem entschädigte Park die Chaebols über die Subventionierung von importierten Rohstoffen für die zunächst anfallenden Verluste bei den Ausfuhren.

Die auf Exportzuwachs angelegte Strategie ging auf. Die Wirtschaft wuchs ab Mitte der 1960er Jahre zweistellig, sodass sich auch ausländische Investoren an dem Wirtschaftswunder beteiligten. Da sich die Regierung nicht darum scherte, ob die Konkurrenzfähigkeit der Unternehmen durch die Innovationsfähigkeit der Firmen oder aber die patronalistische Intervention des Staates zustande kam, sollte sich schon bald herausstellen, dass viele Konzerne nicht auf den Weltmärkten konkurrenzfähig sein konnten und somit nicht imstande sein würden, die aufgenommenen Schulden zurückzuzahlen. Park installierte kurzerhand ein Komitee für die »Säuberung von unrentablen Unternehmen«, das zur Aufgabe hatte, nicht überlebensfähige Firmen zu enteignen, zu entschulden und an die Großkonzerne weiterzuveräußern.

Auf diese Weise entstanden riesige, auch international bekannte Wirtschaftskonglomerate wie Samsung, Hyundai, LG (früher Lucky Goldstar) oder Posco. Südkorea ist heute aufgrund dessen die führende Schiffsbaunation, gehört zu den führenden Produzenten in der Elektronik, etwa bei OLED- und LED-Zellen, LCD-Monitoren, Halbleitern oder Handys, und besitzt mit Posco auch einen weltweit führenden Stahlkonzern.

Mit ihrem Aufstieg wurden die Konzerne immer mächtiger. Mit dem Argument, dass nur sie die Devisen für das im Ausland verschuldete Südkorea erwirtschaften könnten, pressten die Chaebol-Lenker der Politik immer wieder Konzessionen ab. Auf diese Weise rückten sie im Laufe der Zeit immer näher an die Schaltstellen der Macht; es entstand ein intransparentes Interessengeflecht zwischen den mächtigen Konglomeraten und der Politik. Beispielsweise verleibten sich die Chaebols von der Regierung privatisierte Firmen ein, was wiederum zu einer Verfestigung des oligopolistischen, wettbewerbsfeindlichen Gefüges führte. Andererseits konnten so auch ineffiziente Strukturen in den Konzernen verschleiert werden, und Bilanzkosmetik schönte nicht selten das wahre ökonomische Bild nach außen. Beliebt war es, Beteiligungen innerhalb der Chaebols nach Gutdünken hin und her zu buchen und auf diese Weise Verluste zu kaschieren. Überkreuzverflechtungen untereinander wiederum sorgten dafür, dass eine Krähe der anderen kein Auge aushackte. Wie keine andere vergleichbare Wirtschaftsnation machte sich Südkorea von dem Wohlergehen der Chaebol-Konglomerate abhängig. Die Giganten nahmen die Politik und das Land gewissermaßen in Geiselhaft. Kurz vor der Asien-Krise 1997 vereinigten allein die zehn größten Konzerne des Landes 75,8 Prozent der gesamten privatwirtschaftlichen Bilanzsumme und 75,3 Prozent aller Bankschulden auf sich.

Die Wirtschaft in Nordkorea ist deutlich fragiler. Die gesamte Wirtschaftsleistung des Landes wird auf 28 Milliarden US-Dollar geschätzt, nur rund 15 Prozent davon hängen vom Außenhandel ab. Nordkorea exportiert vor allem Kohle, Eisenerz und Meeresfrüchte. 90 Prozent aller Exporte gehen nach China, deshalb konnten im Frühjahr 2017 die wegen wiederholter Atomtests vom UN-Sicherheitsrat verhängten Sanktionen erstmalig einschneidende Wirkung zeigen: China hatte die Kohleimporte gestoppt. Weitere Sanktionen etwa für Textilausfuhren und den Verleih von nordkoreanischen Gastarbeitern würden das Land empfindlich treffen. Der weitaus größte Teil der nordkoreanischen Bevölkerung muss sich seit vielen Jahren ohnehin auf dem Schwarzmarkt versorgen. Dieser blüht, da das Land zwei lange, schwer zu kontrollierende Küsten und eine durchlässige Grenze zu China und Russland hat.

Träumen Kim und Moon das Gleiche, wenn sie von Wiedervereinigung sprechen?

Im geteilten Korea wird von beiden Seiten offiziell angestrebt, was im geteilten Deutschland spätestens seit den 1960er Jahren nur noch von Westdeutschland politisch gefordert wurde: eine Wiedervereinigung. Mag eine Wiedervereinigung Koreas heute genauso unrealistisch erscheinen, wie eine Überwindung der Teilung Deutschlands damals, so ist doch augenscheinlich der Wunsch nach einer Deeskalation und Wiedervereinigung in Korea stärker ausgeprägt, als er es seinerzeit in Deutschland war. Das aktuelle Tauwetter, das sich im historischen Treffen zwischen Kim Jong-un und Moon Jae-in am 27. April 2018 im Grenzort Panmunjom widerspiegelt und auch im Treffen zwischen Kim Jong-un und Donald Trump am 12. Juni 2018 in Singapur zum Ausdruck kam, haben eine neue Dynamik in das so unerreichbar geglaubte Szenario einer möglichen Wiedervereinigung gebracht.

Kim Jong-un hatte dies erfolgreich eingefädelt, indem er in seiner Neujahrsansprache zum Jahreswechsel 2018 einerseits die Vereinigten Staaten verdammte, andererseits aber für seine Landsleute im Süden freundliche Worte fand. Damit rannte Kim Jong-un offene Türen ein. Seit seiner Wahl 2017 hatte der südkoreanische Präsident Moon Jae-in versucht, den abgerissenen Gesprächsfaden zwischen Nord- und Südkorea wieder aufzunehmen, doch zunächst ohne Erfolg, denn Nordkorea wollte sich nur auf Gespräche mit den USA einlassen, sozusagen von Atommacht zu Atommacht – bis es im Vorfeld der Olympischen Winterspiele in der südkoreanischen Region Pyeongchang zu Gesprächen zwischen Nord- und Südkorea kam. Dies war das erste Mal seit Dezember 2015, dass die beiden Staaten auf ranghoher Ebene miteinander kommunizierten.

Durch die zahlreichen Raketentests Nordkoreas sind die Beziehungen der beiden Staaten seit langem belastet und erreichten zu Beginn des Jahres 2016 ihren Tiefpunkt: Nach dem vierten Atomtest hatte die damalige konservative Regierung von Südkorea zeitweise den 124 südkoreanischen Unternehmen und ihren rund 50 000 Arbeitern die Produktion im Industriepark Kaesong untersagt; dort treffen auf nordkoreanischem Boden nordkoreanische Arbeiter und südkoreanisches Kapital zusammen. Aus Verärgerung über die faktische Schließung des wertvollen Devisenbringers hatte Nordkorea damals die Kontakte zu Südkorea abgebrochen.

Damit endete das hoffnungsvolle Kapitel einer Zusammenarbeit der beiden Koreas, die von 1998 bis 2008 als »Sonnenscheinpolitik« bekannt war; sie wurde mit der Ostpolitik Willy Brandts verglichen. Südkorea hatte unter Kim Dae-jung die harte Linie gegenüber Nordkorea gelockert, humanitäre und finanzielle Hilfen gegeben und auf Zusammenarbeit gesetzt, um auf lange Sicht eine gleichberechtigte Vereinigung der beiden Koreas zu erreichen. Ergebnisse und Symbole der Sonnenscheinpolitik waren der Industriepark Kaesong und die Tourismusregion im Kumgang-san-Gebirge (Diamantengebirge). Dort konnten Südkoreaner in Nordkorea Urlaub machen und in harten Devisen zahlen. Zudem gab es so für Familien, die durch die Staatentrennung auseinandergerissen waren, die Möglichkeit, sich zu treffen.

Zwei Gipfeltreffen hatte es zwischen Kim Jong-il, dem Vater von Kim Jong-un, und Südkoreas Präsidenten Roh Moo-hyun gegeben: 2002 und 2007. Auf ihnen war eine beachtliche politische Annäherung erreicht worden. Anders aber verliefen die so genannten Sechs-Parteien-Gespräche. An ihnen hatten die USA, China, Russland, Japan, Südkorea und Nordkorea teilgenommen. Ihr Ziel war es, Nordkorea durch Hilfszusagen zur Aufgabe seines Nuklearwaffenprogrammes zu bewegen. Die Gespräche waren wenig erfolgreich und wurden 2009 auf Eis gelegt. Schon im Vorfeld hatte es Kritik aus Südkorea und den USA gegeben, und es wurde vermutet, dass Nordkorea nur zum Schein an den Gesprächen teilnahm, um weitere Hilfen zu erpressen. Dies sollte sich in der Folge bewahrheiten.

Südkoreas neuer Präsident Moon Jae-in war ein enger politischer Vertrauter und Mitarbeiter von Roh Moo-hyun und steht ganz in der Tradition von dessen Sonnenscheinpolitik. Außerdem hat er ein besonderes persönliches Interesse, da seine Eltern aus Nordkorea geflüchtet sind. Aber die Vorzeichen sind andere als zu Zeiten Rohs: Aufgrund der damaligen Wirtschaftskrise, den Hungersnöten in den neunziger Jahren sowie dem Zusammenbruch des Ostblocks und damit der Außenwirtschaftsbeziehungen Nordkoreas war Nordkorea damals offen für die Erleichterungen der Sonnenscheinpolitik. Heute jedoch sieht sich Nordkorea als selbst ernannte Nuklearmacht unter dem Schutze Chinas. Es ist also deutlich selbstbewusster geworden. Deswegen könnten die Friedens- und Abrüstungsgespräche zwischen Donald Trump und Kim Jong-un, wenn sie nach dem noch recht vagen Treffen vom Juni 2018 konkreter werden sollten, deutlich schwieriger werden. Hinzu kommt, dass jede Vereinbarung der beiden argwöhnisch von den anderen Verbündeten, insbesondere Japan und China, analysiert werden wird.

Hard Power

Während der Süden zu 82,6 Prozent besiedelt ist, ist dies in Nordkorea nur mit 61 Prozent der Fall. Südkorea hat 50,3 Million Einwohner, Nordkorea nur 25,4 Millionen, die Lebenserwartung ist mit 82,2 im Süden und 73,2 Jahren im Norden erstaunlich hoch. Flächenmäßig hat der Süden 100 000 und der Norden knapp 120 000 Quadratkilometer.

In *wirtschaftlicher Hinsicht* galt der Norden Koreas kurz nach Ende des Zweiten Weltkriegs als eine der am stärksten entwickelten Regionen Asiens. Nach Abzug der Japaner 1945 vereinnahmte die Kim-Familie

Nordkorea. Notgedrungen nutzte sie weiterhin die Infrastruktur, die während der 1930er Jahre entstanden war. Daran hat sich nicht grundlegend viel verändert. Bis vor kurzem fuhren noch japanische Dampfloks aus der Vorkriegszeit. Nur 730 Kilometer der Straßen Nordkoreas sind asphaltiert. Auch was die Energieversorgung und Kommunikation angeht, ist die Infrastruktur stark vernachlässigt worden. So stehen den Nordkoreanern nur 1,2 Millionen Festnetz-Telefonanschlüsse zur Verfügung, diese Anzahl ist noch geringer als die inzwischen 3 Millionen Mobiltelefone.

Das Gesundheitssystem ist marode, wie der gesundheitliche Zustands eines in den Süden geflohenen Soldaten zeigt. Er hatte Hepatitis B, Tuberkulose und war von zahlreichen Parasiten befallen. Dies ist auch von anderen Flüchtlingen bekannt. Die meisten leiden an multiplem Parasitenbefall. Viele Krankenhäuser haben kein fließendes Wasser, geschweige denn wichtige Geräte und Medikamente. Der größte Teil der nordkoreanischen Bevölkerung ist verarmt, die Menschen sind mangel- und unterernährt und haben nicht mal rudimentäre Kenntnisse von Gesundheitsversorgung. Nach der Schätzung von Amnesty International gibt Nordkorea für sein Gesundheitssystem weniger Geld aus als jedes andere Land der Welt.

Einstmals war eine kostenlose Gesundheitsvorsorge der Stolz Nordkoreas, große Fabriken hatten eigene Kliniken, und es gab kostenlos regelmäßige Untersuchungen. Mitte der 1990er Jahre kollabierten diese Strukturen unter den von Strafsanktionen mitverursachten Hungersnöten. Kim Jong-il hatte jedoch erkannt, dass er die Infrastruktur verbessern musste. Deshalb ließ er Wohnanlagen und Kraftwerke bauen, Schulen sanieren und Märkte ausbauen. Dies blieb jedoch ohne nachhaltigen Erfolg.

Immer häufiger treiben heute so genannte Geisterboote an die Nordwestküste Japans, auf ihnen finden sich verweste Leichen oder gar keine Besatzung. Im Jahr 2014 waren es 65 Geisterboote, 2013 gab es 80 Fälle.

Sollte es zu einer Wiedervereinigung kommen, wird die Sanierung von Nordkorea eine Mammutaufgabe für eine ganze Generation. Derzeit kann Kim Jong-un höchstens einzelne Prestigeprojekte fördern, zumal die marode Verkehrsinfrastruktur, die von seinem Vater und Großvater über Jahrzehnte vernachlässigt wurde, jede andere Sanierung behindert. Besonders dramatisch ist die Mangel- und Unterernährung bei den Soldaten, die im Gegensatz zu anderen Bevölkerungsgruppen keine Möglichkeit haben, etwas auf dem Schwarzmarkt zu tauschen.

Südkorea hingegen boomt. Die Arbeitslosigkeit ist mit 3,8 Prozent im Jahr 2017 sogar niedriger als in Deutschland (2017: 5,7 Prozent), und das Bruttoinlandsprodukt ist seit 2007 von rund 900 Milliarden US-Dollar auf 1530 Milliarden US-Dollar im Jahr 2017 gestiegen. Der erfolgreiche Paradigmenwechsel der Wirtschaft kann an der Bedeutung der Landwirtschaft abgelesen werden, die nach knapp 40 Prozent im Jahre 1965 im Jahre 2016 nur noch 2,2 Prozent des BIP ausmacht – zum Vergleich: in Deutschland sind es nur noch 0,6 Prozent. Der Industriesektor reduzierte sich von 44,4 Prozent auf 38,6 Prozent und ist damit höher als in Deutschland, wo er nur 30,5 Prozent beträgt. Der wichtige Dienstleistungssektor stieg von 36,2 Prozent auf 59,2 Prozent, womit er allerdings nicht so hoch ist wie in Deutschland mit 68,9 Prozent.

In der Exportbilanz sind elektrische Maschinenapparate und Geräte mit rund 20 Prozent die wichtigsten Exportgüter Südkoreas. Der Nachbar China ist mit 25 Prozent Exportanteil der wichtigste Importeur von südkoreanischen Waren gefolgt von den USA mit 13,5 Prozent.

Die von der Regierung vorgegebene Konzentration auf Großkonzerne hatte schon früh zu einer ökonomischen Zweiteilung des Landes geführt, die noch immer besteht. Auf der einen Seite ist die sehr erfolgreiche, zum großen Teil noch in Familienbesitz befindliche exportorientierte Wirtschaft, die Weltklasseniveau erreicht hat. Diese erzeugt rund zwei Fünftel der jährlichen Wirtschaftsleistung auf dem südlichen Teil der Halbinsel. Auf der anderen Seite befindet sich die klein- und mittelständisch geprägte Industrie, die immerhin für die Hälfte des BIP zeichnet und rund 80 Prozent der Arbeitnehmer beschäftigt, in einer strukturellen Krise.

Auch heute noch wehren sich die Chaebols gegen eine Machtbeschneidung und härtere Regulierung, argumentiert wird wie in den 1960er Jahren, nur sie bescherten der südkoreanischen Wirtschaft das nötige Wachstum, um endlich den Schritt zu einem Industrieland zu vollziehen. Mit einer Zementierung dieser Strukturen bleibt das Land allerdings weiter vor allem vom Export abhängig, wohingegen die Binnenkonjunktur kaum vom Fleck kommen dürfte.

Regelmäßig führt die Spaltung der Wirtschaft in die Konglomerate einerseits und die schwachen mittelständischen Unternehmen andererseits zu Streiks und sozialen Auseinandersetzungen, da die Gewerkschaftsbewegung in Südkorea traditionell stark und auch äußerst militant ist. Durch Streiks wird jährlich rund 1 Prozent des BIP vernichtet.

Die Verflechtung der Großkonzerne mit der Politik hat überdies die Akzeptanz des Wirtschaftssystems in der Bevölkerung geschwächt. Selbst der rasche Ausbau des Sozialsystems konnte daran nichts ändern.

Das Wirtschaftswachstum lag in Südkorea 2017 bei nur 2,2 Prozent – so niedrig war es zuletzt 2013, vor der Finanzkrise war Südkorea mit jährlich mehr als 4 Prozent gewachsen. Insgesamt ist die Wirtschaft zwar stabil, doch Südkorea ist zu abhängig vom Wachstum seines größten Handelspartners China. Außerdem fehlt es beim transpazifischen Handelspakt TPP 11. Das Wachstum im Jahr 2018 dürfte aufgrund der exportgetriebenen Erholung immerhin auf rund 3 Prozent steigen, was zunächst die Belastungen abdeckt, die der neue Präsident Moon mit seiner »Politik des einkommengetriebenen Wachstums« dem Land auferlegt hat. Zu dieser Politik gehört zum Beispiel eine strikte Durchsetzung arbeitsrechtlicher Regulierung, die Erhöhung des Mindestlohns um 16 Prozent und höhere Steuern für Unternehmen und Bürger. Damit stiegen die Staatsausgaben um 7 Prozent, weitgehend für Sozialausgaben.

Im Februar 2018 wurden in Pyeongchang in Südkorea die *Olympischen Winterspiele* abgehalten. Im Gegensatz zu 1988, als die Olympischen Sommerspiele dazu gedient hatten, der Welt den wirtschaftlichen Aufstieg Südkoreas zu demonstrieren, waren die Winterspiele allerdings deutlich weniger populär. In den 1980er Jahren hatte Sport als Symbol für die Zusammengehörigkeit des Volkes gedient, 2018 ist die öffentliche Meinung individualisierter, dies illustriert die verschiedenen Strömungen innerhalb der modernen südkoreanischen Gesellschaft. Auch über die Wiedervereinigung mit Nordkorea ist die Stimmung gespalten. Es gibt nicht wenige Südkoreaner, die die Annäherungspolitik Moons ablehnen. Einige gehen sogar so weit, ihm, dem Sohn von Flüchtlingen aus Nordkorea, Landesverrat vorzuwerfen. Als Kim Yo-jung, die jüngere Schwester von Kim Jong-un für drei Tage die Olympischen Spiele besuchte – nachdem Kim am Neujahrstag die Bereitschaft Nordkoreas erklärt hatte, an den Spielen teilzunehmen –, ließen sich Südkorea und das IOC nicht lange bitten und zahlten die Unterkunft und Verpflegung der nordkoreanischen Delegation, verschoben ein geplantes Manöver mit den USA und lockerten zeitweise die Sanktionen, die von UN und die USA verhängt worden sind. Dies war Wasser auf den Mühlen von Moons Kritikern.

In der *Außenpolitik* sind die Interessen der verschiedenen Konfliktparteien der Region die gleichen wie seit vielen Jahren. China möchte den Kollaps Nordkoreas verhindern, die USA wollen die Bedrohung eindämmen, was auch Südkorea und Japan verbindet. Doch trotz aller Sanktionen, Gespräche und auch Kontrollen der Internationalen Atomenergiebehörde IAEA hat Kim Jong-un konsequent die Politik von Kim Jong-il fortgesetzt. Dieser hatte die Vertragsparteien der Sechs-Parteien-Gespräche hinters Licht geführt und im Geheimen weiter an seinem Nuklearwaffenarsenal gearbeitet – und dies trotz regelmäßiger Inspektionen der internationalen Atomenergiebehörde. Eines der wichtigsten Staatsziele war erreicht, als Kim Jong-un im November 2017 erklärte, dass Nordkorea nun den Status einer Atommacht habe. Damit hat Kim Fakten geschaffen, die nicht mehr rückgängig gemacht werden können.

Im Jahr 2017 hat Nordkorea so viele Raketen abgefeuert wie nie zuvor. Der Atomtest vom September 2017 war mit Abstand der größte seit deren Beginn 2006. Allein dreimal wurden im Jahr 2017 die Sanktionen verschärft, um Kim zu Konzessionen zu bewegen. Doch worin sollen diese bestehen? Kim wird sicherlich nicht die einmal errungene Technologie aus der Hand geben. Damit würde er seine eigene Machtbasis gefährden. Was könnte dem Regime wertvoll und kostbar genug sein, um auf den einzigen Trumpf, den es in den letzten zehn Jahren mühsam errungen hat, freiwillig zu verzichten?

Im Grunde haben alle Parteien der Sechsergespräche ein Interesse an der Aufrechterhaltung des Status quo, also an der Teilung Koreas. Ein wiedervereinigtes Korea wäre ein formidabler Wettbewerber für Japan wie auch für die USA. Die USA haben zudem ein großes Interesse, ihre Truppen nah am chinesischen Festland präsent zu halten. China wiederum möchte diese Bedrohung beseitigen und hat zudem kein Interesse daran, Millionen von Flüchtlingen aus Nordkorea aufzunehmen.

Die einzige Veränderung im Vergleich zu früher ist lediglich, dass Nordkorea nun zähneknirschend als Atommacht anerkannt werden muss und sich dadurch einen Status der Unangreifbarkeit erarbeitet hat. Militärisch – und sei es nur mit konventionellen und limitierten Erstschlägen – gegen ein nuklear bewaffnetes Nordkorea vorzugehen, könnte einen fürchterlichen Preis haben. Daran haben weder die USA noch Südkorea ein Interesse. Wie auch für die anderen Krisenschauplätze in Asien gilt: Wenn die Vernunft herrscht und die Strategie durchdacht ist, ist nicht damit zu rechnen, dass eine der beteiligten Parteien eine militärische Konfrontation riskiert. Andererseits ist nicht auszuschließen, dass durch einen Unfall, ein technisches Versagen oder ein Versehen hochgerüstete Armeen automatisch aufeinander reagieren. Damit ist die Situation ähnlich wie bei den Senkaku-Inseln oder der Straße von Taiwan: Bei einer rund um die Uhr und sieben Tage die Woche bestehenden No-fly-Zone und deren Überwachung kann die kleinste fehlgeleitete Rakete eine Katastrophe auslösen.

Wie sich die Lage entwickelt, hängt nicht zuletzt von dem außenpolitischen Coup ab, der Kim geglückt ist: Durch das Angebot eines Treffens mit Präsident Trump, das im März 2018 von dessen Seite überraschend geäußert wurde, hat er einen diplomatischen Doppelerfolg erzielt: Zunächst akzeptierte der Präsident Südkoreas die Einladung Kims zu einem Gipfeltreffen am 27. April, und US-Präsident Trump tat das Gleiche. In den Augen Nordkoreas war das die lang ersehnte und erstrebte diplomatische Anerkennung. Auch der südkoreanische Präsident Moon profitierte von der Zusage. Er sprach von einer historischen Wegmarke auf dem Weg zum Frieden, eventuell sogar von einer vollständigen Denuklearisierung der koreanischen Halbinsel.

Es wird vermutet, dass Kim sich so gesprächsbereit zeigt, weil seit Ende 2017 die Sanktionen mehr oder minder flächendeckend griffen, Nordkorea bekam dadurch wirtschaftliche Schwierigkeiten. Vielleicht erhofft sich der nordkoreanische Staatschef eine Lockerung der Sanktionen. Eine Reduzierung der Atomwaffen sei allerdings nicht zu erwarten, vermutete Abe mit Verweis auf frühere Sechs-Parteien-Gespräche. Die Japaner sind unmittelbare Nachbarn und potenzielles Ziel der Raketen aus Nordkorea, entsprechend fühlen sie sich stärker bedroht als die USA.

Die chinesische Führung hingegen begrüßt das Treffen zwischen Kim und Trump und erhofft sich eine Stabilisierung des nordkoreanischen Regimes. Ihr Schützling Kim reiste im März 2018 mit einem Sonderzug nach Peking, um das geplante Gipfeltreffen vorzubereiten. Die Chinesen sind aufgrund ihres langfristigen Blicks auf Geschichte kritisch, was die wahren Absichten der USA betrifft. Manche in Peking glauben, dass es nach einer friedlichen Lösung auf der koreanischen Halbinsel – zum Beispiel in Form eines Friedensvertrages, erst recht natürlich bei einer Wiedervereinigung – keinen Grund mehr gäbe, weshalb US-Soldaten in Korea stationiert sein sollten. Es ist jedoch fraglich, ob die USA dem zustimmen würden und welche Garantien Kim Jong-un zu geben bereit ist.

Überhaupt sind alle Parteien der vormaligen Sechs-Parteien-Gespräche ständig in Bewegung. Der ökonomische Aufstieg etwa lässt die Nachbarn China und Südkorea zusammenrücken. Der bilaterale Handel ist auf 274 Milliarden US-Dollar gewachsen. Südkorea stellt das größte Kontingent von ausländischen Bürgern in China. Chinas Präsident Xi Jinping unterstrich das enge Verhältnis 2017 durch einen Staatsbesuch in Seoul. Dies war ungewöhnlich, denn erstmals reiste der neue chinesische Staatschef nicht zuerst nach Nordkorea. Xi lockte die damalige Präsidentin Park Geun-hye mit dem Abschluss eines Freihandelsabkommens, dem Handel in chinesischer Währung und einer gemeinsamen Nordkoreainitiative. Die Empörung beider Politiker über die nachlassende Bereitschaft von Japan, sich zu seiner Kriegsschuld zu bekennen, stärkte das Gefühl der Zusammengehörigkeit. Japan und die USA wiederum deuten den Vorstoß von Xi als neuen Versuch Chinas, einen Keil in die gemeinsame Allianz mit Südkorea zu treiben.

Sowohl China als auch Südkorea gefällt es nicht, dass Japan seine regionale Bedeutung mithilfe einer neuen Militär- und Sicherheitspolitik ausbauen will. Dagegen sieht Nordkorea darin eine Chance, seine Abhängigkeit von China zu verringern und die Beziehungen zu Japan zu verbessern, zudem ließe sich damit auch Südkorea schwächen. Daher führt Pjöngjang nach jahrelanger Weigerung neuerdings Verhandlungen über japanische Staatsbürger, die vor Jahrzehnten nach Nordkorea entführt wurden. Womöglich erhofft sich das Regime von Kim Jong-un davon weitere Pluspunkte bei den Gipfelgesprächen; dafür spricht auch die Freilassung von drei US-Bürgern im Vorfeld des Treffens mit US-Präsident Trump im Juni 2018.

Problematisch bleiben weiterhin Nordkoreas militärische Drohgebärden. Die Bevölkerung der Demokratischen Volksrepublik Korea ist mit rund 25 Millionen Menschen gerade einmal halb so groß wie diejenige Südkoreas, das – mangels verlässlicher Daten nur schwer zu schätzende – Bruttoinlandsprodukt dürfte etwa vierzigmal kleiner sein. Die »Koreanische Volksarmee« ist gleichwohl eine ernstzunehmende Bedrohung. Es gilt das Motto »Sŏn'gun«: »Militär zuerst, Verteidigungsbereitschaft über alles«. Aber wie steht es mit der Angriffsbereitschaft? Zwar ist die Mannschaftsstärke des Nordens mit 1,2 Millionen Mann etwa doppelt so groß wie diejenige des Südens, doch steht hier Masse gegen Klasse. Südkoreas Streitkräfte sind erheblich moderner ausgerüstet. Südkorea verfügt über 583 Kampfflugzeuge, der Norden nur über 545. Allerdings stehen 3 500 Kampfpanzern des Nordens nur 2 634 des Südens gegenüber. Während der Norden 73 U-Boote besitzt, hat der Süden lediglich 23, darunter jedoch auch moderne deutsche U-Boote. Bei den Kriegsschiffen ist der Süden mit 23 den beiden des Nordens deutlich überlegen. Zudem sind 30 000 US-Soldaten in Südkorea stationiert, und vor den Küsten kreuzt der Flugzeugträger »Carl Vinson« mitsamt Eskorte. Dieser könnte sowohl nordkoreanische Raketen abfangen als auch Nuklearanlagen treffen. Dennoch bleibt es ein Albtraum, was die riesige nordkoreanische Artillerie mit ihren 21 000 Geschützen anrichten könnte.

Fakt ist, dass Nordkorea mittlerweile eine Atommacht ist mit wahrscheinlich miniaturisierten portablen Atomsprengköpfen. Zudem hat die Volksrepublik aber auch die Kapazität, nicht nur Ziele in seiner unmittelbaren Umgebung zu treffen wie Japan oder Südkorea, sondern auch entferntere Ziele wie Hawaii oder gar Deutschland. Darüber hinaus wird oft vergessen, wie groß die konventionelle Schlagkraft der nordkoreanischen Armee ist und wie stark Nordkorea auch in Bereichen wie Cyberwar und biologische Kriegsführung ist. Das biologische Waffenarsenal ist eine ebenso große Bedrohung wie das nukleare Potenzial; es rührt zum Teil noch aus alten Beständen der japanischen »Sondereinheit 731«.

80 Prozent der Landfläche in Nordkorea besteht aus Bergen, was strategisch gesehen sehr vorteilhaft ist. Mindestens die Hälfte aller Militäranlagen ist in den Felsen versteckt, und es gibt gewaltige Munitions- und Raketenfabriken sowie Vorratslager und Schutzräume, dazu komplexe Bunker- und Bahnsysteme, in denen Truppen oder Raketenteile bewegt werden können, ohne von Satelliten erspäht zu werden.

Unter besonderer Beobachtung steht das Punggye-ri-Gelände am gleichnamigen Berg im Osten des Landes, wo die nuklearen Tests durchgeführt werden. Die Erschütterungen, die dadurch ausgelöst werden, sind auf der ganzen Welt messbar. Nicht nur in Nordkorea selbst steigt mittlerweile die Sorge, dass sie Konsequenzen haben könnten. Im September 2017 bebte die Erde mit einer Stärke von sechs auf der Richterskala, und ein Tunnel stürzte ein. Südkoreanische Forscher stellten fest, dass hier ein so genanntes »Müder-Berg-Syndrom« vorliegt: Das Gestein ist durch die Explosion stark zersplittert. Nun wächst die Befürchtung, dass der Tunnel vollständig kollabieren und radioaktives Material freisetzen könnte.

Auch die Auswirkung auf den heiligen Berg Paektu wird genau beobachtet. Er liegt nur 114 Kilometer vom Testgelände entfernt. Der Paektu ist ein aktiver Vulkan, 1903 war er zum letzten Mal ausgebrochen, aber es ist nicht unwahrscheinlich, dass die wiederholten Erschütterungen durch die zahlreichen und weiter zunehmenden Raketentests zu einem Ausbruch führen können.

Soft Power

Unter Gesichtspunkten einer transparenten Unternehmensführung, einer guten Corporate Governance, liegt die Korea Inc. weit hinter weniger entwickelten Ländern in Südostasien zurück. Die aus der Geschichte herrührenden Defizite können nicht geleugnet werden. Ob unfairer Wettbewerb oder Korruption in großem Stil: Die Chaebols sorgen regelmäßig für Negativschlagzeilen. Anfang Februar 2007 etwa wurde der Hyundai-Chef Chung Mong-koo wegen Veruntreuung von umgerechnet 85 Millionen Euro zu drei Jahren Haft verurteilt. Die Ermittler hatten bei dem fünftgrößten Autobauer der Welt ein System schwarzer Kassen aufgedeckt, aus denen Schmiergelder bezahlt worden waren. Im Vergleich zu früheren Vergehen von Chaebol-Führern kann die Strafe gegen Chung Mong-koo als drastisch bewertet werden. Bislang hatten Seouler Gerichte gegenüber korrupten Machenschaften hoher Wirtschaftsvertreter meist beide Augen zugedrückt. Der Lenker des untergegangenen Daewoo-Konzerns Kim Woo-chong etwa musste für die Abzweigung von Milliardenbeträgen, die unter anderem zum Zusammenbruch des Imperiums führte, mit zehn Jahren Haft eine gemessen an der Schwere der Tat relativ geringe Strafe antreten. Und der Chef der SK Group, Chey Tae-won büßte nur einen Teil seiner dreijährigen Strafe ab, mit der Begründung, er werde für sein Unternehmen gebraucht, und man könne die südkoreanische Wirtschaft nicht über Gebühr strapazieren.

Bei dem 68-jährigen Sohn des Hyundai-Gründers Chung Mong-koo schlug das Gericht jedoch neue Töne an. Es betonte, dass eine strikte Rechtsanwendung nötig sei, um illegale und marktwidrige Praktiken auszumerzen und Südkorea zu einer fortgeschritteneren Volkswirtschaft zu verhelfen.

In der Tat werden die Korruptionsvorschriften immer strenger angewendet. So wurde zum Beispiel der Samsung-Erbe und Vizevorstand Lee Jae-yong im August 2017 wegen Bestechung zu fünf Jahren Gefängnis verurteilt. Mittlerweile wurde die Strafe zwar auf die Hälfte reduziert und zur Bewährung ausgesetzt, doch hatte diese Verurteilung ebenso wie die des Vorsitzenden des Einzelhandelskonzerns Lotte Shin Dong Bin zu zweieinhalb Jahren Haft Aufsehen erregt.

Doch auch wenn die Verurteilung des Samsung- und Lotte-Lenkers eine härtere Gangart gegen die mächtigen Chaebols signalisiert und auf eine stärkere Öffnung der Wirtschaft hoffen lässt, können die Konglomerate immer noch als ein Staat im Staate angesehen werden. Ihre Macht ist noch lange nicht gebrochen. Allerdings hat der neue Präsident versprochen, durchzugreifen und Korruption zurückzudrängen. Unterstützung findet er bei Gerichten, die nicht zimperlich agieren. Im Februar 2018 wurde zum Beispiel Choi Soon-sil, die Vertraute der früheren Präsidentin Park Geun-hye, zu 20 Jahren Haft verurteilt. Park wurde im März 2017 wegen Korruption ihres Amtes enthoben.

Smart Power

Derzeit ist Südkorea im globalen Wettbewerb erfolgreich, aber kann es das auch in Zukunft bleiben? Ist es vielleicht gar eine digitale Power, eine Smart Power? Südkorea hat das schnellste Internet der Welt, schneller noch als Norwegen, Schweden und Hongkong. Deutschland liegt abgeschlagen auf Platz 25. Der südkoreanische Konzern Samsung hat den viertgrößten Forschungsetat der Welt und gibt 12,2 Milliarden Euro pro Jahr für Forschung aus; er wird nur knapp übertroffen von Microsoft mit 12,4 und Alphabet mit 12,9 Milliarden Euro.

Dennoch liegt einiges im Argen: Nur 5 Prozent der Gründer in Südkorea sind bislang erfolgreich, die Zielmarke liegt bei 50 Prozent. Ein erfolgreiches Gründerland wie beispielsweise Israel erreicht dies. Und obwohl Südkorea mit durchschnittlich 2 124 Arbeitsstunden den höchsten Wert in einem Industrieland aufweist, ist die Wirtschaftsleistung in Südkorea niedriger als der Durchschnitt der OECD-Länder. Notwendig ist mithin ein Kulturwechsel, der eine neue Balance zwischen Arbeit und Freizeit herstellt. Auch ein anderer Faktor erweist sich immer mehr als Hindernis: das Schulsystem, das den Kindern extrem hohe Leistungen abfordert. Zwar sind in der Pisa-Studie der OECD die südkoreanischen Absolventen bei den weltweit Besten, aber auch bei den Unglücklichsten.

Andererseits hat Südkorea derzeit die höchste Roboterdichte der Welt: Während im Jahr 2015 der weltweite Durchschnitt bei 69 Industrierobotern pro 10 000 Beschäftigten lag, waren es in Südkorea 531. Die Automatisierung ist ins Visier der Regierung geraten, die bis zu 60 Milliarden US-Dollar investieren möchte.

Neues Wachstum soll vor allem in den Bereichen Technologie und Gesundheitswesen entstehen. 2017 wurden im ganzen Land siebzehn »Zentren für Kreativwirtschaft und Innovation« eröffnet. Doch der Leistungsdruck und die strengen Hierarchien in Gesellschaft und Arbeitswelt hindern die Arbeitnehmer daran, ihr volles Potenzial auszunutzen. Kreativität und Fortschritt können nicht nur von oben verordnet werden, sie müssen an der Basis entstehen. Aber die südkoreanische Gesellschaft beginnt, sich langsam zu verändern und mehr Wert auf Lebensqualität zu legen. Das energische Vorgehen gegen Korruption und die Auflösung der verflochtenen Strukturen setzen – im Zusammenwirken mit Änderungen der Arbeitsmentalität und -bedingungen – womöglich noch mehr Potenzial an Kreativität frei.

Technologisch ist Südkorea also schon Weltklasse, aber bei der Produktivität und Zufriedenheit ist es weiterhin unterdurchschnittlich. Man muss jedoch auch sehen, dass es sich in kurzer Zeit erfolgreich von einem Agrarstaat zu einer innovativen Exportnation entwickelt hat und über eine florierende Start-up-Szene verfügt, auch wenn diese noch erfolgreicher werden muss.

Wie steht es um Nordkorea in dieser Frage? Die Nordkoreaner sind seit Jahrzehnten an ein Leben ohne Internet gewohnt, selbst in den Ministerien haben nur wenige Zugang zum Internet. Diese wählen aus, was die anderen Kollegen lesen dürfen. Für die übrigen 25 Millionen Nordkoreaner gibt es nur ein staatliches Intranet: Kwangmyong, was so viel wie Licht bedeutet. Darin kann man mit Naenara (»mein Land«), einer modifizierten Version des Firefox-Browsers surfen.

Es herrscht also sozusagen eine Digi-tatorship. Im Kwangmyong können die Einwohner Nordkoreas einige wenige Websites und Meldungen der staatlichen Nachrichtenagentur verfolgen. Die rund 170 Homepages werden mit dem Betriebssystem »Roter Stern« gesteuert, das angeblich Elemente des Apple-Systems iOS verwendet. Wie im Westen auch erfolgt der Zugriff auf das Intranet meist mittels Smartphones, von denen es geschätzte drei Millionen in Nordkorea gibt. Gerüchtweise soll es darüber hinaus drei weitere Intranets geben, die allerdings für Regierung und Militär reserviert sind, sie tragen angeblich Namen wie »Goldene Sterne anpflanzen« und »Roter Bär«. Der Zugang zum Internet wird seit 2010 durch das russische Unternehmen TransTelekom und die chinesische China Unicom gewährleistet.

Diese strikte Eindämmung der freien Kommunikation hat unerwartete Vorteile für Nordkorea. Ein amerikanischer Terrorexperte war der Frage nachgegangen, wie sich Länder auf Konflikte im Cyberwar vorbereitet haben. Zur großen Überraschung schnitten die USA am schlechtesten ab; die Rangliste wurde stattdessen von Nordkorea angeführt. Einer der Vorteile von Pjöngjang besteht darin, dass das Land der Digitalisierung so weit hinterherhängt.

Nordkorea verfügt über gerade einmal 1500 IP-Adressen, von denen die Hälfte für Propagandaseiten reserviert ist. Potenzielle Ziele des nordkoreanischen Raketenprogramms sind nicht mit dem Intra- oder gar dem Internet verbunden. Stattdessen werden im Ausland entwickelte Software-Programme benutzt. Während Hacker aus Nordkorea immer aggressiver und erfolgreicher werden, fällt es im Gegenzug anderen Staaten und deren Hackern schwer, im Nadelöhr des nordkoreanischen Internets Ansatzpunkte für einen Gegenschlag zu finden. Diese Asymmetrie wird immer mehr zum Problem.

Nordkoreanische Hacker scheinen strategisch vorzugehen. So blieb die kritische Infrastruktur in den USA bisher verschont. Die Gefahr, eine militärische Reaktion auszulösen, ist einfach zu groß. Die nordkoreanischen Hacker, die auch aus Indien, Malaysia und Osteuropa agieren, um die dortige Infrastruktur zu nutzen, haben zunächst Südkorea ins Visier genommen, um die Bevölkerung zu verunsichern. Im Jahr 2015 hat zum Beispiel eine »Anti Nuclear Power Group« drei südkoreanische CEOs aufgefordert, ihre Atomkraftwerke stillzulegen; sollten sie es nicht tun, würden 100 000 Seiten vertraulicher Dokumente im Internet verbreitet. Die Gruppe stellte zur Bekräftigung Kraftwerkspläne und Informationen über die Beschäftigten ins Netz. Als die Frist erfolglos verstrich, geschah jedoch nichts weiter.

Diese Art von Strategien werden laufend perfektioniert. Die nordkoreanischen Hacker sollen im virtuellen Raum durch verdeckte Angriffe dringend benötigte Devisen herbeigeschafft haben – nicht zuletzt um das Atomraketenprogramm zu finanzieren. Es wird geschätzt, dass Nordkorea jährlich 1 Milliarde US-Dollar durch Beutezüge im Internet einnimmt. Allein seit Mai 2017 sollen drei südkoreanische Börsen, an denen Kryptowährungen gehandelt werden, angegriffen worden sein. Welche Summen genau erbeutet wurden, ist unklar. Fest steht aber, dass der Hype um Bitcoin und andere Kryptowährungen ein perfektes Betätigungsfeld für die nordkoreanischen Hacker ist.

Federführend bei den Cyber-Attacken ist das 2009 gegründete »General Reconnaissance«-Büro, das seine Agenten über U-Boote oder das Tunnelsystem unterhalb der DMZ nach Südkorea einschleust. Innerhalb dieses Büros, das der Nationalen Verteidigungskommission und damit dem Oberbefehl von Kim Jong-un unterstellt ist, gibt es verschiedene Einheiten. Eine davon ist die »Unit 39«, das Family-Office, das der Kim-Sippe all jene Luxuswaren verschafft, die diese braucht, um die führende Nomenklatura bei Laune zu halten. Die dafür notwendigen Summen werden auf 600 Millionen US-Dollar im Jahr geschätzt. Wurde das Geld früher mit Waffenexporten verdient, so stehen heutzutage Fälschungen von Fremdwährungen, Medikamenten- und Drogenhandel sowie der illegale Handel mit Gold, Seltenen Erden und mehr im Zentrum – und eben auch Cyber-Attacken, für die eine eigne Abteilung, die »Unit 121«, verantwortlich ist.

Cyber-Angriffe sind die ideale Waffe für ein isoliertes Land wie Nordkorea, das wenig zu verlieren hat. Das Know-how und die Hardware kann man sich relativ einfach aneignen, und der virtuelle Raum ist ein anonymer Schutzraum. Die Feinde Nordkoreas sind verwundbarer als das Land selbst, weil Internet und Computer das Herzstück der modernen Gesellschaften bilden. Erpressungs-Software und virtuelle Währungen bieten eine ideale Möglichkeit, dringend benötigte Finanzmittel und Devisen aufzutreiben. Die unausgesprochene Hoffnung hinter all diesen Aktivitäten ist jedoch, dass die USA nicht militärisch reagiert.

Anfangs waren die Bemühungen der Nordkoreaner belächelt worden, doch das änderte sich spätestens 2014 nach einem erfolgreichen Angriff auf Sony Pictures: Der Konzern wollte eine Komödie über Kim Jong-un veröffentlichen, was dieser als Majestätsbeleidigung auffasste. Nordkorea startete daraufhin einen Cyber-Angriff, dem 74 Prozent der Firmencomputer von Sony Pictures zum Opfer fielen, zudem gelangten pikante Interna an die Öffentlichkeit. Ein Desaster für Sony Pictures und ein erster Propagandaerfolg für Pjöngjang.

Inzwischen mehren sich die hochkarätigen Angriffe. Betroffen sind unter anderem ausländische Banken und Finanzinstitute, darunter die Zentralbank Bangladeschs, von deren Konto Hacker im vergangenen Jahr 81 Millionen US-Dollar erbeuteten. Im Mai 2017 infizierte das Virus »Wanna Cry« Tausende von Computern weltweit und legte unter anderem den britischen Gesundheitsdienst lahm. Der Virus nutzte eine Sicherungslücke im Betriebssystem Windows 7, das zahlreiche Industrie- und Spitalsysteme verwenden. Die Tatsache, dass ein britischer Student den Angriff überraschend einfach stoppen konnte, zeigt aber auch, dass Nordkorea in der Umsetzung seiner Cyber-Angriffe noch in den Anfängen steckt, obwohl sich die Entwicklung der Schad-Software schon deutlich verbessert hat. Dass Nordkorea tatsächlich hinter den Angriffen steckt, schließen Experten daraus, dass eine ähnliche exotische Verschlüsselungs-Software sowie die gleichen Server beim Verbreiten von »Wanna Cry« und dem Angriff auf Sony Pictures wie auch eine identische spezielle Form des Quellcodes verwendet wurden.

Wie aber kann ein isoliertes Entwicklungsland diese schweren Angriffe ausführen? Nach Angaben der *New York Times* sollen 6 000 Personen in den Hacking-Diensten von Pjöngjang stehen. Die Angriffe werden nicht nur aus Nordkorea heraus verübt, sondern es werden auch Personen in anderen Ländern eingesetzt. So schufen zum Beispiel chinesische und russische Firmen Internetverbindungen nach Nordkorea, und auch der Iran scheint solche Angriffe zu unterstützen. Experten haben ähnliche Viren und Funktionen entdeckt wie solche, die iranische Hacker bei einem Angriff gegen den saudischen Erdölkonzern verwendet hatten.

Die Strategie Nordkoreas ist im Cyberspace die gleiche wie bei den Raketentests: Test folgt auf Test, um die Produkte zu perfektionieren und für den Ernstfall vorzubereiten.

Die westlichen Cyber-Großmächte Israel, Russland und USA überlegen derweil, wie sie wirkungsvoll reagieren sollen. Zwar hat Nordkorea noch nicht zu ihnen aufgeschlossen, doch wird dies nicht mehr lange dauern. Eine militärische Vergeltung scheidet aller Wahrscheinlichkeit nach aus, sodass die wichtigste Optionen wäre, Gleiches mit Gleichem zu vergelten. Aber gerade in diesem Punkt kommt Nordkorea seine digitale Abgeschiedenheit zugute.

Die Tiger Südostasiens – sind sie noch auf dem Sprung?

Neben den »alten Tigerstaaten«, die in den 1990er Jahren bis zur Asienkrise 1997 die Schlagzeilen dominierten – Südkorea, China, Singapur sowie die damalige Sonderverwaltungszone Hongkong –, beherbergt das Dickicht der Weltwirtschaft noch etliche andere Raubkatzen, nämlich die »Tiger auf dem Sprung« aus Südostasien: wie etwa Indonesien, »das neue Indien«, oder Vietnam, »das neue China«. Nach einem guten Start in den 1990er Jahren wurde es jedoch um so manchen Tigerstaat nach der Asienkrise 1997 still.

Wie steht es heute um sie? Sind sie noch oder schon wieder auf dem Sprung? Welches von dem Dutzend Länder ist besonders vielversprechend und noch wachstumsfreudig?

Im asiatisch-pazifischen Raum zählen derzeit rund 525 Millionen zur Mittelschicht, bis 2030 werden sie auf 3,25 Milliarden anwachsen. Damit stellen sie beinahe zwei Drittel der weltweiten Mittelschicht, die von derzeit 1,8 Milliarden auf 4,9 Milliarden im Jahr 2030 explodieren soll. Europa und die USA werden dann nur noch 680 beziehungsweise 322 Millionen Menschen zur globalen Mittelschicht beitragen. Es ist also offensichtlich, dass neben den Riesen Indien und China das »Pacific Rim«, also Südostasien, im Zentrum der weiteren Entwicklung bis 2030 stehen wird.

Dass Südostasien vom Westen als ein einheitlicher historischer Raum wahrgenommen wird, ist eigentlich erst seit dem Vietnamkrieg so. Davor wurden im Deutschen geografische Bezeichnungen wie »Indochina« oder »Hinterindien« verwendet, die allerdings nicht die gesamte Region umfassten. Dennoch verweisen sie darauf, dass sich in Südostasien die Vorherrschaft der indischen und der chinesischen Kultur über Jahrhunderte immer wieder abwechselte, ergänzt durch arabischen und später europäischen Einfluss. Neben den sich auf den Reisanbau stützenden Agrarstaaten existierten hier Handelsstaaten, deren Basis der Seehandel und manchmal die Piraterie bildete.

Diese von Gegensätzen geprägte Region Asiens besteht aus einem Festlands- und einem insularen Teil. Der Festlandssockel mit den heutigen Staaten Vietnam, Laos, Kambodscha, Thailand, Myanmar sowie Singapur und einem Teil Malaysias ist durch die Malaiische Halbinsel wie durch eine Brücke mit den Inselarchipelen von Indonesien, den Philippinen und Brunei kulturgeschichtlich verbunden.

Die historische Entwicklung

Eines der Zentren der frühen Geschichte Südostasiens lag im nördlichen Vietnam. Im unteren Mekongtal siedelten die Khmer, die nach einer Reihe von lokalen Fürstentümern im 9. Jahrhundert mit dem Reich von Angkor einen mächtigen Bewerber um die Hegemonialmacht auf dem südostasiatischen Festland schufen. Die Tempelanlage von Angkor Wat war dem hinduistischen Gott Vishnu geweiht und lag unweit der Hauptstadt Angkor Thom.

Urbanisierung und Staatenverdichtung fand auch im Tal des anderen großen Stromes, des Irrawady, statt. Der Aufstieg des birmanischen Reiches von Pagan stellte ab dem 9. Jahrhundert einen mächtigen Mitbewerber um die Macht auf dem Festland dar. Doch beide Reiche, das hinduistische der Khmer und das buddhistische von Pagan fielen schließlich den Mongolenstürmen des 13. Jahrhunderts sowie dem Aufstieg anderer lokaler Reiche zum Opfer. Die stärksten dieser neuen Mitspieler brachte insbesondere das Gebiet des heutigen Thailands hervor.

In China galt für Jahrhunderte die Region südlich des Yangtse-Stromes als ferne, unwirtliche Region. Dieses Land, in dem diverse Barbarenstämme und hier angesiedelte Strafgefangene hausten, wurde »yueh« genannt, aus dem später die Bezeichnung »viet« hervorging. Aufgrund einer massiven Besiedlungspolitik während der Han-Dynastie wurden ab dem 1. Jahrhundert jedoch die ursprünglich hier lebenden, miteinander verwandten Völker der Shan, Thai und Lao entlang der großen Flüsse immer weiter nach Süden gedrängt. Während die Shan in Assam und in Birma ansässig wurden, gelangten die Thai in das Gebiet des heutigen Thailands und des Mekongdeltas.

Die in den Süden vordringenden chinesischen Siedler vermischten sich mit den »yueh« und stellten in der Folge den Hauptanteil der Überseechinesen, die in mehreren Wellen zwischen dem 13. und dem 19. Jahrhundert in benachbarte südostasiatische Länder auswanderten und dort wirtschaftlich sehr erfolgreich wurden.

Während das Khmer-Reich unterging und Kambodscha schließlich durch die ursprünglich als Gegengewicht zu den Vietnamesen ins Land geholten Franzosen 1863 zum französischen Protektorat wurde, kristallisierten sich Birma und Ayuthaya/Siam als Hauptmächte auf dem südostasiatischen Festland heraus. Wechselseitige Kriegszüge zwischen dem siamesischen und dem birmanischen Reich kulminierten im Jahr 1767 in der Eroberung und völligen Zerstörung Ayuthayas durch birmanische Truppen. In der Folge wurde die Hauptstadt Siams in das neu gegründete Bangkok verlegt.

Seit dem 16. Jahrhundert hatten sich abwechselnd verschiedene europäische Staaten in der Region etabliert. Zunächst erlangten die Portugiesen mit der Eroberung Malakkas im Jahre 1511 eine Schlüsselstellung und stießen von dort weiter in den Indischen Ozean vor; sie eroberten große Teile Javas und anderer Inseln des indonesischen Archipels.

Etwa gleichzeitig näherten sich die Spanier vom Pazifik her. Fernando de Magellan hatte 1521 die Philippinen erreicht, damit waren die Portugiesen bedroht. Aufgrund akuter Finanzprobleme verkaufte Kaiser Karl V. 1529 im Vertrag von Saragossa jedoch die Molukken an Portugal. Manila wurde ausgebaut, und die Philippinen blieben noch bis 1898 bei Spanien, bis sie dann an die Vereinigten Staaten fielen, die Sieger im Spanisch-Amerikanischen Krieg.

Seit dem 17. Jahrhundert hatten auf dem Gebiet des heutigen Indonesiens die Niederlande immer mehr Einfluss gewonnen. Die Niederländische Ostindien-Kompanie, die *Vereenigde Oostindische Compagnie* (VOC), hatte von ihrer Hauptniederlassung Batavia aus nicht nur wirtschaftlich, sondern auch politisch immer mehr Gewicht erlangt und konnte 1641 die Portugiesen aus Malakka vertreiben. Bis zu den Napoleonischen Kriegen blieb die Region von der 1799 wegen Überschuldung aufgelösten VOC dominiert, dann wurde mit Großbritannien ein neuer Wettbewerber immer mächtiger.

1824 kam es zu einer grundlegenden vertraglichen Regelung zwischen den beiden Rivalen. Die Niederländer durften das Gewürzmonopol über die Molukken behalten und traten dafür Malakka ab; außerdem tolerierten sie den Ausbau britischer Macht auf der Malaiischen Halbinsel. Der dadurch gesicherte Zugang zu China wurde von den Briten durch die so genannten Straits Settlements an der Straße von Malakka ausgebaut. Unter Thomas Raffles wurde 1819 Singapur gegründet; der weitere Ausbau des britischen Einflusses im heutigen Malaysia führte 1852 mit der Eroberung Mandalays schließlich auch zur endgültigen Einverleibung Birmas.

Frankreich kam als kolonialer Mitspieler relativ spät in die Region und hatte erst zwischen 1860 und 1883 Vietnam von Süden her erobert. Es wurde mit dem seit 1863 existierenden Protektorat Kambodscha und dem seit 1893 französischen Laos zu Französisch-Indochina vereint.

Mit Ausnahme des unabhängigen, allerdings Frankreich nahestehenden Königreichs von Siam war also zu Beginn des 20. Jahrhunderts beinahe ganz Südostasien durch die europäischen Mächte kolonialisiert. Eine einschneidende Veränderung brachte erst der Zweite Weltkrieg mit sich, der aus asiatischer Sicht bereits 1931 begann, als das kaiserliche Japan Ernst macht mit der Errichtung einer »Großasiatischen Wohlstandssphäre« unter japanischer Führung.

Im Herbst 1937 überfiel Japan die Mandschurei und marschierte in Nordchina ein. Der darauffolgende Vernichtungs- und Eroberungskrieg gegen China wurde mit dem Überfall auf die in Pearl Harbor stationierte US-Pazifikflotte am 6. Dezember 1941 auch in den Pazifik getragen. Die japanische Armee eroberte mit großer Geschwindigkeit und Grausamkeit weite Teile Südostasiens. Einzig Thailand, Birma und Teile Vietnams entgingen einer Besetzung durch die Japaner.

Als sich die japanische Armee unter wachsendem Druck der vorrückenden Amerikaner im Frühjahr 1945 aus Südostasien zurückzog, hinterließ sie eine Schneise der Verwüstung und unklare Machtverhältnisse. Die Regierungen in Vietnam, Laos und Kambodscha erklärten sich für unabhängig, was aber von ihrem Kolonialherrn Frankreich nicht anerkannt wurde. Dies führte zu blutigen Auseinandersetzungen. Ähnliches geschah in Indonesien sowie in Birma und in Malaysia.

In vielen Ländern Südostasiens führte die neu erlangte oder erst nach grausamen Kriegen errungene Unabhängigkeit zu einer inneren Polarisierung, die den Nährboden für jahrzehntelange Bürgerkriege bereitete. Bestes Beispiel für einen solchen Verlauf ist das ehemalige *Französisch-Indochina.* In Vietnam hatte der Begründer der Unabhängigkeitsbewegung Viet Minh, Ngyuen Ai Quoc – bekannter unter dem Namen Ho Chi Minh – im September 1945 die Demokratische Republik Vietnam mit der Hauptstadt Hanoi ausgerufen. Dies wurde von Frankreich nicht anerkannt, und die Kolonialmacht besetzte mit britischer Hilfe den Süden des Landes. Nach der vernichtenden Niederlage in Dien Bien Phu 1954 zogen sich die Franzosen zurück, was die Teilung des Landes in einen kommunistischen Norden und einen den Westmächten zugewandten und von einer korrupt-kapitalistischen Regierung beherrschten Süden zementierte.

Das direkte Eingreifen der Vereinigten Staaten führte zum äußerst blutigen Vietnamkrieg, in dessen Verlauf die USA alleine auf das kleine Laos mehr Bomben abwarfen, als während des gesamten Zweiten Weltkriegs gefallen waren. Erst 1973 kam es zu einem Waffenstillstand, der das Ende des unabhängigen Südvietnams bedeutete und am 2. Juli 1976 den Weg frei machte zur Proklamation des wiedervereinigten Landes als »Sozialistische Republik Vietnam«.

Niederländisch-Indien war ab 1942 von den Japanern besetzt, die vor ihrem Abzug im August 1945 noch die Unabhängigkeitserklärung durch den späteren Staatspräsidenten Sukarno anschoben, um eine Rückkehr der Holländer zu verhindern. Nach diversen Auseinandersetzungen wurde 1949 der Republik Indonesien schließlich die volle Souveränität zugestanden. Nach einem erfolgreichen Putsch gegen Sukarno machte sich 1966 General Suharto zum Ministerpräsidenten und blieb bis zu seinem Sturz 1998 im Amt. Erst seitdem setzt ein immer stärker werdender Demokratisierungsprozess ein, der allerdings durch separatistische Unruhen in den weitläufigen Inselwelten des rohstoffreichen Landes erschwert wird.

Der letzte Teil des riesigen Archipels, das sich ursprünglich in portugiesischem Besitz befindende und 1975 von der Republik Indonesien annektierte Osttimor, erlangte erst 1999 staatliche Unabhängigkeit. Das Sultanat von Brunei auf Borneo wurde ebenfalls recht spät, nämlich erst 1984, von Großbritannien in die Unabhängigkeit entlassen.

Malaysia weist ähnlich ausgeprägte Gegensätze auf wie Indonesien. In den Straits Settlements der Briten brach nach dem Abzug der Japaner ein Guerillakrieg um die Unabhängigkeit aus, von 1948 bis 1960 war hier der Notstand ausgerufen. Dennoch gelang den lokalen Eliten unter britischer Herrschaft 1948 die Gründung der Federation of Malaya; die volle Unabhängigkeit errang Malaya jedoch erst 1957. Sarawak, Nordborneo und Malaya wurden 1963 zum Königreich Malaysia vereinigt, das Ende der 1960er Jahre durch ethnische Unruhen erschüttert wurde.

Dem Wunsch der Briten nach einem Sonderstatus für Singapur, wo zahlreiche indische und chinesische Gemeinden lebten, wurde 1955 entsprochen, als der Kleinstaat eine eigene Regierung zugebilligt bekam. Der ursprünglich als Chief Minister eingesetzte David Marshall wurde schon 1959 von dem energischen und charismatischen Lee Kuan Yew abgelöst, der mit seiner Peoples Action Party Wahlsieger und erster Premierminister der Republik Singapur wurde. Nach einem kurzen Intermezzo des Anschlusses an Malaysia von 1963 bis 1965 bewahrt sich Singapur bis heute seine Unabhängigkeit. Lee Kuan Yew, der als Vater des enormen wirtschaftlichen Erfolges von Singapur gilt, beherrschte bis zu seinem Tod als »Senior Advisor« die politische und wirtschaftliche Bühne seines Landes.

Als Hinterlassenschaft der europäischen Kolonialherren ergeben sich eine Vielzahl widersprüchlicher Aspekte. Infrastruktur, Ausbildungswesen und Affinität zu westlichen Inhalten stehen neben einem jungen, dafür umso pointierter vorgetragenen Nationalismus. Auch der Kommunismus, der zu vielen blutigen Kriegen führte, ist hier zu nennen. Die Bedeutung der zugrundeliegenden Wertvorstellungen ist bei einer so heterogenen Region, die eine enorme Vielfalt an ethnischen Gruppen, politischen Strukturen, klimatischen und geografischen Faktoren aufweist, evident.

Asiens wirtschaftliche Dynamik hat sich in den vergangenen Jahren immer stärker von den Entwicklungen in den USA und Europa abkoppeln können. Zwar sind kleinere Länder wie Korea, Taiwan und Thailand noch immer stark abhängig vom Export, das Wachstum in Indien, China und Japan hingegen wird zunehmend von einer robusten Binnennachfrage getragen. Zudem spielen die innerasiatischen Handelspartner auch im Außenhandel eine immer größere Rolle.

Durch den Übergang von Lowtech- zu Hightech-Produkten und erhöhte Forschungs- und Innovationskapazitäten ist die Region schon länger nicht mehr nur ein interessanter F&E-Standort für international agierende Unternehmen. Vielmehr wächst durch eine regelrechte Innovationsoffensive verbunden mit effizienten und kostengünstigen Produktionsbedingungen die Höhe der Hightech-Exporte aus asiatischen Ländern wie China, Malaysia, den Philippinen und Indonesien stetig an.

Die ASEAN-Staaten

Die große Bedeutung Südostasiens wird vor allem spürbar, wenn es als ein regionaler Wirtschaftsblock auftritt, als ASEAN (Association of Southeast Asian Nations, Vereinigung südostasiatischer Staaten). Die Nachkriegszeit in Südostasien war – abgesehen von jenen Staaten, die den Kommunismus als Staatsideologie annahmen – geprägt von einer strikten Verfolgung links angesiedelter politischer Tendenzen. Deshalb wurde im August 1967 die ASEAN von Thailand, Indonesien, Malaysia, den Philippinen und Singapur als Bollwerk gegen den Kommunismus ins Leben gerufen und mit dem Ziel gegründet, für wirtschaftlichen Aufschwung, sozialen Fortschritt und politische Stabilität zusammenzuarbeiten.

Zu den Mitgliedern zählen heute Brunei, Kambodscha, Indonesien, Laos, Malaysia, Myanmar, die Philippinen, Singapur, Thailand und Vietnam. Die meisten dieser zehn Staaten – mit Ausnahme der kommunistisch geführten Nationen – verfolgen einen auf Privateigentum beruhenden, außenhandelsorientierten wirtschaftspolitischen Ansatz, der im Zuge der asiatischen Finanzkrise teilweise korrigiert wurde. Die Heterogenität der ASEAN-Staaten weist komplementäre Strukturen auf und bringt natürliche Synergien mit sich. So sind die Arbeitskosten vor allem in Indonesien und auf den Philippinen gering, wohingegen Malaysia und Thailand vor allem von günstigen Facharbeitskräften profitieren können. Singapur hingegen präsentiert sich mit seiner ausgereiften rechtlichen Struktur und der hochgradig liberalen Wirtschaftspolitik als idealer Finanzplatz für die Region. Während Indonesien und Malaysia über Öl- und Gasvorkommen verfügen, ist Singapur Weltmarktführer in der Erzeugung von Bohrinseln und Fördertechnik.

Der landwirtschaftliche Sektor macht nur noch in den Philippinen (9,4 Prozent des BIP) und in Indonesien (13,9 Prozent des BIP) mehr als 10 Prozent der Wirtschaftsleistung aus, in Thailand, Malaysia und Singapur ist der Bereich der Dienstleistungen der größte Sektor innerhalb der einzelnen Volkswirtschaften.

Mit aggregierten Warenexporten von über 690 Milliarden US-Dollar im Jahr 2017 lagen die ursprünglichen ASEAN-5-Staaten nur unwesentlich unter dem chinesischen Wert von 762 Milliarden US-Dollar. Ähnlich verhält es sich mit dem Import: 2017 führten die ASEAN-5 Waren im Wert von rund 600 Milliarden US-Dollar ein.

Mit mittelfristig jährlichen Wachstumsraten von rund 5 Prozent reift also in Südostasien ein riesiger Absatzmarkt heran, der zusehends über Finanzkraft verfügt und eine vielversprechende Alternative zu den bisherigen Wachstumsstars China und Indien darstellt. Die investorenfreundliche und offene Wirtschaftspolitik der ASEAN-5 verstärkt den Standortvorteil der Region.

Wirtschaftlich ist die Region noch immer stark vom Export abhängig, der Außenhandel ist nach wie vor der wichtigste Konjunkturmotor der Region. Nach der verheerenden asiatischen Finanzkrise hatte sich aber eigentlich der Konsens herausgebildet, die Entwicklung der Wirtschaft weniger an den Export, sondern stärker an die Entwicklung der Binnennachfrage zu koppeln. Besonders der damalige thailändische Präsident Thaksin Shinawatra tat sich hierbei hervor. Mit seinen Thaksinomics hatte er ein gewaltiges Programm zur Belebung des Binnenkonsums angestoßen. Mithilfe eines Schuldenmoratoriums für arme Bauern, der Bereitstellung günstiger Gesundheitsversorgung, Mikrokrediten für die Landbevölkerung und kleine Unternehmen und der Subventionierung zahlreicher Produkte hob er die Kaufkraft der Thais deutlich an. Die damalige philippinische Präsidentin Gloria Arroyo zeigte sich angesichts der Erfolge enthusiastisch, auch Malaysia und Indonesien erklärten, die Binnennachfrage und Kaufkraft der gesamten Bevölkerung stärken zu wollen.

Die weiterhin starke Orientierung auf den Export ist mithin eher Schwäche als Stärke. Im Allgemeinen gilt in Südostasien, je reicher das Land ist, desto höher ist auch der Anteil der Exporte in seiner Volkswirtschaft. So hat sich in Singapur, das 2017 mehr als das Dreieinhalbfache seiner Wirtschaftsleistung exportiert hat, der Anteil seiner Nettoexporte am Gesamt-Output von 1993 bis 2007 von 5 Prozent auf deutlich über 10 Prozent mehr als verdoppelt. In Malaysia und Thailand ergibt sich ein ähnliches Bild.

Die Binnennachfrage steigt dennoch kontinuierlich weiter an (eine Ausnahme bilden lediglich Indonesien und die Philippinen), wenn auch nicht im signifikanten Maße: Gestiegene Ölpreise und zusammengestrichene Regierungsinvestitionen aufgrund der Notwendigkeit zu größerer Haushaltsdisziplin, die inzwischen in den meisten Ländern Südostasiens die politische Tagesordnung bestimmt, sind dafür verantwortlich.

Die Abhängigkeit von Exporten wird allerdings bei den meisten Ländern Südostasiens durch die große Vielfalt der Produkte relativiert. So exportieren Thailand und Malaysia sowohl elektronische Produkte und Autos als auch Agrarprodukte wie Reis, Früchte und Palmöl. Entsprechend vielfältig sind die Absatzmärkte. Positiv zu vermerken ist auch die immer größer werdende Bedeutung des innerasiatischen Handels, die eine geringere Abhängigkeit von der Weltkonjunktur und insbesondere den USA impliziert.

Während also der Anteil asiatischer Exporte in die USA in den letzten fünf Jahren von 25 auf 10 Prozent zurückgegangen ist, wird China für Südostasien zu einem immer wichtigeren Exportmarkt. Die asiatischen Exporte in das Reich der Mitte legten im gleichen Zeitraum von 10 auf 30 Prozent zu.

Die kleineren Nachbarstaaten in unmittelbarer Nähe der Riesen China und Indien bilden zudem auch deren Brücke zum rohstoffreichen Australien. Durch eine solide Haushalts- und Währungspolitik sowie trotz allem steigender Binnennachfrage weisen die Nachbarn der Milliardenmärkte oftmals auch eine größere Flexibilität bei Veränderungen und neuen Chancen auf.

Die Handels- und Wirtschaftsbeziehungen der ASEAN mit Indien sind deutlich schwächer ausgeprägt als die mit China. 2016 betrug das Handelsvolumen zwischen China und den ASEAN-Staaten 368 Milliarden US-Dollar und war damit mehr als sechsmal so groß wie das Volumen zwischen ASEAN und Indien. Es wuchs in den letzten zehn Jahren durchschnittlich mit 10,8 Prozent pro Jahr, was zu einem wachsenden Handelsdefizit der ASEAN-Länder mit China führt. 2016 betrug dieses Defizit 81 Milliarden US-Dollar; es war achtmal so hoch wie in der Dekade davor. Zur gleichen Zeit wuchs der Handelsüberschuss der ASEAN-Länder mit Indien von rund 10 Milliarden US-Dollar im Jahr 2006 auf 16,8 Milliarden US-Dollar im Jahr 2016. Das große Defizit mit China führt zu nichttarifären Gegenmaßnahmen wie etwa Standardisierung und Zertifizierungshürden sowie einen vorgeschriebenen »local content«. In Indonesien haben die Ungleichgewichte in den letzten vier Jahren zu einer erheblichen Währungsabwertung geführt.

Viele Politiker fordern darum eine Revidierung des Freihandelsabkommens, das 2012 zwischen ASEAN und China geschlossen wurde. So wird China zum Sündenbock lokaler Schwächen gemacht, obwohl die Handelsdefizite vor allem die Wettbewerbsfähigkeit der chinesischen Produkte und nicht unbedingt die niedrigen Importzölle widerspiegeln. Andererseits darf nicht verkannt werden, dass China der wichtigste Handelspartner für die meisten ASEAN-Länder ist. Insbesondere die vier schwächsten Volkswirtschaften Kambodscha, Laos, Myanmar und Vietnam sind sehr abhängig vom Handel mit China. Hinzu kommen Territorialdispute zwischen China und einigen ASEAN-Mitgliedern wie Vietnam und den Philippinen. Peking ist nicht zimperlich, wenn es um die Durchsetzung eigener Interessen geht. Immer wieder kommt es zu Handelsboykotten und anderen Vergeltungsmaßnahmen, wenn den Anordnungen oder Erwartungen Chinas nicht entsprochen wird.

Wie aber stellen sich die Staaten der ASEAN im einzelnen wirtschaftlich dar, und welche Entwicklung ist bis 2030 zu erwarten? Diesen Fragen wird im Folgenden nachgegangen.

Indonesien – das neue Indien?

Mit seinen mehr als 260 Millionen Einwohnern ist Indonesien das größte Land der ASEAN-Staatengemeinschaft und nach China und Indien das bevölkerungsreichste Land Asiens. Verteilt auf 5 000 Kilometer in west-östlicher und 2 000 Kilometer in nord-südlicher Ausdehnung mit mehr als 18 000 Inseln ist es auch das bevölkerungsreichste muslimische Land der Erde.

Mit einem BIP von rund 900 Milliarden US-Dollar ist Indonesien die mit Abstand größte Volkswirtschaft Südostasiens. Das stabile Wirtschaftswachstum der letzten Jahre von rund 5 Prozent ist vor allem dem Binnenkonsum geschuldet, der 54,5 Prozent des BIP beträgt. Die ökonomische Struktur Indonesiens ist ausgesprochen heterogen. Von der einfachen Brandrodung bis zur Fertigung von Mikrochips finden sich alle Arten von wirtschaftlichen Aktivitäten.

Gegenwärtig gilt Indonesien als eine der stabilsten Demokratien Südostasiens – gleichzeitig hat die Wirtschaft des Landes den Ruf, die unberechenbarste der Region zu sein. Noch ist das Land deutlich ärmer als seine Nachbarn Singapur und Malaysia und liegt beim persönlichen Wohlstand auch unter dem Niveau von China.

Noch bis 1998 war Indonesien eine Art Militärdiktatur. Zwar proklamierte das Land bereits 1945 seine Unabhängigkeit von der Kolonialmacht Niederlande, die vier Jahre später erreicht war. Doch das neue Staatsgebilde hatte durch seine Geografie von Anfang an eine schwere Hypothek. Es wird gebildet aus 18 110 Inseln und Hunderten von Volksgruppen, auch wenn auf der Hauptinsel Java mit der indonesischen Hauptstadt Jakarta mehr als die Hälfte der Einwohner des Landes leben. Doch das Volk der Indonesier hat es historisch nie gegeben. Deshalb brachen mit der Unabhängigkeit Streitigkeiten und Territorialkonflikte erst so richtig aus, zumal noch nicht einmal die Zugehörigkeit einzelner Gebiete und Inseln klar war. Es gab nicht nur Unruhen im Innern, sondern auch kriegerische Auseinandersetzungen mit Malaysia oder Papua-Neuguinea.

Bis in die 1960er Jahre war der Clan rund um den Gründungspräsidenten Ahmed Sukarno an der Macht. Gegen dessen Günstlingssystem erhoben sich 1965 zunächst kommunistische Untergrundgruppen, die wiederum durch einen Coup von rechts zurückgedrängt wurden. Dieser brachte den Armeegeneral Suharto an die Macht, der die Geschichte des Inselstaates für die folgenden 30 Jahre prägte.

Die Hauptstadt Jakarta avancierte während der Suharto-Ära zu einer der modernsten Metropolen Asiens, während Indonesien selbst in den 1990er Jahren zu den Tigerstaaten zählte. Nach den ökonomischen Verwerfungen als Folge der Asienkrise kam es 1998 zu Unruhen in der Bevölkerung. Eine Erhöhung der Benzin- und Strompreise provozierte landesweite Ausschreitungen. Durch den Zorn der Volksmassen wurde General Suharto zum Rücktritt gezwungen. In der Folgezeit wurden umfangreiche Reformen umgesetzt. Dazu zählt unter anderem die Schaffung eines Zweikammerparlaments, das sich ähnlich wie in Deutschland aus Abgeordnetenhaus und Ländervertretern zusammensetzt.

Seit den Wahlen 2004 ist Indonesien in der Weltöffentlichkeit als demokratischer Staat anerkannt, wenngleich wegen der verschiedenen Völkergruppen und der noch jungen, ungefestigten Demokratie die politischen Verhältnisse lange schwierig blieben.

Das gilt auch für die wirtschaftliche Entwicklung. Während der gut 30 Jahre der Regierung Suhartos stieg das BIP pro Kopf von lediglich 70 US-Dollar pro Jahr auf 1 000 US-Dollar 1996. Damals flossen mehr ausländische Direktinvestitionen ins Land als nach China. 2017 lag das Pro-Kopf-Einkommen bei 12 400 US-Dollar jährlich.

Vor der Machtergreifung durch Suharto besaß Indonesien nahezu keine Industrie und wies einen Pro-Kopf-Output auf, der etwa dieselbe Höhe hatte wie zu Kolonialzeiten. Absolute staatliche Kontrolle und ausufernde Defizite führten zu hoher Inflation und einer stagnierenden Wirtschaft. Nach 1965 implementierte Suharto eine »New Order«-Politik, die eine rapide Industrialisierung und strikte Budgetbeschränkung zur Eindämmung der Inflation zum Ziel hatte. Von 1970 bis 1981 konnte die Volkswirtschaft jährliche Wachstumsraten von durchschnittlich 8 Prozent für sich verbuchen. Zwischen 1987 und 1997 wuchs das BIP um durchschnittlich 7 Prozent pro Jahr, und Indonesien galt als einer der vielversprechenden Kandidaten, um in die Reihe der Schwellenländer aufzusteigen.

Trotz guter Erfolge führte die Politik der »New Order« im Lauf der Jahre aber vor allem zu einer immer bizarrere Blüten treibenden Korruption. Zudem boten die vom Regime geförderten Schlüsselindustrien nur wenigen Menschen einen Arbeitsplatz, während die Erwerbsbevölkerung kontinuierlich anwuchs. Die Exporte Indonesiens bestanden nach wie vor fast ausschließlich aus agrarischen Produkten und waren somit weitgehend den Preisschwankungen und den sich verschlechternden Terms of Trade des Weltmarktes ausgesetzt.

Der Kollaps des Ölmarktes Mitte der achtziger Jahre verstärkte die ökonomische Schwäche Indonesiens und zwang die Regierung, einen neuen wirtschaftspolitischen Kurs einzuschlagen. Ein zentrales Ziel war von da an der Export von Industriegütern und der Rückzug der Regierung aus nahezu allen Bereichen der Wirtschaft. Der privatwirtschaftliche Sektor wuchs daraufhin stark an, und die Warenexporte konnten deutlich gesteigert werden.

Hard Power

Seit der relativ reibungslos verlaufenen Wahl von Susilo Bambang Yudhoyono zum Staatspräsidenten im Herbst 2004 war auf der politischen Bühne eine gewisse Stabilität eingekehrt. Auch der Machtübergang zu Präsident Joko Widodo im Jahre 2012 verlief reibungslos. Die Investitionsbedingungen verbesserten sich im Laufe der Jahre, der Kampf gegen die Korruption wurde verstärkt.

Auch wenn der Islamismus im indonesischen Parlament noch nicht die bestimmende Kraft ist, treten außerparlamentarisch einige gewaltbereite Gruppierungen immer mehr in den Vordergrund. Die Demokratisierung seit 1998 ermöglichte es den Islamisten, sich so frei zu bewegen und zu organisieren wie seit Jahrzehnten nicht mehr. Der politische Einfluss radikal-islamistischer Gruppen wächst, immer mehr Provinzen führen islamische Scharia-Verordnungen ein, und religiöse Minderheiten werden unterdrückt. Religion war zum Beispiel das entscheidende Druckmittel in der Wahl des Gouverneurs des Distrikts Jakarta im April 2017, die der christliche Basuki Tjahaja Purnama, besser bekannt unter dem Namen Ahok, in einem emotionalisierten Wahlkampf gegen Anies Baswedan, einen konservativen Moslem, verlor.

Wenngleich es zu früh ist, den Pluralismus in der indonesischen Gesellschaft und Politik abzuschreiben, so wächst doch der Druck durch religiöse Gruppen und Populisten stetig. Die Präsidentschaftswahl 2019 wirft bereits ihre Schatten voraus und verschiedene Gruppen bringen sich in Stellung. So hat der Ton an Schärfe zugelegt. Verschiedenen Politikern wurde beispielsweise durch islamische Imame ein Verstoß gegen den Koran vorgeworfen. Auch der muslimische Präsident Widodo war das Ziel von Angriffen: Er wurde als heimlicher Christ bezeichnet. Dennoch ist seine Popularität ungebrochen und seine ehrgeizigen Reformprojekte haben dieser bislang keinen Abbruch getan. Seine Wiederwahl bei den Präsidentschaftswahlen im Jahre 2019 dürfte daher gelingen.

Aufgeschreckt durch die fundamentalistischen Tendenzen werden auch die Tycoons aktiv. Sie sind vor allem chinesischer Abstammung. Derzeit verkaufen sie vermehrt ihre Unternehmen an ausländische Investoren. Wegen der öffentlichen Verurteilung ihrer engen Beziehungen zu dem früheren Präsidenten Suharto hatten sie viele Jahre jede Aufmerksamkeit vermieden.

Die Überschrift dieses Abschnittes wirft die Frage auf, ob Indonesien das neue Indien sei. Auf den ersten Blick scheint dies absurd. Doch es gibt in der Tat Parallelen zwischen den beiden Staaten. Beide Nationen gehören zu den bevölkerungsreichsten in Asien. Im weltweiten Vergleich liegt Indonesien auf Rang vier hinter China, Indien und den USA – Tendenz steigend. Dieser Bevölkerungsreichtum ist gleichbedeutend mit einem großen Binnenmarkt. Wie in Indien ist der Konsum die Haupttriebfeder des Wirtschaftsaufschwungs.

Seit 2015 wächst die Wirtschaft stabil mit rund 5 Prozent, wenn auch dies weniger ist als die 6 Prozent, die während der dynamischen Jahre von 2010 bis 2012 erreicht wurden. Die Investitionen ziehen weiter an, und die Regierung lockt durch weitere Liberalisierung der Wirtschaft Investitionen aus dem Ausland an. Die starke Inlandsnachfrage ist und bleibt auf absehbare Zeit die tragende Säule. Mehr als 180 Millionen Indonesier sind im erwerbsfähigen Alter und sehr konsumfreudig. Zugleich steigen die Löhne – allein zwischen 2014 und 2017 um 14 Prozent. Mehr als 50 Millionen Indonesier sind in der Lage, über die Güter des täglichen Bedarfs hinaus Waren zu konsumieren. Sie gehören der boomenden Mittelschicht an. Knapp 50 Prozent der Indonesier sind unter 25 Jahren alt.

Hinzu kommen solide Staatsfinanzen: Indonesien verfügt über knapp 124 Milliarden US-Dollar Devisenreserven, und die Staatsverschuldung beträgt nur 28 Prozent des BIP, ein Wert, von dem viele Staaten in Europa nur träumen können. Die Teuerungsrate betrug 2016 5,6 Prozent, 2017 jedoch bloß noch 4 Prozent.

Auch der Außenhandel ist im Aufwind. Die Exporte steigen stärker als die Importe, sodass ein Handelsbilanzüberschuss entsteht. Dafür ist vor allem die steigende Industrieproduktion im Land verantwortlich. Nach der Weltwirtschaftskrise wuchs sie dynamisch – im Zeitraum von 2010 bis 2015 jährlich um 5 Prozent. Die oft als Schwachstelle der indonesischen Wirtschaft bezeichnete verarbeitende Industrie wuchs ähnlich stark. Da jedoch der Ausstattungsstandard durchweg veraltet ist, entsteht mittelfristig eine große Nachfrage nach technischen Ausrüstungen. Der Modernisierungs- und Rationalisierungsbedarf von großen Teilen der indonesischen produzierenden Wirtschaft eröffnet gute Chancen für deutsche Unternehmen, sich als Technologielieferant zu platzieren.

Indonesien exportiert vor allem nach China, Japan, den USA und Singapur. Der Kfz-Verkauf explodiert geradezu, im 2016 wuchs er um beinahe 25 Prozent gegenüber dem Vorjahr. Etliche internationale Kfz-Hersteller planen deswegen, ihre Kapazitäten auszubauen beziehungsweise sich in Indonesien mit Fertigungsstätten zu positionieren. Fahrzeugteile- und Komponentenhersteller sowie die klassischen Zulieferer sind gut aufgestellt. Gute Wachstumschancen ergeben sich auch für deutsche Unternehmen im Bereich Umwelttechnik und erneuerbare Energien, da ein großer Bedarf auf unterdurchschnittliches Wachstum lokaler Unternehmen stößt. Massive Investitionen zum Beispiel für den Betrieb oder den Aufbau von Entsorgungssystemen sowie Maßnahmen und Anlagen, um Luftverschmutzung einzudämmen, bieten beste Chancen.

Zu den Herausforderungen der indonesischen Politik gehört das Gesundheits- und Sozialversicherungssystem. Beide stehen selbst im Vergleich zu wenig entwickelten Ländern schlecht da, weil über Jahre hinweg zu wenig investiert wurde. Trotz stabilem Wachstums betrugen die Ausgaben für Gesundheitsleistungen im Jahr 2013 zum Beispiel lediglich 3,1 Prozent des BIP, was etwa 99 US-Dollar pro Kopf entspricht. Die Regierung will jedoch das Gesundheits- und Sozialsystem reformieren und die Armut im Land bekämpfen. Am 1. Januar 2014 wurde eine allgemeine Krankenversicherung eingeführt. Bis 2020 soll jeder Bürger Indonesiens versichert sein und kostenfreien Zugang zu Basisgesundheitsleistungen haben. Aber noch mangelt es an der Infrastruktur: Es fehlen 500 000 Krankenhausbetten und 150 000 bis 170 000 Ärzte.

Die schlechte gesundheitliche Vorsorge führt zu einer niedrigen Lebenserwartung, die bei Männern knapp 67 Jahre und bei Frauen 71 Jahre beträgt. Gleichwohl ist die Bevölkerung jung – gerade einmal 5 Prozent sind älter als 65 Jahre, und die Hälfte der 260 Millionen Einwohner ist sogar jünger als 25 Jahre. Der Ausbau der medizinischen Infrastruktur hat große Dringlichkeit, denn durch das weitere Wirtschaftswachstum wird nicht nur das Durchschnittsalter steigen, sondern auch die Mittelschicht größer. Deren Lebensgewohnheiten verbessern nicht unbedingt ihren Gesundheitszustand, die meisten Großstädter ernähren sich ungesund, rauchen und treiben zu wenig Sport. Umfangreiche Vorarbeiten laufen bereits bei den Altersvorsorgemöglichkeiten.

Auch andere Bereiche wurden über Jahre hinweg vernachlässigt. So müssen die Verkehrsinfrastruktur und die lokale Industrie massiv verbessert und ausgebaut werden, was gewaltige Investitionen und eine starke Beteiligung des Privatsektors erfordert. Selbst die Regierung stimmt mit privaten und öffentlichen Organisationen darin überein, dass hoffnungslos überlastete Transportnetze, Engpässe an Flug- und Seehäfen sowie Unterbrechungen in der Stromversorgung ein Hauptproblem dieser sonst so vielversprechenden Volkswirtschaft darstellen.

Für ausländische Unternehmen sind dies Hindernisse für weitere Investitionen. Unterstützung ist von einem jüngst verabschiedeten Gesetz zu erwarten, das den Erwerb von Land für öffentliche Bauprojekte beschleunigen soll. Obwohl ein wichtiger Schritt, reicht dies aber kaum, um alle Infrastrukturprobleme zu lösen. So agiert die im Hinblick auf Korruption nicht über alle Zweifel erhabene Bürokratie samt Justiz vor allem in den Bereichen Straßenverkehr und Telekommunikation mitunter sperrig. Überdies tritt der Staat nicht selten als Regulator und Wettbewerber auf. Gewisse Markteintrittsbarrieren sind also noch nicht vollständig abgeschafft.

Nach seinem Amtsantritt im Oktober 2014 hatte Präsident Joko Widodo ein ehrgeiziges Programm verkündet, den »Indonesia Development Plan«. Dieser sieht für den Zeitraum 2015 bis 2019 umfangreiche staatliche Investitionen in der Größenordnung von 400 Milliarden US-Dollar in den Infrastrukturausbau vor. Widodo versprach, er wolle 15 Flughäfen, 1 000 Kilometer Straße, 3 258 Kilometer Bahngleise, 24 Seehäfen sowie Kraftwerke mit einem Output von 35 000 Megawatt während seiner fünfjährigen Amtszeit errichten. Sein Ziel ist es, das jährliche durchschnittliche Wirtschaftswachstum des BIP auf 7 Prozent zu steigern. Die Kosten wurden auf 355 Milliarden US-Dollar geschätzt. Ein Fünftel wird durch den Privatsektor errichtet: Um das Budget nicht zu stark zu strapazieren, versucht die Regierung mittels Public Private Partnerships (PPP) zu operieren. Wenngleich die Verwirklichung langsamer vorangeht als erhofft, so ist doch eine spürbare Verbesserung der Infrastruktur in der Hauptstadt Jakarta mit seinen 10 Millionen Einwohnern zu verzeichnen.

Die geplanten Infrastrukturprojekte kommen vor allem dem Personenverkehr zugute, Gütertransporte hingegen erfahren bislang kaum Entlastung. Ein logistischer Knotenpunkt ist die Hauptstadt Jakarta, die auf der Insel Java liegt. Auf dieser vergleichsweise kleinen Insel leben über die Hälfte der 260 Millionen Indonesier, im Osten gibt es mit Subarya ein kleineres Wirtschaftszentrum. Da Indonesien aus Tausenden von bewohnten Inseln besteht und sich über eine Fläche von 5 000 mal 2 000 Kilometer erstreckt, hat der See- und Straßenverkehr die größte Bedeutung. Die Regierung will in den kommenden Jahren landesweit 15 neue Logistikzentren etablieren, um den Abbau der Rohstoffe zu fördern. Ein weiterer Grund für die Modernisierung der Infrastruktur sind die hohen Logistikkosten. Sie bewegen sich durchschnittlich bei 25 bis 28 Prozent des BIP. Damit belegt Indonesien einen der hintersten Plätze in ganz Asien. Mittels der Modernisierungen sollen diese 2020 auf 19 Prozent abgesenkt werden.

Alle Investitionen können jedoch von einem Problem nicht ablenken: Indonesien ist für eine ineffiziente und korruptionsanfällige Bürokratie bekannt. Entscheidend ist, ob Präsident Joko Widodo seine wirtschaftspolitischen Reformen durchsetzen kann und ob insbesondere die Korruptionsbekämpfung erfolgreich ist. Immerhin wurde im Jahr 2016 die Platzierung im »Doing Business Index« der Weltbank um 15 Plätze verbessert.

Soft Factors

Bislang waren ausländische Investoren auffällig zurückhaltend, nicht zuletzt abgeschreckt durch protektionistische Züge und eine Volatilität des rechtlichen Rahmens. Gewohnheitsrecht, religiöses sowie altes niederländisches Recht aus der Kolonialzeit existieren oft vermischt und parallel nebeneinander. Doch seit 2010 haben sich die Investitionsbedingungen für ausländische Unternehmen verbessert und immer mehr staatliche Firmen wurden privatisiert.

Obwohl es eine Tendenz zu stärkerer Gleichbehandlung von ausländischen Investitionen gibt und grundsätzliche Investitionskredite für Ausländer rechtlich vorgeschrieben sind, gibt es aber dennoch Restriktionen für Ausländer, die in unregelmäßigen Abständen in einer so genannten »Negativliste« durch ein präsidiales Dekret festgelegt werden. So soll verhindert werden, dass ausländische Unternehmen zu viele Marktanteile erobern und eine Gefährdung für die indonesischen Unternehmen darstellen.

Grundsätzlich erfordern die meisten Projekte nach wie vor die Errichtung eines Joint Ventures mit indonesischer Beteiligung; oft werden auch Spezialgesetze für Bereiche erlassen. Der Vertrieb ist in Indonesien eine besondere Herausforderung, denn gemäß der Negativliste dürfen ausländische Investoren ihre Produkte nicht einfach an indonesische Endkunden verkaufen, sondern müssen lokale Vertriebspartner einsetzen. Ausnahmen gelten lediglich für große Einkaufszentren.

Bei Gesellschaften im Bereich Großhandel ist eine Auslandsbeteiligung von bis zu 67 Prozent möglich. In der Praxis bedienen sich viele ausländische Unternehmer lokaler Vertragshändler oder lokaler Handelsvertreter. Nicht zuletzt aus diesem Grund sind die Direktinvestitionen aus Deutschland mit 130 Millionen US-Dollar überraschend gering – allerdings ist dies schon eine Verdoppelung im Vergleich zu den Vorjahren.

Smart Factors

Für die IT- und Telekommunikationsbranche ist Indonesien der drittgrößte Markt Asiens. Zwischen 2015 und 2019 soll die Anzahl der Smartphone-Nutzer auf über 90 Millionen steigen, und 60 Prozent der Bevölkerung, also 130 Millionen Menschen, werden voraussichtlich das Internet nutzen. Schon 2015 rangierte Indonesien an weltweit dritter Stelle bei der Anzahl von aktiven Nutzern. Wie in anderen asiatischen Ländern adaptiert die Bevölkerung neue digitale Technologien schnell und integriert sie in den beruflichen und privaten Alltag.

Derzeit ist Indonesien zwar noch keine digitale Smart Power, aber das Land hat das Potenzial dazu. Wie in Indien sind gerade bei langen Entfernungen und schwieriger Infrastruktur die Nutzung modernster Technologien und die Digitalisierung von großer Bedeutung. Sie eröffnen große Chancen, zumal es keine Berührungsängste gibt. Der Inselstaat ist in dieser Hinsicht eines der wichtigsten Länder in Asien.

Insgesamt hält der indonesische Markt eine stabile Kundenbasis mit Zuwachspotenzial, geringe inländische Konkurrenz und in der Regel hohe Gewinnmargen bereit. Unabhängig von Investitionen bietet sich auch für Export und Fertigung ein interessanter Absatzmarkt und/oder Produktionsstandort an.

Wohin geht die Entwicklung?

2030 wird Indonesien mit geschätzten 295 Millionen Einwohnern nach Indien, China und den USA die viertgrößte Bevölkerung der Welt haben. Trotz der Entwicklung eines Binnenmarktes hat Indonesien aber manche seiner Importbarrieren sowie nichttarifären Handelshemmnisse ausgeweitet. Immerhin laufen Verhandlungen für ein Freihandelsabkommen zwischen der EU und Indonesien, um dies zu reduzieren.

Insgesamt hat sich Indonesien gut positioniert und dürfte in den nächsten Jahren weiterhin solide und gleichzeitig dynamisch wachsen. Die Ratingagentur Fitch honorierte dies, indem sie die Kreditwürdigkeit des Landes von BB+ auf BBB– erhöhte. 14 Jahre nach der Herabstufung während der Asienkrise von 1997 hat das Schwellenland damit den begehrten »Investment grade«-Status zurückgewonnen. Das robuste Wirtschaftswachstum in Kombination mit der niedrigen öffentlichen Verschuldung, den umfangreichen Währungsreserven sowie den einsetzenden Reformbemühungen wie das neue Landgesetz dürften über kurz oder lang auch zu einer Neubewertung bei den anderen großen Ratingagenturen wie Moody's und Standard & Poor's führen.

Wenn erst einmal die gewaltigen Rohstoff- und Energievorkommen effizient genutzt und ausgebeutet werden, steht weiterem Wachstum nichts entgegen. Aufgrund der mannigfaltigen Marktchancen und des politischen Willens zum Abbau von Investitionsverfahren dürfte Indonesien aufgrund der günstigen demografischen Struktur, des starken Wachstums der Mittelschicht und der wachsenden Kaufkraft einen der spannendsten Märkte der ASEAN darstellen.

Malaysia

Kaum ein Land ist so von den Einflüssen der beiden Großmächte China und Indien geprägt worden wie Malaysia, und zwar nicht nur kulturell: Während der Kolonialzeit Malaysias strömten zahlreiche Chinesen und Inder ins Land, die bis heute große Teile der Bevölkerung ausmachen. Damit ist Malaysia ein Mosaik der Kulturen. Die Heterogenität der Gesellschaft ist einzigartig in Asien und der Welt.

Nach außen hin ist das multiethnische und multireligiöse Land geprägt vom friedlichen Zusammenleben verschiedener Kulturen. Von den über 31 Millionen Einwohnern sind knapp über 61 Prozent Malaien und Ureinwohner, knapp über ein Fünftel chinesischstämmig und etwas über 6 Prozent indischer Abstammung. Neben dem sunnitischen Islam, der im 14. Jahrhundert Einzug in Malaysia hielt und die offizielle Staatsreligion ist, findet sich – mit Ausnahme des Judentums – jede andere Weltreligion im Land.

Obwohl die malaiische Tradition dominiert, fließen auch Bräuche der anderen ethnischen Gruppen in die Kultur Malaysias ein. Dennoch gibt es nur wenige wechselseitige Beziehungen zwischen den Volksgruppen.

Neben Malaiisch werden Englisch, verschiedene chinesische Dialekte sowie Tamil gesprochen. Weil sich das Bevölkerungswachstum inzwischen stark verlangsamt hat, betreibt die Regierung aktive Einwanderungspolitik, die sich allerdings auf hoch qualifizierte Fachleute beschränkt.

Die Chinesen, die zweitgrößte Bevölkerungsgruppe neben den Malaien, beeinflussen die Geschichte des Landes schon seit über 600 Jahren. Als Malakka im frühen 15. Jahrhundert den Schutz des chinesischen Kaisers erhielt, brachte der damalige Herrscher, so wird berichtet, eine Tochter des chinesischen Kaisers als seine Braut zurück und mit ihr einen Hofstaat von über 200 Chinesen. Diese bildeten die erste chinesische Gemeinschaft Malaysias, die sich fast vollständig in die ursprüngliche Bevölkerung integrierte. Während der Kolonialzeit kamen so viele Chinesen ins Land, dass zum Zeitpunkt der Unabhängigkeit 1957 fast die Hälfte der Bevölkerung aus Chinesen bestand.

Im Gegensatz zu Thailand, dessen eingewanderte Chinesen sich in die Thai-Kultur assimiliert haben, bewahrten die Chinesen wie auch die Inder in Malaysia ihre kulturelle Eigenständigkeit. Viele Traditionen, die im Mutterland China schon lange nicht mehr existieren, sind in den chinesischen Gemeinden Malaysias noch lebendig. Als Gegenreaktion zur diskriminierenden Politik Malaysias – die malaiischstämmige Bevölkerung wird bevorzugt – haben die Chinesen damit begonnen, ihr eigenes kulturelles Erbe noch stärker zu betonen. Die antichinesischen Ausschreitungen, zu denen es in Indonesien seit 1998 kommt, haben die Unsicherheit aufseiten der Chinesen noch verstärkt und den Zusammenhalt innerhalb der Gemeinschaft weiter erhöht. Die indonesischen Pogrome waren zwar von der malaiischen Zensur aus den Medien verbannt worden, wurden aber dennoch in ganz Asien bekannt.

Malaysia besteht aus den beiden Regionen Westmalaysia und Ostmalaysia, die durch das Südchinesische Meer getrennt sind. Drei Viertel der Bevölkerung leben in Westmalaysia auf der Halbinsel Kra, die zum asiatischen Festland gehört. Die weniger entwickelte östliche Region auf der Insel Borneo zeichnet sich durch ihre Natur, Regenwälder und indigene Völker und Traditionen aus.

Angesichts der traditionell selbstbewussten Haltung, vor allem von 1981 bis 2013 in der ersten Amtszeit des im Mai 2018 erneut zum Präsidenten gewählten Mohamad Mahathir, und der selbstgewählten Rolle des Landes als Sprachrohr der »Dritten Welt« ist es nicht verwunderlich, dass sich Malaysia für eine enge Zusammenarbeit der ASEAN-Region einsetzt und einen gemeinsamen ostasiatischen Wirtschaftsraum, einen eigenen Währungsfonds und das Fernziel einer gemeinsamen asiatischen Währung propagiert. Als ausgesprochener Verfechter der Süd-Süd-Zusammenarbeit baut Malaysia zudem sukzessive die Beziehungen zu Lateinamerika und Afrika aus, nicht zuletzt von der Motivation angetrieben, dort neue Absatzmärkte zu erschließen.

Über viele Jahrhunderte war die Malaiische Halbinsel ein Zentrum des Handels und wichtiger Umschlagplatz für Gewürze und Porzellan. Mit der Ankunft der Briten, die Malaysia vor allem für den Abbau von Zinn und die Gewinnung von Palmöl und Kautschuk nutzten, wurden die Grundlagen für eine Wirtschaftsstruktur gelegt, die das Land noch heute prägen.

Malaysia hat sich in den zurückliegenden Jahrzehnten von einem Rohstoffproduzenten zu einer Multisektor- und der drittgrößten Volkswirtschaft Südostasiens entwickelt. Das Wachstum des Landes war dabei fast ausschließlich von Exporten angetrieben, hier vor allem im Bereich der Elektronik. Der ausgesprochen hohe Exportanteil – Malaysia liegt im Ranking der weltweit größten Exportnationen auf Platz 23 – erreicht ein Vielfaches des BIP; diese rasante Entwicklung wurde vor allem durch ausländische Direktinvestitionen beschleunigt, die Malaysia inzwischen zur siebzehntgrößten Handelsnation der Erde gemacht haben. Mittlerweile ist Malaysia ähnlich wie der Nachbar Singapur eine der offensten Volkswirtschaften der Welt.

Die asiatische Finanzkrise Ende der 1990er Jahre hatte Malaysia hart getroffen. Sie markierte das unsanfte Ende eines Jahrzehnts beeindruckender, teilweise zweistelliger Wachstumsraten. Durch die Einführung von Kapitalverkehrskontrollen, die vor allem vom Internationalen Währungsfonds (IWF) heftig kritisiert worden war, konnte das Land die Krise jedoch relativ unversehrt hinter sich lassen.

Mit einem geschätzten BIP pro Kopf von 28 900 US-Dollar im Jahr 2017 zählt Malaysia inzwischen zu denjenigen Ländern der Region, die bereits einen moderaten Wohlstand erreicht haben; damit gehört es zur Kategorie der »Upper middle income«-Staaten. Allerdings ist der Wohlstand in Malaysia äußerst ungleich verteilt. Vor allem der östliche Teil auf der Insel Borneo, wo das durchschnittliche Einkommen bei etwa einem Dreißigstel des Einkommens in Kuala Lumpur liegt, ist immer noch sehr arm.

Das Wirtschaftswachstum lag 2016 bei 4,2 Prozent und im Jahr 2017 bei 5,4 Prozent. Die 6 Prozent Wachstum, die 2014 erreicht wurden, scheinen jedoch in weiter Ferne zu sein. Zwar ist die Konsumnachfrage weiterhin robust, und auch die Arbeitslosigkeit ist unter Kontrolle. Dennoch ist Malaysia ein Ölexporteur und beeinträchtigt durch die stark gesunkenen Preise. Im Gegensatz zu manch anderem asiatischen Land ist die Wirtschaft Malaysias nicht auf den Rohstoffexport fixiert, sondern exportiert andere hochwertige Güter und ist insgesamt sehr diversifiziert.

Gleichwohl hat die verarbeitende Industrie noch Probleme mit der internationalen Wettbewerbsfähigkeit. So besteht bei Elektronikwaren die zunehmende Gefahr, dass die Nachfrage aus China nachlässt. Der Tourismus wird durch gelegentliche Terrorangriffe wie in Borneo 2014 zwar beeinträchtigt, ist im Wesentlichen aber stabil, was auch den wachsenden Touristenzahlen aus China zu verdanken ist, da die dortigen Reisebestimmungen immer mehr gelockert werden.

Die Philippinen

Die Philippinen bestehen aus mehr als 7 100 großen und kleinen Inseln, die sich zwischen dem Südchinesischen Meer im Westen und der Philippinischen See im Osten im Pazifik erstrecken. Die Hauptinseln sind das nördliche Luzon, auf dem auch die Hauptstadt Manila liegt, sowie die Visayan-Inseln im Zentrum des Landes und Mindanao im Süden.

Durch die religiöse Prägung und die lange Kolonialzeit steht der Inselstaat den westlichen Ländern kulturell näher als sonst irgendein Land Südostasiens (abgesehen von den Stadtstaaten Singapur und Hongkong). Man findet in dem Land eine Fusionskultur aus indigenen, spanischen und amerikanischen Einflüssen vor, die absolut einzigartig ist. Mit etwa 44,2 Prozent der Bevölkerung ist der Grad der Verstädterung vergleichsweise hoch. Die beiden offiziellen Amtssprachen sind Filipino und Englisch, wobei sich Filipino nochmals in acht Hauptdialekte untergliedert.

In den europäischen Gesichtskreis traten die Inseln, als die Spanier im Jahr 1565 sie als Kolonie beanspruchten. Der Zeitpunkt der spanischen Eroberung fiel in eine kritische Phase, hatten sich doch malaiische Herrscher darangemacht, das Land dem Islam zu unterwerfen. Diese Islamisierung wurde durch die neuen spanischen Herren gestoppt.

Die Spanier gliederten das Inselreich in ihr Weltreich ein und verbreiteten die spanische Sprache sowie den Katholizismus. Durch die Einbeziehung zum Christentum konvertierter philippinischer Fürsten konnte die spanische Herrschaft über drei Jahrhunderte aufrechterhalten bleiben. Gegen Ende des 19. Jahrhunderts wurde der Unmut gegen die Kolonialherren allerdings immer größer. Dies kulminierte 1896 in der philippinischen Revolution, an deren Ende eigentlich die Unabhängigkeit stand. Da die USA jedoch die Spanier im Spanisch-Amerikanischen Krieg besiegt hatten, fielen die Philippinen den USA zu. 1935 folgte eine Teilautonomie, 1945 die komplette Lossagung von den USA. Vorher war das Land im Zweiten Weltkrieg Schauplatz heftiger, letztlich aber erfolgloser Abwehrkämpfe gegen japanische Invasoren.

Nach dem Zweiten Weltkrieg stolperten die Philippinen von einer politischen Krise in die nächste. Verschiedenste Einflussgruppen lieferten sich Scharmützel um die Vorherrschaft. 1965 wurde Ferdinand E. Marcos in einer demokratischen Wahl vom philippinischen Volk zum Präsidenten gekürt und sechs später Jahre wiedergewählt. Doch mit der Demokratie war es nicht weit her. Eine Reihe von Bombenanschlägen, die mutmaßlich vom Militär inszeniert waren, führte 1972 zur Ausrufung des Kriegsrechts. Marcos sicherte sich damit praktisch diktatorische Machtbefugnisse. 1986 wurde seine langjährige Gegnerin Corazon Aquino als rechtmäßige Wahlsiegerin als erste Präsidentin der Philippinen im Amt vereidigt.

Obwohl das Land seither mehr schlecht als recht als Demokratie bezeichnet werden kann, setzten sich die politischen und auch wirtschaftlichen Wirrnisse fort. Immer wieder kam es zu Bombenanschlägen oder Umsturzversuchen. Die politische Klasse machte vor allem durch Korruption von sich reden. Seit der Wahl von Rodrigo Duterte

2016 hat sich das Klima stark verbessert, allerdings polarisiert der Präsident auch sehr stark.

Die Wirtschaft wuchs 2017 mit 6,6 Prozent, 2018 wird ein Wachstum zwischen 7 und 8 Prozent erwartet. Hauptsächlich treibt der private Konsum die Wirtschaftsleistung, er trägt über 70 Prozent zum BIP bei. Eine große Rolle spielen dabei hohe Zuflüsse aus dem Ausland in Höhe von rund 7 Prozent des BIP und günstige Zinsen für Kredite. Die Inflation bewegte sich 2017 in der von der Zentralbank vorgegebenen Bandbreite zwischen 2 und 4 Prozent, was zusätzlich den Konsum ankurbelt.

China ist der drittgrößte Abnehmer der philippinischen Exporte. Die Elektronikindustrie, die rund 50 Prozent der Exporte bestreitet, ist relativ robust und profitiert vor allem vom starken Smartphone-Markt und dem Markt für Business-Process-Outsourcing (BPO). Letzterer macht rund 35 Prozent des Exports aus.

Was oft übersehen wird, ist das niedrige Durchschnittsalter der philippinischen Bevölkerung von 24,2 Jahren. Es gibt einen großen gebildeten und jungen Talentpool, der über exzellente Englischkenntnisse verfügt. Rund zehn Millionen Filipinos – das sind 9 Prozent der Gesamtbevölkerung – arbeiten ständig im Ausland, sie werden *Overseas Filipino Workers* (OFW) genannt. Philippinische Frauen sind besonders häufig in Hongkong, Singapur, Taiwan oder in arabischen Ländern tätig, vor allem als Haus- oder Kindermädchen, aber auch in einfachen Tätigkeiten, etwa als Kassiererin oder Putzkraft. Aufgrund der guten Ausbildung und guter Englischkenntnisse finden sich philippinische Auswanderer in den USA, Kanada, Australien, Neuseeland, aber auch in Europa gut zurecht. Sie arbeiten häufig im Gesundheitswesen, meistens als Techniker und Technologen, aber auch als Mediziner oder Krankenpfleger. Philippinische Männer sind auf großen Kreuzfahrtschiffen weltweit zu finden, hauptsächlich in Wäschereien, als Musiker oder als Dienstpersonal. Auf Frachtschiffen dienen sie als Besatzungsmitglieder oder auch als Schiffsmeister und -offiziere.

Die große Zahl an OFW ist eine zweischneidige Angelegenheit. Auf der einen Seite kommen über sie Rückflüsse, so genannte *remittances*, ins Land. Auf der andern Seite leidet die einheimische Wirtschaft unter dem Weggang qualifizierter Fachkräfte (Brain-Drain). Es gibt noch keine belastbare Studie, die belegt, welcher Effekt unter dem Strich dominiert.

Im Jahr 2016 überwiesen die OFW rund 25 Milliarden Euro nach Hause. Dies stärkt die wachsende Mittelschicht im Lande selbst, die wiederum verstärkt Konsumausgaben tätigt, was sich in der steigenden Zahl der riesigen Shopping-Malls spiegelt. Nicht zuletzt deswegen ist auch der Online-Modeversand Zalando, der 2012 von dem in Berlin ansässigen Beteiligungsunternehmen Rocket Internet gegründet wurde, mittlerweile in ganz Südostasien höchst erfolgreich tätig.

Ein kritischer Faktor ist die Politik von Präsident Duterte, der nicht unumstritten ist. Der raubeinige »starke Mann« ähnelt in gewisser Hinsicht Putin, Erdogan und Trump, mit dem er sich zunächst gut verstand. So hatte Trump beispielsweise Dutertes sehr umstrittene Vorgehensweise im Kampf gegen den Drogenschmuggel ausführlich gelobt und sogar zum Vorbild erhoben: Rund 14 000 Schmuggler waren durch illegale Todesschwadronen liquidiert worden. Aber mit seiner offenen Hinwendung zu China hat Duterte nicht nur die USA, sondern auch westliche Partnerländer brüskiert. Allerdings fällt es einem Land wie den Philippinen natürlich schwer, den Verlockungen des chinesischen Geldes zu widerstehen. So möchte Duterte einerseits von der Seidenstraßen-Initiative und chinesischen Investitionen profitieren – anderseits will er aber auch Japan und Indien nicht vor den Kopf stoßen.

Die Staatsverschuldung und Zinsverluste betrugen im Jahr 2017 rund 34 Prozent, was deutlich unter der Verschuldungsquote mancher europäischer Länder liegt. Für die Zukunft ist zu erwarten, dass sie weiter zurückgehen werden.

Ein Hindernis in der Entwicklung der Philippinen ist die marode Infrastruktur. Vor allem die Elektrizitätsversorgung ist unzureichend. Bereits unter der Regierung Aquino hatte die Infrastruktur verbessert werden sollen, die Regierung Duterte nimmt dies nun in Angriff. Im »Philippine Developing Plan« sind jährlich 5 Prozent des BIP für den Ausbau des Verkehrs- und Energieinfrastrukturnetzes vorgesehen.

Stabiles Wachstum, hohe Infrastrukturinvestitionen und eine konsumfreudige, stetig anwachsende Mittelschicht machen die Philippinen somit zu einem interessanten Investitionsland.

Myanmar

Myanmar, auch unter seinem früheren Namen Birma bekannt, ist ein Land großer ethnischer Vielfalt. Die etwa 55 Millionen Einwohner gehören zu unterschiedlichsten Volksgruppen, wobei die mongolischstämmigen Birmanen, die wahrscheinlich im 9. Jahrhundert aus Tibet kamen, 68 Prozent der Bevölkerung stellen. Die ethnische Diversität des Landes ist auch Quelle von Problemen: Seit Gründung des modernen Birma gibt es Abspaltungsbestrebungen einzelner Kulturen, die regelmäßig in Unruhen münden und gewaltsam unterdrückt werden. Flächenmäßig ist Myanmar doppelt so groß wie Deutschland.

Trotz seines Reichtums an natürlichen Ressourcen ist Myanmar eines der ärmsten Länder Asiens. Die Angaben zu wirtschaftlichen Statistiken schwanken und können bestenfalls als Schätzwerte herangezogen werden. Mit einem nominalen Pro-Kopf-Einkommen von etwa 230 US-Dollar über die letzten Jahre belegt das Land weltweit einen der hintersten Plätze. Auch bezüglich des BIP-Wachstums lag Myanmar mit 5,5 Prozent 2007 deutlich hinter seinen asiatischen Nachbarn. Doch die Zeiten haben sich geändert: Mit 7, 6,1 und 7,2 Prozent in den Jahren 2015, 2016 und 2017 liegt das Land nun vor seinen asiatischen Nachbarn. Nach einer politischen Öffnung 2011 und einer Aufhebung von Sanktionen der EU 2013 und 2016 besserte sich die Lage.

Im Januar 2017 wuchs die Wirtschaft Myanmars rund 8 Prozent. Einen großen Anteil hatten die politischen Öffnungsimpulse, die von einem neuen Investitionsgesetz ausgehen, das 2016 erlassen wurde. Durch das Myanmar Investment Law 2016 (MIL) werden erstmalig ausländische und inländische Investoren steuerlich und rechtlich weitgehend gleichgestellt. Zudem wurden einzelne Sektoren für ausländische Investoren geöffnet. Die positiven Effekte zeigen sich vor allem in den Sektoren Gas, Telekommunikation und der Verbrauchsgüter. In den letzten Jahren hat der Tourismussektor einen Aufschwung erlebt, der sich aller Voraussicht nach fortsetzen wird, trotz der im Hotelbereich bestehenden Kapazitätsgrenzen. Dadurch ergeben sich jedoch vor allem Chancen für die Baubranche.

Eine weitere politische Öffnung wird die Zunahme der Auslandsinvestitionen ermöglichen. Ähnlich wie in den Philippinen sind jedoch die Infrastrukturprobleme ein Wachstumshindernis. Es gibt zwar mehr und mehr spezielle Wirtschaftszonen, die aber durch die unzureichende Stromversorgung in der Produktion und den Kapazitäten Grenzen finden. Auch die Produktivität ist noch gering, es fehlt an ausgebildeten Arbeitskräften.

Erschwerend kommt hinzu, dass das Bankensystem noch nicht ausreichend entwickelt ist. Immerhin nimmt die Kreditvergabe deutlich zu; damit dürfte der Ausgabenzuwachs bei Verbrauchern und Unternehmen anhalten. Zurzeit macht der Privatverbrauch 80 Prozent des Bruttoinlandsproduktes aus.

Ein großes Problem ist die Armut. Die Regierung hat dies erkannt, die Sozialausgaben erhöht und einen Mindestlohn eingeführt. Da sich der Konsum vor allem auf den täglichen Bedarf an Lebensmitteln bezieht, ist Myanmar weiterhin vor allem als Investitionsziel für die Landwirtschaft interessant.

Die Preise für Wohnen, Elektrizität und Lebensmittel sind in den letzten Jahren stark angestiegen und haben die Inflation erhöht. Nicht zuletzt deswegen ist das Haushaltsdefizit von 2015 gewachsen und hält sich seitdem auf dem Niveau von knapp 5 Prozent des BIP. Auf der Ausgabenseite des Staates stehen höhere Investitionen in Gesundheit und Bildung, auf der Einnahmenseite wirken sich positiv die gestiegenen Gaspreise aus.

Die internationale Gläubigergemeinschaft hat durch Schuldenerlass sowie neue Kredite zur Finanzierung von Infrastrukturprojekten auch einen Beitrag zur Konsolidierung des Landes geleistet, was sich allerdings auch auf die Handelsbilanz auswirkt. Die Projekte haben wegen notwendiger Importe von Verbrauchsgütern die Handelsbilanz negativ werden lassen, trotz steigender Exporte. Die Direktinvestitionen aus dem Ausland nehmen zu.

Die Demokratisierung wird weitergehen, da weiterhin die Nationale Liga für Demokratie (NLD) mit absoluter Mehrheit regiert und die EU und die USA 2013 und 2016 die meisten Sanktionen aufgehoben haben, die früher gegen die Militärjunta verhängt worden waren. Nicht zu unterschätzen sind jedoch die ethnischen und religiösen Konflikte zwischen der buddhistischen Mehrheit und der muslimischen Minderheit der Rohingya im Nordwesten des Landes.

Die Beziehungen von Myanmar zu seinen Nachbarn sind im Wesentlichen gut. Mit dem jahrhundertelangen Rivalen Thailand gibt es allerdings immer wieder einmal kleinere Spannungen. So war es 2017 zu einem offenen Disput mit den Nachfahren der letzten königlichen Dynastie gekommen. Der Urenkel des letzten Königs von Myanmar, der 1885 von den Engländern abgesetzt wurde, beschwerte sich über die erfolgreiche Seifenoper *Ladys Flame*, die in Thailand zur besten Sendezeit lief und die Geschichte einer angeblich fiktiven königlichen Dynastie in abwertender Weise zeigt. Nach Ansicht der Familie ist darin das letzte Königshaus von Myanmar unschwer zu erkennen. Die burmesische Königsfamilie ist empört über die gezeigten Beleidigungen, besonders da Thailand für seine strengen Gesetze gegen Majestätsbeleidigung berüchtigt ist, die auch rigoros durchgesetzt werden.

Vietnam – das neue China

Vietnam ist mit knapp 96 Millionen Einwohnern einer der bevölkerungsreichsten Staaten Südostasiens. Mit einer Nord-Süd-Ausdehnung von 1650 Kilometern und einer Ost-West-Ausdehnung von lediglich 50 Kilometern an der schmalsten Stelle zieht sich Vietnam entlang der Küste des Chinesischen Meeres. Wirtschaftlich ist das Land seit geraumer Zeit auf Wachstumskurs. Es profitiert vor allen von mehreren regionalen und bilateralen Freihandelsabkommen sowie von Kapitalzuflüssen aus dem Ausland. Die ausländischen Direktinvestitionen, vor allem um höherwertige Produkte – zum Beispiel in der Elektronik – herzustellen und zu exportieren, nehmen weiter zu. So nutzen etwa südkoreanische Unternehmen wie Samsung Vietnam als Produktionsstandort für Smartphones und Tablets.

Die unmittelbare Nähe zur Supermacht China hat das Land über Jahrtausende geprägt. Die Vietnamesen, ursprünglich im Süden Chinas ansässig, wanderten im Laufe der Jahre in den Norden des heutigen

Vietnam. Die Region war über viele hundert Jahre eine chinesische Provinz. Insofern ist es nicht verwunderlich, dass Vietnam seinem nördlichen Nachbarn auch kulturell nahe steht und durch den Konfuzianismus maßgeblich geprägt ist. Ab dem 10. Jahrhundert begannen die Vietnamesen immer weiter nach Süden vorzudringen, zerstörten dabei das Champa-Reich und vertrieben nach und nach die im Mekongdelta ansässigen Khmer.

Die neuere Geschichte Vietnams wurde vor allem von Frankreich beherrscht. 1884 installierten die Franzosen eine Kolonialregierung in Vietnam. Diese geriet Anfang der 1930er Jahre durch die Gründung der Kommunistischen Partei Indochinas durch Ho Chi Minh in Bedrängnis. Ab 1941 organisierten die Kommunisten Guerillaangriffe gegen die französischen und später auch japanischen Invasoren. 1945 gelang ihnen im Rahmen der Offensive »Great National Uprising« ein großer Erfolg gegen Franzosen und Japaner. Ho Chin Minh erklärte die Unabhängigkeit und rief die Demokratische Republik Vietnam aus. 1946 gab es erste Wahlen, eine Verfassung wurde verabschiedet. In gleichen Jahr kam es zu kriegerischen Auseinandersetzungen mit den Franzosen, die noch Teile im südlichen Vietnam besetzt hielten; der Konflikt weitete sich zum Indochina-Krieg aus. 1954 verabschiedete die UNO eine Deklaration, um den Krieg zu beenden, im Zuge dessen wurde das Land geteilt in einen kommunistischen Norden und einen nichtkommunistischen Süden. Aus Furcht vor einem kommunistischen Dominoeffekt in Asien versuchten die Amerikaner den Süden aufzurüsten; damit begann der Vietnam-Krieg, der bis zum Abzug der Amerikaner 1975 andauerte, Südvietnam kapitulierte bedingungslos. 1976 wurde das Land als Sozialistische Republik Vietnam wiedervereinigt.

Auch heute noch ist die Kommunistische Partei Vietnam (KPV) an der Macht, doch wird die Wirtschaft Stück für Stück in eine Marktwirtschaft umgewandelt. Wie beim großen Vorbild China ist allerdings zu beobachten, dass mit steigenden wirtschaftlichen Erfolg die Herrschaft der Partei wieder stärker wird. Ähnlich wie China scheint Vietnam also einen eigenen, einen dritten Weg zu gehen. Mit Erfolg, denn das Aufholpotenzial der erst 1992 dank einer Verfassungsänderung aus dem sozialistischen Tiefschlaf erwachten Nation in Südasien ist immens – auch gegenüber China. Die demografischen Daten begünstigen das Land am

Mekong. Anders als China, wo die jahrzehntelang rigoros praktizierte Ein-Kind-Politik zu Vergreisungserscheinungen führt, hat Vietnam eine Zwei-Kind-Politik verfolgt, was auf Jahre einen Nachschub an jungen Arbeitskräften und damit Wirtschaftswachstum sicherstellen wird. Ein Engpass an qualifizierten Arbeitskräften wie in Indien ist nicht zu erwarten. Schließlich hat Vietnam mit 90,3 Prozent einen hohen Alphabetisierungsgrad innerhalb der asiatischen Schwellenländer. In Indien liegt die Rate bei knapp 40 Prozent, in Malaysia bei rund 13 Prozent. Überhaupt ist für ein Entwicklungsland mit einem Pro-Kopf-Jahreseinkommen von 2200 US-Dollar das Bildungsniveau enorm hoch: In der letzten Pisa-Studie schnitten vietnamesische Schüler gleich gut ab wie ihre Altersgenossen in den Industrieländern. In den Naturwissenschaften waren sie sogar besser.

Bereits 1986 brach die Regierung mit der monostrukturierten marxistischen Planwirtschaft und legte die Grundlagen für einen schrittweisen Übergang hin zu einer multisektoralen marktorientierten Ökonomie. Startschuss für die Reformagenda unter dem Namen »Doi Moi« war der sechste Kongress der Kommunistischen Partei. Schon ein Jahr später wurde mit dem »Foreign Investment Law« ein Gesetz verabschiedet, das es ausländischen Investoren ermöglichte, Kooperationen oder Joint Ventures mit inländischen Unternehmen zu schließen oder zu 100 Prozent eigene Firmen auf vietnamesischen Boden zu gründen. 1991 legte die Politik nach: Nun war es auch Inländern erlaubt, außerhalb des Staatssektors eigene privatwirtschaftlich geführte Betriebe zu gründen. Allerdings waren die Freiheiten auf wenige Sektoren beschränkt, und es existierten hohe bürokratische Hürden. Zur Jahrtausendwende beschleunigte sich das Tempo des Umbaus dann erheblich. Ein Teil der bis dahin noch geltenden Beschränkungen wurde 1999 mit der Novellierung des Gesetzes privater Unternehmensgründungen aufgehoben mit dem Ergebnis, dass in den fünf Jahren nach der Jahrtausendwende über dreimal mehr private Firmen ins Leben gerufen wurden als noch in den zehn Jahren davor. Damit schnellte der Anteil der Privatwirtschaft am gesamten Bruttoinlandsprodukt in die Höhe.

Ein erster Erfolg des Reformprozesses war die Aufhebung des US-Handelsembargos im Jahr 1993. 2001 mündete dies bereits in einem bilateralen Handelsabkommen mit den USA – mit jenem Land, das acht Jahre zuvor noch jeglichen Handel mit der Volksrepublik unterbunden hatte. 2006 erwirtschaftete die Volksrepublik im Handel mit den USA bereits einen Überschuss von 5 Milliarden US-Dollar. Im Jahr 2007 folgte mit der Aufnahme in die WTO sozusagen der Ritterschlag für das Land. Dies führte zu höheren Wachstumsraten – wenn auch mit etwas zeitlicher Verzögerung: Zunächst einmal war die Aufnahme in die WTO mit verschiedenen Reformauflagen verbunden: Günstlingswirtschaft und Protektionismus mussten stärker eingedämmt, ausländische Wettbewerber zugelassen, Staatsbetriebe geschlossen und der Bankensektor mit seiner milliardenschweren Verschuldung saniert werden.

Seit Jahren begeistert Vietnam die Investoren mit kontinuierlich steigenden Wachstumsraten. Angetrieben vom starken Investitionswachstum des privaten Sektors und von der steigenden Konsumnachfrage konnte 2017 ein robustes Wachstum von 6 Prozent erzielt werden. Damit ist Vietnam eines der am schnellsten wachsenden Länder Südostasiens und aufgrund seines Bevölkerungsreichtums ein wichtiger Wachstumsmarkt.

Die Exportrate Vietnams ist dank Lieferungen in entwickelte Industrieländer gleichbleibend stabil, die hohen und auch volatilen Inflationsraten gehören der Vergangenheit an. Damit stieg auch das Verbrauchervertrauen und dementsprechend der Konsum. Die Produktion legt weiter zu und ein staatlicher Plan zum Ausbau der Infrastruktur wurde aufgelegt. Auch der Tourismus ist nach einem leichten Einbruch 2014 wieder im Aufschwung begriffen.

Eine der Schwachstellen ist allerdings nach wie vor ein schwaches Bankensystem sowie notleidende Kredite. Die Banken sind unterkapitalisiert und stark vom US-Dollar abhängig. Auch die Gründung einer Bad Bank hat die Kreditrisiken und die Anfälligkeit nicht reduzieren können, deswegen ist der hohe Anteil von Krediten, die staatseigene Banken an wenig transparente staatseigene Unternehmen gegeben haben, ein Problem.

Darin ähnelt Vietnam seinem Nachbarn China. Und auch bei der Unternehmenslandschaft gibt es Parallelen zu Chinas Unternehmen. In ausländischer Hand wachsen sie gut, aber die staatlichen haben zu große Schulden. Sie sind nicht besonders profitabel und beschäftigen zu viele Mitarbeiter. Ähnlich wie in China ist die schrittweise Öffnung von Staatsunternehmen für privates Kapital und Effizienzsteigerungen das Gebot der Stunde. Die Finanzlage bleibt also auf staatlicher Ebene eher volatil oder eher fragil, und die hohe Staatsverschuldung wird wahrscheinlich sogar noch weiter wachsen. Ein weiteres Risiko ist, dass die Schulden zur Hälfte auf ausländischen Währungen lauten und damit ein großes Währungsrisiko besteht. Die eigene Währung musste schon mehrfach abgewertet werden. Doch sind erste Stabilisierungstendenzen der Handelsbilanz zu erkennen, wenngleich der Import wegen der steigenden Nachfrage im Inland zulegt. Die Exporte sind trotz der ungünstigen Faktoren wie schon erwähnt robust. Allerdings sind keine großen Devisenreserven wie bei anderen südostasiatischen Ländern vorhanden.

Durch die Öffnung der Sozialistischen Republik nach chinesischem Vorbild ist in fast allen Lebensbereichen ein Modernisierungsschub ausgelöst worden. Vor allem die Infrastruktur soll durch gewaltige Investitionsprogramme an internationale Standards herangeführt werden. Dies alles wird dem Land im kommenden Jahrzehnt Wachstumsraten jenseits der 8 Prozent bescheren. Vor allem die Industrie boomt, sie erwirtschaftet inzwischen über 40 Prozent des BIP und weist jährliche Wachstumsraten im zweistelligen Bereich aus. Auch der Servicesektor hat mittlerweile einen ähnlichen Stellenwert erreicht. Dagegen wurde der Anteil der Landwirtschaft von 35 Prozent in den 1980er Jahren auf aktuell 18 Prozent zurückgedrängt.

Das Wirtschaftwachstum bleibt weiterhin hoch. 2015 erreichte es 6,7 Prozent, 2016 6 Prozent und 2017 pendelte es sich bei 6,7 Prozent ein. Dieser Wert liegt über den von der Weltbank prognostizierten 6,3 Prozent und wird erwartungsgemäß auch 2018 fortgeführt. Zehn Jahre nach dem Platzen der Spekulationsblase stehen die Zeichen in Vietnam also wieder auf Boom. Die Börse notiert auf einem Neunjahreshoch, und ausländische Investoren geben sich die Klinke in die Hand.

Zwischen 2011 und 2016 sind die Direktinvestitionen in Vietnam von 15 auf 27 Milliarden US-Dollar pro Jahr gestiegen – das sind bedeutende Summen für eine Volkswirtschaft von der Größe Portugals mit einem BIP von 200 Milliarden US-Dollar.

Zunehmend werden Produktionsstätten in das günstige Vietnam verlagert. Es sind vor allem Tech-Konzerne aus Taiwan, Südkorea und

Japan, die in Vietnam Fabriken bauen. Fast die Hälfte aller Samsung-Geräte wird in zwischen in Vietnam produziert. Der Wandel vom Agrar- und Rohstoffland zur Produktionsstätte der Elektronikindustrie hängt eng mit der Entwicklung in China zusammen. Dort sind die Löhne in den vergangenen Jahren deutlich gestiegen, weshalb die Textilindustrie nach Bangladesch und Kambodscha und die Elektronikindustrie nach Vietnam abwandert.

Vietnams Standortvorteil beschränkt sich aber nicht nur auf die Lohnkosten. Im Norden grenzt der langgezogene Küstenstaat an China. Bis zur Provinz Guangdong, dem Herz der chinesischen Exportindustrie, sind es knapp 200 Kilometer. Auch der Süden mit Ho-Chi-Minh-Stadt ist per Schiff gut erreichbar. In Sachen Qualität stehen die Vietnamesen zudem der Konkurrenz in Südchina in nichts nach.

Die geografische Nähe zu China hat noch einen weiteren Vorteil: Immer mehr chinesische Touristen entdecken das Nachbarland, das ihnen ja auch kulturell nahe steht. 2017 sind bis Mitte August 8,5 Millionen Touristen in Vietnam eingereist, von ihnen kamen 2,6 Millionen aus China. Ihre Zahl hat sich im Vergleich zur Vorjahresperiode mehr als verdoppelt. Der Tourismus ist zu einem wichtigen Pfeiler der Wirtschaft geworden. Bis 2020 soll er gemäß den Plänen der Regierung mehr als 10 Prozent zum Bruttoinlandprodukt beitragen.

Die Bedeutung der Elektronikindustrie wird der Fremdenverkehr aber noch länger nicht erreichen. Die Ausfuhren von Smartphones, Computern und Zubehör machen fast die Hälfte der Güterexporte aus. Auch die Bekleidungsindustrie bleibt ein wichtiger Wirtschaftszweig. Vietnam ist zudem größter Produzent von Cashew-Nüssen und Schwarzpfeffer und einer der bedeutendsten Exporteure von Reis und Kaffee.

Es dürfen aber auch die Risiken nicht ausgeblendet werden. Die Achillesferse ist die hohe Staatsverschuldung von 65 Prozent des BIP, und Vietnam ist nach wie vor keine freie Marktwirtschaft. Wie in China kontrolliert die kommunistische Partei immer noch viele Wirtschaftsbereiche, die Privatisierung der Staatskonzerne schreitet nur langsam voran. Die starke Hand des Staats kann sich aber auch positiv auswirken, wie etwa bei der Bankenregulierung. Die Regierung ist sehr darauf bedacht, die Fehler während der Spekulationsblase 2005 bis 2007 nicht zu wiederholen.

Seither hat sich viel verändert. Vor zehn Jahren betrug der Marktwert der an der Börse gelisteten Unternehmen weniger als 5 Milliarden US-Dollar. Heute zählen die drei Börsen über 1 000 Titel mit einem Gesamtwert von über 90 Milliarden US-Dollar. Auch die chronische Inflation hat die Zentralbank nun im Griff. Die Inflation, die 2008 noch über 20 Prozent betrug, liegt seit Jahren unter 5 Prozent.

Große Herausforderungen gibt es im Bereich der Infrastruktur, besonders im Hinblick auf die Energieversorgung und die Verkehrsinfrastruktur. Der Zusammenbruch der Stromversorgung führt immer wieder zu Produktionsausfällen. Auch wenn Vietnam vor allem im Hafenbereich Fortschritte gemacht hat, ist die Infrastruktur jedoch noch stark veraltet und marode. Nach dem Logistics Performance Index der Weltbank von 2016 rangiert Vietnam auf Platz 64 nach Indonesien (Platz 63) und Tansania (Platz 61), aber immerhin noch vor den Philippinen auf Platz 71. Der Straßentransport von Gütern übertrifft alle anderen Transportmittel in Vietnam bei weitem, er hat sich in den letzten Jahren verdreifacht: 77 Prozent aller Güter werden auf der Straße transportiert; besonders beim grenzüberschreitenden Transport mit dem größten Importpartner China spielt er eine große Rolle.

Im Vergleich dazu ist das Eisenbahnnetzwerk hoffnungslos veraltet und verliert immer mehr an Boden. Im Umkehrschluss bedeutet das, dass hier ein gewaltiges Potenzial schlummert. So soll das Eisenbahnsystem in den kommenden 15 Jahren in zwei Phasen für rund 9 Milliarden US-Dollar komplett überholt werden. In der ersten Phase bis 2020 sollen Engpässe beseitigt sowie Brücken repariert werden, und in der zweiten Phase bis 2030 ist geplant, das Netzwerk zu vergrößern, neue Züge und Lokomotive anzuschaffen sowie die Zuggeschwindigkeit deutlich zu erhöhen: Statt wie heute 60 bis 70 Stundenkilometer, sollen Züge dann im Schnitt 90 Stundenkilometer fahren.

Güterzüge erreichen sogar nur Geschwindigkeiten von 50 Stundenkilometern. Ein Vorzeigeprojekt soll die Hochgeschwindigkeitsverbindung zwischen Hanoi und Ho Chi Minh City werden, die im Jahr 2030 die beiden Städte mit bis zu 200 Kilometern pro Stunde verbinden soll. Auch die Entwicklung einer Verbindung nach Kambodscha soll ein Teilstück der Transasienlinie werden. Bereits 2016 wurde eine 142 Kilometer lange Verbindung fertig gestellt, die eine direkte Anbindung an die chinesischen Kunden in Yunnan ermöglichen soll. Dank der Seidenstraßen-Initiative BRI kommt Dynamik ins Spiel.

Über den Luftweg wird wenig, aber hochwertige Fracht wie zum Beispiel Elektronik und Maschinen transportiert. Deren Gesamtwert beträgt rund 25 Prozent des gesamten nationalen Handelswertes. In den nächsten Jahren soll sich nach Prognosen diverser Institute Vietnam zu einem der weltweit am stärksten wachsenden Luftfrachtmärkte entwickeln. Momentan expandiert er nur mit 6,6 Prozent jährlich. Vor allem Hightech-Unternehmen versenden ihre Waren auf dem Landweg. Dabei darf nicht unterschätzt werden, wie stark Vietnams Wirtschaft derzeit von Investitionen getrieben wird, jährlich nehmen diese um rund 10 Prozent zu. Nicht zuletzt deshalb plant die Regierung zahlreiche Großprojekte wie eine weitere U-Bahn-Linie in Ho Chi Minh City, die von deutscher Seite durch die Kreditanstalt für Wiederaufbau (KfW) mitfinanziert wird. Die ausländischen Direktinvestitionen stiegen 2016 um 8,3 Prozent gegenüber dem Vorjahreszeitraum auf 14,3 Milliarden US-Dollar, wobei Südkorea, Japan, Taiwan, Hongkong und China die wichtigsten ausländischen Investoren sind. Bis Oktober 2017 stieg diese Summe weiter auf 25,5 Milliarden US-Dollar.

Die grassierende Korruption bleibt ein Problem Vietnams. Im Korruptionsindex 2016 nimmt Vietnam von 176 erfassten Ländern Platz 113 ein und befindet sich auf einer Stufe mit Armenien und Bolivien. Vor allem bei der Vergabe von Aufträgen und Einkauf kommt es regelmäßig zu Korruption.

Im Herbst 2016 wurde ein umfassendes Gesetz zur Bekämpfung von Korruption erlassen und für den Bausektor die Construction Sector Transpareny Initiative (CTI) verabschiedet. Insofern ist mittelfristig mit Fortschritten zu rechnen.

Vietnams niedriges Lohnniveau, die hohe Arbeitsmoral, das gute Ausbildungsniveau der Menschen und die recht gute Infrastruktur werden zu weiterhin steigenden Investitionen führen. Zudem ist Vietnam ein Netto-Ölexporteur und kann so zumindest noch einige Jahre vom steigenden Ölpreis profitieren.

Singapur

Die neuere Geschichte Singapurs reicht nicht weit zurück. Der Inselstaat ist erst 1965 in die Unabhängigkeit entlassen worden. Der Name entstammt dem Sanskrit und setzt sich zusammen aus Singha, der Löwe, und Pura, die Stadt. Über den Ursprung des Namens kursieren unterschiedliche Versionen. Einer Legende zufolge ist das ehemalige Fürstentum, das ursprünglich den Namen Temasek (»Dorf am Meer«) trug, nach der Sichtung eines löwenähnlichen Meeresungeheuers in Löwenstadt umbenannt worden. Der Merlion, das Wahrzeichen der Stadt, geht auf diese Geschichte zurück.

Der eigentliche Aufstieg begann mit dem fernöstlich-europäischen Seehandel im 19. Jahrhundert. Dieses Kapitel Singapurs wurde von den Briten geschrieben. Während des 18. Jahrhunderts suchten sie nach einer strategischen Zwischenstation, um die Flotte ihres wachsenden Imperiums auszurüsten wie auch um den in die Region vorstoßenden Holländern zuvorzukommen. Im Jahr 1819 gründete Sir Thomas Stamford Raffles, Agent der britischen Ostindischen Handelskompanie, am alten Handelssitz Singapur die erste Niederlassung dank einer Vereinbarung zwischen der British East India Company und dem Sultan von Johore. Letzterer überließ dem Unternehmen 1824 die Insel für 60 000 Pfund. Den Briten ging es bei dem Kauf vor allem darum, die Handelswege der britischen East India Company zwischen China und den Kolonien in Indien sowie Europa zu sichern. Schließlich führten durch die Straße von Malakka zahlreiche Schifffahrtsrouten.

Unter Raffles Aufsicht erlebte Singapur seine erste Metamorphose von einer sumpfigen Tropeninsel zu einem Stützpunkt der Armee und Marine und einem florierenden Freihafen. Schon bald war Singapur ein begehrtes Ziel für bettelarme Einwanderer aus der Region. Im Jahr 1824, nur fünf Jahre nach der Gründung des modernen Singapur, war die Bevölkerung von 150 auf 10 000 angeschwollen. Acht Jahre später, 1832, wurde Singapur zum Regierungszentrum der »Straits Settlements« Penang, Malacca und Singapur. Die Eröffnung des Suezkanals im Jahre 1869 und die Einführung von Telegrafen und Dampfschiffen erhöhte Singapurs Bedeutung als Zentrum für den wachsenden Handel zwischen Ost und West. In der Folge entwickelte sich die Stadt zum blühenden Handelszentrum und bedeutenden Flottenstützpunkt. Ende des 19. Jahrhunderts lag die Einwohnerzahl bei 173 000 Personen.

Im Zweiten Weltkrieg besetzten japanische Truppen die britische Kolonie Malaysia. Das ebenfalls britische Singapur wurde umzingelt. Im Februar 1942 kam es zu einer Entscheidungsschlacht, die in einer Niederlage der Briten und der Besetzung der Insel durch kaiserlich-japanische Truppen gipfelte. Nach der Niederlage Nippons wurde Singapur wieder Großbritannien zugeschlagen.

Nach einem örtlichen Referendum entließ London die Kronkolonie 1962 jedoch in eine Föderation mit dem ebenfalls unter britischer Oberhoheit stehenden Malaysia. Ein Jahr später erfolgte die völlige Unabhängigkeit vom Vereinigten Königreich. Nach Unruhen zwischen der chinesischen und nichtchinesischen Bevölkerung wurde Singapur im August 1965 aus der Föderation ausgeschlossen. Am 9. August jenes Jahres wurde die Souveränität des Stadtstaats von Malaysia als erstem Land anerkannt, weshalb an diesem Datum jährlich der Nationalfeiertag begangen wird. Während der Amtszeit des Premiers Lee Kuan Yew gelang dem Staat zwischen 1959 und 1990 innerhalb einer Generation der Sprung vom Entwicklungsland zur entwickelten Industrienation.

Der im März 2015 verstorbene Gründer- und Übervater, der Erfinder des modernen Singapur, hinterlässt eine schmerzliche Lücke. Ein zweiter visionärer Führer der »Singapore Inc.« hat sich bis jetzt noch nicht herausgebildet.

Das Land ist stark exportorientiert und aufgrund seiner kleinen Größe und interessanten Vernetzung sehr abhängig von den Verwerfungen der internationalen Kapital- und Finanzmärkte. Das Wirtschaftswachstum lag im Jahr 2017 knapp unter 2 Prozent – allerdings darf man nicht vergessen, dass Singapur im Pro-Kopf-Einkommen zur weltweiten Spitze gehört und ein ähnlich reifer Markt wie Japan oder die Eurozone ist.

Zudem ist Singapur auch stark von der Dynamik und den Strukturveränderungen in China abhängig. Die Regierung versucht dagegenzuhalten, indem sie die Produktion höherwertiger Güter unterstützt und den Zugang ausländischer Arbeitskräfte weiterhin stark begrenzt. Ein bewährter Puffer gegen die Variablen der Weltwirtschaft ist der private

Konsum, der stetig wächst, trotz einer nicht unerheblichen Verschuldung der Privathaushalte.

Seit seiner Gründung 1819 war Singapur multiethnisch und polyglott. Seit jeher dominieren Chinesen, sie stellen bis heute etwa 75 Prozent der Bevölkerung. Die zweit- und drittgrößten Bevölkerungsgruppen sind Malaien und Inder. Ähnlich wie Malaysia ist Singapur weniger ein Schmelztiegel der Kulturen als ein Mosaik nebeneinander existierender Volksgruppen, die sich untereinander kaum vermischen. Das Medium zwischen diesen Ethnien ist die englische Sprache, das heißt, Singapurer zu sein, bedeutet unbedingt, Englisch zu sprechen. Trotz der Betonung der Unterschiedlichkeit der Volksgruppen verstehen sich die Singapurer aber vor allem als Asiaten, auch wenn sie ein tiefes Verständnis für die westliche Kultur aufweisen. Singapur ist aus westlicher Sicht somit ein perfektes Portal nach Asien.

Die strategisch günstige Lage und die Etablierung als Freihafen machte die Gründung des Stadtstaats von Anfang an zu einem großen Erfolg. Singapurs Schicksal ist seit der Errichtung der britischen Niederlassung 1819 eng mit dem Welthandel verbunden. Das Land verfügt über eine hoch industrialisierte und ausgesprochen freie Marktwirtschaft, die sich durch Korruptionsfreiheit und stabile Preise auszeichnet. Zudem herrscht inzwischen wieder Vollbeschäftigung: Die Arbeitslosenquote lag im Januar 2018 bei 2,1 Prozent.

Die niedrige Arbeitslosigkeit wie auch der Rückfluss von viel Geld von Expatriates nach Singapur ebenso wie Investitionen aus dem Ausland und große Infrastrukturprojekte wie die Hochgeschwindigkeitsstrecke zwischen Singapur und Kuala Lumpur tragen dazu bei, dass der Haushalt Singapurs 2017 schwarze Zahlen schrieb. Trotz großer Investitionen in Technologien, Infrastruktur sowie Sozialprogramme wurde erneut ein Handelsüberschuss erzielt.

Auf den ersten Blick scheint die Verschuldung des Landes von 114,6 Prozent gemessen am BIP im Jahre 2017 hoch zu sein. Sie ist jedoch weitgehend lokal finanziert und wird für Investitionen verwendet. Sie liegt überdies unter dem Wert der beiden großen Staatsfonds Temasek und GIC. Auch sind die Devisenreserven hoch und die widerstandsfähigen Banken helfen. Gerade einmal 1 Prozent notleidende Kredite gibt es. Das Bankensystem ist stark kapitalisiert und reguliert.

Der politisch stabile Stadtstaat hat die beste Regierung in ganz Asien mit einem äußerst effizienten und effektiven Rechtssystem, dass unter anderem für die Durchsetzung von Forderungen sorgt. Korruption ist weitgehend unbekannt. Dies dürfte auch die nächsten Jahre so bleiben.

ASEAN und die EU

Die Bedeutung von Asien und China für Deutschland und Europa kann gar nicht hoch genug geschätzt werden. Deutschland ist die drittgrößte Exportnation in der Welt und konnte aufgrund der gestiegenen Exporte nach China seine Exporte weltweit halten – im Gegensatz zu den USA oder Japan. Deutsche Industrieunternehmen spielen eine zentrale Rolle in der globalen Wirtschaft, und ihre Produkte stellen über 70 Prozent aller Exporte. Im Jahr 2015 war Asien bei weitem die wichtigste Zielregion für deutsche Exporte. Sie beliefen sich auf 154 Milliarden Euro, nach Nordamerika wurden im Vergleich nur Waren im Wert von 123,9 Milliarden Euro exportiert und in den Nahen Osten und Nordafrika Güter im Wert von 48,9 Milliarden Euro. Diese Zahl der Exporte nach Asien wird sich in den nächsten Jahren voraussichtlich noch dramatisch erhöhen.

Auch die EU-Perspektive ist gut. Die EU 28 steht für 15 Prozent des weltweiten Handels. Im Jahr 2014 bestand der Handel vor allem in Gütern und Dienstleistungen; sie machten rund ein Drittel des EU-28-BIP aus. Die Offenheit der EU-Handelsregeln bewirkt, dass die EU der größte Marktteilnehmer weltweit ist. Der Handelsüberschuss hat sich reduziert von 60 Milliarden Euro im Jahr 2015 auf 38 Milliarden Euro im Jahr 2016.

Der von US-Präsident Trump ausgelöste Handelskrieg bedeutet allerdings eine Belastung. Durch die Einführung von Zöllen und hohen Abgaben auf importierte Güter zunächst aus China im März 2018, später dann auf Waren aus Europa wird vielleicht auch demnächst die deutsche Automobilindustrie betroffen sein. Das provoziert Vergeltungsmaßnahmen der EU und zieht eine stärkere Hinwendung nach Asien nach sich. 2016 kamen 42 Prozent aller EU-Importe aus asiatischen Ländern, während Importe aus den USA nur 20 Prozent ausmachten.

Umgekehrt war 2016 auch Asien der Hauptexportmarkt für EU-Güter, gefolgt von den USA mit 28 Prozent.

Was für Europa Chance und Herausforderung zugleich ist: Innerhalb der Asien-Pazifik-Region verschieben sich die regionalen Kräfteverhältnisse. Im Vergleich zu China und Indien verliert Japan an Wirtschaftskraft. China ist der zweitgrößte Exportmarkt der EU und auch der größte Importeur. Im Durchschnitt handeln China und Europa über 1 Milliarde Euro pro Tag.

Von großer Bedeutung für beide Seiten sind Freihandelsabkommen. Abgeschlossene Abkommen gibt es mit Korea seit 2016, Abkommen mit Japan, Singapur und Vietnam müssen noch ratifiziert werden. Wichtig sind vor allem die Verhandlungen mit den ASEAN-Staaten. Mit Malaysia begannen sie 2010, mit Thailand 2013 (doch seit 2014 liegen sie auf Eis), mit Myanmar 2015. Mit den Philippinen sowie mit Indonesien wird seit 2016 verhandelt. Die Gespräche mit Indien hatten 2007 begonnen, die letzte Runde war 2013. Mit Australien begann eine neue Runde 2018, ebenso mit Neuseeland. Die Gespräche über das EU-China Investment Agreement laufen seit 2013.

Besonders für die deutsche Wirtschaft sind solche Abkommen immens wichtig: Das EU-Korea-Freihandelsabkommen hat beispielsweise dazu geführt, dass in den ersten vier Jahren die Exporte aus der EU nach Korea um 55 Prozent anstiegen, das Handelsdefizit hat sich in einen Überschuss verwandelt, der 206 Prozent beträgt. Die Importe in die EU aus Korea wuchsen ebenfalls um 5 Prozent.

Auch innerhalb des pazifischen Raumes wird verhandelt: Nach acht Jahren mühevollem Ringen wähnten sich die künftigen Partner im transpazifischen Partnerschaftsabkommen (TPP) schon fast am Ziel, als sich 2017 die USA überraschend zurückzogen. Danach wurde unter Federführung Japans und Australiens eine inhaltlich abgespeckte Version (TPP-11) weiterverhandelt, die den Freihandel und die Rechtssicherheit unter den Pazifikstaaten fördern soll. Beteiligt sind daran die elf Länder Kanada, Neuseeland, Vietnam, Malaysia, Singapur, Brunei, Chile, Mexiko, Peru und Japan. Für die USA gibt es eine Hintertür, um gegebenenfalls später beizutreten. Am 8. März 2018 konnte in Chile das »Comprehensive and Progressive Trans-Pacific Partnership«-Abkommen (CPTPP) unterzeichnet werden.

Das revidierte Abkommen hat im Vergleich zu vorher durchaus an Gewicht verloren – statt 40 Prozent der globalen Wertschöpfung verkörpern die verbleibenden elf Staaten nur noch 13 Prozent der globalen Wertschöpfung –, doch der Inhalt ist im Wesentlichen gleich geblieben. Das Wörtchen »progressiv« deutet an, dass das Vertragswerk inhaltlich und geografisch ausbaufähig ist. Die Konvention nimmt in vielen wichtigen Vorschriften Bezug auf den Vorläufer. So haben sich die Wünsche, von einfacheren Regeln zu profitieren, und auch der Versuch, ein Gegengewicht zur chinesisch geführten Handelsinitiative BRI zu schaffen, durchgesetzt.

Das CPTPP ist ein Meilenstein, es umfasst einen Wirtschaftsraum von 500 Millionen Menschen und schließt reife Volkswirtschaften wie Japan, Malaysia und Mexiko ebenso ein wie aufstrebende Märkte. Vor allem der Marktzutritt steht im Vordergrund.

Das neue Abkommen ist nicht isoliert. Zur gleichen Zeit hat eine chinesische Initiative die Regional Comprehensive Economic Partnership (RCEP) ins Leben gerufen, die neben Japan, Südkorea, Neuseeland und Australien auch die zehn ASEAN-Staaten umfassen soll. Japan ist bemüht, auch Indien einzubinden.

Weitere Partnerschaftsabkommen stehen im Raum, so zum Beispiel das zwischen Japan und der EU, das 2019 ratifiziert werden dürfte. Ebenso interessant ist die Asia Free Trade Area (AFTA) der ASEAN-Staaten, die auf diese Weise einen binnenmarktähnlichen Raum anstreben. Zudem dürfte das Freihandelsabkommen zwischen der EU und Indonesien bald Form annehmen, und auch die Verhandlungen mit Vietnam werden aller Voraussicht nach zu einem Erfolg führen. Asien baut also seine Handelswege immer mehr aus, auch ohne Zutun der USA.

US-Präsident Trump hat sich mit dem Ausscheren aus dem TPP keinen Gefallen getan. Wenn es eine Region in der Welt gibt, in der Volkswirtschaften und Handelsströme immer größer und komplexer werden, dann ist dies ohne Zweifel Asien. Militärisch mögen die USA im Pazifik noch eine Macht sein, aber politisch und handelspolitisch hat ihr Ansehen sehr gelitten. Die Botschaft ist klar: Die Amerikaner verabschieden sich aus der Region. Parallel dazu weitet China seine wirtschaftlichen und politischen Einflusssphären im Indischen Ozean, in Südostasien und darüber hinaus stetig aus. Dies fällt China natürlich umso leichter, je weniger Präsenz die USA zeigen. Womöglich haben die USA mit ihrem Ausscheiden aus dem TPP eine historische Chance verpasst – mit der Folge, dass die Gestaltungsmacht künftig im asiatischen Raum liegt.

Dieser wird sich wirtschaftlich, politisch und innovationsmäßig unaufhaltsam zu einem globalen Epizentrum entwickeln. Das asiatische Jahrhundert ist also nicht nur nicht zu Ende, sondern hat noch an Tempo zugelegt.

II. Neue Märkte

Einführung

Im Jahre 2030 werden drei der vier größten Wirtschaftsmächte und damit auch -märkte in Asien liegen: China, Indien und Japan. Neben den USA könnte auch Indonesien zu den fünf größten Mächten im Jahre 2050 zählen. Unter den zwölf Volkswirtschaften, die in den letzten 25 Jahren am schnellsten gewachsenen sind, finden sich bereits zehn asiatische Nationen, darunter Malaysia, Indonesien und Singapur.

Viele der im ersten Teil des Buches beschriebenen neuen Mächte sind zugleich auch neue Märkte – oder zumindest die Nutznießer von neuen Märkten. Sie zeichnen sich durch hohe Leistungsbilanzüberschüsse, nachhaltig steigende Einkommen – auch in der Unter- und Mittelschicht –, wachsenden Konsum und Nachholbedarf bei der Infrastruktur aus. Dies gilt in besonderem Maße für die meisten ASEAN-Staaten, ihnen vorn Indonesien und die Philippinen.

Während die westliche Welt mit Überalterung, Politikmüdigkeit und Verschuldung kämpft, haben die meisten Länder Asiens eine junge lern-, leidens- und leistungsfähige Bevölkerung. Die rasch wachsenden Mittelschichten erzeugen Wachstum, mit dem immer neue Bedürfnisse einhergehen. Asiatische Unternehmen bilden sich als Global Player heraus, die mit spektakulären Übernahmen von sich reden machen. Die meisten asiatischen Staaten haben seit der Währungskrise 1997 Strukturreformen durchgeführt und enorme Devisenreserven angehäuft – sie erfüllen ohne Probleme die Maastrichtkriterien der Europäischen Union. Asiatische Unternehmen sind in der Regel sehr profitabel und sowohl in Bezug auf Eigenkapitalrendite als auch Vermögensrendite besser aufgestellt als viele westliche Unternehmen.

Trotz gelegentlicher Rückschläge – Wellengekräusel im Zuge der tektonischen Plattenverschiebung – herrscht in Asien weiterhin großer Optimismus. Selbst wenn sich das Wirtschaftswachstum verlangsamen sollte, sind aufgrund des Nachholbedarfs und dem Entstehen eines gigantischen Binnenmarktes auf Jahre hinaus Dynamik und weiteres Wachstum gewährleistet.

Asien ist seit vielen Jahren mit durchschnittlich 7 Prozent im Jahr die weltweit am schnellsten und nachhaltigsten wachsende Region und beheimatet mit seinen vier Milliarden Einwohnern rund 60 Prozent der Weltbevölkerung. Schon heute trägt Asien nach Berechnungen der Weltbank über ein Drittel zum globalen Bruttoinlandsprodukt (BIP) bei, bis 2030 sollen es sogar zwei Drittel sein.

Viele europäische Unternehmen verkennen, dass eine Niederlassung in einem asiatischen Land nicht nur der Nutzung von Produktionskostenvorteilen dienen kann. Vielmehr hat man in einem drei Stunden Flugradius von den meisten Standorten in Asien Zugang zu vielen Millionen Konsumenten der wachsenden Mittelschichten. In China zählen zum Beispiel geschätzte 500 Millionen Einwohner zur Mittelschicht, in Indien rund 200 Millionen, und in der ASEAN sind es geschätzte 300 Millionen. Diese Verbraucher haben frei verfügbares Einkommen, Geschmack, hohe Qualitätsansprüche und eine starke Markenaffinität.

Diese Tendenz bleibt stabil. Im Jahre 2030 wird die Mittelschicht im asiatisch-pazifischen Raum rund 3,25 Milliarden Menschen umfassen und damit zwei Drittel der weltweit dann aus 4,9 Milliarden Mitgliedern bestehenden Mittelschicht stellen. Indien wird mit geschätzten 1,528 Milliarden Menschen vor China mit 1,416 Milliarden und den USA mit 356 Millionen das bevölkerungsreichste Lande der Welt sein. Auf dem vierten Platz wird voraussichtlich Indonesien mit 295 Millionen Einwohnern folgen vor Nigeria mit 263 Millionen und Pakistan mit 245 Millionen. Das Bevölkerungswachstum, das die Weltbevölkerung von derzeit 7,5 Milliarden bis 2030 auf 8,4 Milliarden bringen wird, findet zu 95 Prozent in Schwellenländern statt. Wachstumstreiber bleiben langfristig die Urbanisierung, technischer Fortschritt und das Bevölkerungswachstum.

Doch zunehmend werden in Asien auch technische Standards gesetzt, Innovationen gemacht und angewendet. Bei der Digitalisierung und im

E-Commerce ist Asien weltweit führend. Ebenso tummeln sich auch in den klassischen Branchen der Hidden Champions im DACH-Raum (DACH: Deutschland, Schweiz und Österreich), die in ihrem Segment oftmals Weltmarktführer sind, immer mehr Asiaten.

Und immer mehr asiatische Hidden Champions sind aufgrund der Skalierbarkeit des Geschäftsmodells, der riesigen Heimatmärkte, der strengen Selektion im Binnenwettbewerb und der prall gefüllten Geschäftskassen auf dem Sprung dazu, weltweite Champions zu werden. Denn mittlerweile haben auch sie hohe Innovationskraft und ein hohes Qualitätsbewusstsein nebst Fertigungstiefe wie etwa im Maschinenbau oder im Automobilbereich aufzuweisen. Die notwendige Grundlagentechnologie dafür wurde gekauft, mitunter erpresst oder kopiert, in der Regel aber vor allem weiterentwickelt. Ihr Vorteil: Obwohl die Lohn- und Sozialkosten auch in Asien laufend steigen und durch wachsende Umweltkosten und ausdifferenzierte Sozialversicherungssysteme in die Höhe getrieben werden, kann man dort noch immer günstiger produzieren als in Europa.

Wenn man europäisches Know-how mit asiatischen Mengen- und Produktionskostenvorteilen kombiniert, hat man eine einzigartige Mischung. Aus diesen Gründen sollten deutsche Unternehmen vor Ort sein und zumindest über eine F&E-Niederlassung dort verfügen, um Qualitätsansprüche und den bisweilen ausgefallenen Geschmack der asiatischen Verbraucher besser kennen zu lernen. Noch besteht in vielen asiatischen Ländern insbesondere China und Indien Bedarf an deutschem Know-how und Qualitätsprodukten. Dort gibt es Chancen für Synergien. Zudem entstehen durch das Zusammenwirken von deutscher Technologieführerschaft mit asiatischer Produktionsmenge interessante Produkte. Diese können zunächst in Asien für den Weiterexport in andere asiatische Länder produziert werden, um später nach Europa re-exportiert beziehungsweise in Europa durch existierende Joint Ventures hergestellt zu werden. Asien ist also nicht mehr nur als bloßer Absatzmarkt interessant, sondern auch als strategische Region unverzichtbar, um global erfolgreich zu sein.

Die weitere Integration Asiens in den weltweiten Markt und die Schaffung einer einheitlichen asiatischen Wirtschaftszone ist einer der großen Megatrends. Die ASEAN Economic Community (AEC) ist seit dem

1. Januar 2016 in Kraft und soll einen Binnenmarkt schaffen, in dem Güter, Dienstleistungen, Kapital und Arbeitskräfte frei bewegt werden können. Ähnlich wie bei der EU ist dieses Ziel zwar noch nicht vollständig erreicht. Doch hat sich neben den beiden Riesen Indien und China damit ein dritter Wirtschaftsraum mit sechshundertfünfzig Millionen Einwohnern herausgebildet.

Während in China die Löhne jedes Jahr mit rund 12 Prozent steigen und es aufgrund der demografischen Überalterung einen Krieg um Talente gibt und Indien durch seine marode Infrastruktur nach wie vor jeden zweiten Wassertropfen und jede zweite Kilowattstunde verliert, ist Südostasien ein gut vernetzter Binnenmarkt mit einem großen Pool an Arbeitskräften und Kunden geworden. Die Löhne sind nur halb so hoch wie in China, deshalb ist es durchaus interessant, in Ländern wie Thailand oder Vietnam zu produzieren, um zu exportieren oder den lokalen Markt mit lokalen Partnern zu erobern.

Vor allem exportorientierte Mitglieder der ASEAN wie Vietnam, die Philippinen und Thailand haben dort einen großen Markt vor der Haustüre, der sie vom Weltmarkt zunehmend unabhängig macht. Zusammengefasst bieten sich gerade für innovative deutsche Unternehmen in ganz Asien zahlreiche Betätigungsmöglichkeiten.

Neue Märkte werden oft durch »neue Wege« begründet wie etwa das gigantische »One Belt, One Road«-Projekt der chinesischen Regierung – auch »Belt and Road«-Initiative (BRI) oder Seidenstraßenprojekt genannt. Die neuen Seidenstraßen zu Lande und zu Wasser werden dramatische Auswirkungen auf die beteiligten Regionen und Länder haben. Asien und Europa, der Osten und der Westen, werden somit zum ersten Mal seit Jahrhunderten wieder verbunden sein. Damit einher geht ein gesteigerter Austausch von Handelsgütern und Technologie, aber auch von Ansichten, Philosophien und Weltanschauungen. 80 Millionen Menschen in Zentralasien werden zudem mit dem globalen Welthandel verknüpft.

Die Seidenstraßen-Initiative

East meets West – das inzwischen meist als BRI bezeichnete Projekt der Superlative bedeutet die Wiederherstellung der Landbrücke zwischen Europa und Asien, auf der früher jahrhundertelang Menschen reisten, auf der Güter und Ideen, aber auch Seuchen ausgetauscht wurden. Die Seidenstraße zu Land, die die eurasische Platte zwischen Rotterdam und Xian verbindet, ist bereits in Betrieb. Schon jetzt werden per Zug zahlreiche Waren über Kasachstan und Russland bis nach Duisburg transportiert. Dies ist rund ein Drittel schneller und billiger als der Containertransport. Durch eine neue maritime Seidenstraße werden diese Effekte noch gesteigert. Gewaltige Infrastrukturprojekte wie tausend neue Häfen in Indonesien, ein neuer »Panama-Kanal« in Thailand und brandneue Hafenstädte in Pakistan lassen alte Handelswege wie die Straße von Malakka an Bedeutung verlieren.

Diese neuen Handelswege werden die globalen Handelsströme verändern. Aber nicht nur diese. Die Belt-and-Road-Initiative wird meist nur aus wirtschaftlicher oder geopolitischer Sicht betrachtet, doch sie ist weitaus mehr als nur der Neuaufbau alter Handelsrouten: China beabsichtigt nichts weniger, als die globale Weltwirtschaft neu auszurichten und zu vernetzen. Durch Kooperation statt Konfrontation, Konnektivität und Wahrung nationaler Eigenständigkeit soll eine Win-win-Situation geschaffen werden, die rund zwei Drittel der Menschheit erreicht.

Die BR-Initiative ist ein äußerst ehrgeiziges 900-Milliarden-US-Dollar-Programm. Entlang des weitverzweigten Netzes von Land-, See- und Luftwegen soll modernste Logistikinfrastruktur geschaffen werden. Von Innovationskonzepten für Schlüsselbereiche wie Energie, Digitalisierung und Mobilität sollen die Anrainerstaaten sowie alle Beteiligten profitieren. Auf diese Weise rücken Europa, Afrika und Asien näher zusammen, und zwar mit durchaus positiven Effekten. Industrielle Kapazitäten und die Konsumnachfrage in Ländern außerhalb Chinas werden auf- und ausgebaut.

Ursprünglich verwendete China die Bezeichnung »One Road, one Belt« für das Projekt, doch um den offenen Plattformcharakter der Initiative zu betonen, bei der jeder eingeladen ist mitzumachen, und um zu unterstreichen, dass eine permanente Änderung und Erweiterung der Projekte und Länder möglich ist und auch geschieht, wird nun die Bezeichnung »Belt and Road Initiative« bevorzugt.

BRI entwickelt sich schnell weiter und umfasst derzeit sechs große »Entwicklungskorridore« und mittlerweile vierzig Bahnstrecken, auf denen schon jede Woche Güterzüge von China zu verschiedenen Orten Europas fahren. Mit über fünfzig Ländern bestehen bereits Kooperationsvereinbarungen, über hundert Staaten haben an der BRI-Konferenz in Peking 2017 teil.

Die Ziele der BRI sind aber nicht nur geopolitisch oder industriepolitisch zu sehen, auch der kulturelle Austausch ist wichtig. Schon seit Jahrhunderten hat der Austausch über die Seidenstraße eine zentrale Bedeutung für Europa – sie war sogar entscheidend für die Entdeckung Amerikas durch Kolumbus: Bekanntlich war dessen Expedition der Versuch, einen Seeweg nach China zu finden. Wesentliche Anregungen dazu kamen von chinesischen Gelehrten, die über die Seidenstraße 1433 Florenz besuchten. Denker wie Kardinal Nikolaus von Cues und Paolo dal Pozzo Toscanelli spannen den Gedanken fort. Letzterer – Mathematiker, Astronom und Kartograf – war es wohl auch, der Kolumbus um 1480 diese Idee vorstellte. Möglicherweise hatte er ihm auch chinesisches Kartenmaterial überlassen sowie technische Hilfestellung geleistet.

Ein weiterer wichtiger Impuls war die Druckkunst, die über die Seidenstraße nach Europa gekommen ist nebst anderer Technologie sowie Porzellan und Seide.

Leibniz' Traum

Der Dialog der Kulturen fand seinen Gipfel in dem deutschen Gelehrten Gottfried Wilhelm Leibniz, der in seiner Schrift *Novissima Sinica oder: Das Neueste von China* postulierte, dass es die Aufgabe der »beiden führenden Kulturen an den beiden Enden des eurasischen Kontinents, nämlich Europa und China, sei, die dazwischenliegenden Gebiete zu entwickeln«. Europa war 1670 – nur wenige Jahre nach Ende des Dreißigjährigen Kriegs – in keinem guten Zustand: Der Binnenhandel war schlecht aufgestellt, ebenso die Fabrikation von Gütern, die geltenden Währungen waren weitgehend entwertet, es herrschte Rechtsunsicherheit, hinzu kam ein langsames und korruptes Gerichtswesen, wertlose Bildung, zunehmender Atheismus und Werteverfall allenthalben.

Dies war das Europa, in dem Gottfried Wilhelm Leibniz lebte. In seinem politischen Memorandum befasste er sich mit den Herausforderungen seiner Zeit. Die ideale Lösung schien ihm die Verbindung der alten chinesischen natürlichen Theologie mit der europäischen Kultur. Bildlich gesehen hielt er es für einen glücklichen Zufall, dass die beiden zivilisiertesten Länder und entwickeltsten Kulturen der Welt sich quasi an zwei Enden gegenüberlagen und einander die Hände reichen konnten. Durch den Austausch zwischen ihnen würde die menschliche Zivilisation die nächste Stufe in der Menschheitsgeschichte erreichen. Leibniz geht es um eine Entbarbarisierung Europas und um die Weiterführung der Menschheitsgeschichte. In seinen Augen hatte der Konfuzianismus weit mehr zu bieten als jedes andere Glaubenssystem seiner Zeit: »Auch die Chinesen sollten Missionare nach Europa schicken, so dass wir von ihnen natürliche Religion lernen können, die wir fast verloren haben«. Eine sensationelle Aussage, wenn man bedenkt, wie stark sie im Kontrast zur Bekehrung mit Feuer und Schwert durch die katholische Christenheit steht. Leibniz plädierte für den Austausch kultureller Botschafter, der seinerzeit sehr modern gewesen wäre.

Für Leibniz war die Wesensverwandtschaft von Christentum und Konfuzianismus trotz aller kultureller Unterschiede evident. Er glaubte fest, dass die Menschheit über die universelle Eigenschaft der Vernunft verfügte. Neben einer Weltreligion, einer Weltsprache und anderen

Weltwerten strebte Leibniz die Verbindung der »beiden Welt-Zentren der Zivilisation« durch eine »Welt-Landbrücke« an. Die Idee der neuen Seidenstraße als neues Vorbild und Modell von internationalen Beziehungen könnte die Umsetzung dieses Prinzips sein.

Viele westliche Staaten und Denker sind durch Konkurrenzdenken geprägt. Sie haben die Erfolge der Kolonial- und Eroberungspolitik im 19. und 20. Jahrhundert maßgeblich beeinflusst. China jedoch steht diesem Ansatz äußerst kritisch gegenüber und hat mit der Seidenstraßen-Initiative ein Gegenmodell vorgeschlagen, das nichts weniger ist als ein neuer, ein dritter Weg zwischen Kapitalismus und Kommunismus.

Chinas dritter Weg

Als in Peking im Mai 2017 80 Staatsoberhäupter und Vertreter von 110 Nationen über die Seidenstraßen-Initiative konferierten, kündigte Xi Jinping große Pläne an: In China soll bis 2020 die Armut beseitigt sein. Dank des chinesischen Wirtschaftswunders sind bereits 700 Millionen Menschen der Armut enthoben worden, nach derzeitigen Schätzungen gibt es nur noch 42 Millionen Arme in China. Eine Herausforderung, die jedoch nicht ganz unrealistisch ist.

Bis spätestens 2049 soll China ein »großes modernes sozialistisches Land mit chinesischer Ausprägung« sein, will Xi Jinping: »Wohlhabend, stark, demokratisch, kulturell, fortgeschritten, harmonisch und schön. Die Chinesen sollen dann glücklicher sein und ein sichereres und gesünderes Leben führen. Aber auch die Menschen der anderen Länder der Welt sollen ein besseres, gesünderes und glücklicheres Leben führen«, so zitiert Xinhua, die staatliche Nachrichtenagentur, den Staatspräsidenten der Volksrepublik. Dieser ist überzeugt: »China wird einen neuen und größeren Beitrag zu der edlen Sache von Frieden und Entwicklung für die ganze Menschheit leisten.«

Aber ist die Seidenstraßen-Initiative wirklich ein offenes Projekt zum Wohle der Menschheit, oder handelt es sich letztlich doch nur um chinesische Industriepolitik? Kritiker betonen, es gehe China vor allem um Eigennutz. Anstatt Rohmaterial zu verarbeiten, versuche China seine Schwerindustrie in weniger entwickelte Gebiete zu verschieben. Dadurch würden diese zwar reicher, aber zugleich entstände eine höhere Nachfrage für chinesische Produkte. Auch eine Militarisierung der BRI durch China drohe.

Deutschland und die EU reagieren bislang eher skeptisch bis kritisch auf das Projekt der neuen Seidenstraße. Der EU-Kommissionspräsident Jean-Claude Juncker hat in seiner Rede »Zur Lage der Union« am 13. September 2017 vor dem Europaparlament die Ansicht vertreten, dass die BR-Initiative vor allem eine geopolitische Herausforderung sei. Zum Abschluss seiner Asienreise im November 2017 ließ auch Trump verlautbaren, der Westen müsse nun dringend aufwachen und sich gegen ein aufsteigendes China wehren. Chinas Errungenschaften seien eine Bedrohung der Werte und des Systems des Westens.

Seit Anfang der 1980er Jahre Deng Xiaoping die chinesische Wirtschaftspolitik auf neue Füße stellte, gibt es immer wieder Prognosen, dass China in absehbarer Zeit kollabieren würde. Gleichzeitig werden regelmäßig Befürchtungen laut, dass China dabei sei, in Rekordzeit die Welt zu übernehmen und zu dominieren. Die BRI sei keine sentimentale Wiederbelebung von Marco Polos Zeiten, sondern ein umfassender Versuch, die Welt im Sinne Chinas umzugestalten und dauerhaft zu prägen.

Ähnliche Schlagzeilen hatte es schon in den 1980er Jahren gegeben, als Japan so rasant aufgestiegen war. Mit der japanischen Aktien- und Immobilienblase Anfang 1990 waren diese wie weggewischt, und die alte Ordnung, nämlich die Idee einer unipolaren Welt auf der Grundlage angelsächsischer Dominanz, herrschte wieder vor. Doch die Zeiten haben sich geändert. Die westliche Welt steht nicht mehr so unerschütterlich und in sich gefestigt da wie noch vor wenigen Jahren. Die Risse im westlichen System sind gerade in der EU offensichtlich. Trotz der Vorstöße des französischen Präsidenten Emmanuel Macron scheint es dem Westen an Orientierung und Visionen zu fehlen. Die zum Teil scharfe Kritik, die gegen China und die BRI vorgebracht wird, spiegelt trotz berechtigter Sachpunkte oftmals nur die eigenen Absichten und Versäumnisse wider. Doch welche Auswirkungen wird die BR-Initiative tatsächlich auf die alten und neuen Mächten haben?

Russland

China umwirbt den ehemaligen Ostblock, damit dieser sich an der Initiative beteiligt, und lässt dabei Russland bewusst außen vor. Das »16+1«-Format, unter dem die Gespräche firmieren, könnte darum eigentlich auch »17–1« heißen. Es ist ein ziemlich eindeutiges Unterfangen, den Einfluss Moskaus auf seine einstigen Satellitenstaaten in Europa zu unterbinden.

Insofern droht Moskau, durch die BRI zu verlieren. Andererseits befruchtet aber die Erweiterung der Seidenstraße nach Afghanistan, in den Irak und andere Länder dieser Region das Verhältnis Chinas zu Russland.

Mithilfe des Astana-Prozesses – den wiederholten Friedensgesprächen rund um den Bürgerkrieg in Syrien – scheint Russlands Staatschef Wladimir Putin einen eigenen Plan zu verfolgen. Die Türkei und Jordanien sollen mehr mit eingebunden und Saudi-Arabien auf einen anderen Kurs gebracht werden, was sich letztlich auf die regionale Machtverteilung und damit auch die BRI auswirken soll.

Schon länger gibt es die Idee, die neue Seidenstraße nach Südwestasien zu verlängern, aber erst die Beendigung des Bürgerkriegs in Syrien und die russische Militärintervention in der Region eröffnen eine realistische Möglichkeit dafür. Die wichtige Rolle Russlands hatte schon Leibniz erkannt: In seinen Überlegungen zur Verknüpfung von Westen und Osten spielt Russland eine zentrale Rolle als Vermittler.

Schon 2001 hatten China und Russland zusammen mit Kirgistan, Tadschikistan, Usbekistan und Kasachstan, also den zentralasiatischen Staaten, die »Schanghaier Organisation für Zusammenarbeit« (SOZ) gegründet. Die SOZ, die ihren Sitz in Peking hat, war zunächst ein Defensivschritt, um die Bedrohung durch Terroristen, Separatisten und muslimischen Fundamentalismus wie auch den Drogenhandel zu begrenzen. Abgesehen von sicherheitspolitischen Fragen beschäftigt sich die SOZ zunehmend mit Wirtschafts- und Handelsfragen; sie repräsentiert rund 40 Prozent der Weltbevölkerung. Dies macht sie zu einer der größten Regionalorganisationen, die durch die BRI noch an Relevanz gewinnen könnte, da sie ganz Zentralasien abdeckt und seit 2017 auch Indien und Pakistan Mitglieder sind. Von den USA wird die SOZ als

Vehikel Russlands und Chinas abgetan, um den amerikanischen Einfluss im rohstoffreichen Zentralasien zu begrenzen.

Diese Kritik der USA verschärfte sich, als China – sozusagen als erweiternde Fortführung dieser Politik – 2013 in Kasachstan die Neue-Seidenstraßen-Initiative vorgestellt hat. Kasachstan wurde gewählt, um die strategische Bedeutung des Landes und der Region zu unterstreichen. Bei diesem ehrgeizigen geopolitischen Masterplan Chinas haben aber nicht nur die USA, sondern auch Russland Sorge, marginalisiert zu werden. Als Reaktion darauf hat Putin schon ein Jahr darauf, am 29. Mai 2014 die »Eurasische Wirtschaftsunion« (EAWU) gegründet, deren Mitglieder Russland, Weißrussland und Kasachstan sowie Armenien und Kirgistan sind. Diese Wirtschaftsunion ist ein Binnenmarkt mit Zollunion nach dem Vorbild der EU und soll in den ehemaligen Mitgliedstaaten der UdSSR weiterhin den Einfluss Russlands sichern und eine wachsende Dominanz Chinas verhindern. Ideal für Putin wäre, würden sich die russlandorientierten Organisationen der SOZ und EAWU mit der EU verbinden, um eine einheitliche Politik zu betreiben. Ein Schulterschluss mit den zehn südostasiatischen ASEAN-Staaten und den BRICS-Nationen würde es darüber hinaus Russland unter Putin ermöglichen, einen Fuß in der Tür zu behalten.

Das Verhältnis von Russland und China ist vielschichtig. Oberhalb der östlichen Grenze der beiden Staaten liegt Russlands Ferner Osten, ein großes, dünn besiedeltes Territorium: Weniger als sieben Millionen Menschen leben hier, und es gibt keine Anzeichen eines Bevölkerungswachstums. Direkt darunter befindet sich die chinesische Mandschurei mit über hundert Millionen Bewohnern. Wie ein Puffer schirmt die Mandschurei das chinesische Kernland gegen Russland ab. Was aber im Gegenzug bedeutet: Das dünn besiedelte russische Gebiet verfügt über wenig Schutzraum. Innerhalb der russischen Regierung gibt es darum Befürchtungen, China könnte dieses Territorium infiltrieren. Ängste, die das chinesisch-russische Verhältnis belasten. Andererseits jedoch hat die ablehnende Haltung des Westens gegen Putin aufgrund der Ukraine-Krise Russland und China wieder näher zusammen gebracht. So wurden zum Beispiel Handelsabkommen im Energiesektor geschlossen. Diese Energielieferungsverträge helfen, Russland über Wasser zu halten. Langfristig gesehen sind sie aber vorteilhafter für die Chinesen.

Russland scheint der Juniorpartner dieser Beziehung zu sein und wird es wohl auch bleiben.

USA

Wie Russland befürchten auch die USA, durch die sich immer mehr entfaltende Dynamik und Sogwirkung der BRI ausgeschlossen und ausgegrenzt zu werden. Zwar gab es durch die SOZ und aufgrund gezielter Wirtschaftshilfen schon zuvor die Sorge, Einfluss im geostrategisch wichtigen Zentralasien zu verlieren. Doch erst der selbst gewählte Rückzug der USA aus der Welt-, Klima- und Handelspolitik unter Präsident Trump erschafft ein Vakuum, dass China nun geschickt nutzt. Sinnbildlich kann die BRI nun als eine Art chinesischer Marshall-Plan verstanden werden, von dem ärmere Staaten in Osteuropa und Zentralasien, aber auch das wohlhabende Westeuropa profitieren. Die USA stehen deswegen der BRI wie auch anderen Initiativen Chinas – wie beispielsweise der Gründung der Asia Infrastructure Investment Bank (AIIB) – kritisch gegenüber. Doch genügt es nicht, ähnlich wie die EU distanziert zu bleiben und den strategischen Plan Chinas schlechtzureden. Besser wäre, stattdessen selbst zu handeln – wie etwa Putin – und dabei planvoll vorzugehen.

EU: Mittel – und Osteuropa

Bislang dient die BR-Initiative vor allem dazu, Infrastrukturprojekte voranzutreiben, die Asien und Europa verbinden sollen. Bereits jetzt weitet China seinen Einfluss auf die östlichen Mitgliedsstaaten der EU immer mehr aus. Allerdings noch in bescheidenem Maße: Trotz der Ankündigung, in Osteuropa 10 Milliarden Euro in Infrastrukturprojekte zu investieren, fließen weiterhin die meisten chinesischen Investitionen in die vier größten Länder Westeuropas, nämlich nach Großbritannien, Italien, Frankreich und Deutschland.

Ausdruck der Absicht ist die 2012 gegründete 16+1–Initiative. Sie bringt regelmäßig 16 Länder aus Osteuropa mit China zusammen. Die

Mitglieder sind die Visograd-Staaten Polen, Ungarn, Tschechien und Slowakei sowie die drei baltischen Staaten und Rumänien und Bulgarien. Hinzu kommen die EU-Staaten Kroatien und Slowenien sowie der baldige EU-Beitrittskandidat Serbien, dazu Mazedonien, Montenegro und Bosnien-Herzegowina sowie Albanien. Seit einem Gipfel im November 2017 steht fest, dass alle 16+1-Staaten an der Seidenstraßen-Initiative beteiligt sind – ein großer Erfolg für China.

Besonders bemerkenswert sind die politischen Entwicklungen seit Bestehen des 16+1-Formats, allen voran der Aufbau von Institutionen. Mittlerweile gehören regelmäßige Konferenzen auf Ministerebene, Symposien, Mediendialoge sowie Kunst- und Kulturkooperationen zum Format 16+1 dazu. Beispiele dafür sind die China-CIC-Ministerkonferenz zu Energiekooperationen in Bukarest sowie die Gründung eines 16+1-Koordinationssekretariats für Meeresfragen in Warschau.

Beim Gipfel im November 2017 hatte die chinesische Führung rund 3 Milliarden Euro für Entwicklung und Infrastrukturprojekte in Mittel- und Osteuropa versprochen. Die Industrial and Commercial Bank of China (ICBC), die für internationale Infrastrukturprojekte zuständig ist, wird über die China-CEEC Interbank Association 2,4 Milliarden US-Dollar zur Verfügung stellen. Diese Institution war während jenes Treffens gegründet worden.

Die chinesische Außenhandelsstrategie – massive Investitionen in die Infrastruktur – deckt sich gut mit der ungarischen Strategie der »Öffnung nach Osten« und korrespondiert mit dem in Osteuropa weit verbreiteten Gefühl, dass es gut wäre, wirtschaftlich breiter aufgestellt und nicht zu sehr von der EU abhängig zu sein. Dazu muss die regionale Zusammenarbeit in Ostmitteleuropa verstärkt werden, was jedoch eine gut funktionierende Infrastruktur voraussetzt.

Historisch betrachtet ist das europäische Transportsystem als eine Ost-West-Achse ausgebaut worden. Nun soll in Ostmitteleuropa eine Nord-Süd-Achse geschaffen werden, um die Integration der mittel- und osteuropäischen Länder zu verbessern.

In diese Richtung zielt auch die »Drei Meere«-Initiative, in deren Rahmen Logistik und Transportinfrastrukturen von der Ostsee, genauer gesagt dem Baltischen Meer, bis hinunter zum Schwarzen Meer und zur Adria ausgebaut werden sollen. Dies manifestiert sich bereits in dem geplanten Ausbau einer schnellen Güterzugtrasse vom griechischen Hafen Piräus über Belgrad nach Budapest.

Piräus spielt insgesamt bei der BRI eine zentrale Rolle. Die chinesische Firma Cosco hatte sich 2008 als Betreiber eingekauft und 2016 die Mehrheit der Anteile übernommen. Seither ist der Umsatz geradezu explodiert: von 900 Millionen Euro im Jahre 2010 auf 4,1 Milliarden Euro im Jahre 2017. In der gleichen Zeit rückte der Hafen in der Weltrangliste vom 93. auf den 38. Platz. Chinesische Großunternehmen wie ZTE und Huawei beliefern bereits ihre Fabriken in Mitteleuropa über den Hafen, doch sie benötigen dringend bessere Bahnverbindungen.

Deshalb soll Ungarn zur Drehscheibe werden, von der aus die chinesischen Waren in Osteuropa und Europa verteilt werden. Deswegen soll die Fahrzeit auf der 350-Kilometer-Strecke zwischen Budapest und Belgrad von derzeit acht auf dreieinhalb Stunden schrumpfen. Die Ausschreibung zum Ausbau der Eisenbahnverbindung Belgrad–Budapest wurde monatelang von der EU blockiert wegen der angeblichen Verletzung von EU-Vergaberegeln. Inzwischen wurden diese jedoch ausgeräumt.

Allein Ungarn hat elf bilaterale Vereinbarungen mit China unterzeichnet, unter anderem eine für einen Kredit für den Neubau der Eisenbahnstrecke zwischen Budapest und Belgrad. Ungarn durfte sich an den 2,1 Milliarden US-Dollar beteiligen, die chinesische Exim Bank wird davon 85 Prozent aufbringen, der Baubeginn ist für 2020 geplant.

Durch die Verlängerung der russischen Breitspureisenbahn bis ins burgenländische Paaren soll auch in Österreich ein riesiger Güterumschlagsplatz entstehen. Hierfür haben Österreich und Ungarn vor kurzem ein Abkommen unterzeichnet. Investitionen von 6,5 Milliarden Euro sind geplant, wovon Österreich 2 Milliarden übernehmen wird. Durch die Umleitungen soll 1 Milliarde Euro Wertschöpfung im Jahr entstehen und 9 000 zusätzliche Arbeitsplätze. Im Gegensatz zu Deutschland hat sich in Österreich eine gewisse Seidenstraßen-Euphorie breitgemacht. Ein Grund dafür ist vielleicht, dass Österreich China erst spät entdeckt hat.

Bislang machen die österreichischen Exporte nach China nur 2,5 Prozent aller österreichischen Exporte aus; diese Kennziffer beträgt zum Vergleich 7 Prozent in Deutschland und 8 Prozent in der Schweiz.

Nach Ansicht von Mazedoniens Präsidenten Gjorge Ivanov ist eine verfehlte Investitions- und Infrastrukturpolitik der EU dafür verantwortlich, dass sich viele Balkanstaaten den chinesischen Geldgebern zuwenden. Dieser Rückzug Europas aus der Region wirke wie eine Einladung für China. Was dabei jedoch übersehen wird: Auch die EU unterstützt Mazedonien. Von 2014 bis 2020 sollen weitere 664,2 Millionen Euro fließen. Mazedonien ist immerhin schon seit 2005 EU-Beitrittskandidat. Dennoch sollte die ungewöhnlich direkte Kritik des mazedonischen Präsidenten eine Warnung sein, denn andere Staaten der Region haben bereits offen chinesische Positionen unterstützt und zum Beispiel in der EU eine gemeinsame kritische Erklärung zur Menschenrechtssituation in China oder zum Territorialstreit im Gebiet im Südchinesischen Meer verhindert. Immerhin ist die EU inzwischen bemüht, ihr Ausbauprogramm für Transeuropäische Transportnetze (TEN-T) mit den Seidenstraßen-Projekten abzustimmen.

Zentralasien

Strategisch geschickt und zielstrebig fördert China die Infrastruktur in Eurasien. Peking baut sich im wahrsten Sinne des Wortes Einfluss auf. Trotz aller Bedenken sollte man BRI nicht dämonisieren und Untergangsszenarien heraufbeschwören. Die EU ist uneins genug, die Zentrifugalkräfte zwischen Nord und Süd und Ost und West wachsen. Dazu bedarf es keiner chinesischer Avancen nach Osteuropa. Es geht nicht um eine Unterwerfung unter das Diktat Chinas, sondern im Gegenteil um eine Chance auf einen Quantensprung für eine ganze Region. Diese Chance sollte man identifizieren und nutzen und sich pro-aktiv einbringen – so wie es osteuropäische und zentralasiatische Länder schon tun. Europa und Deutschland sollten sich nicht die Chance auf Einflussnahme und Teilnahme an einem der spannendsten historischen Projekte vorenthalten und verwehren.

Es steht nicht fest, dass die Seidenstraßen-Initiative wirklich Teil der befürchteten kulturellen, ökonomischen und womöglich auch militärischen Eroberungsstrategie Chinas ist, der die EU nichts entgegenzusetzen hat. Vielmehr ist BRI auch aus chinesischer Sicht nur ein Konzept, eine offene Plattform, sozusagen »work in progress« das einem steten Wandel unterliegt. Ein Angebot, eine ausgestreckte Hand für jeden, der mitmachen möchte und flexibel genug ist.

Ein gutes Beispiel ist Georgien, das in den ursprünglichen Landkarten von 2013, als BRI vorgestellt wurde, gar nicht enthalten war, da es abseits der wichtigsten Handelsrouten liegt. Doch die georgische Regierung ergriff die Initiative und brachte sich selbst durch die Organisierung einer großen Seidenstraßenkonferenz bei den Chinesen ins Spiel. Diese finden es mittlerweile interessant, zwischen Russland und Iran einen dritten Weg zu haben, der von China über Zentralasien direkt nach Europa führt. Schon vor dem Seidenstraßenprojekt wurde die Bahnlinie zwischen Baku, der Hauptstadt von Aserbaidschan, über Tiflis nach Kars gebaut. Georgien sieht jedoch wie viele andere Teilnehmer die BR-Initiative nicht nur als eine Verkehrsader, sondern als ein Vehikel für die wirtschaftliche Entwicklung des Landes. Auch sicherheitspolitische Aspekte in Richtung Russlands spielen eine Rolle.

Die BRI beflügelt die Fantasie und den Ehrgeiz der benachbarten Länder. So hat zum Beispiel Kasachstan – ein Land, das 2 000 Kilometer vom nächsten Meer entfernt liegt – mit dem Khorgos Eastern Gateway für 250 Millionen US-Dollar einen Trockenhafen gebaut. Seit 2015 werden dort Eisenbahncontainer von der früheren sowjetischen Breitspur auf die chinesische Spurweite umgeladen, denn Kasachstan will vom wachsenden Transitverkehr zwischen China und Europa profitieren und seine isolierte Binnenlage als Landbrücke zum Positiven wenden.

Zudem war 2013 die BR-Initiative in der kasachischen Hauptstadt Astana vorgestellt worden; und schon 2014 hatte das neuntgrößte Land der Erde eine Vielzahl von Bauprojekten unter dem Namen »Leuchtender Pfad« (Nurly Zhol) vorgestellt. Bemerkenswert ist, dass der Großteil der Projekte von Kasachstan selbst übernommen wird, obwohl es mittlerweile die Asiatische Infrastrukturinvestmentbank gibt, die einen Fonds von 40 Milliarden US-Dollar für die Seidenstraße bereitgestellt hat. Doch bislang hat China das Seidenstraßenkapital vor allem in Pakistan investiert.

Dies dürfte sich jedoch bald ändern, denn der Schienenverkehr mit Eurasien explodiert geradezu. Dies ist China politisch hochwillkommen, denn schon seit über zehn Jahren versuchte die chinesische Regierung mithilfe des »Go West«-Programms den Wohlstand von den Küsten ins Landesinnere zu bringen. Dank des regen Handelsverkehrs nach Russland geschieht dies nun von ganz alleine.

Produzenten verlagern inzwischen ihre Anlagen wegen der Kostenvorteile aus den großen Industriestädten Ostchinas nach Westchina. Container in Ostchina laufen häufig über Russland und benutzen die Route der transsibirischen Eisenbahn. Westchina hingegen ist über die Abzweigung nach Kasachstan besser zu erreichen. 30 Prozent des Schienenverkehrs werden derzeit mit Ostchina abgewickelt und schon 70 Prozent über Kasachstan mit Westchina.

Zugleich explodiert das Handelsvolumen per Eisenbahn zwischen den 28 EU-Ländern und China. Laut Eurostat haben sich von 2012 bis 2016 die chinesischen Exporte auf diesem Weg fast verdoppelt – von rund 275 000 Tonnen auf 600 000 Tonnen, während die europäischen Exporte nach China sich von 83 200 Tonnen auf über 400 000 Tonnen gesteigert haben.

Schon lange gelangen chinesische Waren auf dem Schienenweg nach Russland und von dort nach Europa, doch zum ersten Mal belebt sich auch die Gegenrichtung. So werden bereits auf der Strecke von Duisburg über Kasachstan nach Kashgar Container transportiert. Die Fahrt dauert nur rund drei Wochen, was ein erheblicher Zeitvorteil gegenüber dem Seetransport und auch ein Kostenvorteil gegenüber der teuren Luftfracht ist. Die Deutsche Bahn hat im Jahre 2016 40 000 Standardcontainer TEU (Twenty Foot Equivalent Unit) zwischen China und Deutschland transportiert. Für 2020 werden 100 000 Container angepeilt. Das existierende Schienennetz ist mittlerweile an seine Grenzen gelangt, weshalb viele neue Investitionen nötig sind. Dafür ist die BRI ein mächtiger Anreiz.

Südost- und Südasien

Die BRI schließt auch die südlichen Staaten der ASEAN ein. Erste Großprojekte in der Greater Mekong Area sind in Arbeit. Vietnam hat als einziges ASEAN-Land eine See- und Landesgrenze mit China. Das Land ist Teil des Projekts »China-Indochina Peninsula Economic Corridor« (CICPEC), das im Pan-Asia-Railway-Network zum Beispiel eine Eisenbahnverbindung von Kunming in China über Hanoi und Ho Chi Minh City bis Singapur vorsieht.

Auch Myanmar und Laos sind in große Projekte eingebunden. Die Beziehungen zu Sri Lanka, Pakistan und den Malediven wurden vertieft. Sri Lanka hat China Ende 2017 den Tiefseehafen Hambantota für 99 Jahre zur Pacht überlassen, was an die Verpachtung Hongkongs an die Briten erinnert. Mit den Malediven wurde im Dezember 2017 ein Freihandelsabkommen geschlossen. Möglicher Unmut der Bevölkerung und Nachbarn über »land grabbing« wurden mit viel Geld beruhigt. Ebenfalls zu Bangladesch und Burma sucht China bessere Beziehungen.

Einer der wichtigsten Bestandteile der neuen maritimen Seidenstraße soll der »China-Pakistan Economic Corridor« (CPEC) sein. Er soll China den Zugang zum Indischen Ozean ermöglichen und führt direkt durch das von Indien beanspruchte Kaschmir. Dafür ist geplant, das direkt am Arabischen Golf gelegene Gwadar in einen strategischen Hub und Megaport mit speziellen Sonderwirtschaftszonen zu verwandelt, von denen die chinesische Industrie ihre Güter direkt weltweit verschicken kann. Ein Netzwerk von Erdöl- und Erdgas-Pipelines, Straßen und Schienen wird Gwadar mit den westlichen Provinzen Chinas verbinden. Vor allem die USA und Indien befürchten, dass Gwadar mittelfristig auch als Tiefseehafen für die chinesische Marine dienen soll, was erklären würde, warum China bei der Förderung besonders großzügig ist. Auch andere Häfen in der Region dienen China grundsätzlich zu einem »dual use«, also einer militärischen wie zivilen Nutzung.

Im Gegensatz zur westlichen Entwicklungshilfe sieht China in der Regel keine Darlehen für Entwicklungsländer vor. Dennoch wurden im Herbst 2017 weitere Darlehen an Pakistan in Höhe von 500 Millionen US-Dollar für einen Flughafen, ein Krankenhaus und Wasserinfrastruktur gewährt. Davon sind alleine 230 Millionen US-Dollar für den neuen internationalen Flughafen vorgesehen.

In Pakistan bleibt die innenpolitische Lage angespannt, und es ist ungewiss, wie die Wahlen im Jahr 2019 ausgehen werden. Dennoch hat sich die Lage der pakistanischen Wirtschaft verbessert. Der Internationale Währungsfonds (IWF) attestierte eine stabile Lage und erwartet ein Wachstum von 5,6 Prozent pro Jahr. Dafür ist nicht zuletzt China verantwortlich, das über 50 Milliarden US-Dollar in das Transport- und Energiewesen investiert hat.

Im besonderen Maße profitiert Sri Lanka von seiner geografischen Lage im eher stabilen Zentrum der indisch-australischen Platte. Hinzu kommt die Küstenlinie, die von Tiefwasser umgeben ist. Dies prädestiniert Sri Lanka – im Gegensatz zu Indien – für den Bau von Tiefseehäfen. Bereits drei davon gibt es in Sri Lanka. In der De-facto-Hauptstadt Colombo befindet sich der größte der drei, betrieben von der Regierung Sri Lankas und von China. Geplant sind zwei zusätzliche Häfen, die mit chinesischem Geld gebaut werden sollen.

Auch Indien hat sich als Betreiber in Position gebracht und versucht, sich gegen den wachsenden Einfluss von China in Sri Lanka zu stemmen. Doch die finanziellen Mittel Chinas übersteigen die von Indien bei weitem. Allein in den letzten zwei Jahren wurden Milliarden in Sri Lanka investiert.

Neue Seewege

Die Verkürzung des Schifffahrtswegs um die malaiische Halbinsel herum durch einen Kanal wurde seit dem 19. Jahrhundert immer wieder erwogen. Durch den Druck Chinas kommt nun Bewegung in die Sache. Der Kra-Kanal – früher als »New Gateway to the Maritime Silkroad« bezeichnet, heute jedoch oft nur noch »Thai Canal« genannt – quer durch Thailand mit einer Länge von 135 Kilometern soll bei fünf Jahren Bauzeit rund 30 Milliarden US-Dollar kosten. Das Projekt ist für China zentral, da es die Abhängigkeit von der gefährlichen Straße von Malakka reduzieren und zu großen Kosteneinsparungen führen würde. Die Frachtroute zwischen dem Indischen und Pazifischen Ozean würde sich um zwei bis drei Tage Fahrzeit und rund 12 000 Kilometer verkürzen. Thailändische Unternehmer würden zwar profitieren, aber Regierungskreise blockieren das Projekt derzeit aus Angst vor einer zu großen Abhängigkeit von China.

Der Indische Ozean hat für China, aber auch Europa eine große strategische Bedeutung. 35 Prozente aller deutschen Exporte gehen nach Asien: Sie werden über den Indischen Ozean verschifft, Millionen von Arbeitsplätzen hängen daran. Die vier größten Handelspartner der EU finden sich in Asien. Durch die Straße von Malakka und durch die Straße von Hormus fließen drei Viertel des Welthandels – und rund 40 Millionen Barrel Rohöl täglich. China ist also einmal mehr dabei, mittels der BRI strategisch seine Interessen im Indopazifik auszubauen, während Europa den USA, Japan und Indien den Vortritt lässt, um seine ureigenen Interessen zu schützen.

Der Klimawandel hat das Meereseis im Arktischen Ozean dramatisch reduziert. Dadurch wird die Nutzung der Nordostpassage für Transportschiffe in den nächsten zwei Jahrzehnten immer wahrscheinlicher. 80 Prozent des globalen Welthandelsvolumens werden per Schiffe abgewickelt, und die meisten Handelsgüter zwischen Europa und Asien auf dem Seeweg transportiert. Allein auf dem Südchinesischen Meer werden pro Jahr Güter im Wert von rund 20 Billionen US-Dollar gehandelt und transportiert, was rund 30 Prozent des gesamten Welthandels ausmacht. Containerschiffe sind dabei günstig, aber auch langsam und angreifbar. Die Nutzung der Nordostpassage spart bis zu einem Drittel der herkömmlichen Transportzeit, was in Zeiten von »just in time delivery« manchmal den entscheidenden Unterschied ausmachen kann. Die Route ist rund 7 000 Kilometer lang und damit wesentlich kürzer als die klassische Schiffsroute über den Suezkanal, die 23 000 Kilometer lang ist.

Für Zielhäfen im russischen Fernen Osten, in Japan und Südkorea verkürzt sich also die Transportzeit nach Europa erheblich, beispielsweise zwischen Hamburg und Yokohama um rund sechs Tage, das entspricht 30 Prozent. Zwar gibt es einige logistische Herausforderungen zu lösen – an zwei Engpässen beträgt die Wassertiefe gerade einmal 11 Meter, was für große Containerschiffe problematisch ist –, doch ist davon auszugehen, dass technische Lösungen dafür gefunden werden. Damit rückt die Arktis immer mehr ins geostrategische Interesse der Weltmächte. Dies ist der Grund, warum China – die einzige Weltmacht ohne direkte Nachbarschaftsanbindung an die Arktis – eine enge Partnerschaft mit Island pflegt. Auf diese Weise sollen Einflussmöglichkeiten in der strategisch wichtigen und rohstoffreichen Gegend erlangt werden.

Digital God – Wandel im Handel

Wir leben in einer digitalen Zeitenwende, deren disruptive Entwicklungen in immer kürzeren Intervallen kommen. Einst löste das Smartphone den PC als wichtigstes digitales Gerät im Alltag ab. Doch auch dessen Zeit neigt sich dem Ende entgegen. Ende 2017 verkauften die Smartphone-Hersteller erstmals weniger Geräte an Privatkunden als im Vorjahr. Einer der Gründe dürfte sein, dass viele Kunden ihre Geräte inzwischen länger behalten. Selbst die neuen und teuren High-End-Geräte von Apple und Samsung unterscheiden sich nur unwesentlich von den Vorgängermodellen und werden länger genutzt. Eine zweite Entwicklung kommt hinzu: Die Billig-und Mittelklasse im Smartphone-Bereich verschwindet, und es bleiben nur noch die Topmodelle übrig.

Zunehmend werden Smartphones durch sprachgesteuerte Assistenten ersetzt, die permanent eingeschaltet im Wohnzimmer oder Büro der Nutzer vorhanden sind. Das Internet wird so immer unabhängiger von physischer Hardware. Die digitalen Assistenten kommunizieren mit ihren Nutzern über die Uhr, über das Auto, über eine vernetzte Wohnung oder eine Vielzahl anderer Einheiten, immer häufiger auch über Chips, die in die Kleidung integriert oder gar im Körper implantiert werden. Die Art und Ausstattung der Geräte verliert an Bedeutung, wesentlich wichtiger ist die Leistungsfähigkeit der dahinterliegenden künstlichen Intelligenz.

Die großen Internetkonzerne wetteifern mit einer Vielzahl an digitalen Assistenten um das Wohlwollen des Nutzers. Marktführer dürfte Alexa von Amazon sein, Google hat Google Home im Programm, ein ähnlich leistungsfähiges und preisgünstiges System. Apples HomePod ist deutlich teurer, dafür ist der Klang besser. Dies macht Sinn, denn Apple verdient vor allem Geld mit Hardware, während Amazon und Google unablässig die persönlichen Daten ihrer Nutzer sammeln, auswerten und dazu nutzen, immer präzisere Angebote zu machen. Es ist bereits so weit, dass Amazon Kunden Waren aufs Geratewohl schickt, die zwar nicht bestellt wurden, aber nützlich oder willkommen sein könnten.

Der entscheidende Wettbewerbsvorteil ist also die Menge der Daten, die erhoben werden können: Big Data – was auch bedeutet: je mehr Kunden, desto besser. Aus diesem Grund findet man heutzutage Alexa in Haushaltsgeräten wie Fernsehern, Heizungen und Kühlschränken. So wird wie nebenbei der Kundenkreis vergrößert. Tendenz: stark steigend.

Dieser Trend wird in China begierig aufgegriffen und durch die rasanten Fortschritte der dortigen Hardware-Entwicklung immer schneller und flächendeckender vorangetrieben. Die digitalen Assistenten sind für manche Menschen gar so etwas wie eine Art Familienmitglied geworden. Hinzu kommt, dass sie vom Staat als verlängerter Arm des Gesetzes zum Abhören und Überwachen eingesetzt werden können. Die *Schöne neue Welt*, die Aldous Huxley, und der »große Bruder«, den George Orwell in seinem Roman *1984* beschrieb, sind also inzwischen da.

Im Zeitalter der Digitalisierung sieht man sich zwei großen Herausforderungen gegenüber. Zum einen existiert ein Mangel an Vorstellungsvermögen, denn viele Firmen wissen nicht mehr, wie sie ihr Geschäftsmodell weiterentwickeln sollen. Zum Zweiten nützen die besten Ideen nichts, wenn sie sich nicht durch- und umsetzen lassen, was nur mit einer gewissen Zerstörung der alten Strukturen gehen kann. Es ist augenfällig, dass die großen destruktiven und disruptiven Umwälzungen, die aufgrund der Digitalisierung zu erwarten sind, ausgiebig diskutiert werden, aber tatsächlich passiert ist bislang eher wenig. Einer der Gründe mag sein, dass Investitionen in Digitalisierung schnell kopiert werden können und deshalb rasch abgeschrieben werden müssen.

In Europa ist man derzeit wenig bereit, in Dinge zu investieren, bei denen man sich nicht sicher ist, ob sie Früchte tragen werden. Zu den zentralen Eigenschaften der digitalen Welt gehören der Netzwerkeffekt und die Skalierbarkeit. Deswegen ist es kein Zufall, dass die größten und wertvollsten Firmen der digitalen Welt entweder aus den USA oder aus China kommen. Durch seine riesige Bevölkerung, die lernfähig und auch experimentierfreudig ist, hat gerade China einen großen Vorteil.

Die Regierung der Volksrepublik scheint sehr gut verstanden zu haben, wie man Wirtschaft und Politik kurzschließt, wenn auch in einem totalitären Sinn. Sie praktiziert sozusagen einen »flexiblen Konformismus«, das heißt, man gibt der aufstrebenden Mittelschicht eine Perspektive in Fragen des Konsums und der Unterhaltung sowie die Illusion einer politischen Teilhabe mit Gleichgesinnten etwa in Foren, behält aber die Kontrolle und Überwachung über Finanzanlagen, Shopping und Social Media.

Firmen, die nur reagieren und nicht agieren, werden langfristig vom Markt verschwinden. Das ist im Sinne des Ökonomen Joseph Schumpeter der Prozess kreativer Zerstörung, der ein überlebensnotwendiger Selbstreinigungsprozess einer Volkswirtschaft ist. Man mag dies in einer Marktwirtschaft begrüßen. Es stellt sich jedoch grundsätzlich die Frage, wie viel Marktwirtschaft überhaupt überleben wird. Die digitale Welt braucht deutlich weniger Arbeitskräfte, um profitabel zu agieren, als die industrielle. Das Geschäftsmodell der industriellen Welt war die Automobilfabrik mit ihren Zulieferern und Händlern. Dies brachte messbaren Wohlstand, der an der Zahl der Autos pro Einwohner festgemacht wurde. Im 21. Jahrhundert ist das Geschäftsmodell ein anderes: Heute sind die entwickelten Gesellschaften vor allem Dienstleistungsgesellschaften, die produzierende Industrie verliert immer mehr an Bedeutung.

China wird in diesem Bereich zum Vorreiter. Dort wird derzeit eine App entwickelt, mit der man in einem Geschäft ein Produkt auswählen und die Konditionen für einen möglichen Kredit ermitteln lassen kann. Innerhalb weniger Sekunden checkt das Programm die Bankkonten, erfragt das Kreditrating und verfolgt die digitalen Spuren in sozialen Netzwerken. Basierend auf einer Auswertung der Daten erhält man dann ein individuell zugeschnittenes Kreditangebot. Eine umfassende Dienstleistung, bei der allerdings die Privatsphäre auf der Strecke bleibt. Eine digitalisierte Gesellschaft benötigt insofern hohe Transparenz. Das ist allerdings zwiespältig, denn es besteht die Gefahr des Datenmissbrauchs.

Eine weitere Herausforderung ist der Zugang zu Daten. Mehr Datenmengen für mehr Leute zugänglich zu machen, würde Innovationen, Unternehmertum und Kreativität begünstigen und auch immer mehr Anwendungen ermöglichen. Andererseits stehen dem große Bedenken bei der Vertraulichkeit, in Fragen des Datenschutzes, der Sicherheit und der Eigentumsstrukturen an Daten gegenüber. Kaspersky, ein weltweit führender Software-Konzern in Russland, der sich auf Sicherheits-Software spezialisiert hat, hat festgehalten, dass allein im Jahr 2017 über 90 Millionen Cyber-Angriffe stattgefunden haben. Im Jahr 1997 waren es gerade einmal 500 gewesen.

Die rasante Weiterentwicklung neuer Technologien und die Nutzung von Big Data für Zwecke der politischen und gesellschaftlichen Steuerung geht in China einher mit zentralistischer Kontrolle. Dies liegt zum einen daran, dass es in der Volksrepublik gut ausgebildete und innovative Menschen im Übermaß gibt, die solche Modelle intellektuell vermessen und gegebenenfalls weiterentwickeln können. Zum anderen aber besteht in China – wie in vielen anderen Ländern Asiens – ein Grundvertrauen in gut funktionierende Technologie. Dies ist so ausgeprägt und so tief verankert, dass es tendenziell sogar noch weiter zunehmen dürfte. Dadurch entsteht die Gefahr eines totalitären Datenmissbrauchs, eines »digitalen Maoismus«. In Ländern wie Indien und China haben – im Gegensatz zum Westen – die Eliten und das Volk noch tiefes Vertrauen in die Kompetenz ihrer Regierung und die Zukunft ihres Landes.

In jedem Fall ist die Marktmacht von Big Data erschreckend. Unternehmen wie Cambridge Analytica haben erwiesenermaßen dabei geholfen, die amerikanische Präsidentschaftswahl sowie diverse Referenden in der EU durch die Analyse von Daten aus Facebook zu beeinflussen. Cambridge Analytica hat ausgefeilte Analysen dazu verwendet, die Persönlichkeit und die Vorlieben von Menschen erfolgreich vorherzusagen, um dann die Werbung maßgeschneidert darauf abzustellen. Der gläserne Kunde ist auch ein gläserner Wähler. Bereits jetzt lassen sich politische Systeme in den westlichen Demokratien leicht beeinflussen. Das ist jedoch nichts im Vergleich zu dem, was in China geplant wird. Dort wird ein selbstlernender Algorithmus eingesetzt, der den »Social Credit« eines Bürgers berechnen kann. Dafür werden sämtliche Online-Aktivitäten der Bürger genutzt; anhand derer wird versucht zu bestimmen, wie loyal und gesetzestreu sie sind, ob sie für bestimmte Positionen qualifiziert sind, ob sie berechtigt sind, Darlehen aufzunehmen oder eine Reisegenehmigung zu erhalten. Diese umfassenden Analysetools können in Kombination mit vielen Daten zu Werkzeugen werden, die nicht nur der Kontrolle dienen, sondern auch dazu, die private wie öffentliche Meinung zu ändern und zu beeinflussen.

Datenschutz ist aber nicht nur in China, sondern auch in den USA ein Fremdwort, wenngleich die milliardenschweren Datensammlungsgeschäftsmodelle von Facebook und Co. immer mehr in die Kritik von Politik und öffentlicher Meinung geraten. Die europäische Datenschutz-Grundverordnung, die die EU im Mai 2018 erlassen hat, ist in dieser Hinsicht ein großer Schritt in die richtige Richtung, da sie dem Kunden Kontrolle und Eigentum an seinen Daten zurückgibt.

China: digitale Supermacht

Auf dem 19. Parteitag der Volksrepublik China im Oktober 2017 kündigte Staatschef Xi Jinping an, dass China bis 2035 eines der innovativsten Länder der Welt werden solle. Zudem bekräftigte die Regierung das Programm »Made in China 2025« sowie das Programm »Internet plus«. Sie sollen einen massiven Digitalisierungs- und Innovationsschub auslösen.

Um dieses Ziel zu erreichen, arbeitet die Politik mit großen IT-Unternehmen wie Baidu, Alibaba und Tencent – die so genannten BAT-Unternehmen – eng zusammen. Baidu ist die dominierende Suchmaschine Chinas, Alibaba ein Online-Händler – vergleichbar mit Amazon –, während Tencent ein Social-Media- und Spiele-Anbieter ist, der auch die Plattform WeChat betreibt. In keinem anderen Land ändert sich momentan die digitale Welt so schnell und nachhaltig wie in China. Das Reich der Mitte geht immer häufiger seine eigenen digitalen Wege und ist dabei erfolgreich.

Rund 850 Millionen Menschen surfen derzeit in China bereits mobil. Das sind mehr als doppelt so viele Menschen wie in den USA. Im Jahr 2017 stieg die Anzahl der Nutzer von Alipay, dem digitalen Bezahlsystem von Alibaba, um 730 Prozent. Bereits rund 20 Prozent der verkauften Smartphones in China stammen vom chinesischen Hersteller Huawei;

der südkoreanische Konzern Samsung, weltweit der größte Smartphone-Hersteller, kommt in der Volksrepublik nur auf einen Marktanteil von 3,3 Prozent. Chinesische Modelle werden wegen günstigerer Preise bevorzugt, wenn sie ausreichende Qualität besitzen.

Die weitgehende Abschottung des chinesischen Internetmarktes ist ein wichtiger Startvorteil für die chinesischen Internetunternehmen. Wegen der explodierenden Mittelschicht haben diese Konzerne auch weiterhin ein riesiges Wachstumspotenzial. Insgesamt zählt Ostasien über 800 Millionen Social-Media-Nutzer und 1 Milliarde Internet-User, wovon 90 Prozent über das Smartphone ans Netz gehen. Somit hat Asien insgesamt die mit Abstand meisten Internetnutzer der Welt.

Unter den neuen chinesischen Weltkonzernen ist Huawei mit seinen Smartphones und Netzwerkdiensten besonders aggressiv. 2017 hat niemand mehr Patente in Europa angemeldet als diese Firma, die offiziell den Mitarbeitern gehört, jedoch faktisch von einem altgedienten Offizier gelenkt wird. Huawei hat mit 2 398 Patentanmeldungen im vorigen Jahr deutlich den Siemens-Verbund überholt, der auf 2 220 kam. Auch an dritter und vierter Stelle folgen asiatische Unternehmen: LG mit 2 056 und Samsung mit 2 016 Patentanmeldungen.

China strebt nach Innovationsführerschaft in Spitzentechnologie. Bereits 2013 hatte China mehr Patentmeldungen als jedes andere Land eingereicht. Die Gesamtinvestitionen in Forschung und Entwicklung stiegen von 30 Milliarden US-Dollar im Jahr 2005 auf 200 Milliarden US-Dollar im Jahre 2014. Trotz dieser beeindruckenden Zahlen ist die Qualität allerdings oft noch nicht besonders hoch. Nur ein geringer Prozentsatz, weniger als 5 Prozent, werden gleichzeitig in den USA und Europa eingereicht.

Durch verordnete Kreativität soll Abhilfe geschaffen werden. China versucht, sein Bildungssystem zu revolutionieren. Mit 500 000 Schulen hat die Volksrepublik das größte Schulsystem der Welt. Auswendiglernen und Wissenswiedergabe in zentralisierten Prüfungen sind Kennzeichen dieses Systems. Nicht nur aus Sicht mancher chinesischer Eltern wird zu wenig Wert auf individuelle persönliche Entwicklung und aktives Lernen gesetzt: Im Jahr 2018 hat Chinas Bildungsministerium Kreativität auf die Schulagenda gesetzt, um durch neue Lern- und Lehrmethoden die nächste Generation fit zu machen für zukünftige Herausforderungen.

Die chinesische Wirtschaft ist vor allem innovativ, was die Einführung kundenorientierter neuer Geschäftsmodelle sowie die Entwicklung kostenoptimierter Produktionsmethoden betrifft. Die Umsetzungsgeschwindigkeit von neuen Konzepten ist vorbildlich. Viele chinesische Unternehmen fokussieren sich auf die Bereiche Hochtechnologie, Vielfalt an Produkten und Spezialprodukte mit niedrigen Preisen. Die Grundlage dafür ist die riesige und immer weiter zunehmende Menge an Kunden in der Mittelschicht. Dadurch sind die Märkte, die man adressieren kann, von Anfang an so groß, dass sich der Kapitaleinsatz für die Einführung neuer Produkte lohnt, weil man sofort eine kritische Masse an Kunden findet – selbst wenn es sich nur um einen kleinen Prozentsatz der riesigen Mittelschicht handelt. Darüber hinaus sind chinesische Verbraucher gegenüber Neuerungen positiv eingestellt und sehr aktiv in Feedback-Portalen im Internet.

Am Anfang des Aufstiegs der chinesischen Unternehmen stand der günstige Zugang zu staatlicher Infrastruktur und geistigem Eigentum. Durch eine permanente Vereinfachung von Produkten und das Eliminieren von Prozessschritten wurden Fortschritte gemacht, die auch heute noch viele chinesische Unternehmen auszeichnen. Zwar gibt es bis heute vergleichsweise niedrige Kapitalinvestitionen für Produktionsanlagen und auch eine noch unzureichende Forschungsinfrastruktur, die jedoch durch Programme wie »Made in China 2025« massiv verbessert werden.

Die Kenntnisse und Fähigkeiten der Universitätsabsolventen mögen zwar nicht immer an die weltweiten Standards anschließen, dafür gibt es aber eine große Mengen an Absolventen, die von großer Lern-, Leidens- und Leistungsbereitschaft geprägt sind. Von den weltweit 137 Millionen Menschen zwischen 25 und 35 mit universitärer Ausbildung leben 17 Prozent in China – zum Vergleich: in den USA leben 14 Prozent, in Deutschland 2 Prozent. Rund 40 Prozent der chinesischen Absolventen besitzen einen Abschluss in Naturwissenschaften.

Der nach wie vor mangelhafte und oft bemängelte Schutz geistigen Eigentums in China bleibt ein heikles Thema. Die Gefahr, bei der Einreichung eines Patentes nach der Veröffentlichung durch das Patentamt kopiert zu werden, ist in China unverhältnismäßig größer als in anderen Ländern. Deswegen behalten viele chinesische Unternehmen ihre

Forschungsstrategien und Ergebnisse lieber für sich; auf diese Weise geben sie der Konkurrenz keine Anhaltspunkte. Wenn jedoch Patente eingereicht werden, dann in der Regel flächendeckend, indem ein ganzes Forschungsgebiet durch mehrere Anmeldungen abgedeckt wird. So werden sozusagen Nebelkerzen geworfen und die Konkurrenz im Unklaren gelassen, wo der tatsächliche Schwerpunkt der Forschung liegt.

Dabei entspricht das chinesische Patentrecht und -wesen hinsichtlich seiner Regelungen und Strukturen durchaus dem deutschen Vorbild. Probleme bei der gerichtlichen Durchsetzung, die seit einigen Jahren auch für ausländische Unternehmen immer häufiger erfolgreich ist, rühren oftmals von laxer Patentrecherche von Ausländern in China, politischem Einfluss und soziokulturellen Faktoren her. Das ist durchaus vergleichbar mit anderen asiatischen Volkswirtschaften wie Japan, Korea und Indien. Sobald mehr eigene Erfindungen patentiert werden, wird das Land protektionistischer und penibler, was den Schutz geistigen Eigentums betrifft.

Nicht nur der gewaltige Binnenmarkt bildet die Basis der chinesischen Unternehmen, sondern ihnen ist gemeinsam, dass sie die weltweiten Märkte erobern und im Bereich digitaler Medien überdurchschnittlich wachsen wollen. Der Umsatz 2015 betrug rund 10,7 Milliarden Euro, bis zum Jahr 2020 soll dieser bereits auf 17,3 Milliarden Euro anwachsen. China ist auf dem besten Weg, ein weltweit führender Katalysator in der digitalen Transformation zu werden. 55 Prozent von Chinas BIP sollen bereits im Jahr 2021 von der digitalen Ökonomie kommen. Mittlerweile ist China vor den USA zum größten digitalen Markt der Welt aufgestiegen. Eine Milliarde Menschen nutzen das Internet – dreimal so viele wie in den USA. Während Apple, Facebook und Amazon an der Börse auf insgesamt 2,8 Billionen US-Dollar taxiert werden, bringen Alibaba und Tencent inzwischen schon 1 Billion US-Dollar auf die Waage. Alibaba, das chinesische Pendent zu Amazon, ist in kürzester Zeit zu einem gewaltigen Weltmarktspieler geworden. Dem Unternehmen gelang 2007 der damals größte Börsengang aller Zeiten, bereits nach 28 Tagen wuchs die Kapitalisierung auf 180 Milliarden US-Dollar an. Hangzhou, der Sitz von Alibaba, gilt als das Silicon Valley Chinas. Schätzungsweise werden pro Tag 70 neue Internetunternehmen in der 8-Millionen-Einwohner-Stadt gegründet. Bereits im Mittelalter war Hangzhou mit über einer Million Einwohnern eine der größten Städte der Welt. Der Umsatz von Alibaba ist allein im Jahr 2017 um über 50 Prozent gestiegen.

Die chinesische Tech-Szene lockt inzwischen mehr Wagniskapital an als das Silicon Valley. Unter den fünf aktivsten Wagniskapitalunternehmen weltweit befinden sich zwei Fonds aus Peking: Tsinghua Venture Capital sowie Sequoia Capital China, der dem gleichnamigen Risikokapitalgeber aus dem Silicon Valley gehört.

2016 flossen rund 32 Milliarden US-Dollar Wagniskapital nach Asien, 2017 – also innerhalb eines Jahres – waren es fast dreimal so viel: 71 Milliarden US-Dollar. Im Vergleich dazu nehmen sich die Zuwachsraten der USA und Nordamerikas bescheiden aus, dort stiegen die Investitionen von 63,5 Milliarden auf 74,5 Milliarden US-Dollar. Den Rekord für die größte Investitionssumme, die auf einen Schlag investiert wurde, erzielt folgerichtig auch nicht Uber, sondern der chinesische Herausforderer Didi mit 5,5 Milliarden US-Dollar.

2010 hatte sich Google aus ethischen Gründen aus dem chinesischen Markt zurückgezogen, ihn jedoch nie ganz verlassen. Die großen US-Unternehmen wissen, dass sie nicht von diesem riesigen Markt mit seinen Innovationen und verlockenden Datenmengen abgeschnitten werden dürfen. Deswegen hatte Google das Werbegeschäft beibehalten und einzelne Dienste wie seinen Kartendienst und seinen Übersetzungsdienst angeboten. Auch in der aufstrebenden Start-up-Szene in China ist Google schon lange aktiv. Man kann also davon ausgehen, dass sich Google über kurz oder lang wieder offiziell in China betätigen wird.

Der digitale Sektor wird die gesamte Weltwirtschaft für Jahre hinaus auf Wachstumskurs halten. China möchte dabei eine zentrale Rolle spielen, die Popularität des Internets erweitern sowie die Infrastruktur verbessern. Es will das Internet zwar nicht monopolisieren, aber doch eine dominante Rolle spielen. Das »Made in China 2025«-Programm in Kombination mit der seit 2015 laufenden »Internet Plus«-Strategie soll die Wirtschaft in diesem Sinne weltweit voranbringen.

In den nächsten Dekaden werden insbesondere künstliche Intelligenz (KI) und andere Technologien für die digitale Wirtschaft eine zentrale Rolle spielen. Vor allem durch die drei Treiber Algorithmen, Rechenleistung und Daten wird KI in China besonders schnell wachsen. China hat eine gewaltige Nutzerbasis, die einen noch gewaltigeren Berg an

Daten produziert, der zu einer größeren Innovationskette bei Algorithmen führt und auch zu Quantensprüngen bei den Ansprüchen an Rechenleistung. Fortschritte bei dem Einsatz von Quantencomputern wie auch deren weite Verbreitung werden dies begünstigen.

Entwicklungen im Handel

Durch die Digitalisierung hat sich viel Positives getan. Zunehmend achten Kunden beim Einkauf nicht mehr nur auf den Preis, sondern auch auf die Qualität und die Werte, für die ein Produkt steht. Nun spielt es eine Rolle, woher die Produkte kommen, ob sie gesundheitsverträglich sind oder fair hergestellt wurden. Als Anbieter muss man darum heute seine Kunden viel besser kennen als früher. Besucht jemand einen Offline-Shop, ist seine Erwartungshaltung oft vorgegeben durch das Erlebnis im Onlineshop. Ein vermeintlicher Widerspruch, denn Online-Shopping bedeutet eigentlich mehr Preistransparenz und weniger Kundentreue. Dies bedeutet aber nicht, dass der Kunde nicht immer häufiger ein soziales Erlebnis erwartet, das ihm persönlich wie auch seinen Interessen und speziellen Neigungen entspricht. Jeder Mensch handelt in verschiedenen Dimensionen: Als Konsument ist er global orientiert und profitiert von der besten Auswahl zum günstigsten Preis. Als Investor agiert er ebenfalls global und interessiert sich für eine ausreichende Rendite. Als Angestellter hingegen denkt er meist lokal und fühlt sich schnell durch globale Konkurrenz bedroht. Als Bürger denkt er in erster Linie lokal, allenfalls national. Die Digitalisierung aber bringt dem Konsumenten in seinem lokalen Heim das globale Paradies ins Haus. Damit ist eine hohe Transparenz und ständige Erreichbarkeit verbunden, die allerdings für manche zum Problem wird.

Nicht jedoch für die Chinesen: Sie sind die eifrigsten Online-Shopper der Welt. Besonders ausgeprägt ist das am 11. November, dem von Jack Ma eingeführten chinesischen »Tag der Singles«. Er wird als das größte Online-Shopping-Erlebnis des Jahres begangen. 2016 gaben chinesische Käufer an diesem Tag 17,8 Milliarden US-Dollar aus und übertrafen damit die kombinierten Online-Umsätze der traditionell umsatzstarken US-amerikanischen Feiertage Thanksgiving, Black Friday und Cyber Monday. Am 11. November 2017 generierten chinesische Konsumenten einen Umsatz von 31,3 Milliarden US-Dollar, wovon alleine 20,4 Milliarden US-Dollar auf Alibaba entfielen.

Betrachtet man die weltweiten Jahres-Online-Umsätze, so lag China im Jahre 2015 mit 127,5 Milliarden Euro weit vor den USA mit gerade einmal 77,9 Milliarden Euro, Japan mit 31,1 Milliarden Euro, Großbritannien mit 46,2 Milliarden Euro und Deutschland mit 21,2 Milliarden Euro. Frankreich folgt abgeschlagen mit 13,6 Milliarden Euro. Diese Zahlen zeigen, welch gewaltiger Umbruch in der Digitalbranche stattfindet. Handel hat sich in den letzten Jahren extrem verändert. Shopping rund um die Uhr, kostenlose Lieferung und eine riesige Produktauswahl sind heute selbstverständlich, auch in ländlichen Gegenden im tiefsten China. Vernetzung zählt mehr als Tradition, kostenlose und pünktliche Lieferung mehr als Markennamen. Konsumenten nehmen über unterschiedliche Wege Kontakt zu Händlern auf, über Onlineshops, eine Ladenpassage, die Bestellhotline oder eine Smart-App. Sie werden durch eine Masse an Angeboten, die über alle vertrieblichen Publikationskanäle verzahnt sind, umworben. Der stationäre Handel befindet sich deshalb inzwischen im Sinkflug. Im Vergleich zum Internet ist das Warenangebot eines Kaufhauses fast schon spartanisch. In Deutschland wächst der Onlinehandel in Riesenschritten pro Jahr durchschnittlich um 10 Prozent, und auf absehbare Zeit wird es auch so bleiben.

Der Kunde gewöhnt sich immer mehr an eine unermessliche Angebotsvielfalt in den Onlineshops, weshalb der stationäre Handel mit anderen Lösungen punkten muss. Im Vordergrund steht dabei das Shopping-Erlebnis. Kunden schätzen es, im stationären Handel alle Produkte anfassen, fühlen und vor allem anprobieren zu können. Noch ist das in virtuellen Shops nur eingeschränkt möglich, sodass in Europa der Einsatz von digitalen Anwendungen noch den stationären Laden ergänzen kann.

In China und Asien hingegen eilt Alibaba mit innovativen Konzepten der Konkurrenz weit voraus. Schon heute gibt es beeindruckende virtuelle Shopping-Malls, in denen Kunden die Waren sogar anprobieren können. In Deutschland und Europa sind die Händler noch lange nicht so weit. Oft ruhen sie sich auf ihrem guten Namen und ihrer langen Tradition aus und sehen den Onlineshop nicht als Chance für eine Erweiterung und Ergänzung ihres Portfolios.

»Mit einem Lächeln bezahlen« ist der neueste Trend für mobile und Online-Zahlungsdienste; dahinter verbirgt sich die Bezahlung per Gesichtserkennung, mit der die chinesische Firma Alipay, ein Tochterunternehmen von Alibaba, Furore macht. Wieder einmal ist die Lernkurve der chinesischen Unternehmen rasant – waren noch die ersten Homepages in China reine Kopien von Printmedien zu einer Zeit, als im Westen bereits cooles Design und interaktive Applikationen eigens fürs Internet kreiert wurden, so lag der ursprüngliche Fokus der chinesischen Unternehmen auf Funktionalität. Das ist wiederum etwas, was im Westen immer mehr ins Hintertreffen geraten ist. Chinesen hingegen sind Pragmatiker und verliebt in blinkende Spielzeuge. Deswegen stehen hier integrierte Lösungen hoch im Kurs, die jemanden zum Teil einer Gemeinschaft machen. Aus diesem Grund ist WeChat deutlich mehr als ein reiner Chat-Dienst: Inzwischen bietet es integrierte Lösungen von Bezahlservice über Design bis zur Lieferung an.

Der globale Trend lautet »Omnichannel«, das heißt, Kunden möchten heute nahtlos über alle Kommunikationskanäle Kontakt zu Händlern aufnehmen. Für Unternehmen bedeutet dies, alle Kanäle zu koordinieren und zu integrieren, damit sich der Kunde in der Erlebniswelt der Marke entspannt bewegen und einkaufen kann. Marketing und Vertrieb verschmelzen miteinander, das Erlebnis von Entertainment und Servicekompetenz stehen an erster Stelle. Die meisten Menschen lassen sich beim Einkaufen von Emotionen leiten und schätzen Vertrauen und Verlässlichkeit besonders. Dies haben chinesische Unternehmen bereits erkannt.

Die Online-Einkäufe in Europa wachsen überdimensional schnell. Dafür sind vor allem asiatische Versender wie AliExpress – Teil der Alibaba Group – und JD.com verantwortlich. Bis vor kurzem waren deutsche Onlineshopper relativ vorsichtig, was Bestellungen in Asien anging. Zwar gibt es Ladekabel, Handyhüllen und andere Kleinigkeiten zu günstigen Preisen, doch musste man bislang oft lange Lieferzeiten in Kauf nehmen. Aber durch den Bau eines Logistikzentrums in Bulgarien und eines Drehkreuzes in Belgien rückt Alibaba deutlich näher an die Kunden im DACH-Raum heran. Millionen von Paketen werden schneller in Europa ankommen. Dies dürfte den Umsatz nach oben katapultieren. Bereits heute rangiert AliExpress unter den umsatzstärksten Shopping-Websites in der Schweiz und in Deutschland.

Alibaba wächst nach eigenen Angaben mit 100 Prozent pro Jahr und verschickt täglich 50 000 Pakete von China nach Deutschland, weshalb für 2019 die Eröffnung einer Niederlassung im Hamburger Hafen erwogen wird.

Die Umwälzungen im Einzel- und Großhandel sind jedoch globaler Natur. Man kann exemplarisch in den USA beobachten, was auch in Deutschland und Europa eintreten wird. Kein Land der Welt hat so viele Ladengeschäfte wie Amerika: Sowohl bei der Ladenfläche pro Einwohner als auch beim Umsatz je Einwohner ist der US-Einzelhandel weltweit führend. Dennoch schließen Amerikas Geschäfte im Rekordtempo ihre Pforten. Nach Schätzungen werden in den nächsten Jahren in den USA 100 000 Geschäfte schließen. Das ist bemerkenswert, denn durch die Steuerreform von 2018 und die wachsenden Konsumausgaben in den USA müssten eigentlich die Gewinne nur so sprudeln. Das Problem ist jedoch, dass sogar in den USA der Einzelhandel nicht ausreichend mit Innovationen auf die massiven Veränderungen von Konsumgewohnheiten und Bedürfnissen der Kunden reagiert. Natürlich sind einige Sektoren davon stärker betroffen. So sind in den USA bereits 80 Prozent des Umsatzes mit Elektroprodukten ins Internet abgewandert und auch 40 Prozent des Bürobedarfs. Lange hat keiner damit gerechnet, dass die amerikanische Einkaufskultur sich so rasend schnell verändern würde. Die sich seit den sechziger Jahren zunächst in den USA und dann weltweit ausbreitenden Shopping-Malls waren fester Bestandteil des Alltags vieler Amerikaner und das Symbol der modernen aufstrebenden amerikanischen Mittelschicht, so wie sie es heute in Asien sind.

Durch das Sterben der Läden ist eine Umwidmung und Umnutzung der riesigen Flächen und Immobilien dringend geboten. Immer mehr werden tote Malls umgewidmet in Distributionszentren, Logistikflächen oder Gesundheitszentren. All dies wird auch in Deutschland und zum Teil in Asien kommen.

Asien hat jedoch im Großen und Ganzen noch nicht den Überhang an derart viel Verkaufsfläche und ist zudem schneller und anpassungsfähiger bei Änderungen von Geschäftsmodellen und Einkaufsverhalten. So ist Japan neben China und den USA einer der größten E-Commerce-Märkte der Welt. Bereits 83 Millionen der 127 Millionen technikaffinen Japaner kaufen online ein, bis 2022 wird ein Umsatz von 122 Milliarden Euro erwartet.

Hinter der florierenden E-Commerce-Branche steht in jedem Land die Logistik als wichtiges Rückgrat für die Handelsplattformen. Dort gibt es noch großen Nachholbedarf in Asien und speziell China. Der Bestand an hochwertigen Logistikflächen ist in China mit knapp 30 Millionen Quadratmetern fünfmal kleiner als in den USA. Deswegen ist China führend beim Einsatz von Drohnen. Die Firma DJI aus Shenzhen dominiert mit 75 Prozent den weltweiten Markt für kommerzielle Drohnen. Der chinesische Logistikdienstleister SF Express hat als erstes Unternehmen die Lizenz bekommen, Pakete mit Drohnen und Flugzeugen auszuliefern. Derzeit ist der Schwerpunkt der Bestellungen der jährlich rund 40 Milliarden beziehungsweise täglich rund 110 Millionen Pakete noch an der Ostküste. Doch mittelfristig werden auch Regionen im Landesinneren mehr Bedarf haben. Auch Alibaba hat den Trend erkannt und investiert inzwischen Milliarden in Filialen der Marke HEMA, die zugleich als Logistikzentrum fungieren, um Onlinebestellungen in kurzer Zeit ausliefern zu können. Amazon tut in den USA das Gleiche.

Ähnliches gilt für die Finanztechnologie, abgekürzt Fintech. In diesem Bereich hat sich China rasend schnell entwickelt und ist marktführend. Ende 2015 gab es geschätzte 500 Millionen Nutzer von Finanzdienstleistungen im Internet – weltweit die Nummer eins. Dieser rasante Aufstieg geht einerseits auf das unterstützende regulatorische Umfeld zurück wie andererseits auf die starke E-Commerce-Durchdringung Chinas.

Die Vorreiter wie Alibibas Service Alipay und Tencents Caifutong dominieren die Landschaft. Alipay, Chinas größtes Onlinebezahlsystem ist ein Dienst der Ant Financial Services Group, einer Tochter der Alibaba Group. Weltweit ist sie die erfolgreichste und wichtigste Fintech-Firma. Das Unternehmen hat seine zahlungslosen Lösungen bereits exportiert und mit dem indischen Start-up Paytm bereits 2015 ein Joint Venture gegründet, um eine lokale Version von Alipay zu kreieren.

Das zweitgrößte Segment ist die Vermögensverwaltung, insbesondere über den Vertrieb von Geldmarktfonds. Der Wendepunkt war dabei die Auflegung von Alibabas Fonds Yu'e Bao 2013. Kunden von Alipay konnten ihre Guthaben in einen Geldmarktfonds investieren, was einen Wendepunkt der chinesischen Finanzbranche darstellt. Yu'e Bao ist Chinas größter Geldmarktfonds und eine Herausforderung für die traditionelle Finanzlandschaft, der eine neue Innovationswelle einleitete.

Die Internet-Plus-Strategie Chinas hat zu einem gewaltigen Strom an Innovationen geführt, der die Volksrepublik in eine globale Führungsposition mit einer großen Bandbreite von Produkten und Dienstleistungen katapultiert hat. Ein Beispiel dafür ist das Bike-Sharing, der Fahrradverleih – ein Geschäftsmodell, das in den Metropolen Chinas sehr erfolgreich ist und sich auch in Deutschland immer stärker verbreitet. In Berlin, Frankfurt und München gibt es mittlerweile neben deutschen Anbietern auch die Räder von Mobike, Obike, Ofo oder YoBike – insgesamt rund 15 000 Fahrräder, die zum Teil ohne Absprache mit den Städten aufgestellt wurden.

Die Bedeutung des Digitalsektors in Asien kann nicht hoch genug eingeschätzt werden. 2017 hat allein die Smartphone-Industrie ein Sechstel zum Plus des Welthandels beigetragen, in Südkorea macht sie ein Drittel und in Taiwan sogar rund 40 Prozent des Wirtschaftswachstums aus. Im Jahr 2021 sollen 55 Prozent von Chinas BIP durch die Digitalwirtschaft erwirtschaftet werden. 2016 waren es immerhin bereits 30 Prozent des BIP.

Green (R)Evolution – wird China grüner als Greenpeace?

Angesichts der drängenden Probleme, die sich aus der globalen Erwärmung und der wachsenden Umweltverschmutzung ergeben, wandelt sich auch die Finanzwelt in erstaunlicher Weise. Zentralbankpräsidenten und Finanzminister der G20-Staaten vollziehen eine notwendige, gleichwohl überraschende Wende, indem sie grüne Finanzierung ins Zentrum der Strategien zur Wirtschaftsentwicklung stellen.

Die Erkenntnis, dass die Finanzierung ökologisch nachhaltigen Wachstums überlebensnotwendig ist, stellt eine wichtige Weichenstellung dar. Bisher wurde in den üblichen Modellen der Wirtschaftsentwicklung Umweltschutz als Luxus betrachtet, den sich Gesellschaften normalerweise erst leisten, wenn sie bereits reich geworden sind. Zahlreiche Beispiele – seien es die USA, europäische Länder oder Japan – belegen, dass dies jahrzehntelang die normale Politik war, die auch von China verfolgt wurde.

Das Land hatte bei seinem kometenartigen Aufstieg stets im Fokus, ob es früh genug reich werden würde, bevor es zu alt ist. Weniger wichtig war die Frage, ob es reich wird, bevor sich leisten kann, etwas für die Umwelt zu tun. Gleichwohl findet aber jetzt schon – also noch bevor China reich genug ist, um sich Umweltschutz leisten zu können – ein Umdenken statt. Aus gutem Grund: Die chinesischen Leistungen der letzten 30 Jahre, ob nun nach Pro-Kopf-Einkommen oder nach BIP-Wachstum, waren von herausragendem Erfolg gekrönt, der jedoch einen hohen Preis forderte: eine toxische Mischung aus Luftverschmutzung, Kontamination von Böden und die Austrocknung von Wasseradern. Die chinesische Regierung hat mittlerweile erkannt, dass sie die Umwelt schützen muss, und zwar jetzt.

Eine monumentale Herausforderung – es wird geschätzt, dass jährlich 600 Milliarden US-Dollar in die Sanierung und den Schutz der Umwelt, in erneuerbare Energien, Energieeffizienz und nachhaltige Transportsysteme investiert werden müssen. Nur 15 Prozent diese Finanzierung stammen derzeit aus privaten Quellen, sodass der öffentliche Finanzbedarf gigantisch ist. China muss deshalb sein Finanzsystem so umgestalten, dass es private Investitionen nach Kräften unterstützt. Bereits jetzt werden konkrete Maßnahmen in Angriff genommen.

So wurden im Sommer 2017 von der zentralen Lenkungsgruppe umfassende Reformen im Finanzsystem vereinbart, um »grüne Investitionen« zu erleichtern. Dieses Maßnahmenpaket und die Leitlinien sind weltweit der erste Versuch, den fundamentalen Wandel einer Volkswirtschaft in eine grünen Wirtschaft durchzusetzen. Nach den Leitlinien soll eine Reihe neuer Finanzinstrumente entwickelt werden, wie beispielsweise grüne Entwicklungsfonds, grüne Anleihen, grüne Kredite, grüne Aktienindexprodukte, grüne Versicherungen und CO_2-Abgaben. Hinzu kommt eine Vielzahl von spezifischen Maßnahmen, Anreizen und Regulierungen, die unter anderem die innovative Verwendung bei der Kreditvergabe, den Zinssubventionen und den Garantien der Zentralbanken betreffen. China steht damit nicht allein: Die Auflegung des grünen Entwicklungsfonds erfolgt nach britischem Vorbild, und Indonesien sowie mehrere europäische Länder erarbeiten bereits Vorschläge, wie man den Finanzmarkt regulieren könnte, um die Finanzierungsbedürfnisse einer nachhaltigen Wirtschaft zu decken.

Schon aufgrund seiner schieren Größe und der globalen Bedeutung des Landes kommt China jedoch eine besondere Vorreiterrolle zu. Ähnlich wie bei den anderen Herausforderungen, die im 13. Fünfjahresplan niedergelegt sind – Urbanisierung, Konsum und Internationalisierung der Währung –, verfolgt die Regierung auch in dieser Frage eine langfristige Politik. Schon 2006, bei der Vorlage des 11. Fünfjahresplans, hatte die Regierung angekündigt, das einseitige Wachstumsmodell abzulegen und eine nachhaltige, energiesparende und nachfrageorientierte Binnenwirtschaft mit einem starken Dienstleistungssektor anzustreben. Wie immer gibt es in China keine schlagartigen Veränderungen, sondern die Weichenstellung findet immer in kleinen Tippelschritten statt. Ganz im Sinne Deng Xiaopings tastet man sich von Kieselstein zu Kieselstein.

Doch der politische Wille Pekings, die Reformen voranzutreiben, ist unmissverständlich. Durch den neuerlichen Machtzuwachs von Xi und die Aufhebung der Begrenzung seiner Regierungszeit stehen die Chancen gut, dass dieser schwierige und bei jedem Schritt riskante und kostspielige Transformationsprozess erfolgreich sein kann und wird.

Umweltherausforderungen

Das Reich der Mitte bezahlte sein Wirtschaftswunder mit einer katastrophalen Umweltbilanz. Seit die Auswirkungen nicht mehr zu übersehen sind und auch die eigentlich unpolitische Mittelschicht in China erbost darauf reagiert, hat das Umweltthema bei der Regierung höchste Priorität und damit sogar mehr Bedeutung als in Europa und den USA.

Auf den ersten Blick scheinen die Umweltorganisation Greenpeace, die sich für eine ökologische Zukunft einsetzt, und die Volksrepublik, die um Wachstum und Wohlstand für ihre rund 1,3 Milliarden Menschen ringt, wenig gemeinsam zu haben, doch in der Zukunft könnten neue Regeln gelten. Wirtschaftswachstum ist nicht mehr der alleinige Garant für politische Stabilität. Eine gesunde und intakte Umwelt ist wichtig für den sozialen Frieden und für die wirtschaftliche Entwicklung. So gesehen verbindet die beiden so verschiedenen Gebilde mittlerweile ein gemeinsames Ziel, nämlich eine saubere Umwelt und weniger Ressourcenverbrauch. Die Faktenlage ist eindeutig. In den nächsten 20 Jahren werden sich die Weltwirtschaft und dadurch auch die dazugehörige Infrastruktur verdoppeln, wenn sie sich nach dem gleichen Muster wie in den letzten 20 Jahren entwickelt.

2006 überholte China die USA als der weltweit größte CO_2-Emittent; die Verschmutzung von Luft, Wasser und Boden in der Volksrepublik ist massiv. 80 Prozent des Grundwassers gelten als zu unsicher, als dass Menschen damit Kontakt haben sollten. Toxischer Smog von der Industrie, der Kohleverbrennung und von Autoabgasen betrifft fast alle Städte. 16 Prozent der Böden sind massiv mit Metallen belastet. Die Umweltverschmutzung kostete in den letzten zehn Jahren rund 10 Prozent des jährlichen Bruttoinlandsproduktes, wobei mit 6,5 Prozent des chinesischen BIP die Luftverschmutzung an der Spitze steht; die Kosten der Bodenbelastung werden auf rund 1,5 Prozent geschätzt.

Um die Umweltziele zu erreichen, investiert China massiv in nachhaltige Infrastrukturprojekte zum Beispiel für erneuerbare Energien. Im Jahr 2015 umfasste das Investmentvolumen für erneuerbare Energien über 100 Milliarden US-Dollar. China wurde dadurch in diesem Bereich zum globalen Vorreiter. Wasser-, Luft- und Bodenaufbereitung stehen genauso im Fokus wie Abfallbehandlung, Energierückgewinnung und Reduktion der Kohlenstoffintensität. Die Ausgaben dafür sind höher als die von Europa und den USA zusammengenommen.

Die alarmierend hohen Smogwerte in großen Städten wie Shanghai und Peking haben China zum Handeln gezwungen. Im Jahre 2015 wurde in China 0,8 Prozent des Bruttosozialprodukts in *Clean Technologies* erzielt; zum Vergleich: Der Wert in der EU ist viermal kleiner und 2015 auf 0,2 Prozent abgesunken. Dies ist bemerkenswert und bedrohlich, weil noch im Jahre 2010 sowohl China als auch die EU gleich viel, nämlich rund 0,5 Prozent des Bruttosozialprodukts, in *Cleantech* investiert haben.

Die Zulassung von Diesel- und Benzinmotoren ist mittlerweile in großen chinesischen Städten stark eingeschränkt; Peking plant gar bis 2030 frei von Smog zu sein. Während in Europa noch der Feinstaubskandal aufgearbeitet wird, hat sich China zum weltgrößten Markt für Elektroautos entwickelt. 2016 wurden davon bereits 507 000 verkauft. China strebt die Marktführerschaft in sämtlichen Sparten der E-Mobilität an. Es will weltweit den Technologiewandel durch Innenpolitik vorantreiben.

Auch die Verknappung von Ressourcen gehört zu den großen Herausforderungen. Der Ressourcenverbrauch hat sich in den letzten 100 Jahren versiebenfacht, manche Rohstoffe sind nur noch für wenige Jahre vorhanden – ein Beispiel dafür ist Nickel, das für LCDs notwendig ist; der Vorrat an Nickel wird voraussichtlich nur noch 13 Jahre lang ausreichen. Legt man die Verbrauchszahlen von 2017 zugrunde, wird Silber, ein wichtiger Katalysator, nur noch 24 Jahre und Aluminium – zentral für verschiedene Medikamente – nur noch 39 Jahre reichen. Die Vorräte an Blei sollen nur noch 42 Jahre und jene an Zink, nur noch 46 Jahre halten.

Bis 2050 werden 9,3 Milliarden Menschen auf der Erde leben. China ist mit der weltweit größten Volkswirtschaft ein treibender Faktor dabei; in den nächsten fünf Jahren wird sich die Mittelschicht der Volksrepublik auf über eine halbe Milliarde Menschen etwa verfünffachen. Diese wollen nicht nur essen, sondern auch reisen, shoppen und ihren Hobbys nachgehen. Das stellt eine massive Belastung für unseren Planeten dar. Mit zunehmender Bevölkerung und steigenden Einkommen wird der Rohstoffverbrauch weiter anwachsen: Der Bedarf an Mineralien, Biomasse, fossilen Energieträgern, Metallen, Seltenen Erden wird von den heutigen 60 Tonnen auf 140 Milliarden Tonnen im Jahre 2050 hinaufschnellen. Damit werden in rund 30 Jahren Rohstoffe im Äquivalent von zwei Planeten Erde konsumiert. Wenn die Erde eine Firma wäre, müsste sie wegen Überschuldung Konkurs anmelden. Wir leben auf Kosten zukünftiger Generationen.

Grüne Wachstumschancen

Die Ressourcenverknappung birgt allerdings nicht nur Probleme, sondern bringt auch Wachstumschancen mit sich. Erneuerbare Energien wie Biomasse, Sonne, Wind und Wasserkraft bringen Bewegung in die Zukunft. Allein in den letzten 15 Jahren hat sich die weltweite Produktion von Solarenergie 128-fach und die von Windenergie 32-fach vergrößert. Dank weiter sinkender Produktionspreise ist dies erst der Anfang.

Zudem findet in der Bevölkerung weltweit ein Umdenken statt: Teilen ist das neue Besitzen. Unternehmen, die diese Idee vorantreiben, maximieren Effizienz und Wertschöpfung ihrer Produkte. Die Sharing-Ökonomie, die Xi Jinping auf dem 19. Parteitag weltweit eingefordert hat und bei der China mit gutem Beispiel vorangehen will, könnte entscheidend werden. Schon heute ist China mit den USA Vorreiter in diesem Bereich. Althergebrachte Geschäftsmodelle, wenn nicht gar ganze Industrien geraten durch die Sharing-Economy ins Wanken. Im Mobilitätssektor rollen DiDi und Uber den Markt auf, in der Hotellerie setzt Airbnb neue Maßstäbe, und in der Unterhaltungsindustrie revolutionieren Streaming-Dienste wie Spotify und Netflix die Hör- und Sehgewohnheiten. All diese Firmen sind jedoch erst die Vorläufer von Ideen und Konzepten, die sich in weiteren Sektoren ausbreiten werden. Ein Beispiel dafür sind die im Kapitel »Digital God« beschriebenen Fahrrad-Sharing-Lösungen. Länder und Unternehmen, die die Ressourcenverknappung als Chance und nicht nur als Bedrohung auffassen, sind für die Zukunft gut positioniert. Sie halten die Kosten im Griff, sichern sich die Loyalität ihrer Kunden und helfen, eine positive Zukunft mitzugestalten.

Gigantische Einsparungen werden auch bei der Müllproduktion angestrebt. Der Konzern Unilever hat sich zum Beispiel zum Ziel gesetzt, den durch seine Produkte entstehenden Abfall bis 2020 zu halbieren. Weniger Abfall bedeutet weniger Input-Stoffe, niedrigere Kosten und höhere Gewinne, was gut für die Umwelt und auch für die Anleger ist. Abfallwiederverwertung ist zudem auch im Trend. Nach einer Studie der amerikanischen Ellen-McArthur-Stiftung gehen allein im Konsumgüterbereich jährlich etwa 80 Prozent von 3,2 Billionen US-Dollar an Wert verloren. Es gibt rühmliche Ausnahmen: Der Sportartikelhersteller Nike verwertet bei 71 Prozent aller neuen Nike-Schuhe aus eigener Herstellung wiederverwertbare Abfallprodukte.

Allerdings steigen die Produktion und der Verbrauch von Kunststoffen weiterhin ungebremst. Die Menge des in Deutschland jährlich produzierten Plastikabfalls hat sich zwischen 2005 und 2015 auf fast 6 Millionen Tonnen verdoppelt. Weder der Grüne Punkt noch der Verzicht auf Plastiktüten haben Besserung gebracht. Das Plastikzeitalter schreitet voran und hat seinen Höhepunkt wahrscheinlich noch gar nicht erreicht. Große Teile der deutschen Wirtschaft sind abhängig vom Plastik. Nach China und den USA ist Deutschland einer der größten Produzenten der Welt.

Derzeit gibt es keine ökonomischen Anreize zur Wiederverwertung, die greifen. Zwar gibt es einige EU-Vorschriften, doch in den einzelnen Ländern werden die Vorschriften oft nur lax umgesetzt. Darum werden weiterhin neue, leistungsfähigere und langlebigere Kunststoffe kreiert, unter anderem für Elektroautos. Für diese muss das Material der Karosserie und der Stoßdämpfer besonders leicht sein, da die Batterien besonders schwer sind. Je leichter das Auto, desto größer seine Reichweite – und gerade diese ist nach wie vor eine der größten Herausforderungen. Das Ergebnis: Der eigentlich erwünschte Rohstoffkreislauf kommt nicht in Gang.

Zudem wird der größte Teil der Kunststoffe nicht recycelt. Dies liegt auch daran, dass China seit 2018 den Import aus anderen Ländern gestoppt hat. Noch 2016 führte China Müll im Wert von 18 Milliarden US-Dollar ein, davon 7,3 Millionen Tonnen Plastikmüll wie etwa Pfandflaschen. Diese wurden als Rohstoff umgearbeitet und unter anderem in Textilien wieder verwertet.

Die chinesische Abfallwirtschaft war eine produktive Industrie. Doch sie genügte nicht den wachsenden Standards in Arbeitsschutz, Arbeitssicherheit und Umweltschutz, die die Chinesen nicht zuletzt auf Druck westlicher Regierungen eingeführt haben. Nicht zuletzt deswegen und auch weil die chinesische Mittelschicht die Zustände nicht länger akzeptiert, hat die chinesische Regierung mittlerweile den Import von 24 Müllarten verboten.

Chinas Maßnahmen zum Umweltschutz

Die Volksrepublik hat bereits verschiedene Programme angestoßen, um gegen Umweltverschmutzung vorzugehen. Dazu zählt zum Beispiel die Regierungsinitiative »2+26 Städte«. Die Ziffer 2 steht für Peking und die Hafenstadt Tientsin; 26 bezieht sich auf Städte in den Provinzen Hubei, Henan, Shandong und Shanxi, sie sind die Zentren der Stahl- und Aluminiumindustrie im Norden des Landes. In diesen insgesamt 28 Städten ist die Luftverschmutzung besonders schlimm. Deshalb wurde 2017 ein umfangreicher Maßnahmenkatalog zur Verbesserung der Luftqualität entworfen.

Dieser sieht unter anderem vor, dass der Kohleverbrauch reduziert und die Stahlproduktion während der Heizperiode von Ende November bis Ende Februar halbiert werden soll.

Zudem dürfen während der Wintermonate keine Materialien wie Zement und Tonwaren für den Bausektor hergestellt werden, und auch die Aluminiumproduktion ist um 30 Prozent zurückgefahren worden. Peking ging sogar noch einen Schritt weiter und legte die Arbeit auf zahlreichen Baustellen still.

Das Ziel, den Kohleverbrauch in der kalten Jahreszeit drastisch zu reduzieren und stattdessen vermehrt auf Gas zu setzen, hat jedoch unangenehme Nebeneffekte.

China leidet unter einem Gasengpass, weshalb der Bau einer Pipeline nach Russland forciert werden soll. Seit jeher ist China auf Gaslieferungen aus dem Ausland angewiesen, doch aufgrund des neuen Kurses ist der Bedarf nun massiv angewachsen.

Der landesweite Gasverbrauch ist in den ersten elf Monaten des Jahres 2017 gegenüber dem Vorjahr um über 19 Prozent gestiegen. Das sind acht Prozentpunkte mehr als im Durchschnitt der Jahre 2012 bis 2016, was auch wirtschaftliche Konsequenzen hat: Der Gaspreis ist stark nach oben gegangen.

Bei anderen Maßnahmen sieht die Bilanz erfolgreicher aus: Beim Abbau der Überkapazitäten von Kohle und Stahl, deren Produktion zur starken Umweltverschmutzung beiträgt, gibt es erste Fortschritte. Zwar produziert China über die Hälfte des weltweiten Stahls, doch nach Schätzungen der Schweizer Großbank UBS wurden seit 2016 1,7 Millionen von 12 Millionen Arbeitsplätzen in der Stahlbranche abgebaut. Aber die Maßnahmen erreichen ihren ersten Zweck: Die Luft in Peking und Umgebung ist eindeutig besser geworden.

Der Feinstaubwert (PIN -2,5) betrug im November 2017 54 Prozent weniger gegenüber dem Vorjahresmonat. Ein großer Erfolg, der jedoch auch auf kräftigere Winde aus Nordosten zurückzuführen ist. In der gesamten Region belief sich die Reduktion immerhin noch auf 37 Prozent.

Allerdings bleiben selbst die reduzierten Werte deutlich über jenen durchschnittlich 10 Mikrogramm je Kubikmeter, die die Weltgesundheitsorganisation (WHO) als gesundheitlich unproblematisch definiert. Es ist also noch ein langer Marsch, aber immerhin befindet sich China auf dem richtigen Weg.

Das neue Steuergesetz zum Schutz der Umwelt wie auch die Neufassung des Gesetzes zur Verhinderung und zur Kontrolle von Wasserverschmutzung, die am 1. Januar 2018 in Kraft traten, lösen das alte

Gebührensystem ab, das seit 1979 bestand und unzureichend war. Zu oft waren große Staatsunternehmen von ihnen freigestellt worden. Das nun eingeführte System einer Umweltsteuer dürfte nebst empfindlichen Strafen deutlich wirksamer sein.

Rohstoffe, Ressourcen und der Wettlauf zum Mars

Wie schon angesprochen wird der Bedarf an globalen Ressourcen bis zum Jahr 2030 dramatisch ansteigen: Prognosen gehen von einem Plus an landwirtschaftlichen Flächen um 50 Prozent, in der Energie- und Stromerzeugung um 40 Prozent und beim Wasserbedarf um 30 Prozent aus. Da die globale landwirtschaftliche Produktion nur mit 1,7 Prozent jährlich wachsen soll, zeigt sich, dass große Herausforderungen auf die Erschließung neuer Märkte folgen.

Rohstoffe und Ressourcen

Der weltweite Ressourcenverbrauch ist durch die Globalisierung, die Urbanisierung und die demografische Entwicklung der Weltbevölkerung am Limit. Der Aufholprozess der früheren Schwellenländer China und Indien ist das entscheidende Element, das die Erde aus dem Gleichgewicht bringt. Bis 2030 werden in Indien 1,8 Milliarden und in China rund 1,6 Milliarden Menschen leben. Auch Indonesien und Brasilien befinden sich auf diesem rasanten Wachstumspfad. Pakistan soll von heute 189 auf dann 245 Millionen und Nigeria soll von derzeit 182 Millionen auf 263 Millionen Einwohner anwachsen.

Die Ressourcenknappheit wächst parallel zum Wachstum der Wirtschaftsleistung in diesen Ländern. Die Fischgründe sind weltweit schon jetzt am Ende, die Erträge des Ackerlandes nehmen dramatisch ab und verlieren an Qualität, die Grundwasserspiegel fallen. Wenn die Schwellenländer die Ernährungsgewohnheiten der jetzigen Industrieländer übernehmen, wie zum Beispiel erhöhten Fleisch-, Zucker- und Kaffeeverbrauch, wäre bereits jetzt das Potenzial der Erde erschöpft.

Zur Herstellung von Nahrungsmitteln braucht man viel Wasser, rund 1000 Liter, um nur 1 Kilo Brot zu erzeugen, 4000 Liter für 1 Kilo Reis und 13000 Liter für 1 Kilo Rindfleisch. Deshalb ist nach Überzeugung vieler Experten die dringendste Trendwende der nächsten Jahrzehnte nicht das autonome Fahren, der 3-D-Druck oder künstliche Intelligenz, sondern veganes Fleisch zum Beispiel aus Pflanzen. Für derartig produziertes Fleisch muss kein Tier getötet werden. Für den Konzern Google wie auch für Nestlé ist dies ein unabdingbarer Megatrend, der hilft, die Menschheit zu retten und den Klimawandel zu begrenzen. Fleisch aus dem Labor sei wichtiger zur Erreichung der ehrgeizigen Ziele des Pariser Abkommens als der gesamte Verkehrssektor von Autos und Flugzeugen. Deswegen sollte das so genannte Clean Meat genauso Beachtung finden wie Elektromobilität oder eine Energiewende.

Die Herausforderung, die immer größer werdende Erdbevölkerung zu ernähren, ist gigantisch. Bereits jetzt ist der Zustand dramatisch. Rund ein Drittel aller weltweiten Anbauflächen werden für Tierfutter genutzt, in Europa sind es sogar 60 Prozent. Die Menschheit mit 7,5 Milliarden Menschen hält bereits jetzt mehr als 80 Milliarden Tiere. Wenn sich die Bevölkerung tatsächlich auf 9 oder gar 10 Milliarden bis Mitte des Jahrhunderts verdoppelt, würde sich auch der Bedarf verdoppeln. Bis 2030 wären schon 120 Milliarden Tiere nötig, um die Versorgung zu gewährleisten.

Doch die Kapazitäten der Erde sind am Limit: Weder ließe sich genügend Futtermittel produzieren, noch wäre das Problem des gigantisches Wasserbedarfs und auch der Unterbringung der Tiere zu lösen. Doch ein Ende der Bedarfsexplosion ist nicht zu erkennen. Im Gegenteil. Vor allem in den Industrienationen konsumieren die Menschen zu viel Fleisch, und die nachrückenden Schwellenländer imitieren diesen Lebensstil. In Ländern wie China oder Indien ist der Verbrauch an Milchprodukten und Fleisch zwar noch nicht so groß wie in den Industrienationen, aber er wächst stetig.

Hinzu kommen ethische Überlegungen, denn die Massentierhaltung führt zu unerträglichen Zuständen. Viele Philosophen sagen zu Recht, dass sich in der Evolution einer Gesellschaft gewisse Verhaltensweisen irgendwann überlebt haben, Beispiele dafür sind die Sklavenhaltung oder Kinderarbeit. Nun wäre es die Massentierhaltung. Vielleicht kann der technische Fortschritt Ersatz schaffen, aber wichtig ist zunächst vor allem, dass sich die Nahrungsmittelindustrie stärker engagiert.

In China ist sie bereits sehr rege. Bis vor wenigen Jahren hat sich die chinesische Übernahmeoffensive nur wenig um die Agrarwirtschaft gekümmert. Dies verändert sich derzeit. So plant ein chinesischer Babynahrungshersteller eine große Investition in der Schweiz. Mit einem Schweizer Partner will der Konzern Synutra eine Fabrik für Molke bauen. Dieses Nebenprodukt der Käseherstellung soll zu Pulver verarbeitet und nach China exportiert werden, um es dort für Babynahrung zu verwenden. Synutra ist der drittgrößte chinesische Hersteller und hat seinen Geschäftssitz in den USA. Die Schweiz ist für die Chinesen die nächste Stufe ihrer Expansion nach Europa. Der Konzern hat bereits in Frankreich mehrere Betriebe eröffnet und will auch in Deutschland aktiv werden.

Die Änderung der Ernährungsgewohnheiten in China führt zu einer verstärkten Nachfrage an Milchprodukten – insbesondere von ausländischen Produzenten, und hierbei besonders nach Babynahrung. Der Hintergrund sind eine Reihe von Skandalen durch verunreinigtes Milchpulver von chinesischen Herstellern. Aus dieser Motivation entspringt auch die Übernahme des Schweizer Agrarkonzerns Syngenta, den Chem China für 43 Milliarden US-Dollar gekauft hat. Hinter Chem China, das ist ein offenes Geheimnis, steht die chinesische Regierung.

Neben der Agrarwirtschaft gibt es eine weitere Schlüsselindustrie, an der die Ressourcensicherheit der Erde hängt: die Automobilbranche. China ist der weltgrößte Automarkt. Wer sich dort behaupten möchte, muss verstärkt wachsen, denn der asiatische Markt ist für viele westliche Konzerne zu bedeutend, um ignoriert zu werden. Daimler hat seit einiger Zeit in Peking sein weltweit größtes Werk. Im Jahr 2017 liefen dort über 430 000 Fahrzeuge vom Band – am größten Standort Deutschlands, in Bremen, waren es bis dahin im gleichen Zeitraum nur 420 000.

Um von diesem großen Markt nicht verdrängt zu werden, nehmen die deutschen Automobilkonzerne einiges in Kauf: So verpflichten sie sich unter anderem zur Elektroautoquote, gründen Joint Ventures und transferieren Technologie. 2017 haben die deutschen Automobilhersteller Volkswagen, BMW und Daimler rund ein Drittel ihrer Fahrzeuge in China verkauft, vor zehn Jahren war es nur ein Sechstel. Schon seit vielen Jahren sehen die deutschen Hersteller in China einen zweiten Heimatmarkt, der immer mehr mit starken Wettbewerbern bevölkert ist. Die einheimischen Konkurrenten greifen mit großzügiger ausgestatteten und preiswerteren Modellen an und haben nach wie vor einen deutlichen Produktionskostenvorteil. Dies sind vor allem Automobilfirmen wie Geely und BYD.

Durch die massive Förderung der Elektromobilität durch Subventionen und Quoten soll in China das Stromauto zum Massenprodukt werden. Mittlerweile haben die meisten in Asien aktiven Autohersteller ebenfalls den Fokus auf die Produktion von Elektroautos gelegt. Ergänzt wird dies durch die wachsende Zahl von Elektrobussen und anderen Nutzfahrzeugen, da die Regierungen die alten Dieselfahrzeuge endgültig aus dem Verkehr ziehen wollen.

Schon lange ist China als weltweit größter Absatzmarkt für Elektroautos und Vorreiter im Bereich der Elektromobilität aktiv. Durch ihre Erfahrungen in der Konsumgüterindustrie haben sich die chinesischen Hersteller beachtliches Know-how im Bereich Batterietechnik erworben. Die neue Wertschöpfung rund um die Elektromobilität soll komplett in China entwickelt und verankert werden. Konsequente Subventionierungen durch die Regierung führen dazu, dass China schon jetzt Maßstäbe in der Elektromobilität setzt. In keinem Land der Welt kommen jeden Monat so viele neue Elektroautos auf die Straßen. Über 200 Firmen sind derzeit in der Volksrepublik mit der Produktion von Elektroautos beschäftigt.

Ein Vorreiter ist BYD Company, 1995 in Shenzhen gegründet, der weltweit größte Produzent von wieder aufladbaren Akkumulatoren insbesondere für Mobiltelefone. 2003 war der Konzern in das Autogeschäft eingestiegen und setzte früh auf Eigenentwicklungen. Die Tochtergesellschaft BYD Auto produziert über 500 000 Fahrzeuge und gehört zu den größten Automobilproduzenten Chinas. Das Unternehmen stößt immer mehr in den europäischen Markt vor und hat 2010 mit der Daimler AG ein Joint Venture gegründet, das ein rein batterie-elektrisches

Fahrzeug entwickelt, mit dessen Vermarktung 2014 begonnen wurde. 2016 hat BYD Auto 100 000 Stromautos verkauft; 2017 hat sich diese Zahl bereits verdoppelt – wobei es sich jedoch meist um preisgünstige Kleinwagen mit geringer Reichweite für den Binnenmarkt in China handelt.

2017 wurde China zum größten Absatzmarkt für Elektroautos weltweit mit über 500 000 verkauften Elektro- und Hybridfahrzeugen. Dabei wurden allerdings bereits 40 Prozent des weltweiten Lithiumvorrats verbraucht.

Die Entwicklung Chinas zum Weltmarkt für Automobile ist in der Tat atemberaubend. 2005 wurden lediglich 5 Millionen Pkw in China verkauft, und 15 Jahre später waren es rund 25 Millionen. Das bedeutet, jeder vierte Wagen weltweit wird in China verkauft. Die Nachfrage nach Neuwagen ist dort gigantisch. So werden zum Beispiel in Japan – einer reifen Volkswirtschaft – nur 4,1 Millionen Neuwagen verkauft und in Indien mit 1,3 Milliarden Einwohnern gerade einmal 3 Millionen Autos. Das Wachstumspotenzial scheint nahezu unbegrenzt zu sein. In Deutschland hatten im Jahr 2016 von 1 000 Deutschen 558 ein Auto, in China hingegen lediglich 107. Nach wie vor träumen viele Chinesen der aufstrebenden Mittelschicht von einem eigenen neuen Auto.

Die chinesischen Automobilhersteller, unterstützt durch den stabilen Heimatmarkt, haben eine globale Sichtweise und eine langfristige Strategie. Im Gegensatz zu den anfangs sehr aggressiv auftretenden koreanischen und japanischen Autobauern gehen sie strategischer und diskreter vor: Zunächst werden Absatzmärkte in anderen Schwellenländern wie Südamerika und Afrika bearbeitet; und erst nachdem man dort Fuß gefasst hat, entwickelt man mit großen Mengen an Kapital und Zeit die Technologie weiter.

Dieses Vorgehen kann auch für das Projekt E-Mobilität erwartet werden. Zentral für dessen erfolgreiche Umsetzung sind vor allem die beiden Rohstoffe Kobalt und Lithium. Die steigenden Kapazitäten der Batteriehersteller lassen die Nachfrage nach diesen beiden Rohstoffen explodieren. Die Versorgungssicherheit bei diesen beiden Batterierohstoffen hat oberste Priorität für die großen Automobilhersteller, dies treibt die Preise nach oben. Die weltweite Kobaltproduktion betrug im Jahr 2016 109 000 Tonnen. 65 Prozent davon stammen aus der Republik Kongo. Russland und Kuba steuern jeweils 5 Prozent bei und 4 Prozent stammen aus Australien. Beinahe das gesamte Kobalt, das derzeit hergestellt wird, fällt als Nebenprodukt bei der Produktion anderer Rohstoffe an.

Aufgeschreckt durch die neue E-Quote in China gelobten viele deutsche Automobilkonzerne Besserung; sie wollen ebenfalls sobald wie möglich E-Motoren im Angebot haben. Bis 2020 will Volkswagen 50 reine Elektroautomodelle anbieten und 2030 sollen bereits 300 Modelle von VW elektrisch sein. Auch Daimler will bis 2020 25 E-Modelle anbieten und insgesamt 34 Milliarden Euro investieren, von Tesla ganz zu schweigen. Bereits ab 2018/2019 will Tesla eine halbe Million Batterieautos bauen.

Doch alle Wachstumspläne der Automobilindustrie hängen an einem seidenen Faden, nämlich dem Vorhandensein von Millionen reichweitenstarker Batterien. Dadurch entsteht ein völlig neuer Markt. Bereits jetzt bauen Batteriehersteller wie Samsung, Panasonic, LG, Sino Chem und BYD eine Akkufabrik nach der anderen. Doch schon bald könnten einige der Rohstoffe, die für Batterien notwendig sind, knapp werden. Obwohl sie ausreichend in der Erdkruste vorhanden sind, ist die Bergbauindustrie bisher auf den Nachfragesog durch die Millionen von E-Autos nicht vorbereitet. Der Abbau, die Erschließung und Produktion von Nickel, Kobalt und Lithium dauert sehr lange und verschlingt enorme Mengen an Kapital. Schon jetzt haben die chinesischen Akkuhersteller den Markt so gut wie leer gekauft.

Lithium ist inzwischen sehr kostbar. Zwar vermuten Experten, dass es bis zu 47 Millionen Tonnen Lithiumreserven auf der Welt gibt, doch momentan werden gerade einmal 36 000 Tonnen des Leichtmetalls produziert. Diese Zahl lässt sich nicht so leicht steigern, um den exponentiell steigenden Bedarf der Batteriezellenfabriken zu decken, da die Explorationsförderung und Verarbeitung von Lithium extrem aufwändig sind. Der Bedarf ist aber da: China baut derzeit mehrere riesige Fabriken für Akkus. Ab 2021 sollen mehr als 121 Gigawattstunden Lithium-Ionen-Akkukapazität jährlich produziert werden, was für 1,5 Millionen Tesla Model S oder 14 Millionen Toyota Prius ausreichen würde.

Deswegen ist der Weltmarkt für Lithium wie leer gefegt, und das bevor der E-Mobilität-Boom überhaupt erst richtig angefangen hat. Chinesische Einkäufer suchen alle bekannten Minen in Bolivien, Argentinien und den USA auf, um verdünntes Lithium zu kaufen und es selbst zu veredeln und weiterzuverkaufen. Konsequenterweise hat sich der Preis für Lithium seit 2012 vervielfacht. Wenn die Prognosen stimmen, dass im Jahr 2030 rund 40 Millionen Elektroautos pro Jahr weltweit vom Band rollen sollen, würden dafür zwischen 1 und 3 Millionen Tonnen an reinem Lithium gebraucht.

Noch dramatischer ist die Lage bei Kobalt, wo die Jahresproduktion gerade einmal 174 000 Tonnen beträgt. Selbst wenn man technischen Fortschritt mit einrechnet – so gelang es Tesla und Panasonic 2018, den Kobaltanteil in der Katode einer Batterie von 33 Prozent auf 15 Prozent zu reduzieren –, bräuchte man 400 000 Tonnen reines Kobalt für 30 Millionen Batterie-Autos.

Mehr als die Hälfte der bekannten weltweiten Kobaltreserven liegt im politisch labilen Ostkongo, und es ist kein Zufall, dass gerade dort die chinesischen Rohstoffeinkäufer unterwegs sind. Afrikas Staaten stehen ganz oben auf der Agenda Chinas, das beste Beziehungen zu lokalen Minen und Regierungen aufgebaut hat, um langfristige Lieferverträge zu schließen. Immer mehr afrikanische Staaten erliegen der Verlockung des chinesischen Geldes. Interessant ist dabei, dass sie immer häufiger auch das chinesische Gesellschaftsmodell als Erfolgsmodell verstehen und es sich zum Vorbild nehmen. Begünstigt wird dies durch die kontraproduktive Auswirkung westlicher Entwicklungshilfe: Da die Industrieländer versuchen, ihre Interessen zu wahren, erleiden viele Entwicklungsländer in Afrika durch den Agrarprotektionismus der Industrieländer mehr Verluste, als sie an Entwicklungshilfe wieder zurückbekommen. Das Angebot der Volksrepublik China ist deshalb sehr willkommen.

Chinas Vorstoß wird auch dadurch begünstigt, dass der Aufbau einer eigenen Batteriezellenfertigung in Europa verschlafen wird. Dies hat dramatische Folgen: Schon bald wird ein Oligopol von wenigen Herstellern aus Ostasien die explodierende Nachfrage zu seinem Vorteil mobilisieren und der deutschen Autoindustrie die Bedingungen diktieren. Schon jetzt produziert China die Hälfte aller Lithium-Ionen-Akkus, bis 2020 sollen es zwei Drittel sein.

Es ist vor allem der gestiegene Bedarf durch die E-Mobilität, der sehr bald Engpässe verursachen wird. Ein Smartphone benötigt nur eine Lithium-Ionen-Zelle, ein Laptop rund vier bis sechs, aber in einem Elektroauto stecken mehr als 8000 Zellen. Im Jahr 2018 hat die Autoindustrie erstmalig mehr Batteriezellen benötigt als alle anderen Branchen zusammen. Und die Fertigung ist fest in asiatischer Hand: LG Chem beliefert Volkswagen und Daimler, Panasonic Tesla und Toyota, und in China formt sich CATL als nationaler Champion heraus. Hersteller aus Japan, Korea und China produzieren derzeit zusammen über 93 Prozent aller weltweiten Zellen.

Bereits jetzt gibt es Lieferstopps, selbst für gute Großkunden. Und das ist erst der Anfang. Im Jahr 2018 lag die Nachfrage nach Lithium-Ionen-Zellen nach Schätzung des Fraunhofer-Instituts bei 100 Gigawattstunden Speicherkapazität. Bis 2020 Jahren wird sie sich verdoppelt haben und in sieben Jahren etwa 700 Gigawattstunden betragen. Durch die Einführung von E-Mobilitäts-Quoten wie in China und die strengeren Grenzwerte für den Ausstoß von Kohlenstoffdioxid weltweit werden sogar Nachzügler, die sich bislang dem E-Mobil-Boom verweigert haben wie beispielsweise Fiat Chrysler, zumindest hybride Autos mit großen Akkus bauen.

Hinzu kommen die zahllosen vernetzten Haushaltsgeräte und kabellosen Maschinen, deren Bestand auch immer größer wird, dazu zum Beispiel Nutzfahrzeuge wie Gabelstapler, die zu rund 60 Prozent mit Energie aus Lithium-Ionen-Zellen laufen. Sobald das 5G-Mobilfunknetz ausgebaut ist, wird auch dies den Bedarf nach oben schnellen lassen. Vielen Firmen ist die Problematik bewusst. Momentan sind 28 Giga-Factorys in Bau, die meisten davon in China. Nach Schätzungen wird das allerdings nicht ausreichen, denn die Produktionskapazität wird bis 2025 gerade einmal um 13 Prozent pro Jahr steigen, die Nachfrage jedoch um 45 Prozent.

Es ist kein Geheimnis, dass die Engpässe von den Herstellern ausgenutzt werden können und bereits werden. Koreanische Zulieferer gehen zum Beispiel dazu über, ihre Kontingente meistbietend in China zu verkaufen. Doch die europäische Politik, wegen der Marktmacht der Asiaten besorgt, ist nicht in der Lage, den Aufbau einer europäischen Lithium-Ionen-Zellen-Fertigung auf die Beine zu stellen. Offenbar blockieren immer noch verschiedene deutsche Automobilhersteller die Vorstöße. Einige scheinen der Ansicht zu sein, dass die Asiaten bereits einen zu großen Vorsprung haben und billige Batteriezellen mit guter

Qualität herstellen. Aus diesem Grund entschließen sich manche dazu, einfach abzuwarten und erst beim nächsten technologischen Quantensprung wieder einzusteigen.

Dieser wird in frühestens sechs Jahren erwartet, wenn sich die Festkörperbatterie durchsetzt. Diese unterscheidet sich von der Lithium-Ionen-Zelle zum Beispiel darin, dass sie deutlich schneller geladen und in Fragen der Sicherheit und des Brandschutzes überlegen ist. Auf diesen Quantensprung zu warten, birgt jedoch ein Risiko: In sechs Jahren werden die schon heute führenden Konzerne wie Samsung und Panasonic immer noch einen Vorsprung haben, und zwar schon allein deshalb, weil diese durch die Dominanz in Lithium-Ionen-Batterien mehr als 70 Prozent des für die Produktion von Festkörperbatterien benötigten Know-hows sammeln.

Neben der E-Mobilität geraten die Möglichkeiten der Brennstoffzellen oft aus dem Blick. Erneuerbare Energien liefern hierbei den Strom durch Umwandlung in Wasserstoff, der später ein Auto antreibt. Der Vorteil gegenüber der E-Mobilität besteht darin, dass gasförmiger Wasserstoff sich in nur drei bis vier Minuten tanken lässt und eine Tankfüllung 500 bis 700 Kilometer reicht, also durchaus für die Kunden im Handling mit dem normalen Verbrennungsmotor vergleichbar ist. Im Jahr 2016 hat der deutsche Steuerzahler alleine für überschüssige Windenergie, die nicht gebraucht und deshalb verschenkt wurde, rund 643 Millionen Euro ausgegeben. Ein konsequenter Einsatz der Elektrolyse würde es ermöglichen, mittels chemischer Prozesse aus diesem Phantomstrom sinnvolle speicherbare Energieträger wie Methan oder Wasserstoff zu gewinnen. Methan könnte in das vorhandene Erdgasnetz eingespeist werden, um Wärme zu gewinnen, und der Wasserstoff könnte in Wasserstoffzellen verwendet werden.

Bei der Nutzung von Wasserstoffzellen für Fahrzeuge gibt es inzwischen bemerkenswerte Fortschritte. Ballard Power, einer der führenden Hersteller, hat mit seinem japanischen Partner Panasonic einen Durchbruch erzielt: Es konnte erstmals eine Brennstoffzelle hergestellt werden, die mit 80 Prozent weniger Platin auskommt als bisher. Ein Durchbruch ist dies deshalb, weil vor allem das teure Platin bislang dafür sorgt, dass Brennstoffzellen-Autos sehr teuer sind. Sollte diese massive Produktionskostenersparnis an den Endverbraucher weitergegeben werden, könnte sich das Brennstoffzellen-Auto langfristig zu einer ernsthaften Alternative zum Elektroauto entwickeln. Toyota und Hyundai produzieren mittlerweile Wasserstofffahrzeuge in Serie, und auch Fiat Chrysler ist dabei, sich in diese Richtung zu orientieren.

Auch in diesem Segment besteht die Möglichkeit, dass Produzenten in Asien wieder schneller sind und die Nase vorn haben. Aber noch haben deutsche Automobilhersteller die Chance, in entscheidendem Maße mitzumischen. Hinter den wichtigen deutschen Automobilkonzernen stehen einflussreiche Familien, die langfristig denken und nicht darauf angewiesen sind, hohe Dividenden aus den Unternehmen abzuziehen. Daimler hat rund 24 Milliarden Euro in der Kasse, BMW 10 Milliarden und auch Conti und Volkswagen haben viele Reserven. Volkswagen verfügt über 25 Milliarden Euro Liquidität. Die deutschen Automobilhersteller stehen finanziell also ganz gut da, sodass sie in neue Technologien und damit in die Zukunft investieren könnten.

Zunächst werden jedoch Vergangenheit und Zukunft gleichzeitig auf dem Automobilmarkt präsent sein. Man rechnet damit, dass sich der Verbrennungsmotor noch eine Weile hält. Zwar wird vermutlich 2024 der Bedarf an Verbrennungsmotoren den Zenit überschritten haben, aber bis 2030 wird er dennoch über dem heutigen Niveau liegen. Der Dieselmotor allerdings dürfte bald auslaufen. Man kann die Technik nicht weiter optimieren, und der Imageschaden durch Umweltvergehen und den Betrug am Kunden ist vermutlich irreversibel. Zugleich ist aufgrund der immer teureren gesetzlich vorgeschriebenen Filtertechnologien wie beim Euro-6-Diesel die Profitabilität stark geschrumpft. Wie kann es angesichts dieser existenziellen Herausforderungen weitergehen? Was kann bis 2030 getan werden?

Die Zukunft der Energie wird sich im Wesentlichen auf drei Gebiete fokussieren müssen: alternative, nicht-fossile Energiequellen, die Speicherung von Energie und deren effiziente Verteilung. Notwendig sind hierfür intelligente Stromnetze, Smart Grid genannt. Deren Infrastruktur benötigt digitalen Fortschritt durch innovative Mess- und Verteilungstechnologie und -management sowie ausreichend Hochspannungsübertragungsleitungen.

Alleine in den USA werden in den nächsten 20 Jahren 9 000 Kraftwerke und 300 000 Meilen an Leitungen notwendig. In Asien und Europa rechnet man mit noch mehr. Bei der Einführung von Solar- und Windenergie sind China und Indien weltweit bereits jetzt führend. Der Abbau von Schiefergas wird zwar in den USA forciert, wenn jedoch die Fortschritte in China und Indien beim Abbau von Methanhydratgas aus dem Meeresboden weiter voranschreiten, wird Asien auch in diesem Punkt eine gewisse Autarkie erreichen.

Nach den Erkenntnissen der Internationalen Energieagentur (IEA) wird in den kommenden Jahrzehnten Erdgas die Kohle als weltweit zweitwichtigsten Brennstoff nach dem Erdöl ablösen, was sich positiv auf das Klima auswirken wird. Möglich ist dies unter anderem, weil die USA mit der Fracking-Technologie riesige Schieferformationen tief unter der Erde aufsprengen, um weitere Erdgasvorkommen zu erschließen. Dies macht die USA zum größten Erdöl- und Gasproduzenten der Welt. Anders als Erdöl war das flüchtige Erdgas früher auf den Transport durch Rohre und Pipelines beschränkt, was dazu führte, dass Produzent und Abnehmer lang laufende Lieferverträge abschlossen, um die enormen Investitionen zu finanzieren. Die globale Gasversorgung war deshalb noch vor wenigen Jahren regional ausgerichtet und auf die drei Hauptmärkte Nordamerika, Europa und Asien verteilt.

Der rasante Aufstieg der Erdgasverflüssigung hat dies geändert. Rund um den Globus sind neue Hafenterminals entstanden, in denen Erdgas unter hohem Druck verflüssigt und auf Spezialschiffe gepumpt wird. Dadurch wird verflüssigtes Erdgas (Liquefied Natural Gas, LNG) zur globalen Handelsware, und die Zahl der Länder, die es importieren, stieg von 15 im Jahr 2005 auf 40 im Jahr 2015.

Der Markt für Erdgas wird zunehmend globaler und noch stärker vernetzt. Das sind zunächst gute Aussichten für das Weltklima, denn Gas verbrennt von allen fossilen Brennstoffen am saubersten und führt zu 40 Prozent weniger Kohlendioxidausstoß als Kohle und zu 20 Prozent weniger als Öl. Vor allem bei der Stromversorgung in der Industrie kann Erdgas global die Emissionen deutlich senken. Das Vorbild der USA, die nach China den zweithöchsten Ausstoß an Treibhausgasen haben, ist ein gutes Beispiel. Vor zehn Jahren lieferten Kohlekraftwerke 50 Prozent des US-amerikanischen Stroms; heute ist es weniger als ein Drittel. Analog dazu sanken zwischen 2006 und 2016 die Emissionen aus dem US-Energiesektor um 15 Prozent.

Gleichzeitig steigt der Energiebedarf der Menschheit dramatisch und mit dem Wohlstandslevel steigt auch der Ressourcenverbrauch gewaltig an. Noch immer muss eine Milliarde Menschen ohne Zugang zu Elektrizität auskommen. Mit abnehmender Armut wird sich diese Zahl reduzieren, doch der Konflikt mit Klimaschutzzielen ist evident.

Um die globale Erwärmung auf ein erträgliches Niveau zu begrenzen, müsste ein großer Teil des Energiehungers aus emissionsfreien Technologien gestillt werden. Dazu ist dringend eine globale Energierevolution notwendig. Eine globale Abkehr von fossilen Brennstoffen, also ein Kohleausstieg und auch ein Ende des Erdölzeitalters. Dies scheint utopisch, da die Welt momentan 80 Prozent des Energiebedarfs mit fossilen Energieträgern deckt. Zwar wird weltweit immer mehr in Sonnen-, Wind- und Bioenergie investiert; vielerorten ist bereits Solarenergie die günstigste Form von Stromerzeugung, zudem wird die Energie effizienter eingesetzt und auch der bevorstehende Boom mit Erdgas ist eine gute Nachricht. Doch aus dem Bericht der IEA vom Jahr 2017 wird deutlich, dass die Energiewende trotz aller Bemühungen wahrscheinlich nicht schnell genug abläuft. Wie schnell global eine Abkehr von fossilen hin zu erneuerbaren Energien vor sich gehen wird, hängt im Wesentlichen von China ab.

Mission to Mars – ein gemeinsamer Traum für den Superorganismus Menschheit

Donald Trump, der 45. Präsident der USA, hat im zweiten Jahr seiner Amtszeit betont, wie wichtig es sei, eine bemannte Mission zum Mars in Angriff zu nehmen. Er befindet sich damit in direkter Konkurrenz zu China, das ebenfalls dem Ziel eines bemannten Marsflug höchste Priorität einräumt. Insofern handelt es sich um eine Wiederauflage des amerikanisch-russischen Wettlaufs zum Mond – wenn auch 60 Jahre später und unter deutlich veränderten Vorzeichen.

Träume sind nicht nur für Individuen, sondern auch für die Menschheit als Ganzes wichtig, denn sie richten den Blick in die Zukunft. Die

Idee, die Menschheit solle Kolonien auf dem Mond oder gar dem Mars gründen, wie es auch Stephen Hawking postuliert hatte, ist allerdings zweischneidig. Längst überfällige dramatische Änderungen, die auf der Erde stattfinden müssen, werden womöglich weiterhin aufgeschoben oder finden nie statt – weil man dem trügerischen Irrglauben aufsitzt, man hätte eine Art Reserve-Erde zur Verfügung.

Oftmals wird Weltraumfahrt als die »moderne Version von Kathedralenbau« bezeichnet; das ist durchaus passend, denn ähnlich wie im Mittelalter die gotischen Kathedralen den Weg zum Licht und zu Gott symbolisierten, könnte eine erfolgreiche Mars-Expedition der Menschheit ein gemeinsames Ziel geben. Der apokalyptische Fatalismus, der sich immer stärker breitmacht und Hand in Hand geht mit Eskapismus, ist für die Erde gefährlich. Eine gemeinsame Marsmission der Menschheit hingegen, unter chinesisch-amerikanischer Führung, könnte ein Katalysator für einen Quantensprung in politischer, wissenschaftlicher und wirtschaftlicher Hinsicht sein. Aufgrund der rasend schnellen technologischen Entwicklungsvorsprünge in China ist es denkbar und möglich, dass China dabei die Führung übernimmt.

Der Philosoph Franz Josef Radermacher betrachtet die Menschheit als »Superorganismus«. Eindrücklich zeigt er auf, wie das exponentielle Bevölkerungswachstum im Jahre 2030 ein dramatisches Ende finden wird, wenn nicht Gegenmaßnahmen eingeleitet werden. Der »Superorganismus Menschheit« ist vergleichbar mit dem »Superorganismus Mensch«, beide bestehen aus Milliarden einzelner Zellen. Für jede Einzelzelle ist es von Bedeutung, ob sie lebt oder nicht, aber für den gesamten Organismus, den Körper ist dies vergleichsweise nebensächlich. Von Dauer ist nur der Körper beziehungsweise der Superorganismus und nicht die einzelne Zelle, also der einzelne Mensch. Der »Superorganismus Menschheit« existiert seit vier Millionen Jahren und vermehrt sich permanent, sie ist die einzige biologische Spezies, die es schafft, permanent aus eigener Kraft zu wachsen, obwohl das Biotop immer wieder Grenzen setzt. Dies wird ermöglicht durch Kommunikation und Interaktion.

Für den russischen Physiker Pjotr Leonidowitsch Kapitza ist die Menschheit ein offenes System, die Wechselwirkung mit dem Biotop ist die Voraussetzung für das Leben der Menschen. Er identifiziert als die größte Innovation der menschlichen Geschichte das Aufkommen der Sprache, wodurch die beiden herrschenden Prinzipien des offenen Systems, nämlich Kommunikation und Interaktion, entscheidend verbessert wurden. Die Menschheit müsse permanent weiterwachsen und dem Druck des Wachstums ausgesetzt sein, um dasjenige Wissen zu produzieren, dass es ihr erlaubt, anschließend weiter zu wachsen. 2030 sei der Punkt, an dem die bisherigen Wachstumsmuster der Menschheit abbrechen werden, da der Superorganismus Menschheit die nötigen Innovationen nicht mehr schnell genug liefern kann. Die ultimative Grenze für die Größe der Menschheit sei die Leistungsfähigkeit des menschlichen Gehirns. Der entscheidende Engpass sei die erreichbare Innovationsgeschwindigkeit.

Ist angesichts der exponentiellen Fortschritte bei der künstlichen Intelligenz noch Rettung möglich? Für Kapitza und Radermacher gibt es Grund für vorsichtigen Optimismus. Die Menschheit, die mit enormen Wachstumsbeschleunigungsprozessen konfrontiert ist, könnte es möglicherweise auf das Niveau eines intelligenten Superorganismus schaffen, der bis jetzt erst rudimentär existiert. Noch ist die Weltengemeinschaft als intelligentes System begrenzt entwickelt und bleibt in ihrem Leistungsvermögen hinter ihrem Potenzial zurück. Der Superorganismus Menschheit ist sozusagen noch in einer frühen Phase der Intelligenzentwicklung, vergleichbar mit Lebewesen, die noch nicht über ein leistungsfähiges Nervensystem verfügen. Damit ist eine breitflächige, bidirektionale interne Kommunikation und eine schnelle Reaktion noch nicht machbar.

Die entscheidende Frage ist, wie man künftig zehn Milliarden Individuen wirkungsvoll koordinieren kann. Das ist der Engpass: Informationen laufen beim Menschen zunächst durch Einzelgehirne, die erst danach mit anderen Gehirnen kommunizieren. Doch im Gegensatz zu einem Insektenstaat, in dem die Anzahl der vorhandenen Reaktionsmuster fest vorgegeben ist, ist das Denken der Einzelmenschen und Menschheit offen. Es gibt also großes Potenzial durch Kommunikation und Aufklärung, Verhaltensmuster zu erweitern oder neue zu schaffen, um sozusagen kollektive Intelligenz und Entscheidungsfindung optimal zusammenzubringen.

China könnte bei diesem Prozess eine Schlüsselrolle für die gesamte Menschheit spielen. Aufgrund der gesammelten Erfahrungen und der

Herausforderung, 1,5 Milliarden Menschen in einem Quantensprung auf eine höhere Entwicklungsstufe zu führen, verbunden mit den notwendigen Innovationen im Hardware-, Software- und Planungsbereich, hat es wertvolle Erfahrungen gesammelt, wie es in dieser Form noch kein anderes Land konnte. Die Industrialisierung der USA im ausgehenden 19. Jahrhunderts oder diejenige Europas ist im Vergleich zu Chinas Entwicklung viel kleinteiliger verlaufen. Insofern hat China eine Chance, durch seine stetig wachsende Innovationskraft verbunden mit unbedingtem politischen Willen und intensiver – durch restriktive Vorschriften ungehinderte – Forschung wieder wichtige zivilisatorische Beiträge zur Entwicklung der Menschheit zu leisten.

Neue Methoden – Industrie 4.0 und Additive Manufacturing

Neue Märkte entstehen auch durch neue Methoden, also durch Revolution und Evolution. Durch neue Herstellungsverfahren wie 3-D-Druck und Digitalisierung, die Millionen von Arbeitsplätzen kosten und die Bedeutung von Niedriglohnstandorten wie Vietnam und Kambodscha relativieren könnten, werden sich weitreichende Entwicklungen ergeben.

Asien ist mittlerweile in vielen dieser neuen Bereiche technologisch führend – und auch bei der Anwendung. So hat sich China in Rekordzeit mit 800 Millionen Online-Nutzern zum größten E-Commerce-Markt der Welt aufgeschwungen. Quantensprünge beim autonomen Fliegen und Fahren, dem Einsatz von Drohnen, neue Technologien bei Herstellung, Design und Weiterentwicklung von Produkten werden eine massive Auswirkung auf Asien und Europa haben. Die Sharing-Economy zerstört eine Vielzahl bewährter Geschäftsmodelle und erfordert völlig neue.

Welche Rolle wird Asien in diesen Prozessen spielen, und was bedeutet das für uns in Europa?

Fabriken aus dem 3-D-Drucker, Roboterrestaurants und andere neue Methoden

Die Automatisierung der Volksrepublik China schreitet rasch voran, nicht zuletzt war der Erwerb des deutschen Maschinenbauunternehmens Kuka durch den chinesischen Haushaltsgerätehersteller Midea 2016 ein

Durchbruch. Zwar gibt es Anzeichen dafür, dass die Finanzierung des Kaufpreises von 4,5 Milliarden Euro schwierig war, aber strategisch hat Midea alles richtig gemacht. In Deutschland steht man der Übernahme allerdings skeptisch gegenüber und blickt nun mit Misstrauen auf das Unternehmen. Die Kuka AG war eines der Mitglieder der 2015 gegründeten deutschen Cyber-Sicherheitsorganisation (DCSO), die ihre Mitgliedsunternehmen wie etwa Volkswagen, Daimler, BASF und Allianz vor dem Abfluss von Know-how ins Ausland durch Cyber-Angriffe schützen soll. Vor dem Hintergrund von geschätzten 1 000 Cyber-Angriffen jährlich durch chinesische Teilnehmer am Markt auf deutsche Unternehmen und einer deutlich gestiegenen Aktivität bei der Industriespionage, wird Kuka mittlerweile als nicht mehr vertrauenswürdiges Unternehmen betrachtet und hat nur noch begrenzten Zugang zu erarbeitetem Know-how.

In China kommen gerade einmal 49 Roboter auf 10 000 Arbeiter. Damit liegt China noch weit hinter Deutschland, wo die Quote bei 301 Robotern pro 10 000 Arbeitern liegt. Doch in Riesenschritten hat sich das Reich der Mitte zum weltweit wichtigsten Abnehmer von Robotern entwickelt. 2016 wurde bereits jeder dritte weltweit installierte Roboter in China aufgestellt, insgesamt 90 000 Stück. 2020 sollen bereits 40 Prozent aller Roboter weltweit in China verkauft werden. Zugleich treibt mit einer bewährten Mischung aus Zuckerbrot und Peitsche die Regierung den Ausbau von alten Herstellern mit Fördergeldern, niedrigen Steuern und kostenlosen Grundstücken voran.

Nicht nur die Märkte werden sich künftig ändern, sondern auch die Zahlungsströme, und zwar durch digitale Währungen und die damit zusammenhängende Blockchain-Technologie. Diese ist viel mehr als nur eine dezentrale Datenbank zur Verwaltung von digitalen beziehungsweise Kryptowährungen. Zwar ist die genaue Rolle für Wirtschaft und Gesellschaft noch nicht erfasst, doch sicher ist, dass die Blockchain-Technologie ein zentraler Baustein der Wirtschaft von morgen sein wird. Sie wird Wirtschaft- und Gesellschaftssysteme grundlegend verändern, und sie in der Bedeutung mit der Einführung des Internets zu vergleichen, ist nicht übertrieben.

Die Geburtsstunde des Zahlungssystems für digitale Währungen war der Blog-Eintrag eines Satoshi Nakamoto. Es handelt sich bei dem Namen um ein Pseudonym, bislang ist unbekannt, ob sich dahinter eine Einzelperson oder eine Gruppe verbirgt. Ende 2008 beschrieb Satoshi Nakamoto erstmals ein Zahlungssystem für Kryptowährungen, Anfang 2009 wurde eine Open-Source-Referenz-Software dazu veröffentlicht.

Bitcoin ist die erste öffentlich gehandelte digitale Währung – und gleichzeitig auch der Name des weltweit verwendeten dezentralen Buchungssystems; neben der 2015 eingeführten Ethereum-Blockchain mit dem digitalen Zahlungsmittel Ether ist Bitcoin der wichtigste Meilenstein in der Entwicklungsgeschichte dieser Technologie. Das Besondere an diesen digitalen Zahlungssystemen ist, dass sie ohne staatlichen Eingriff oder regulierende Banken funktionieren und durch die lückenlose digitale Aufzeichnung der Transaktionen völlig transparent verwaltet werden.

Schon heute schießen neue Geschäftsmodelle wie Pilze aus dem Boden. Blockchain ist sozusagen die kommerzielle Ausprägung des Internets, die die bisher fehlenden Technologieelemente wie vertrauenswürdige Identifikation und sichere Abwicklung von Transaktionen bereitstellt. Durch die fälschungssichere Aufzeichnung der Transaktionen können eine unglaubliche Vielzahl von Anwendungen in verschiedensten Branchen entwickelt werden.

Abgesehen von Kryptowährungen sind bereits in der Finanz- und Versicherungsbranche sowie der Logistikbranche und nicht zuletzt im Urheberrechtsschutz große Umwälzungen im Gange. Auch öffentliche Register wie das Handelsregister oder Grundbuch werden womöglich in naher Zukunft überflüssig. In den Bereichen Property-Tech (Proptech) – die alles rund um Immobilienerwerb und -verwaltung betrifft – und Insurance (Insurtech) – Vertrieb und Verwaltung von Versicherungen – entsteht durch die weitere Digitalisierung von Geschäftsprozessen und damit verbundene Kostensenkungen ein gewaltiges disruptives Potenzial.

Eng damit verbunden ist die so genannte »künstliche Intelligenz« (KI). Diese Technologie ist nicht nur wichtig für die oben beschriebene Prozessoptimierung, sondern beeinflusst auch andere Wertschöpfungsketten in der Industrie, zum Beispiel indem mittels künstlicher Intelligenz für die optimale Auslastung von Maschinen gesorgt wird. Zudem spielt sie eine wichtige Rolle beim autonomen Fahren und Fliegen.

Die industriebezogene Anwendung von KI steht im Bereich des Internet of Things (IoT) erst am Anfang. Doch bereits jetzt ist das Einsparungspotenzial gewaltig, denn der vernetzte und automatisierte Einsatz von Maschinen und Anlagen an verschiedenen Standorten sorgt für einen optimierten Produktionsprozess. KI verbessert in diesem Kontext die Software-Programmierung und auch das Datenmanagement; sie macht Maschinen lernfähig, damit sie nicht die gleichen Fehler wiederholen, sondern sich selbst korrigieren und verbessern können. Dadurch wird die Fertigung schneller, effizienter und deutlich kostengünstiger. Sobald durch weitere Sensoren und Robotics eine noch größere Vernetzung stattfindet, ergibt sich ein gewaltiges Potenzial.

Ein Nebeneffekt der umfassenden Digitalisierung sind die gewaltigen Datenmengen, die Unternehmen von ihren Nutzern erheben. Big Data ist sozusagen der neue Goldstandard der heutigen Zeit. Doch nicht immer sind Unternehmen in der Lage, diese Daten auch angemessen zu schützen. Die Konsequenz sind Datendiebstähle in äußerst großem Umfang. So haben Hacker im Herbst 2017 zum Beispiel bei der Fahrdienstvermittlung Uber Daten von über 57 Millionen Nutzern entwendet; Datendiebstähle bei großen Kreditkartenunternehmen und Banken sind ebenfalls bekannt geworden.

Besonders brisant wird es, wenn es um höchstpersönliche Daten zum Beispiel aus dem Gesundheitsbereich geht. Gerade durch die Quantensprünge in der personalisierten Medizin wird dieses Problem noch verschärft. Höchstpersönliche Daten könnten durch Diebstahl und Betrug in falsche Hände geraten. Durch die Genomsegmentierung kann bald jeder Mensch nach Maßgabe seiner eigenen DNA herausfinden, welche Medikamente er verträgt und was für seinen Körper gut ist. In Zukunft werden darum maßgeschneiderte Medikamente der Standard sein. Aber dies gilt nicht nur für den heilenden Bereich der Pharmazie: Auch maßgeschneiderte Gifte beispielsweise für biologische Waffen werden auf uns zukommen.

Doch all diese Entwicklungen stehen erst am Anfang. Trotz aller Sammelwut schätzt der Branchenverband Industrial Internetkonsortium (IIC), dass nach wie vor 99 Prozent der Daten in Unternehmen ungenutzt in unverbundenen dezentralen Datenbanken lagern. Erst in den kommenden Jahren wird die voranschreitende Digitalisierung und Vernetzung dieses gewaltige Potenzial haben. Große Umwälzungen werden die Folge sein. Die Weltbank spricht von 1 Billion US-Dollar Produktionseinsparungspotenzial, sollten die Bereiche, in denen heute in der Industrie noch traditionell gefertigt wird, digitalisiert und vernetzt werden.

Wesentliche Voraussetzung der Vernetzung ist die wachsende Verbreitung und Nutzung modernster Sensorentechnologie. Laut dem Beratungsunternehmen McKinsey verbilligen und verbinden sich dadurch die Welten in- und außerhalb der Fabriken: Die gleichen Sensoren, die innerhalb einer Fabrik die Produktion kontrollieren, überwachen außerhalb auch die Logistikketten und die Nutzung. Sie weisen zunehmend vorzeitig auf mögliche Ausfälle hin.

Parallel zur Digitalisierung der Produktion gibt es neue Entwicklungs- und Produktionsverfahren, die die Industrie umkrempeln werden. Dazu zählen generatives Design sowie additives Manufacturing, worunter auch das 3-D-Printing fällt. Zwar gibt es auch Hindernisse auf dem Weg zur voll vernetzten Industrie, wie etwa fragmentierte Herstellungsanlagen und Fertigungsstätten sowie nicht kompatible Datenbanken, Betriebssysteme und Komponenten. Dennoch gibt es immer mehr Produkte, die durch digitalen 3-D-Druck entstehen. Zum Beispiel wurden bisher die meisten Sportschuhe von Herstellern wie Nike oder Adidas in Asien zugeschnitten, vernäht und verklebt. Künftig werden Bestandteile der Schuhe jedoch aus dem 3-D-Drucker kommen. Dies bedeutet nicht nur eine große Beschleunigung: Durch diese Änderung im Produktionsprozess werden europäische Produktionsstandorte selbst in Hochlohngegenden wieder interessant. Allerdings sind die weitaus größeren Märkte in Asien zu finden.

Volkswirtschaften wie China verfügen nicht nur über politischen Rückenwind, sondern auch über gewaltige finanzielle und quantitative Ressourcen. Sie können sehr schnell im Bereich Hardware aufholen. In vielen Branchen ist dies bereits geschehen, und zwar schneller und dramatischer, als es viele deutsche mittelständische Unternehmen für möglich gehalten hatten. Es geht heute mehr denn je darum, Produkte mit der richtigen Intelligenz zu versehen, die richtigen Daten zu sammeln und daraus die richtigen Schlüsse zu ziehen. China, aber auch Länder wie Indien und Japan mit ihrer starken Affinität und Anpassungsfähigkeit an neue Technologien sowie ihrem ausgeprägten Zukunftsoptimismus könnten dafür besser gerüstet sein als Deutschland.

Industrie 4.0 und das Internet of Everything

Nach Dampfmaschine, Fließband und Elektronik stellt die Industrie 4.0 mit ihrer Vernetzung von Produkt, Maschine und Werkzeug eine große Herausforderung dar, bietet aber auch gewaltige Chancen. Nach Jahrzehnten der Massenfertigung führt die vierte industrielle Revolution zurück zum Unikat. Bei den drei vorherigen industriellen Revolutionen war es die Standardisierung, die gewaltige Produktionszuwächse mit sich brachte. Heutzutage hingegen werden durch die Kombination von Software und Fertigungstechnik Waren ganz anders und individueller hergestellt. In Fabriken des neuen Typs werden zahllose kleinere und größere Abweichungen vom Durchschnittsprodukt ermöglicht. Dies ist für die Kunden besonders interessant. Industrie 4.0 steht für die schrittweise Evolution alter Technologien und Geschäftsmodelle hin zu agilen und digitalen Konzepten.

Schon die Industrie 3.0 war digital. Seit den 1970er Jahren werden Software-Programme zur Produktion eingesetzt, doch der Unterschied zur Industrie 4.0 liegt in der Geschwindigkeit und dem Umfang der Digitalisierung. Diese war früher oftmals nur ein Hilfsmittel, heutzutage steht sie jedoch im Mittelpunkt, wenn nicht nur die einzelne Fabrik, sondern die gesamte Produktion zu Wertschöpfungsketten global vernetzt ist.

Entscheidend ist, dass die Vernetzung nicht nur digital, sondern intelligent erfolgt. Deswegen spielt nicht die Einführung immer schnellerer und leistungsfähigerer Hardware die größte Rolle: Auf dem Weg zur Industrie 5.0 steht die künstliche Intelligenz im Zentrum. Diese hat einen massiven Einfluss auf die beiden wichtigsten Themen eines jeden Unternehmens, egal welcher Branche oder Größe, nämlich die Optimierung von Prozessen und die Kundenzentrierung. Dies wird durch die intelligente Vernetzung erreicht. Es gibt smarte Produktionsanlagen mit vorausschauender Wartung sowie maßgeschneiderte individuelle Produktionsprozesse, die auf den Kunden zugeschnitten sind, so wie es etwa Adidas bei der Herstellung von individualisierten Turnschuhen bereits praktiziert. Effizienzvorteile und Einsparpotenziale sind die unmittelbaren Folgen, hinzu kommen neue Formen der Kundenbeziehung sowie datengetriebene neuartige Geschäftsmodelle.

Das so genannte Internet of Things beziehungsweise das Internet of Everything ist ein Teil der Industrie 4.0, und meint – wie oben schon angesprochen – die Vernetzung einzelner Objekte oder Maschinen mithilfe von IT, Telekommunikationsnetzen und Sensorik. In der Cloud, also auf onlinebasierten Servern, finden Auswertung und Kommunikation der Daten statt, ganz unabhängig davon, ob es sich um die Nutzungsdaten privater Haushaltsgeräte, um das Gesundheitswesen, die Daten ganzer Städte oder auch Transport und Logistik handelt. Letztlich werden von unserer gesamten Lebenswelt Echtzeit-Informationen irgendwo im Netz gesammelt und analysiert.

Im Jahr 2017 kommunizierten bereits 8,4 Milliarden Dinge auf der Welt miteinander. Das sind 31 Prozent mehr als im Jahr 2016. Die Herausforderung dabei ist, diese enormen Datenmengen und die gewaltige Masse der vernetzten Geräte intelligent auszuwerten und zu managen, und kontinuierlich die gewonnenen Ergebnisse in den Produktionskreislauf zurückzuspeisen. Sämtliche Prozesse vom Einkauf bis zum Kundenservice sollen und müssen optimiert werden, weshalb der Kunde im Kern des Konzepts vernetzter Wertschöpfungsketten steht. So ist nicht mehr das Produkt, sondern das Serviceteam ausschlaggebend.

Für Unternehmen geht es vor allem darum, Produktionsprozesse durch Echtzeitdaten und den Einsatz von Sensoren und Technologien zu optimieren. Andererseits wollen Kunden ihre Produkte individuell zugeschnitten haben, sodass es für Unternehmen immer wesentlicher wird, in Echtzeit zu wissen, was der Kunde braucht, um den Bedarf proaktiv zu antizipieren. Das bietet Chancen für flexible Geschäftsmodelle, zudem wird eine ganz eigene Kundenbindung aufgebaut. Cyber-physikalische Produktionssysteme schaffen die notwendige Transparenz und Flexibilität. Produziert wird nur noch, wenn Bedarf da ist, und zwar zum Preis einer Massenfertigung, bei weniger Ausschuss und optimaler Liefertreue.

Die Fabrik der Zukunft muss darum vor allem drei Anforderungen berücksichtigen: Kundenfokus, Agilität und Sicherheit. An Big Data und Cloud kommt keiner mehr vorbei. Das bedeutet besondere Chancen und Möglichkeiten für Maschinenbauer: Was im Zeitalter der Industrialisierung die Werkhalle war, ist für die Digitalisierung die Cloud: der virtuelle Ort, an dem Material, Stammdaten und Biografien von Bauteilen, Anlagen und ganzen Systemen zusammengebracht werden, um sie untereinander und mit Echtzeitdaten zu vernetzen. Auf diese Weise entsteht eine digitale Abbildung der Hardware, sozusagen ein digitaler Zwilling. In der Cloud kommunizieren und interagieren diese digitalen Zwillinge miteinander. So entstehen ganz neue Möglichkeiten, vor allem wenn die Hardware-Welt modular aufgebaut wird und sich je nach den aus der Cloud übermittelten Anforderungen ständig neu einstellt, um individuelle Aufträge abzuarbeiten. Ein smarter Maschinenbauer, der komplexe Maschinen mit Tausenden von Einzelteilen produziert, kann so zum Beispiel all diese Datensätze über einen digitalen Zwilling in der Cloud vereinheitlichen. Damit lassen sich also nicht nur einzelne Bauteile und Komponenten anpassen, sondern die gesamte Anlage wird vernetzt und die Wertschöpfungskette der Kunden in der Cloud abgebildet.

Dadurch werden Systemlösungen von hoher Individualisierung und dennoch großer Effizienz möglich. Erfolgreiche Maschinenbauer werden in der Zukunft noch komplexere Produkte herstellen, aber der Wettbewerbsvorteil wird in der Lösung von Problemen und der Lieferung von ganzen Systemen bestehen. Die Fortschritte sind gewaltig; es gibt bereits jetzt schon Projekte, bei denen die digitale Abbildung von natürlichen Systemen wie etwa Flussläufen möglich ist.

Allerdings gilt auch für diesen Bereich: Japanische und chinesische Unternehmen sind in ihm führend. Dies liegt unter anderem daran, dass sie mehr politische Unterstützung genießen – sei es in Steuerpolitik oder bei schnellen Datenleitungen – als viele deutsche Unternehmen. Muss man sich deshalb Sorgen machen um den deutschen Mittelstand? Droht die Konkurrenz aus Asien uns endgültig abzuhängen?

Der deutsche Mittelstand ist nach wie vor so kreativ wie innovativ und produziert Produkte von großer Qualität und Langlebigkeit. Allerdings muss er aufpassen, dass er auf der Höhe der Zeit bleibt. Dazu gehört eine umfassende Digitalisierung ebenso wie die Schaffung künstlicher intelligenter Internetplattformen, die die notwendigen Daten sammeln und auswerten. Hinzu kommt die Automatisierung von Arbeitsprozessen. Roboter drohen zwar Arbeitsplätze zu vernichten, können aber auch dazu beitragen, den Produktionsstandort Deutschland wettbewerbsfähig zu halten.

Insbesondere beim 3-D-Druck können deutsche Unternehmen ihre derzeit weltweit führende Rolle festigen und ausweiten. Vielleicht kann es sogar gelingen, serienmäßigen 3-D-Druck aus Deutschland zu einer neuen Kernbranche zu machen – im Gegensatz zu früheren Entwicklungen im Solar- und Windradbereich sowie der MP3- und Fax-Technologie, bei denen Deutschland die Grundlagenforschung und Entwicklungsarbeit geleistet hatte, dann aber bei der weltweiten Vermarktung und Kommerzialisierung von asiatischen und amerikanischen Unternehmen überholt wurde.

Kompetenz in generativen Fertigungsverfahren – auch additive Fertigung beziehungsweise *additive manufacturing* (AM) genannt – deckt sich mit den bereits vorhandenen Wertschöpfungsketten und dem Know-how der deutschen mittelständischen Unternehmen im Hinblick auf Industrie 4.0 und Automatisierung. Bei der additiven Fertigung, oft als Synonym für den Begriff 3-D-Druck verwendet, wird auf der Basis von digitalisierten 3-D-Konstruktionsdaten schichtweise durch das Ablagern von einem oder mehreren Materialien ein Bauteil aufgebaut. Dies ermöglicht den schnellen und kostengünstigen Aufbau von Prototypen (Rapid Prototyping) und kostengünstige flexible Serienfertigung.

Im deutschen Maschinenbau werden derzeit die fortschrittlichsten und am höchsten automatisierten AM-Anlagen produziert. Deutsche Hersteller wie Trumpf und Eos sind weltweit führend. Auch die Akzeptanz von AM in Deutschland ist überdurchschnittlich. Nach einer Studie des Beratungsunternehmens Ernst & Young (EY) nutzen 40 Prozent der deutschen Unternehmen bereits 3-D-Druck, mehr als in jedem anderen Industrieland der Welt. Und der Markt ist erst dabei, sich zu entfalten. Der weltweite Umsatz mit 3-D-Druck wird für 2018 auf 12 Milliarden US-Dollar geschätzt, wovon 6 Milliarden US-Dollar auf die Industrie, 1,3 Milliarden US-Dollar auf Gesundheit und 1 Milliarde US-Dollar auf Ausbildung entfallen. Nach Schätzungen des Marktforschungsinstitutes IDC soll der Markt bis 2020 auf 35 Milliarden US-Dollar anschwellen, und für das Jahr 2030 werden dreistellige Umsätze erwartet. Experten schätzen, dass im Jahr 2030 rund 5 Prozent sämtlicher Bauteile für Flugzeuge und Fahrzeuge aus 3-D-Druckern kommen werden. Die Ersparnisse, die sich daraus ergeben, sind gewaltig. Der US-amerikanische Konzern General Electric etwa druckt seit 2018 eine Kraftstoffdüse für die Flugzeugtriebwerke mit dem 3-D-Drucker, vorher mussten 20 einzelne Teile zusammengefügt werden. Das Einzelteil ist 25 Prozent leichter und fünfmal so haltbar wie ein konventionelles Produkt.

In einer künftigen Produktion 5.0 werden AM-Daten direkt in Formen verwandelt, Rückmeldungen der Nutzer wieder direkt im Produkt umgesetzt, oder es werden von vornherein mithilfe künstlicher Intelligenz nur noch die gewünschten Anforderungen und Parameter eingegeben, die dann eigenständig umgesetzt, verbessert und gewartet werden.

Wie schon erwähnt: Derzeit sind deutsche Unternehmen führend, doch der Wettbewerb schläft nicht, die USA, allen voran die Unternehmen GE, HP sowie Stratasys und 3D Systems investieren riesige Summen, um an die Wettbewerber aufzuschließen. Das gilt auch für chinesische Konkurrenten, die auch hier über umfassende politische Unterstützung verfügen: AM steht weit oben auf der Agenda der chinesischen Regierung und dem neuen Fünfjahresplan. Mit einem Milliardeneinsatz will Peking bis zu drei Weltmarkt-Player im Bereich 3-D aufbauen. Dabei geht die Regierung differenziert vor. Es gibt einige Dutzend Firmen wie zum Beispiel Tevo, die im Billigsegment für Bastler unterwegs sind. Höherwertige Firmen wie Winsun und Farsoon werden bereits jetzt zur Spitze gezählt.

Organe aus dem 3-D-Drucker und synthetische Biologie

3-D-Druck ist nicht allein auf AM beschränkt: Ein chinesisches Team hat es bereits 2013 geschafft, die erste lebende künstliche Niere mithilfe biologischer Tinte und einem 3-D-Drucker zu drucken. Noch sind allerdings einige Hürden zu meistern, bevor solche künstlichen Organe tatsächlich zum Einsatz kommen. Nichtsdestotrotz ist der 3-D-Druck ein großer Erfolg auf dem Weg in eine Zukunft, in der viele Menschenleben gerettet werden und illegaler Organhandel unterbunden werden könnte. Einige Menschen zahlen Höchstsummen, um schneller das zum Überleben benötigte Organ zu erhalten. Es gibt darum systematische und brutale Organdiebstähle. Wenn jedoch Organe einfach mittels 3-D-Drucker flächendeckend in vielen Krankenhäusern hergestellt werden könnten, wäre dies das Ende des illegalen Handels mit Organen. In China bekommen derzeit nur rund 1 Prozent aller Menschen, die ein neues Organ zum Überleben brauchen, tatsächlich eines. Das Ziel der Regierung und der Unternehmen ist es darum, die Technologie des Bioprinting von Organen bis 2030 jedem zugänglich zu machen.

Eine der großen Herausforderungen ist derzeit, Knochen zu drucken und auch andere natürliche Materialien so zu imitieren, dass zum Beispiel Selbstheilungsmechanismen eingebaut werden können. Hierfür wäre die Hinzufügung einer vierten Dimension – die der Zeit – notwendig. Schweizer Forscher der Eidgenössischen Technischen Hochschule (ETH) Zürich stehen eventuell kurz vor einem Durchbruch. Ihnen ist es gelungen, das Konzept der 3-D-Drucker so weiterzuentwickeln, dass ein 4-D-Druck möglich sein könnte. Erste Prototypen wurden bereits hergestellt.

Ein weiteres Feld, in der die Digitalisierung für große Umwälzungen sorgen wird, ist die Gentechnik. Die aktuellen technischen Möglichkeiten lassen Maschinenmenschen wahrscheinlich werden: Mensch und Maschine wachsen zusammen, Cyborgs lassen die Grenzen zwischen ihnen verschwimmen. Das Klonen und die Massenzüchtung von Menschen – *human farming* – beginnen rasante Fortschritte zu machen. Aufgrund fehlender gesetzlicher Vorschriften und geringerer Berührungsängste hebt China an, eine führende und prägende Rolle zu besetzen. So ist es in der Volksrepublik erstmals gelungen, einen Primaten zu klonen. Mehr als 20 Jahre nach Schaf »Dolly« setzt China damit neue Maßstäbe.

Im Laufe der Jahre konnten bislang von insgesamt 23 Tierarten Klone erzeugt werden, bei Reitpferden ist der Einsatz dieser Technik inzwischen gar schon Routine. Doch bei Primaten, zu denen auch der Mensch zählt, ist das Klonen deutlich schwieriger als bei anderen Säugetieren.

Nicht umsonst sind seit »Dolly« zwei Jahrzehnte vergangen. Dank der Fortschritte in China wird das Klonen von Menschen in absehbarer Zeit technisch möglich sein.

Schon heute erlaubt die so genannte Genom-Schere gezielte Eingriffe ins Erbgut. Dieses neue molekularbiologische Verfahren ist eine echte Revolution. Durch das so genannte Genom-Editing lassen sich einzelne DNA-Bausteine beliebig entfernen, hinzufügen oder ändern, das Erbgut kann mithin wie ein Text editiert und maßgeschneidert werden. Unklar ist allerdings noch, was einzelne »Textpassagen« im Organismus bewirken. Doch es ist nur noch eine Frage der Zeit, bis auch dies erforscht ist. Chinas Forscher sind in diesem Bereich führend. Sie haben bereits experimentell in das Erbgut von Embryonen eingegriffen. So stellt sich über kurz oder lang die Frage, was die Duplizierbarkeit von Menschen für das menschliche Selbstverständnis bedeutet und welche Auswirkungen dies auf unsere Gesellschaft haben wird.

III. Neue Menschen

Einführung

Nach der Analyse der neuen Mächte und Märkte gilt es nun, die so wichtigen weichen Faktoren anzusprechen. Nach wie vor wird die enorme kulturelle und politische Vielfalt Asiens unterschätzt. Es fällt schwer, die Vielzahl von Staatssystemen, Lebensstandards und religiösen Prägungen und Werten zu erfassen. Diese riesige Region stellt zwei Drittel der Weltbevölkerung und zwei Drittel der globalen Landmasse dar. Im Gegensatz zu westlichen Ländern und mit Ausnahme von China und Japan handelt es sich überwiegend um junge Länder, in denen oft die Hälfte der Bevölkerung unter 25 Jahre alt ist. Schon immer kulturell auf lebenslanges Lernen getrimmt und zusätzlich beflügelt von dem Wunsch, zum Westen aufzuholen, handelt es sich um einen riesigen Pool an lern-, leidens- und leistungsfähigen Menschen, die sowohl als Produzenten wie auch als Konsumenten global bald den Ton angeben.

Der Wiederaufstieg Asiens an die Weltspitze führt zu wachsendem Selbstbewusstsein in den zum Teil jahrtausendealten Kulturen. Deshalb ist ein Perspektivenwechsel hilfreich, wie auch für den Geschäftserfolg Kenntnisse der Kultur und Geschichte der jeweiligen Länder und Regionen unabdingbar sind.

Natürlich gibt es verschiedene Schwierigkeiten in unterschiedlichen Ausprägungen, wie man sie auch aus anderen Schwellenmärkten kennt, die jedoch auch auf reifen Märkten anzutreffen sind: Korruption, ineffiziente Bürokratien, doppelte Buchführung, Betrügereien und Raubkopien. All dies ist nichts spezifisch Asiatisches. Im Gegenteil, die Menschen haben dort seit Hunderten von Jahren erfolgreich gewirtschaftet, waren innovativ und gut strukturiert. Es gilt, eurozentrisches Denken hinter sich zu lassen, um den dortigen Gesellschaften mit wachem Blick zu begegnen und sich auch anzupassen. Die meisten Länder verfügen über langfristige Strategien, korporatistische Strukturen, in denen Wirtschaft und Politik eng zusammenarbeiten, sowie großes Anpassungsvermögen.

Das beste Beispiel für diese Tugenden ist Japan. Bis Ende des 19. Jahrhunderts war es das erste asiatische Land, dem es glückte, sich in kürzester Zeit zu industrialisieren, zu militarisieren und sogar ein eigenes Kolonialreich zu errichten. Der Westen wurde mit seinen eigenen Waffen geschlagen; der kometenhafte Aufstieg Japans diente und dient nach wie vor vielen asiatischen Ländern als Vorbild, insbesondere den konfuzianistisch geprägten Ländern Ostasiens wie China und Korea. Es ist insofern nicht überraschend, dass diese Länder weltweit die wachstumsstärksten sind.

Kulturrevolution 2.0 – Mao und der neue Sozialismus

Mao Zedong, der Gründer der Volkrepublik China, stand und steht heute wieder im Zentrum einer erneuerten Utopie des Sozialismus à la chinoise, der durch den Zusammenbruch der UdSSR und des Ostblocks am Ende zu sein schien. Die unglaublichen Erfolge Chinas, das seinen dritten Weg zwischen Kommunismus und Kapitalismus propagiert, provozieren zugleich Bewunderung und Nachahmung. Selbstbewusst verkündet Xi Jinping, dass China bis 2035 zur globalen Supermacht aufsteigen und den neuen Sozialismus chinesischer Prägung als globales Leitbild verbreiten werde. Der »neue Mao« beziehungsweise »Kaiser von China« handelt dementsprechend konsequent.

In dem einst von der Kulturrevolution erschütterten Mekka des Turbokapitalismus wird unter Entwicklung modernster Technologien an einer gesellschaftlichen Utopie gearbeitet, wie sie die Welt noch nicht gesehen hat: ein gläsernes Digitalreich der Mitte, in dem durch ein »Social-credit«-Verfahren jeder Einzelne erfasst und gesteuert wird. Ist das Planwirtschaft 2.0 mit modernsten Methoden oder eher Aldous Huxleys *Schöne neue Welt*? – Ist dies Vorbild oder Abschreckung für die übrige Welt?

»Neue Planwirtschaft«

Im Jahre 2017 wurde in vielen Ländern von kommunistischen Regierungen und Parteien der Machtübernahme durch die Bolschewiken vor 100 Jahren gedacht. Die angestrebte Herrschaft der Arbeiter und Bauern kam jedoch nicht so wie erhofft zustande, vielmehr endete sie in Tyrannei und einem Blutbad. Damit schien auch das Ordnungsprinzip der Kommunisten, die Planwirtschaft, abgewirtschaftet zu haben. Spätestens mit dem Mauerfall 1989 war dies offenkundig und durch die Öffnung der ehemals kommunistischen Staaten gegenüber dem Kapitalismus schien es besiegelt, Ausnahmen bildeten lediglich Nordkorea und Kuba.

Heute jedoch könnte sich durch die Renaissance des Sozialismus in China eine Wende ergeben. Die Verbindung des chinesischen Führungsanspruchs mit den aktuellen technologischen Möglichkeiten könnten der alten, überholt geglaubten sozialistischen Doktrin, die immer noch Staatsdoktrin in China ist, neues Leben einhauchen. Dies könnte sogar zu einem neuen Sozialismus chinesischer Prägung führen – mit weltweiten Folgen.

Eine zentrale Rolle spielen dabei die Digitalisierung und Big Data, die das Informationsproblem, dass die Planwirtschaft hatte, lösen könnten: Das Ergebnis wäre eine digitale Planwirtschaft, die jedoch das Risiko in sich birgt, zu einem totalen Überwachungsstaat zu führen.

Die alte kommunistische Planwirtschaft hat nicht funktioniert, sondern zu Überforderung und Verschwendung geführt, weil die Planer in den staatlichen Komitees nicht über die notwendigen Informationen zur Steuerung der Wirtschaft verfügten. Zum Beispiel gab es 1980 in der Sowjetunion 24 Millionen verschiedene Produkte. Theoretisch sollte das Zentralkomitee der Kommunistischen Partei der Sowjetunion (KPdSU) alle wirtschaftlichen Aktivitäten in elf Zeitzonen koordinieren. Es kannte aber nur die Preise und Mengen von 200 000 Produkten, und in dem zentralen Plan, in dem den Staatsfirmen langfristig die Richtung vorgegeben wurde, waren nur 2 000 erfasst. Das Wissensdefizit der staatlichen Behörden war also gigantisch. Zudem hatten die kommunistischen Chefplaner keine oder allenfalls nur sehr vage Vorstellungen von den tatsächlichen Bedürfnissen, Knappheiten und Überschüssen im Land, weil es an Daten fehlte.

Dies ist heute dramatisch anders. Dank Big Data schwimmen wir im 21. Jahrhundert in einem unendlichen Meer von Bits und Bytes, die rund um die Uhr und überall abrufbar sind. Die Datenquellen erstrecken sich von Navigationssystemen, Satelliten, Kreditkarten über Mobiltelefone bis zu sozialen Netzwerken, Onlineshops und Suchmaschinen. Algorithmen beginnen immer pro-aktiver, die Wünsche der Kunden vorherzusagen, verkuppeln einsame Herzen und schlagen uns vor, welche Bücher, Musiktitel oder Menschen uns gefallen könnten. Das Internet der Dinge vernetzt die physische und virtuelle Welt auf immer komplexere Weise. Von solchen Datenmengen und deren Vernetzung konnten die Sozialisten in der Sowjetunion und in China nur träumen.

Könnte die sozialistische Planwirtschaft womöglich in der heutigen Zeit mit den modernen Mitteln doch funktionieren? Wurde sie nicht vorschnell auf die Müllhalde der Geschichte geworfen?

Es scheint wirklich so, als ob Digitalisierung, Cloud-Computing und künstliche Intelligenz das Wissensproblem der Planwirtschaft lösen könnten. Dies sehen nicht nur Partei und regierungstreue Intellektuelle in China so, sondern auch der Gründer von Alibaba, Jack Ma. Er ist überzeugt davon, dass der Planwirtschaft die Zukunft gehört. Big Data sei wie ein Röntgenapparat, wie eine Computertomografie, die die Weltwirtschaft und ihre einzelnen Verästelungen sichtbar macht. Weil heute alle Zugang zu allen Arten von Daten haben, werden wir vielleicht sogar fähig sein, die »unsichtbare Hand des Marktes« zu finden.

Das Konzept der »unsichtbaren Hand«, die am Markt unbewusst das Gemeinwohl fördert, wurde vom Ökonomen Adam Smith entwickelt. Hat dieses Konzept nun ausgedient? Steckt hinter der effizienten Koordinierung von Angebot und Nachfrage letztendlich nur ein komplizierter Algorithmus, der sich mit genügend Rechenleistung sichtbar machen lässt?

Es gibt diesen Wunsch schon lange. So träumte etwa der chilenische Präsident Salvador Allende in den frühen 1970er Jahren von einem landesweiten Fernschreibernetzwerk, das die wichtigsten Fabriken des Landes miteinander verbinden sollte.

Mittlerweile gewinnt der Gedanke einer Planwirtschaft 2.0 unter digitalisierten Bedingungen immer mehr Anhänger, und zwar nicht nur in sozialistischen und intellektuellen Kreisen. Doch es gilt, genau hinzusehen. Big Data, das angeblich neue Gold des neuen Jahrhunderts, kann in der Tat zu mehr Kundennähe und Effizienz führen. Es ist auch richtig, dass das menschliche Verhalten durch selbstlernende

Algorithmen etwas berechenbarer geworden ist. Dennoch entbehrt die Behauptung, das Wissensdefizit der Planwirtschaft sei dank Big Data gewissermaßen behoben, jeder Grundlage.

Zunächst einmal beziehen sich per definitionem Statistiken und empirische Daten, egal wie komplex sie sind, immer nur auf die Vergangenheit. Sie sind also für das Vorhersagen künftiger Entwicklungen oder Verhaltensänderungen nur von beschränktem Wert. Die Wirtschaft von morgen ist jedoch weit mehr als die Extrapolation der Wirtschaft von gestern, gerade angesichts neuer produktiver Technologien. Sie ist vielmehr ein hoch komplexes, nichtlineares, dynamisches Phänomen, das spontan immer wieder zu einer neuen Ordnung findet. Hier findet eher die Spieltheorie Anwendung als Kontrollstrukturen.

Die Fixierung auf Umfragen oder vergangenheitsorientierte Daten führt nur selten zu Innovation; dafür ist es im Gegenteil notwendig, radikal mit dem Bisherigen zu brechen – nur so kam es zur Entwicklung des iPhone und anderer bahnbrechenden Erfindungen. Ein zentrales Planungskomitee ist für so etwas definitiv nicht geeignet. Mangels Konkurrenz gibt es keinen Anreiz zur Innovation. Der österreichische Ökonom und Sozialphilosoph Friedrich August von Hayek hat in seinem Buch *Auf dem Weg zur Knechtschaft* schon in den 1940er Jahren erkannt, dass das in einer Gesellschaft verstreute Wissen eben nicht statistisch erfassbar, sondern immer an die Person, den Ort und das Umfeld gebunden ist. Seine Warnung vor einer Anmaßung von Wissen scheint aktueller denn je.

Zudem hätte in einer Staatswirtschaft der in einem Markt so wichtige Indikator des Preises keine Aussagekraft mehr. Wenn der sich günstig entwickelnde Preis keine Verknappung mehr indiziert, weiß man nicht, ob ein Produkt gefragt oder nicht gefragt ist. Mit anderen Worten: Die Rückkehr zu einer Planwirtschaft sowjetischer Bauart dürfte kaum erfolgreich sein.

Doch alternative Spielarten des Kapitalismus wie etwa ein Nebeneinander privater Akteure und eines staatlichen Eigentümers an all jenen Online-Plattformen, die von Google, Facebook und Samsung beherrscht werden, könnten ein neuer Weg sein. Zwar kann man sich mit guten Gründen über eine monopolähnliche Position dieser Konzerne bei Suchmaschinen, Social Media und im Onlinehandel beklagen, aber deswegen sollte man nicht ohne Weiteres die Kontrolle über Daten ausschließlich dem Staat anvertrauen.

Erklärt man Daten zu Staatseigentum, droht möglicherweise ein digitaler Totalitarismus. Diesem Vorwurf sieht sich China schon jetzt ausgesetzt.

Bis 2020 will Peking ein engmaschiges Überwachungsnetz aufspannen, in dem jeder digitale Fußabdruck erfasst und jeder Bürger mit einem Punktesystem benotet und bewertet wird. Das scheinbar harmlose und nützliche System ist jedoch weit mehr als nur ein soziales Netzwerk zur einfacheren Verwaltung des Riesenreichs. Neben der Beeinflussung, Kontrolle und totalen Überwachung sind die chinesischen Bürger einem Datenkraken ausgeliefert. Von offizieller Seite wird dies mit einem Zuwachs an Sicherheit gerechtfertigt, wachsender Schutz nicht nur vor Kriminellen und Betrügern, sondern auch vor anderem Fehlverhalten. Zahlreiche Betrugsskandale bei Lebensmitteln, insbesondere im Zusammenhang mit Milchpulver, sind dabei genauso prägend wie die traumatischen Erfahrungen während der Kulturrevolution, als das Land zehn Jahre lang in vollkommener Anarchie versank und jeder jeden überwachte und denunzierte. Die Überwachung und Kontrolle der Bevölkerung ist also nicht nur eine Priorität der kommunistischen Partei, sondern durchaus auch im Interesse der einzelnen Bürger.

China dürfte weltweit die größte Dichte an Überwachungskameras im öffentlichen Raum haben, derzeit geschätzte 176 Millionen. Bis 2020 sollen weitere 450 Millionen hinzukommen. Bereits heute sind etwa Schlafsäle von Universitäten lückenlos überwacht, sämtliche Verkehrsmittel, Bahnhöfe und Flughäfen und auch das Internet werden ebenfalls erfasst.

Chinas Regierung kann auf gewaltige Datenmengen zurückgreifen, da die rund 800 Millionen Chinesen, die regelmäßig online gehen, viele Fotos von sich ins Netz stellen. Zudem hat jeder Chinese ab dem 16. Lebensjahr einen Personalausweis mit einem Foto, das in den Datenbanken gespeichert ist. Darum können die Aufnahmen der Überwachungskameras mittels Gesichtserkennungs-Software in Sekundenschnelle abgeglichen und an die zuständigen Behörden weitergeleitet werden. In zahlreichen Großstädten gibt es bereits Kameras, die Fußgänger bei der Überquerung der Straßen überwachen. Missachtet jemand eine rote Ampel, muss er eine Strafe zahlen; zudem wird er mit seinen persönlichen Daten samt Foto im Internet oder in einer Zeitung an den Pranger gestellt, mitunter wird auch der Arbeitgeber informiert. Die Technologie der Gesichtserkennung ist durch Firmen wie Megvii schon so perfektioniert, dass kaum noch kosmetische Eingriffe gegen die Präzision der Erkennung helfen.

»Arbeit« im neuen Sozialismus

Der Kapitalismus hat in den letzten 200 Jahren zu einer enormen Zurückdrängung von Armut geführt und so viel Wohlstand geschaffen wie kein anderes System der Weltgeschichte. Die Entwicklung in China in den letzten 30 Jahren – seit das Privateigentum wieder eingeführt und Stück für Stück mehr Kapitalismus implementiert wurde – ist exemplarisch dafür. Durch die Abkehr vom Sozialismus und die Zuwendung zu einer freieren Marktwirtschaft stiegen Hunderte Millionen Chinesen aus der Armut in die Mittelschicht auf. Während noch Ende der 1950er Jahre 45 Millionen Menschen in China als Folge einer durch sozialistische Experimente ausgelösten Hungersnot starben, hungert heute niemand mehr in China.

Im *Kommunistischen Manifest* beschrieben Karl Marx und Friedrich Engels 1848 den Kapitalismus als die »permanente Revolution von Produktion, ununterbrochene Störung aller sozialen Bedingungen, andauernde Unsicherheit und Agitation«. Selten war diese Einschätzung der sich permanent verändernden Gesellschaft und Volkswirtschaft relevanter als heute. Bislang haben sich die meisten traditionellen Konzepte des Kapitalismus auf physisches Eigentum, auf Waren, Maschinen und Grundstücke, bezogen. Doch die Firmen, die heute am Anfang des 21. Jahrhunderts erfolgreich sind und sein wollen, müssen sich auf nicht-greifbare Dinge konzentrieren.

So hat schon Karl Marx in seinem so genannten »Maschinenfragment« von 1857 prognostiziert, dass sich der Kapitalismus durch eine totale Maschinisierung selber kannibalisiere, da er lebendiger Arbeit die

Basis entziehe. Es gibt weitere Zitate von Marx, die zeigen, wie wichtig ihm der Aspekt war, dass Arbeit attraktiv sein müsse, da sie der Selbstverwirklichung des Individuums diene. Durch die Automatisierung werde den Menschen die Selbstbestimmung geraubt, sie würden zum ferngesteuerten Sklaven der Bewegung der Maschinerie. Dies ist ein treffendes Bild der heutigen Zeit, da nicht nur körperliche Arbeiter, sondern auch Wissensarbeiter immer mehr von Staaten und Internetgiganten beeinflusst, gesteuert und kontrolliert werden.

Es ging Marx darum, Individuum, Gesellschaft und Technologie zusammenzuführen und in einem humanen Konzept von Arbeit und Gesellschaft zu vereinen. Dies ist heutzutage wichtiger denn je. Sogar Elemente der heutigen Sharing-Economy sind bei Marx zu finden, wenn er zum Beispiel davon spricht, dass »vom Standpunkt einer höheren ökonomischen Gesellschaftsform individuelles Privateigentum bald so abgeschmackt erscheinen wird wie das Privateigentum eines Menschen an einem anderen Menschen«.

Zwischen der Monopolisierung und totalen Kontrolle durch anonyme Internetkonzerne einerseits und einer völligen Sozialisierung andererseits muss es also einen dritten Weg geben. Durch eine maßvolle regulatorische Anwendung von Arbeitsmarktpolitik, Kartellrecht und anderen gesetzlichen Maßnahmen könnte eine Balance in der Digitalwirtschaft erreicht werden. Allerdings hinkt der Staat als Gesetzgeber technischen Entwicklungen in der Regel weit hinterher.

Der Einfluss der Digitalisierung und Automatisierung auf die Arbeitswelt im Allgemeinen und in China im Besonderen ist gewaltig. Die Zukunft der Arbeit kann man pessimistisch mit dem Verschwinden von Millionen von Arbeitsplätzen sehen, andere wie der bekannte Querdenker Jeremy Rifkin hingegen erwarten keine Massenarbeitslosigkeit, sondern eine bevorstehende Vollbeschäftigung, insbesondere, da die digitale Revolution nach der Welt der Kommunikation nun immer mehr die Bereiche Energie, Logistik und Mobilität erfasst. Im Internet der Energie, also in den neuen digitalen Stromnetzen, in die vor allem China Milliarden von US-Dollar investiert, wird Strom nicht mehr von großen Versorgern hergestellt, sondern dezentral von »Prosumern«, was bedeutet, der Einzelne ist Produzent und Konsument zugleich. Jeder hat eine eigene dezentrale Solaranlage auf dem Dach und produziert und konsumiert Energie.

Dadurch wird Kapital frei, das bisher für die Errichtung und Erhaltung der Infrastruktur notwendig war; der Umbau des Energienetzes kreiert zudem Millionen an neuen Jobs, zum Beispiel durch die Umwandlung von Häusern in digitale Knotenpunkte.

Dies und die Automatisierung erschaffen einen ständigen Bedarf an neuen Kompetenzen der Mitarbeiter. Erreichen lässt sich dies in Zukunft eher durch Umschulung und Weiterqualifizierung vorhandener Mitarbeiter, als durch Entlassungen und Neueinstellungen, was auch wesentlich kostengünstiger ist.

Konfuzianismus 2.0 – Rückbesinnung und Zukunftsvision

Die Weltwirtschaft verändert sich dramatisch. Vor allem China hält die Welt in Atem: Anfängliche Skepsis verwandelte sich in Respekt und Bewunderung und schlägt zunehmend in Furcht um. Erst 1978 hatte Deng Xiaoping die neue politische Losung »Bereichert euch« verkündet und damit den Stein ins Rollen gebracht: In der klassenlosen Gesellschaft der Volksrepublik wurden in der Folgezeit Begriffe wie »Eigentum« in der Verfassung verankert. Deng wäre selbst erstaunt über das Tempo, mit welchem Millionen Chinesen seither zu Wohlstand gekommen sind.

Der Neokonfuzianismus als gesellschaftliche Klammer

Am Anfang des 21. Jahrhunderts ist die kommende Supermacht China zum Symbol für Stärke geworden. Zum potenziellen Herausforderer der Supermacht USA. Ist China damit ein Gewinner der Globalisierung? Oder droht durch den unkontrollierbaren Zustrom von Geld und Geist, von *cash* und *content*, der Verlust seiner Einmaligkeit – gar ein Auseinanderbrechen des Riesenreiches, weil die ideologische Klammer des Kommunismus an Kraft verliert und der Zentralismus durch die Zentrifugalkräfte der Wirtschaftsdynamik gesprengt wird? Diese Fragen sind exemplarisch für die westliche Denkweise, die nicht bemerkt, dass sich hier womöglich etwas Eigenes Bahn bricht. Die Komprimierung der Zeit – China erreichte in 30 Jahren das, wofür Europa 400 Jahre gebraucht hatte – beinhaltet nicht nur nach außen sichtbares Wachstum und beeindruckende Statistiken. Auch das Tempo der inneren Veränderung – der Pluralismus, die vielen nebeneinander existierenden kulturellen Milieus – sind ohne Beispiel.

Die Frage ist also nicht nur, wie die Globalisierung China verändern wird, sondern auch umgekehrt, in welchem Maße China aufgrund seiner wirtschaftlichen, geografischen und kulturellen Dimensionen den Globalisierungsprozess beeinflusst.

Durch die Fixierung auf wirtschaftliche Erfolgsstatistiken, billige Arbeitslöhne und demografische Zahlen wird die kulturell prägende Kraft dieser seit 5 000 Jahren existierenden Hochkultur außer Acht gelassen. China war für Jahrhunderte eines der mächtigsten und reichsten Länder der Erde. In 18 der vergangenen 20 Jahrhunderte hatte es einen größeren Anteil am Gesamtbruttoinlandsprodukt der Welt als alle anderen Länder. Noch bis 1820 produzierte es über 30 Prozent der weltweiten Wirtschaftsleistung – also mehr als Europa und die USA zusammengenommen. Unter den zahlreichen kulturellen Hochphasen, etwa der Han- (206 vor bis 220 nach unserer Zeitrechnung) und der Tang-Dynastie (618–907), die sich durch eine große Offenheit gegenüber ausländischen Einflüssen auszeichneten, brachte vor allem die Song-Dynastie (960–1279) eine bis dahin unerreichte Blüte in Wissenschaft und Forschung hervor. Die größten Erfindungen der Menschheit – Schießpulver, Kompass, Papier und Buchdruck – revolutionierten damals das Leben von Millionen, und das Reich der Mitte stand als erste Wissensgesellschaft der Weltgeschichte an der Spitze des Fortschritts.

Erst mit dem verlorenen Opiumkrieg gegen England 1840 begannen Jahrzehnte schmerzhaftester Demütigung und Schwäche. Das dunkle 19. Jahrhundert mündete in ein noch blutigeres 20. Jahrhundert. Mit der Revolution von 1911 wurden dreieinhalb Jahrhunderte Fremdherrschaft der Mandschu-Dynastie und über zweieinhalbtausend Jahre Kaiserreich hinweggefegt. Ausgehend von 15 Provinzen, die sich von der regierenden Quing-Dynastie lossagten, kam es zum Thronverzicht des sechsjährigen Kaisers Puyi und zur Ausrufung einer Republik. Auch damals prallten Fremdeinflüsse und althergebrachte Denktraditionen aufeinander. Insbesondere der am Hof und beim Volk vorherrschende rigide Konfuzianismus mit seiner Autoritätshörigkeit, dem starren Festhalten an

Traditionen und den Vorbehalten gegen alles Neue und Fremde wurde zu jener Zeit dafür verantwortlich gemacht, die Modernisierung Chinas und eine erfolgreiche Gegenwehr gegen die westlichen Barbaren verhindert zu haben. Das seit über 1000 Jahren bestehende kaiserliche Prüfungswesen, das als streng meritokratisches Auswahlverfahren jedem Chinesen – unabhängig von Herkunft und Stand – den Zugang auch zu höchsten Ämtern ermöglichte, wurde deshalb abgeschafft.

Auf chaotische Jahrzehnte der Machtkämpfe verschiedener Fraktionen erfolgte eine gewisse Stabilisierung durch die idealistische, aber korrupte Nanking-Republik von Präsident Chiang Kai-Shek. Dieser war Nachfolger von Präsident Sun Yat-sen und versuchte in den 1920er und 1930er Jahren eine nationale Erneuerung herbeizuführen, ebenso die Kommunisten unter Mao Zedong, insbesondere nach der Gründung der Volksrepublik China 1949. Doch selbst die verheerende Kulturrevolution konnte die alten konfuzianistischen Ideale nicht völlig vernichten.

Der in der Provinz Shan Dong geborene Meister Kong (551–479 vor unserer Zeitrechnung) entstammte einem alten, verarmten Adelsgeschlecht, das sich bis zu den Königen der Shang-Dynastie zurückverfolgen ließ. Meister Kong, oder Konfuzius, wie er von den Jesuiten später genannt wurde, war ein Philosoph, der sich wenig für die Frage nach Sein oder Nichtsein, sondern vielmehr dafür interessierte, wie man die Gesellschaft am besten organisieren konnte. Er praktizierte und lehrte also keine metaphysischen Theorien, sondern eine sehr praktische Philosophie, die von einem geradezu revolutionär modernen Denken geprägt ist, das sich durch einen nüchternen Skeptizismus und eine klassenlose Mitmenschlichkeit auszeichnet. Bildung, Wissen und Menschlichkeit sind jedem unabhängig vom sozialen Stand und materiellen Umständen zugänglich.

Das Menschenbild des Konfuzianismus ist dynamisch, woraus folgt, dass er dem Menschen die Kraft zuspricht, durch subjektives Handeln sein eigenes Schicksal sowie seinen Status innerhalb der Gesellschaft zu beeinflussen. Die Tür steht jedem offen, ein innerlich stabiler und äußerlich angesehener Mensch zu werden. Das Leitbild ist der »Junzi«, der Edle, der nicht durch Geburt, sondern durch unablässiges Bemühen um Bildung und Sittlichkeit zu einem solchen wird.

Konfuzius ist kein abstrakter Denker, der die Welt scharfsinnig mit Analysen seziert. Im Zentrum seines Denkens steht der Mensch und die Frage, wie er durch konkretes Handeln im Alltag dem näher kommt, was sein innerstes Wesen darstellt. Er stellte als Erster die goldene Regel auf: Was man sich selbst nicht wünscht, das tue man anderen nicht an. Keiner ist allein auf der Welt. Was beim Einzelnen beginnt, führt automatisch zur Gemeinschaft. Man darf sich nicht zurückziehen, sondern trägt Verantwortung für das Ganze.

Dieses Setzen auf den Menschen und die Menschlichkeit ist ein revolutionäres Konzept. Konfuzius leugnet nicht, dass die Menschen religiöse und metaphysische Bedürfnisse haben. Er verdrängt jedoch die Religion aus dem Zentrum und stellt den Menschen an ihren Platz. Das war zu jener Zeit ein völlig neues Konzept. Ähnliches geschah nach der Antike im Westen erst wieder in der Aufklärung.

Seit der Abschaffung des kaiserlichen Prüfungssystems wurde immer wieder das Ende des Konfuzianismus beschworen. Die restriktive Auslegung des eigentlich modernen Konfuzianismus durch einflussreiche Kreise am Hof wie etwa der Eunuchen führte zu einem Erstarren der Strukturen. Einziger Fokus wurde der Machterhalt. Der rückwärtsgewandte Konservatismus der konfuzianistischen Hofmafia wurde auch dafür verantwortlich gemacht, dass die chinesischen Flotten im 15. Jahrhundert an Bedeutung verloren. Unter den Ming-Kaisern waren riesige Flotten gebaut und vor allem unter Admiral Zheng He zwischen 1405 und 1433 auf Expeditionen bis Afrika und den Eingang des Roten Meeres gesandt worden. Doch anstatt Afrika zu umsegeln und beispielsweise Portugal zu entdecken, wurden nach 1433 die Flotten eingemottet und der Bau hochseetauglicher Schiffe fortan verboten. Zu groß schien die Gefahr, die von äußeren Einflüssen und Gedankengut herrührte. Stattdessen verwendete man die freigewordenen beträchtlichen finanziellen Mittel für den Bau der großen Mauer im Norden Chinas, um sich vor den Barbareneinfällen aus Zentralasien abzuschotten. Sie ist in dieser Hinsicht ein Symbol der Wendung nach Innen wie auch später im 19. Jahrhundert die mangelnde Fähigkeit, sich dem Westen zu öffnen und nach dem Beispiel Japans schnell aufzuholen.

Heute scheint in den chinesischen Metropolen, in denen westliches Konsumverhalten allgegenwärtig ist – und damit einhergehend die Zunahme von Jugendarbeitslosigkeit, Kriminalität und Prostitution verbunden mit einer rücksichtslosen, egozentrischen Lebensauffassung –, der Bruch mit alten Traditionen endgültig vollzogen zu sein. Der Kapitalismus hat die sozialen Netze zerrissen, die seinerzeit von Familie und Dorfgemeinschaft und später von der sozialistischen Planwirtschaft gewährleistet wurden. Der Kontrast zur konformistischen Gesellschaft der frühen Volksrepublik scheint groß. Doch waren die ferngesteuerten Roten Garden, die während der Kulturrevolution in den 1960er und 1970er Jahren plündernd durchs Land zogen, nicht auch eine Art jugendlicher Randalierer, die um den Preis der Selbstverwirklichung das Überkommene zerstören wollten? Sie wurden bestätigt und angeleitet vom greisen Vorsitzenden Mao, der nochmals versuchte, durch die Mobilisierung der Jugend den ihm entgleitenden Parteiapparat an sich zu ziehen.

Was die jungen Chinesen von heute auszeichnet – Konsumorientierung, ein starkes Freiheitsbedürfnis und wenig Bereitschaft sich einzufügen –, sind Elemente, die Jugendlichen weltweit zuzuordnen sind. Insofern scheint es sich eher um psychologisch und soziologisch bedingte Probleme zwischen Jung und Alt zu handeln als um Konflikte zwischen östlicher und westlicher Lebensweise.

Welche Werte prägen heute dieses Riesenreich, das von den Ausdehnungen her ein eigener Kontinent sein könnte? Zumindest die physische Struktur des Konfuzianismus ist durch das Wegfallen des staatlichen Kultes, die Abschaffung des Prüfungswesens und der volkstümlichen Verehrung des Meisters Kong verschwunden. Konfuzianische Kernwerte, wie die Betonung von Loyalitäten, Beziehungen *(guanxi)*, Familie und Gruppe sowie Leistungsbereitschaft, Wissen, Bildung und eine Reserviertheit, ja Verachtung gegenüber dem Materiellen und dem Militärischen, spielen in China dennoch nach wie vor eine große Rolle.

Hinter der Fassade eines scheinbar ungezügelten Manchesterkapitalismus, der auf radikalem Gewinnstreben von Individuen beruht, vereint alle Chinesen die Überzeugung, dass China über kurz oder lang wieder da stehen wird, wo es für so viele Jahrhunderte stand: an der Spitze der Welt. Und zumindest bisher wurde die Ein-Parteien-Herrschaft der Kommunistischen Partei (KPCh) vom chinesischen Volk nicht als Gefahr für den Vormarsch Chinas in der globalisierten Welt betrachtet.

Der KPCh als Makler und Moderator der Globalisierung kommt insofern eine Funktion zu wie ehemals den kaiserlichen Dynastien. Den chinesischen Zentralstaat galt es aus Angst vor »innerer Unruhe und äußerem Chaos« und angesichts der seit jeher geltenden traditionellen Werte Kontinuität, Stabilität und Harmonie unter allen Umständen zu bewahren. Die Vorherrschaft der Kommunistischen Partei wird auch darum, trotz gradueller Reformen, noch länger fortbestehen, weil die Ein-Parteien-Herrschaft in gewisser Weise als Garant innerer und äußerer Stabilität betrachtet wird und insofern ein Grundbedürfnis der Chinesen erfüllt.

Ein Auseinanderbrechen des Zentralstaates, also einen Rückfall in das Zeitalter der Warlords der 1920er Jahre, als es Millionen von Toten gab, wünscht sich niemand. China hat ein außergewöhnlich blutiges 20. Jahrhundert durchlebt, mit so vielen existenziellen Krisen, dass es erst seit Beginn der Wirtschaftsreformen Gelegenheit hat, sich wieder mit sich selbst zu beschäftigen.

Gleichzeitig hat der rasche wirtschaftliche Aufschwung nach den politischen Wirren der frühen Volksrepublik gesamtgesellschaftlich ein geistiges Vakuum hinterlassen. Die Eignung der konfuzianischen Lehre, das mit dem offensichtlichen Scheitern der Marxschen Ideologie verbundene Überbaudefizit zu beheben und als geistiges und moralisches Fundament den Weg in eine »harmonische Gesellschaft« zu weisen, ist mittlerweile auch der obersten Regierungsebene bewusst geworden, und das nicht ohne Grund: Zwar hat der Wirtschaftsboom in China bewirkt, dass es seit 1980 vielen Millionen Menschen besser geht, aber der Preis dafür ist ein gewaltiges soziales Gefälle – und das in einer vormals faktisch auf dem Papier noch immer existierenden klassenlosen Gesellschaft. Das Ziel der Klassenlosigkeit rückt damit in weite Ferne. Auch die politische Führung hat seit einiger Zeit bemerkt, dass die Zerreißprobe in der sozialen Ungleichheit enormes Sprengpotenzial besitzt. Hinzu kommt der Raubbau an der Umwelt, der ebenfalls die aufstrebende Mittelschicht empört.

Deswegen wurden seit Regierungsübernahme von Xi Jinping die Prioritäten neu geordnet. In diversen Regierungsprogrammen wird eine harmonische Gesellschaft, die in Einklang mit der Natur lebt und in sich selbst ruht, als oberste Priorität genannt. Während sich die Kommunistische Partei offiziell noch auf Marx und Mao beruft, lassen sich immer mehr Ausdrücke in der Rhetorik und offiziellen Regierungsprogrammen entdecken, die dem Konfuzianismus und dessen Wertehierarchie entsprechen. Die Verehrung geht allerdings noch nicht so weit, dass das im Konfuzianismus enthaltene Recht zum Widerspruch bereits akzeptiert wäre.

Werte und Wirtschaft

Konfuzius kennt keinen Unterschied zwischen Staat und Gesellschaft, sondern nur eine Ordnung, die aus den Regierenden und den Regierten besteht. Nur wenn untereinander harmonische Beziehungen herrschen, kann das Gemeinwesen und der Einzelne gedeihen. Zwar leugnet Konfuzius nicht, dass es Reibungen und Konflikte gibt, er hat jedoch den unerschütterlichen Glauben, dass in konfliktträchtigen Beziehungen als Konsequenz von Selbstbeherrschung und Verzicht auf Gewaltanwendung Vertrauen zwischen den Menschen entsteht und dadurch die Harmonie wiederhergestellt wird. Gewaltanwendung als Mittel zur Konfliktaustragung ist somit überflüssig und schädlich.

Konfuzius lehnt zwar nicht ab, transzendente Kräfte anzuerkennen, doch ist sein Denken prinzipiell nicht auf das Jenseits, sondern auf das Diesseits gerichtet. Gleichwohl respektiert er die religiösen Zeremonien, weil er an die Kraft der Tradition und die soziale Funktion der Rituale glaubt. Der Konfuzianismus ermöglichte daher der breiten Bevölkerung, das vorhandene Brauchtum zu bewahren und in die neue Lehre zu integrieren; er gewährleistete also maximale Flexibilität bei größtmöglicher Stabilität.

Etwas älter als der Konfuzianismus ist der von Lao-Tse begründete Taoismus. Dieser konnte sich jedoch nicht durchsetzen. Die im *Tao-Te-King*, dem Buch vom Tao und seiner Kraft – dem einzigen erhaltenen Werk, das auf Lao-Tse, von dessen Leben kaum etwas bekannt ist, zurückgeführt wird –, überlieferte Lehre gilt im Vergleich mit dem Konfuzianismus oft als ursprüngliche, geradezu anarchistische Individualphilosophie. Das ist aber nur bedingt richtig: Lao-Tses Forderung, im Einklang mit dem Tao zu sein – das oft als Weg oder Bahn, aber auch als Natur wiedergegeben werden kann –, bedeutet, im Einklang mit der Natur zu leben. Deswegen sind einfacher Sinn, Natürlichkeit, Selbstlosigkeit und Wunschlosigkeit die Haupttugenden. Wissen, Geschäftigkeit und Gerechtigkeit erscheinen als künstliche, unnatürliche Hindernisse auf dem Weg zur Harmonie.

Zwar decken sich die Werte mit denen des »Edlen« im Konfuzianismus, der entscheidende Unterschied liegt jedoch im sozialen Engagement. Während im Taoismus der Gelehrte im Einklang mit der Natur und sich selbst lebt und dem Prinzip des Handelns durch Nicht-Handeln *(wuwei)* folgt, hat der Edle bei Konfuzius die Pflicht, sich selbst zu vervollkommnen, um die Welt und das Gemeinwesen in Ordnung zu bringen. Konfuzius sagt, dass ein Gebildeter, der nur an ein angenehmes Leben zu Hause denkt, nicht würdig ist, als ein Gebildeter betrachtet zu werden. Der Edle muss ständig bemüht sein, nach außen zu wirken und Verantwortung zu übernehmen.

Die Selbstkultivierung des Edlen dient also nicht dazu, sich selbst zu befreien. Vielmehr handelt es sich um einen Prozess, bei dem der Mensch zu einer moralisch integren, innerlich starken Persönlichkeit wird, die sich durch ein soziales und politisches Verantwortungsbewusstsein auszeichnet. Der Edle verfolgt das Prinzip des »Zhong Yong«, das Prinzip der Einhaltung der Mitte, was ihn vom Gemeinen unterscheidet. Daraus resultiert eine Kombination von Flexibilität und Prinzipientreue, mit der der Edle seine verschiedenen Rollen als Sohn, Untertan, Bruder, Freund und Vater einnimmt. Auch dies hat den Zweck, dem Allgemeinwohl zu dienen. Die Selbstkultivierung und somit auch die Innerlichkeit sind somit also niemals Selbstzweck, sondern notwendiger Bestandteil des großen Ganzen.

In den konfuzianistischen Gesellschaften ist daher nicht alles – wie etwa in hinduistischen Gesellschaften – durch die Geburt vorgegeben, vielmehr kann man sich durch Leistung nach oben arbeiten. Die Trennung von Gesellschaft und Religion ermöglicht eine größere Mobilität durch die Einführung einer Meritokratie. Der Konfuzianismus, der auf einer rationalen weltlichen Haltung basiert, zeichnet sich durch spirituelle Nüchternheit aus. Das berühmte Wort Konfuzius', man solle sich

Geistern und Dämonen gegenüber im Großen und Ganzen so verhalten, als ob es sie gäbe, führt dazu, dass es im wirtschaftlichen Leben so gut wie keine religiösen Tabus gibt.

In den 1990er Jahren wurden durch Lee Kwan Yew, den ersten Premierminister von Singapur, wie auch durch den malaysischen Staatspräsidenten Mahatir bin Mohamad in zehn Geboten die so genannten »asiatischen Werte« propagiert, um eine »Asiatisierung« Asiens voranzutreiben und der zu starken Verwestlichung Einhalt zu gebieten, die bisweilen als eine Art »geistige Verschmutzung« bezeichnet wird. Viele dieser Werte entstammen dem Konfuzianismus und besagen unter anderem, dass die Nation vor der Gruppe kommt und die Gruppe in Form von Gesellschaft und Familie wiederum vor dem Ich steht. Deswegen wird auch ein übertriebener Wohlfahrtsstaat abgelehnt. Starke Familien sind die höchste Gemeinschaft des Staates. Bildungseifer und Lernkultur müssen hochgehalten werden. Sparsamkeit, Bescheidenheit und Konsumzurückhaltung müssen ebenso gefördert werden wie Teamgeist und eine moralisch einwandfreie Umgebung. Für diese Zwecke ist Pressezensur gestattet. Man kann diese zehn Gebote wohl mit dem Doppelgebot zusammenfassen, dass das Einzelne dem Ganzen unter- und der Konsens der Kontroverse überzuordnen ist. Die zeitlose Gültigkeit und die wirtschaftlich-politische Nützlichkeit dieser Prinzipien liegen auf der Hand.

Die konfuzianistische Werteordnung betont Effizienz, die Orientierung auf Export und Korporatismus, beinhaltet aber keine Nationalstaatsgedanken. Anerkennung von Leistung, Fleiß und Hingabe an die Arbeit, Sparsamkeit und Hang zum Unternehmertum sind im Zweifel also wichtiger als die Regierungsform. Der Mensch als Maß und Mitte kommt vor abstrakten und politischen Theorien.

Der alltagstaugliche und flexible Konfuzianismus eignet sich also gut, das Wertevakuum zu füllen, das durch den Niedergang des dogmatischen Kommunismus und durch das Wirtschaftswunder entstanden ist. Es kommt erleichternd hinzu, dass Kommunismus und Konfuzianismus durchaus Ähnlichkeiten haben: Ein starker Staat, der sich um die Familie, die Gemeinschaft bildet und durch Disziplin und Harmonie geprägt ist, sind in beiden Systemen der Idealzustand.

Den dritten Weg, den China zwischen freier Marktwirtschaft und kommunistischer Planwirtschaft augenscheinlich geht, bezeichnen manche als hybride »sozialistische Demokratie«. Die Chancen stehen gut, dass sich in China langfristig eine demokratische Variante des dritten Weges etabliert, den auch andere asiatische Volkswirtschaften, wie etwa Japan und Korea, gegangen sind. Manche sehen sogar die Möglichkeit einer »konfuzianistischen Union«, die in einigen Jahren Japan, ein wiedervereinigtes Korea und China umfassen könnte.

Die zunehmende wirtschaftliche Integration der Volkswirtschaften Chinas, Japans und Koreas sowie ihr gemeinsamer kultureller Hintergrund verleihen diesem Szenario eine gewisse Plausibilität – allerdings nur unter der Voraussetzung, dass Japan seiner unbewältigten Vergangenheit gegenübertritt. Mit seinen drei Kernprinzipien Toleranz, Pragmatismus und Konsens ist der Konfuzianismus in jedem Fall eine angenehmere Leitidee als der klassenkämpferische Marxismus oder ein chauvinistischer Nationalismus.

Die Art und Weise, wie Peking seit einigen Jahren seine äußeren Beziehungen zu den umliegenden Nachbarn neu ordnet, zeigt, dass auch in der Außenpolitik die konfuzianistischen Leitideen wieder Relevanz besitzen. Ein dogmatisch entschlackter, pragmatisch und tolerant gehandhabter Konfuzianismus wäre nicht nur ein Segen für China und Asien. Seine Werteskala könnte im Zuge der kulturellen Vermischung auch die intellektuelle Verarbeitung der Globalisierung im Westen positiv befruchten.

Wir sind somit Augenzeugen einer Renaissance des Konfuzianismus, die Auswirkungen innerhalb Chinas, aber auch in der Welt haben wird. Eine harmonische Umwelt- und Außenpolitik, basierend auf den Tugenden und Leitbildern des Konfuzianismus, würde durch die stärkere Berücksichtigung von Nachhaltigkeit und generationenübergreifender Schonung der Ressourcen ein notwendiges Gegenbild zum Wachstum um jeden Preis bieten, einem Wachstum, dem auch China lange frönte. Nun könnte es sich im wahrsten Sinne des Wortes leisten, dieses Modell umzustellen.

König Kunde, kleine Kaiser – Demografie und Urbanisierung

Der neue Mensch wird geprägt durch Megatrends wie explodierende Mittelschichten, demografische Umwälzungen und rasante Urbanisierung. Für Konsumenten in Asien bricht derzeit ein goldenes Zeitalter an. 500 Millionen Menschen werden bald erstmals zur Mittelschicht gehören, sie werden über ein hohes Einkommen sowie ein ausgeprägtes Marken-, Qualitäts- und Servicebewusstsein verfügen. Umfang und Geschwindigkeit der Herausbildung neuer Käufergruppen sind historisch einmalig. Die Unternehmensgewinne in Asien werden explodieren, was die Bildung von globalen Champions noch beschleunigen wird.

Kann der Westen da noch mithalten? Die Zahlen sprechen dagegen. Die derzeitige Mittelschicht von geschätzten 2,5 Milliarden Menschen weltweit soll sich bis 2030 auf 4,9 Milliarden Menschen beinahe verdoppeln. Das mit Abstand größte Wachstum der Mittelschicht wird in Asien stattfinden, wo sich die Mittelschicht von derzeit rund 600 Millionen Menschen auf 3,2 Milliarden Menschen bis 2030 erhöhen wird. In Europa wird es aufgrund der rückläufigen demografischen Entwicklung nur eine Steigerung von derzeit 664 Milliarden Millionen auf 680 Millionen geben. In den USA soll die Mittelschicht sogar von derzeit 340 Millionen auf 322 Millionen Menschen absinken.

Das Pro-Kopf-Einkommen der so genannten Schwellenländer explodiert vor allem in Asien. Es hat sich nach Angaben des Internationalen Währungsfonds (IWF) von 2000 bis 2017 in China von 995 auf 8 929 US-Dollar jährlich erhöht, in Indien von 463 auf 1 852 US-Dollar, in Indonesien von 870 auf 3 871 US-Dollar, in Malaysia von 4 287 auf 10 426 US-Dollar, auf den Philippinen von 1 055 auf 3 280 US-Dollar, in

Singapur von 23 793 auf 29 806 US-Dollar und in Vietnam von 402 auf 2 307 US-Dollar.

Das BIP pro Kopf wuchs in diesem Zeitraum in China um 14 Prozent, in Vietnam um 10,8 Prozent, in Indien um 8,5 Prozent und in Indonesien um 9,2 Prozent. Das Aufbaupotenzial ist natürlich umso größer, je geringer das Pro-Kopf-Einkommen ursprünglich war.

Das jährliche Pro-Kopf-Einkommen in aufstrebenden Volkswirtschaften wie Vietnam, Indien und Pakistan beträgt rund 2 500 US-Dollar, in etablierten Märkten wie Indonesien und den Philippinen 5 000 US-Dollar, wohingegen die reifen Märkte China und Malaysia schon beinahe 10 000 US-Dollar erreichen. Südkorea und Taiwan weisen sogar 25 500 US-Dollar auf und Singapur über 55 000 US-Dollar.

Asien durchläuft also einen rapiden Strukturwandel, der auch die Art des Wachstums verändert. Dieses wird zunehmend von Konsum und technologischem Fortschritt beeinflusst, besonders in China, dem wichtigsten Wachstumsmotor der Region.

China erwirtschaftet ein Bruttoinlandsprodukt von rund 11 Billionen US-Dollar pro Jahr und ist damit die zweitgrößte Volkswirtschaft der Welt. Es wächst schneller als andere entwickelte G-7-Länder und ist seit der Finanzkrise 2008 der größte Wachstumsmarkt der Welt. Das Land befindet sich in einem tiefgreifenden wirtschaftlichen Wandel und bietet durch die Abschaffung des bisherigen Wachstumsmodells, bei dem Exporte durch Sachinvestitionen und Niedriglohnproduktion angekurbelt wurden, neue Chancen durch eine wachsende Bevölkerungsgruppe mit mittleren Einkommen.

Dadurch steigt der Konsum, und zugleich werden eine Umstellung der verarbeitenden Industrie und weiteres Wachstum der Hightech-Branchen erwartet. China will ein nachhaltiges Wirtschaftswachstum erzielen und fördert deswegen Investitionen in produktive Branchen wie Informationstechnologie, Gesundheitswesen und Dienstleistungen, die allesamt ihre Wachstumsbasis im steigenden Konsum der Privathaushalte haben. Wie wir bereits gesehen haben: Die Zukunft des Landes wird von disruptiven Innovationen abhängig und geprägt sein, weshalb die Regierung eine höhere Innovationsbereitschaft erreichen will.

Der zweite Eckpfeiler des neuen Wachstumsmodells ist der Konsum. Seit 2012, als die neue Reform- und Wachstumsstrategie verkündet wurde, hat die Regierung der Volksrepublik eine Reihe von Maßnahmen eingeleitet, um den Konsum anzukurbeln. Auch die zunehmende Urbanisierung sowie massive Lohnsteigerungen führen zum Anstieg des Binnenkonsums. Alleine zwischen 2009 und 2014 wuchs die chinesische Mittelschicht um 10 Prozent und die Kaufkraft um 15 Prozent. Aktuell zählen geschätzte 110 Millionen, also rund 11 Prozent der Gesamtbevölkerung dazu. Diese größte Mittelschicht der Welt hat großes Selbstbewusstsein, ist netzaffin, reise- und konsumfreudig und kreativ, nicht zuletzt, was die Umgehung von Zensur betrifft.

Nach einer chinesischen Studie über die aktuelle Mittelschicht leben rund 33 Prozent in Metropolen wie Peking, Schanghai, Guangzhou und Shenzhen, während 40 Prozent in kleineren Städten wohnen. Allerdings würde über die Hälfte der Befragten gerne von einer Metropole in eine kleinere Stadt umziehen, um die Lebensqualität zu verbessern. Drei Viertel besitzen ein Auto; sie bevorzugen dabei deutsche und japanische Hersteller. Der Fokus auf Wissensvermehrung und permanente Selbstverbesserung führt zu hohen Ausgaben für Bücher und Fortbildung. Massenwerbung funktioniert nicht mehr, Marketing mittels Beziehungen und Weiterempfehlungen von Bekannten sind deutlich effektiver, genau wie die Wichtigkeit von Qualität und Rationalisierung des Alltags. Beim Konsum geht es um permanentes Upgrading.

Dank der gestiegenen Einkommen können sich immer mehr Menschen Luxusgüter leisten und somit die Nachfrage nach hochwertigen Konsumgütern ankurbeln. Schon jetzt ist die chinesische Wirtschaft stärker vom Binnenkonsum als von der Industrieproduktion abhängig. Doch trotz des raschen Anwachsens des Konsums ist der Anteil des Verbrauchs an Nationaleinkommen mit 40 Prozent im Vergleich zum globalen Durchschnitt von 61 Prozent noch immer ziemlich gering. Zugleich ist aufgrund der nur rudimentär ausgebildeten Sozialversicherungssysteme die Sparquote mit rund 35 Prozent des BIP sehr hoch.

Alles deutet darauf hin, dass der Konsum nicht nur in China, sondern in ganz Asien noch weiter steigen wird. Prognosen besagen, dass bis 2030 bereits 50 Prozent aller weltweiten Konsumausgaben in Asien getätigt werden.

Demografie in Asien

Das Wirtschaftswachstum in den asiatischen Staaten wurde in der Vergangenheit vor allem von boomenden Exporten, den stark steigenden Sachinvestitionen und der stark steigenden Nachfrage junger Konsumenten getrieben. Die gute demografische Struktur in den meisten asiatischen Schwellenländern ermöglichte stabile Staatsfinanzen und steigende Aktienkurse.

Doch die Zeiten ändern sich: In Volkswirtschaften wie China, Thailand und Indien beginnt die Bevölkerung zu altern. Dies wird die Konsumgewohnheiten ändern. Auch die Zahl der neu in den Arbeitsmarkt drängenden Abgänger von Universitäten und Schulen wird sich verlangsamen. In Volkswirtschaften wie Singapur und Malaysia, die in den letzten Jahren zwar einen expandierenden Arbeitsmarkt aufweisen konnten, aber immer mehr auf zugewanderte Arbeitskräfte zurückgreifen mussten, wird sich aufgrund der ungünstigen demografischen Entwicklung der Staatshaushalt verschlechtern. Eine Steigerung der Produktivität könnte dem entgegensteuern, zum Beispiel indem Frauen besser in den offiziellen Arbeitsmarkt integriert werden oder indem das Pensionsalter hinaufgesetzt wird. Nach einer Statistik der Weltbank ist die Integration von Frauen in den Arbeitsmarkt in Japan, Indien und Indonesien besonders niedrig. Um mehr Frauen im Arbeitsmarkt einzubeziehen, müssten jedoch die Investitionen in Bildung, Gesundheitsversorgung und neue Technologien zunächst erhöht werden.

Es gibt also zunehmend Differenzierungsbedarf. Konsumgewohnheiten von über Vierzigjährigen und städtischen Ein-Personen-Haushalten sowie die wachsende Kaufkraft von erwerbstätigen Frauen ändern so manche Statistik über die asiatischen Mittelschichten. Zudem gibt es große Unterschiede im Konsum je nach Reifegrad einer Volkswirtschaft. Singapur ist eine der reichsten Volkswirtschaften in Asien; aufgrund einer der niedrigsten Geburtenraten weltweit wird jedoch – ähnlich wie in Japan – die Überalterung der ausschließlich städtischen Bevölkerung zu einem großen Problem.

China ist mit 10 Prozent jährlich der am schnellsten wachsende Konsumgütermarkt der Welt. Dort geben urbane Ehepaare mittleren Alters, deren einziges erwachsenes Kind aus dem Haus ist und wirtschaftlich auf eignen Füßen steht, den Ton an. Dadurch ändern sich ihre Konsumgewohnheiten dramatisch, sie sind weniger am Erwerb von Gütern interessiert, sondern streben eher nach neuen Erlebnissen, wie man es auch schon in Singapur länger beobachten kann. Deswegen boomen in solchen Ländern vor allem Fluggesellschaften, die Unterhaltungsindustrie und die gehobene Gastronomie.

Ein anderes Bild bieten Länder wie Indonesien, Indien oder die Philippinen, wo die Bevölkerung einen deutlich geringeren Urbanisierungsgrad und weniger verfügbares Einkommen hat. Dort stehen die Daseinsvorsorge und die Ausgaben für Gesundheitsversorgung im Vordergrund.

In solchen nicht zu wohlhabenden Schwellenländern sorgen die jüngeren Arbeitskräfte auch für steigendes Wachstum auf den Online-Handelsplattformen, wie man es schon länger in China beobachten kann. Dies gilt auch für Fintech-Unternehmen, die vor allem in Ländern mit niedrigem Einkommen boomen, weil es oftmals die einzige Chance zur Teilhabe am Finanzmarkt bedeutet. In den Philippinen etwa hatte noch vor fünf Jahren deutlich weniger als die Hälfte der erwachsenen Bevölkerung ein Bankkonto, doch mittlerweile boomen die Online-Banken. Ähnlich ist es auch in Indien.

Chinas silberne Generation ist ein massiver Wachstumstreiber – in etwa 20 Jahren wird die Bevölkerung über 65 Jahre auf rund 300 Millionen Menschen angewachsen sein, was ungefähr der aktuellen Bevölkerung der USA entspricht. Dadurch entsteht ein wichtiges Verbrauchersegment, denn ältere Menschen sind anfälliger für Krankheiten und werden die Nachfrage nach Arzneimitteln weiter erhöhen. Mit entsprechend höherem Einkommen und steigendem Gesundheitsbewusstsein werden sie außerdem anspruchsvollere Dienstleistungen im Gesundheitswesen nachfragen. Wenn fast 1,4 Milliarden Bürger Zugang zu einer Krankenversicherung bekommen, dürfte das Gesundheitswesen bis 2030 zu einer Branche mit Milliardenumsätzen werden.

Zusammengefasst bedeutet dies, dass sich in ganz Asien wie auch weltweit Trends wie die rasante Urbanisierung, kleiner werdende Familien, wachsende Konsumfreude der älteren Bevölkerung und der sich immer weiter nach hinten verschiebende Zeitpunkt der Eheschließung massiv auf Staatsfinanzen und die Privatwirtschaft auswirken.

Uralte Metropolen und Megacitys von morgen

Im Jahre 2030 werden zwei Drittel der Weltbevölkerung in Städten leben, und zwar wahrscheinlich in einem der drei folgenden Cluster der Urbanisierung. Es wird auf der einen Seite »Megacitys« geben, Städte mit mehr als 8 Millionen Einwohnern und einem nominellen BIP von 250 Milliarden US-Dollar oder mehr. Man erwartet, dass bis 2030 mindestens 35 Megacitys rund um die Welt entstehen werden – davon viele in Asien, aber auch als Zentren anderer neuer Mächte.

Diese Städte werden sich territorial vernetzen und zu Regionen verknüpfen, die mehr als 15 Millionen Einwohner haben. Das bedeutet, dass die 35 Megastädte in mindestens 21 »Megaregionen« zusammengeführt sein werden. Die dritte Kategorie sind »Megakorridore«. Sie entstehen zwischen Megaregionen und Megacitys; weltweit erwartet man über 20 solcher Korridore.

In »Megacitys« wachsen nicht nur die Einwohnerzahlen, sondern auch die Probleme. Deswegen müssen Megacitys viele Disziplinen beherrschen. Dazu gehören unter anderem die Beherbergung, Versorgung und Beschäftigung von Millionen von Menschen, die Umsetzung von Klima- und Mobilitätskonzepten bis hin zum Wandel der Stadt zur Smart City. Weltweit stehen viele Metropolen schon jetzt vor ihren Grenzen, was diese Themen angeht. Doch es gibt ermutigende Fortschritte, so haben sich vor 13 Jahren in der »C40-Koalition« die größten Weltstädte zusammengeschlossen. Heute gehören ihr 50 Städte an. Gemeinsam repräsentieren sie 650 Millionen Menschen und stehen für ein Viertel der gesamten Weltwirtschaft.

Großstädte sind überproportional produktiv. Die Pro-Kopf-Wirtschaftsleistung steigt rapide mit der Einwohnerzahl einer Stadt. So beträgt laut einer Statistik der OECD in China das Bruttoinlandsprodukt von Städten zwischen 1,5 und 5 Millionen Einwohnern nur 30 000 Renminbi pro Jahr und Kopf, wohingegen Großstädte von 5 bis 10 Millionen Einwohnern schon 40 000, und Städte, die mehr als 10 Millionen Einwohner haben, 45 000 Renminbi erwirtschaften.

Megacitys sind Städte mit über 10 Millionen Einwohnern, in denen, egal wo sie liegen, immer die gleichen Probleme gelöst werden müssen: Abfall, Energie, Raumplanung, Verkehr, Bildung, Wasser, Wohnen. Eine Zersiedelung ohne Plan bewirkt besonders negative Umweltauswirkungen. Kompakte Räume, die größere Effizienz aufweisen, schonen mithin die Umwelt, sparen somit Kosten und dienen zudem dem lebendigen wirtschaftlichen, gesellschaftlichen und kulturellen Austausch der Menschen. Deswegen sind gut geplante und gebaute Megacitys die beste Option, um die Mehrheit der Menschen intelligent und effizient zu versorgen.

Da die durchschnittliche Wirtschaftsleistung pro Kopf rapide ansteigt, je mehr Einwohner eine Stadt hat, müssen moderne Großstädte nachhaltig, integrativ und effizient sein. Eine smarte Megacity baut also auf intelligente IT-Vernetzung, digitale Technologien, eröffnet positive Entwicklungen in Bereichen wie Sicherheit, Verkehrsmanagement und Mobilität, zum Beispiel durch Stauverhinderung. Dazu kommen Bildung, Demokratie und Politik, wie etwa E-Government mit Bürgerbeteiligung. Nachhaltige Megacitys sehen ihren Fokus in umweltfreundlichen Lösungen wie Kreislaufwirtschaft, erneuerbare Energien sowie Energiespeicherung und Transport. Integrative Städte profitieren von gutem Management und dem aktiven Einbezug ihrer Bürger.

Überschneiden sich diese Eigenschaften, kommt es zum Idealfall: Die Megacity wird resilient. Das bedeutet, sie entwickelt Widerstandskräfte gegen Risiken wie Klimawandel oder Bevölkerungsexplosion. Sie wird stärker, regenerativer und erhöht die Lebensqualität aller Einwohner. Die resiliente Megacity ist somit die Schnittmenge aus einer smarten, nachhaltigen und integrativen Megacity.

Es überrascht nicht, dass China bei diesem Thema Prioritäten setzt. Schon heute verfügt die Volksrepublik über ein halbes Dutzend Megacitys. Mit Unternehmen wie Alibaba werden Konzepte für Smart- und nachhaltige Megacitys entwickelt und durch Partnerschaften, auch in Deutschland, getestet und umgesetzt. Da man erwartet, dass 85 Prozent der wissenschaftlichen Forschung und Fortschritte in solchen Städten entstehen, wird klar, dass die Stadt als Kunde einer der bedeutendsten Megatrends der nächsten Jahre ist. Umso wichtiger wird es sein, diese Städte als Smart Citys zu betreiben, nicht zuletzt um die gewaltigen Geschäftsmöglichkeiten zu nutzen. Man hofft und geht davon aus, dass bis 2025 rund 26 Smart Citys weltweit entstanden sein werden, die in den Bereichen Energieerzeugung, Mobilität, Technologie, Gesundheitsvorsorge, E-Government, Infrastruktur und Smart Grid weltweit führend sein werden.

Nach Angaben des chinesischen Staatsrats konzentriert sich die Volksrepublik bei der Urbanisierung stärker auf die Entwicklung großer Städte-Cluster. Jede Gruppe größerer Städte soll durch moderne Infrastruktur wie Verkehrs- und Informationsnetze mit kleineren Städten und Gemeinden verbunden sein. Derzeit sucht die Regierung aktiv nach Möglichkeiten, neue große Städte-Cluster in Zentral-, West- und Nordchina zu entwickeln, vor allem in Provinzen, in denen nach wie vor die Stadtentwicklung unter dem Landesdurchschnitt liegt.

Daraus folgt ein großes Entwicklungspotenzial für Städte der zweiten und oberen dritten Kategorie, insbesondere in Zentral-,West- und Nordchina bis 2030. So erwartet zum Beispiel die Schweizer Großbank UBS, dass bereits bis 2020 die Bruttowohngeschossfläche in den fünf wichtigsten chinesischen Clustern Chengdu und Chongquing, Guangzhou, Shenzhen und Foshan, Schanghai, Nanjing und Hangzhou, Peking, Tianjin und Hebei sowie Greater Wuhanauf jährlich um 4 Prozent auf 286 Millionen Quadratmeter anwachsen wird.

Auf der ganzen Welt haben einkommensstarke Länder schon seit Jahrzehnten einen hohen Urbanisierungsgrad, doch Länder mit gehobenen mittleren Einkommen erleben erst in jüngerer Zeit, ungefähr seit 1950, eine beschleunigte Verstädterung. 1950 lebte weltweit eine Bevölkerungsmehrheit von 57 Prozent der einkommensstarken Länder bereits in städtischen Gebieten. Der Urbanisierungsgrad soll nach Angaben der UN von heute 80 Prozent auf knapp 90 Prozent im Jahre 2030 steigen.

Im Gegensatz dazu lebten in Ländern mit heute gehobenen mittleren Einkommen 1950 nur 20 Prozent der Bevölkerung in städtischen Gebieten, doch in diesen Ländern schreitet die Urbanisierung besonders schnell voran. Heute beträgt der städtische Bevölkerungsanteil 63 Prozent. Bis 2030 dürfte er sich laut UN auf 79 Prozent vergrößern.

In Ländern wie China, die in den letzten Jahrzehnten vor allem bei mittleren bis höheren Einkommen ein besonders rasches Wachstum verzeichneten, wird in den nächsten zwölf Jahren die Urbanisierung Hand in Hand mit dem Wachstum des Bruttoinlandsprodukts schnell voranschreiten. Chinesische Immobilienentwickler, die in den neu organisierten Clustern tätig sind, werden dabei durch eine weitere Konsolidierung des Marktes besonders profitieren. Bei einem Urbanisierungsgrad von 60 Prozent soll der Marktanteil der zehn größten Immobilienunternehmen bis 2020 auf 45 Prozent in den fünf wichtigsten Ballungsgebieten und regionalen Zentren wachsen.

Trotz der Urbanisierung bleibt aber der ländliche Raum in China wichtig. Zwar hat der wirtschaftliche Aufschwung dazu geführt, dass 55 Prozent der chinesischen Bevölkerung, die immerhin 20 Prozent der Weltbevölkerung ausmachen, in Städten leben. Doch noch immer gibt es 600 Millionen Bauern in China, die 7 Prozent der weltweiten landwirtschaftlichen Fläche bewirtschaften. Die Revitalisierung dieses Raumes gehört ebenfalls zu den Prioritäten der Regierung, nicht zuletzt um die Abhängigkeit Chinas von landwirtschaftlichen Importen wie Mais und Soja, die für die Produktion von Schweinefleisch besonders wichtig sind, zu reduzieren.

China ist mithin kein einheitlicher Immobilienmarkt; die schiere Größe und Anzahl der Regionen und Städte führt dazu, dass sich der Immobilienmarkt auf verschiedenen Ebenen und in unterschiedlichen Geschwindigkeiten entwickelt.

Das Wachstum des Landes wird eher von lokalen Initiativen und Entwicklungen vorangetrieben als von Peking, Einfluss hat darauf vor allem die Verschiedenartigkeit der Provinzen, Städte und Gemeinden, kulturell genau wie bei der Verwaltung. So ist China zwar weitgehend zentral gelenkt, aber die tatsächliche Umsetzung lokaler politischer Vorgaben und städtischer Planungsziele – selbst innerhalb der gleichen Stadt – ist oft weder koordiniert, noch mit der Zentralregierung abgestimmt. Der langfristige Ausblick für die Immobilienwirtschaft bleibt aber gut. Besonders in China hat eine rapide Überbauung in den letzten zehn Jahren dazu geführt, dass enorme Objektvolumina übers ganze Land verteilt sind. Diese sind aber durchaus von unterschiedlicher Qualität. Da inzwischen der Dienstleistungssektor die Rolle des wichtigsten Treibers der Volkswirtschaft übernimmt, werden die Immobilienmärkte in dienstleistungsorientierten Städten als Erste profitieren, wenn höhere Löhne, mehr Beschäftigung und der Bedarf an Gewerbeflächen die allgemeine Nachfrage nach Immobilien ankurbeln.

Natürlich gibt es gelegentliche preisliche Übertreibungen in einigen Städten wie in Europa auch – wobei diese Hotspots jedoch nur einen Bruchteil des landesweiten Immobilienmarktes repräsentieren. In vielen Städten gibt es noch sehr moderate Preisniveaus. Zudem steigen die Löhne im Durchschnitt stärker als die Immobilienpreise, was auf eine gesunde Marktentwicklung hindeutet. Hinzu kommt, dass in den Städten eine neue Infrastruktur entsteht, die die Immobilien in strategisch guter Lage doppelt attraktiv macht.

Smart Life 2030

Zu prognostizieren, was in Zukunft geschehen wird, ist immer schwierig, meist basiert die Vorhersage nur auf einer linearen Fortschreibung des Bekannnten. Allzu oft wird nicht daran gedacht, dass auch ein Quantensprung möglich ist, der durch ein Zusammentreffen mannigfaltigster geopolitischer, technologischer, natürlicher und sozialer Elemente entsteht und sich rasend schnell manifestiert. Dies kann dramatische disruptive und manchmal destruktive Konsequenzen zeitigen, die sich am ehesten durch holistisches, elliptisches Denken und mit Elementen der Spiel- und Evolutionstheorie sowie aus den Bereichen der Sozioökonomie erfassen und analysieren lassen. Die holistische Analyse von Trends und Megatrends des Heute – ohne das Gestern zu vergessen – ermöglicht erst eine Einschätzung des Morgen.

Prognosen aus den 1950er und 1960er Jahren sahen für die Jetztzeit unter anderem fliegende Autos, das Ende des Welthungers und die Besiedelung anderer Planeten vorher. Einige dieser Vorhersagen sind gerade dabei, sich zu verwirklichen und werden bis 2030 Realität sein, andere jedoch nicht. Wie aber werden wir 2030, also bereits in zwölf Jahren, leben?

Die Auswertung zahlreicher Studien zeigt, dass vor dem Hintergrund großer geopolitischer Umbrüche im asiatischen Jahrhundert vor allem in den Bereichen Wohnen, Mobilität, Medizin, Bildung, Kommunikation und soziale Netze große Veränderungen zu erwarten sind. Industrie 4.0 meets Gesellschaft 5.0.

Smart Living

Schon seit über dreißig Jahren gibt es Möglichkeiten, Heizung und Musik im eigenen Zuhause zentral zu steuern und ferngesteuerte Geräte zu vernetzen. Doch erst die Fortschritte in der Software- und Hardware-Verknüpfung mit dem Internet ermöglichen ein fulminantes Wachstum und das, was heute *Smart Home* genannt wird. Bis 2022, spätestens 2030 wird die Konnektivität, also die Vernetzung von sämtlichen Haushaltsgeräten Standard sein. Das Marktvolumen alleine in Deutschland soll nach einer Studie des Beratungsunternehmens Arthur D. Little mit jährlich 26 Prozent wachsen und sich bis 2022 vom heutigen Stand auf rund 4,3 Milliarden Euro verdreifachen.

Wohnraum in den Städten wird immer knapper und muss flexibler genutzt werden. Wendeböden und -decken, die ihre Position verändern können, schaffen darum die Möglichkeit, Zimmer für verschiedene Zwecke zu verwenden. Die Grenzen zwischen beruflicher und privater Nutzung werden künftig noch stärker verschwimmen als heute, was dazu führt, dass auch die Nutzung von Gebäuden immer gemischter sein wird. So wird es voraussichtlich kaum noch reine Wohngebäude geben, sondern eher solche, in denen sich Büros, Kindergärten, Gemeinschaftsgärten wie auch Gemeinschaftsräume befinden.

Die Menschen werden älter und aufgrund der technischen Möglichkeiten länger im Stande sein, ein selbstständiges Leben in ihrem gewohnten Zuhause zu führen. Sie werden dabei unterstützt durch »ambient assisted living«, also durch zahlreiche Produkte und Dienstleistungen – in der Regel mit Sprachsteuerung –, die ihnen dabei helfen. Haushaltsroboter erledigen die Hausarbeit und stehen als Gesellschafter zur Verfügung. Smarte Spiegel und Toiletten analysieren den Gesundheitszustand, machen Tests und erinnern dank Sprachsteuerung an die Einnahme von Medikamenten. Sensorböden können feststellen, ob jemand zu Hause gestürzt ist und Notrufe absetzen. Selbstreinigende Oberflächen und selbstheilender Beton reduzieren den Aufwand der Wohnungsreinigung, und virtuelle Dekorationen verschönern die Wohnungen.

Weiterentwickelte 3-D-Drucker werden es uns erlauben, Hausratsgegenstände oder ganze Möbelstücke selbst herzustellen und zu designen. Kleine Gegenstände lassen sich mit privaten Druckern ausdrucken, für größere kann man einen 3-D-Drucker im Stadtviertel aufsuchen. Da nur noch Rohmaterialien verschickt werden, führt dies zu einer Reduzierung der Transportkosten.

Bei der so genannten weißen Waren, also bei Haushaltsgeräten, werden vor allem asiatische Hersteller den Weltmarkt dominieren. Bereits jetzt haben die zehn größten Konzerne wie Lenovo und Haier einen Weltmarktanteil von rund 65 Prozent. Die Tendenz ist steigend, da die oftmals mittelständischen Wettbewerber aus Deutschland bei den Entwicklungsbudgets und Produktionskosten immer weniger mithalten können.

Was die *Mobilität* betrifft, wird 2030 ein multimodaler Mobilitätsmix die Regel sein, das bedeutet, man benutzt zusätzlich zum Auto den öffentlichen Nahverkehr, die Bahn, eine Autovermietung, ein Leihfahrrad. Carsharing wird wesentlich verbreiteter sein als heute. Man schätzt, dass 10 Prozent der verkauften Autos dann nicht mehr nur einen Besitzer haben, sondern einer Online-Community gehören.

Bis 2030 dürften selbstfahrende Autos die Serienreife erreicht haben, wodurch der Anteil an Menschen, die ein eigenes Auto kaufen wollen, voraussichtlich auf 6 Prozent absinkt. Wenn man bei Bedarf jederzeit problemlos ein selbstfahrendes Auto rufen kann, würden zwei Drittel aller Befragten auf ein eigenes Auto verzichten, zeigt eine Studie der Unternehmensberatung Roland Berger.

Obwohl die Anzahl von Elektroautos in Deutschland und Österreich 2017 nur 1,7 Prozent der Neuzulassungen ausgemacht hat, wird sich dies dramatisch ändern. Im Jahr 2030 sollen 33 Prozent der in Europa zugelassenen Neuwagen Elektroautos ein, Hybridfahrzeuge erreichen 52 Prozent. Im Jahr 2050 kommt der Straßenverkehr ohne fossile Brennstoffe aus.

Was die Frage des autonomen Fahrens angeht, scheint Deutschland als Industrienation und Exportweltmeister gut gerüstet zu sein und sich auch weiterhin als Produktionsstandort anzubieten. Deutsche Autobauer halten die meisten Patente für Zukunftskonzepte wie autonomes Fahren und Fahrassistenzsysteme auf dem deutschen Markt. Insgesamt gibt es 12 745 Patente für deutsche Autos, davon stammten 26 Prozent von deutschen Firmen. Betrachtet man jedoch die absoluten Zahlen, zeigt sich: Die beste deutsche Firma ist Bosch, allerdings mit 135 Patentanmeldungen nur auf Platz drei; Platz zwei belegt Toyota mit 204 hinter LG Chem mit 251 Patenten. Für den Bereich des autonomen Fahrens wurden 2017 in Deutschland 4768 Patente eingereicht, von denen 42 Prozent von deutschen Firmen stammten. Spitzenreiter war Audi mit 95 Patenten, gefolgt von Toyota mit 63 und VW mit 51.

Das Bild ändert sich jedoch dramatisch, wenn man sich die Patentanmeldungen für alle Märkte weltweit anschaut: von insgesamt 44 735 Patentanmeldungen für E-Autos weltweit steuert Deutschland nur 2 Prozent bei, Südkorea hingegen 9 Prozent, Japan 16 Prozent sowie die USA 17 Prozent und China 34 Prozent.

Unangefochtener Spitzenreiter ist das koreanische Unternehmen Hyundai mit 1 757 Patenten, gefolgt von Toyota mit 1 419 Patenten und Mitsubishi mit 1 193 Patenten. Bosch ist weit abgeschlagen mit 251 Patenten, es folgen Daimler mit 250 und VW mit 182 Patenten. Bei den 4 411 Patentanmeldungen für autonomes Fahren weltweit steuert Deutschland gerade einmal 1 Prozent bei, im Vergleich zu den 6 Prozent von Südkorea, den 18 Prozent von China und den 36 Prozent der USA. Spitzenreiter sind Google mit 305 Patentanmeldungen gefolgt von Ford mit 198 und Toyota mit 156. Volkswagen ist abgeschlagen mit 58, Bosch mit 55 und Continental mit 22 Patenten.

Es ist unschwer zu erkennen, dass der Schwerpunkt der Erforschung von elektrischen und selbstfahrenden Autos nicht mehr länger in Deutschland liegt, sondern in andere Länder wie die USA und nicht zuletzt in asiatische Länder wie Südkorea, Japan und China abgewandert ist.

Ein entscheidender Treiber für autonomes Fahren ist der gravierende demografische Wandel, der in engem Zusammenhang mit dem technologischen Fortschritt der Digitalisierung und der Urbanisierung steht. Bereits jetzt leben 79 Prozent aller US Bürger, die älter als 65 Jahre sind, außerhalb der Metropolen. In Asien zeichnen sich in den reiferen Volkswirtschaften ähnliche Entwicklungen ab. Arztbesuche, Einkäufe oder Besuche von Freunden sind schwierig, deswegen sind selbstfahrende automatische Autos für diese Zielgruppe wie maßgeschneidert.

Das autonome Auto gehört also in Zukunft zur Grundausstattung älterer Menschen und gibt ihnen die Mobilität zurück. Junge Menschen haben den Smartphone-Boom angestoßen, doch ältere Menschen – die »Silbersurfer« – werden die Treiber des Smartcars sein. Die Senioren werden immer zahlreicher – ab 2040 ist in Deutschland jeder dritte Deutsche 65 Jahre oder älter – und mehr als ein Drittel der Kaufkraft entfällt auf die Senioren. Sie bilden somit eine spannende Zielgruppe, und zwar nicht nur, was autonomes Fahren angeht, sondern auch hinsichtlich von *Smart Health*.

Denn auch im Gesundheitswesen sind Dezentralisierung und Digitalisierung die wichtigsten Trends. Diagnosenbehandlungen und andere medizinische Dienstleistungen finden künftig nicht mehr nur in Arztpraxen oder Kliniken statt. Stattdessen werden im eigenen Zuhause Ganzkörperscanner stehen, die den kompletten Körper durchleuchten und Diagnosen stellen können. Ein weiterer Automat wird anschließend ein eventuell benötigtes Medikament in Form einer Tablette oder einer Injektion ausgeben.

Schon heute werden Roboter in Operationssälen genutzt, und sie werden in Zukunft leistungsfähiger werden. In 2030 wird es Robotertypen geben, die eigenständig chirurgische Weichteileingriffe vornehmen können. Ein wichtiger Trend wird die Individualisierung der Medizin sein, vor allem die der Medikamente: Immer mehr Medikamente werden erst nach vorherigen Gentests zum Einsatz kommen. Die Möglichkeit, defekte Gene zu ersetzen, um Krankheiten zu heilen, wird perfektioniert werden. Bis 2030 werden sich viele Krankheiten durch Gentherapie behandeln lassen. Die Anwendung von Gen-Scheren wie zum Beispiel CRISPR (Cluster Regularly Interspaced Short Palindromic Repeats), mit denen man das Erbgut, also die DNA, gezielt schneiden und neu zusammensetzen kann, hat bereits begonnen und wird in China weiterentwickelt. Zudem wird die künstliche Intelligenz (KI) die Medizin befruchten, denn die Stärke der Maschine in der Diagnostik liegt darin, in großen Datenmengen Muster zu erkennen. Auf diese Weise könnte die Krebsdiagnose revolutioniert werden.

Auch das Bildungswesen wird durch Digitalisierung und Visualisierung geprägt. *Smart Learning* heißt das Stichwort. Onlinekurse und Nachschlagewerke ermöglichen allen Menschen Bildung und den Zugang zu Bildungseinrichtungen. Durch Virtual-Reality-Formate lassen sich komplexe Zusammenhänge besser darstellen, was Lernen und Lehren erleichtern wird. Die Analyse der Massendaten kann die Effizienz und Qualität des Lernens steigern.

Die Verwendung von Hologrammen wird 2030 in der Kommunikation üblich sein. Realistische 3-D-Darstellungen werden es unnötig machen, persönlich an Besprechungen teilzunehmen, was viele Geschäftsreisen überflüssig machen wird. Auch beim Dating werden Hologramme zum Einsatz kommen. Sie erlauben es, durch dreidimensionale Avatare mit einem potenziellen Partner zu interagieren, bevor man sich tatsächlich trifft.

Die Computertechnologie wird bis 2030 ebenfalls atemberaubende Fortschritte machen. Das Jahrhundert der Quantentechnologie hat begonnen. 1965 hatte der Forschungschef der Firma Fairchild Semiconductor Gordon Moore die Faustregel aufgestellt, dass sich in der Zukunft die Leistungsfähigkeit von Computerchips alle ein bis zwei Jahre verdoppeln wird. Mittlerweile ist dieses Gesetz an seine physikalischen Grenzen geraten. Es fällt zunehmend schwerer, Schaltkreise zu entwickeln, die kleiner sind als die derzeit möglichen 14 Nanometer. Ein Quantenchip dagegen arbeitet mit supraleitenden Materialien, benötigt quantentaugliche Algorithmen und profitiert von einem Phänomen namens »Superposition«. Dieses bedeutet, dass bei der Überlagerung verschiedener Kräfte und Bewegungen jede Kraft und Bewegung so weiterwirkt, als wäre sie allein.

Normale Chips bestehen derzeit noch aus Transistoren, die entweder ein- oder ausgeschaltet sind. Ein Quantenprozess hingegen kann beide Zustände gleichzeitig abbilden. Er kann also zugleich Teilchen oder Welle sein – das ist der Kern der Quantenphysik. Quantenchips sind damit deutlich schneller als herkömmliche Transistoren und können dank ihrer besonderen Eigenschaften auch Probleme lösen, an denen selbst heutige Superrechner scheitern. Ein Quantenchip könnte Verschlüsselungen knacken und wäre gleichzeitig dank der eigenen Quantencodes einer der sichersten Computer der Welt.

China fördert die Erforschung von Quantencomputern schon seit langem und hat vor zwei Jahren eine 2000 Kilometer lange Spezialleitung zwischen Peking und Schanghai einrichten lassen, damit sich China weltweit an die Spitze der Forschung und der Möglichkeiten setzen kann.

Künstliche Intelligenz

Den größten Durchbruch werden wir aber durch künstliche Intelligenz (KI) erreichen. 2005 hatte der Zukunftsforscher Ray Kurzweil prophezeit, dass die Rechenleistung aller Computer im Jahre 2045 die aller menschlichen Gehirne übertreffen wird – und wir sind auf dem besten Weg dorthin. In den letzten 20 Jahren konnten Computer sehen, hören, sprechen und immer häufiger auch denken, doch der Durchbruch kam mit der selbstlernenden Software. 1997 baute IBM den Supercomputer Deep Blue, der den damaligen Schachweltmeister Kasparow besiegte. Dies war das erste Beispiel für künstliche Intelligenz. Im gleichen Jahr brachte Google seine Suchmaschine heraus, die dank des Einsatzes von künstlicher Intelligenz mittlerweile ein Monopol hält.

2014 präsentierte Google seine ersten selbstfahrenden Autos, die bisher insgesamt 3 Millionen Meilen gefahren sind.

Im Rückblick war der Durchbruch von KI wahrscheinlich im Jahr 2016, als AlphaGo, eine von GoogleDeepMind entwickelte Spiele-Software gegen den weltweit besten Go-Spieler mit vier zu eins gewann. Das strategische Brettspiel Go, das seinen Ursprung in China hat, ist komplexer als Schach. Deswegen kann es nicht mithilfe von Algorithmen gewonnen werden, die jeden möglichen Zug durchspielen. Dies ist technisch bislang unmöglich. Das Sensationelle an AlphaGo war, dass der Computer nicht mit Meisterpartien, sondern nur mit den Regeln des Spiels gefüttert worden war und sich somit seine Strategie selbst erarbeitet hat.

In welche Richtung sich Gefahren und Möglichkeiten entwickeln können, zeigte sich im Jahr 2017, als Sundar Pichai, der CEO von Google, ein KI-System ankündigte, das selbstständig Software für andere KI-Systeme schreiben kann. Der im März 2018 verstorbene Physiker Stephen Hawking warnte davor, dass hyperintelligente KI-Systeme womöglich schon 2030 die Menschheit dominieren könnten. Es mehren sich die warnenden Stimmen, unter ihnen auch Tesla-Chef Elon Musk. Andere hingegen begrüßen die Möglichkeit intelligenterer und damit vielleicht auch ethisch reiferer Menschen, zu ihnen zählt zum Beispiel der Philosoph Peter Sloterdijk. Im Gegensatz zu bloßer Optimierung und Lebensverlängerung der Menschen, was bisher im Mittelpunkt von Zukunftsforschung stand, besteht allerdings bei der Entwicklung einer der menschlichen überlegenen künstlichen Intelligenz – wie auch bei Genmanipulationen – das Risiko von unumkehrbaren Folgen.

Für die großen Fortschritte der KI gibt es vor allem zwei Gründe: mehr zur Verfügung stehende Daten und schnellere Rechner. Dank der flächendeckenden Datenerfassung durch Apple, Facebook und Google erhält KI derzeit einen gewaltigen Schub. Milliarden und Abermilliarden Menschen hinterlassen tagtäglich ihre Standortdaten im Internet; durch ihre Smartphones, Fitnessarmbänder und ihre vernetzten Zahnbürsten produzieren sie einen schier unerschöpflichen Pool an Datenfutter. Ein einziges autonomes Auto produziert jeden Tag so viele Daten wie das gesamte Rechenzentrum einer Großbank, nämlich 4 000 Gigabyte.

Zugleich wird Rechenleistung zur Verarbeitung der Daten immer billiger. In den 1960er Jahren konnte der leistungsfähigste Rechner 4 000 Operationen pro Sekunde abarbeiten und kostete – auf heutige Verhältnisse umgerechnet – 1,5 Millionen US-Dollar. Moderne Prozessoren hingegen schaffen 15 Billionen Rechenoperationen pro Sekunde und kosten 900 US-Dollar. Schon 2020 wird ein Chip mit der heutigen Rechenleistung nur noch 2 Cent kosten.

Einen weiteren Schub brachte der Einsatz von Biomodellen in der KI-Entwicklung. Die Architektur der Programme ahmt dabei den Aufbau des nach wie vor leistungsfähigsten Computers der Welt nach: unseres Gehirns. Das Gehirn des Menschen besteht aus bis zu 90 Milliarden Neuronen, die über Nervenfasern miteinander verbunden sind. Einige davon haben mit mehreren 100 000 weiteren Nervenzellen Kontakt, andere nur mit ein oder zwei. Das Ergebnis ist ein unglaublich komplexes Netzwerk mit etwa 100 Billionen Verbindungen, über die die Neuronen ununterbrochen Signale austauschen. So entsteht ein chemisches und elektrisches Signalfeuerwerk im Menschen, das Gefühle, Gedanken und letztendlich auch das Bewusstsein erzeugt.

Beim Quantencomputer nehmen Datenpunkte die Rolle der Neuronen ein, und mathematische Vektoren spielen die Rolle der Nervenverbindungen. Da das menschliche Gehirn in seiner Komplexität noch nicht nachzubauen ist, teilt man die Neuronen in verschiedene Ebenen ein, wobei jede Ebene ein Merkmal abarbeitet.

Der Durchbruch war, als man erkannte, dass es besser ist, der Maschine das Korrigieren ihrer Fehler zu überlassen. Seitdem lassen Forscher neuronale Netze so lange durch Versuch und Irrtum Lösungswege durchrechnen, bis das Ergebnis den Vorgaben entspricht. Menschen prüfen nur noch, ob das Ergebnis gut genug ist – den Prozess selbst dürfen und können sie aufgrund der vielen möglichen Verbindungen nicht mehr beurteilen. Durch die Milliarden möglicher Verknüpfungen nähern wir uns langsam der Komplexität des Gehirns.

Vom neuronalen Netz, das sich selbst korrigiert, ist es nur noch ein kleiner Schritt zur KI, die ihr eigenes KI-Programm schreibt. Eigentlich benötigt man für diese KI-Software lediglich drei Fertigkeiten: das Training mit Daten, das Evaluieren der Ergebnisse und das Entwerfen der Architektur. Die Punkte eins und zwei kann KI bereits heute übernehmen. Sundar Pichai von Google geht davon aus, dass bis 2020, allerspätestens 2030 der Durchbruch gelingt. Google wie auch sein chinesischer Rivale Baidu werden in den kommenden Jahren jeweils 20 bis 30 Milliarden US-Dollar in KI investieren.

Es bleibt abzuwarten, ob nicht die chinesische Finanzkraft kombiniert mit der staatlich geförderten und protektionistischen Politik schnellere Ergebnisse erzielt, als die großen amerikanischen Konzerne wie Microsoft, Apple und Facebook. Noch gelten die USA bei der Forschung und Entwicklung von künstlicher Intelligenz als führend, doch der große Wettbewerbsvorteil der chinesischen Firmen besteht darin, dass in China im Gegensatz zum Westen nicht über die Gefahren dieser Technologien diskutiert wird; zudem gibt es keine Berührungsängste. Der Begriff der Privatsphäre wurde in China 2009 erstmals in einem Gesetz erwähnt und hatte aus kulturellen Gründen wie der Gruppen- und Harmoniefixierung im Konfuzianismus und aus politischen Prinzipien keine positive Resonanz in der Bevölkerung.

Aufgrund mangelnder gesetzlicher Vorschriften zum Schutze der Privatsphäre und aufgrund der staatlichen Fixierung auf Überwachung und

Kontrolle verfügen chinesische Unternehmen über einen großen Freiraum. Sie können mit gewaltigen Datenmengen und dem Wohlwollen der Regierung beliebig forschen. So sind zum Beispiel die Fortschritte bei der Gesichtserkennung durch chinesische Unternehmen beeindruckend. Die Smile-to-pay-Technologie, die Alibaba 2015 erstmals vorstellte, ist mittlerweile bei vielen Unternehmen wie Fluglinien, Banken oder auch Schnellrestaurants verbreitet: Per Gesichtserkennung wird dort der Kunde identifiziert und der entsprechende Geldbetrag von seinem Konto abgebucht. Die Erkennungsquote der Software, die durch Unternehmen wie Megvii Technology ständig perfektioniert wird, liegt mittlerweile bei knapp 98 Prozent.

Die Zahlung durch Gesichtserkennung wird von Bevölkerung und Regierung gleichermaßen begrüßt, weil sie das Hacken von Geld- und Kreditkarten minimiert und Zahlungsprozesse etwa in überfüllten Flughäfen, Bahnhöfen und Supermärkten effizienter macht. Ergänzt wird dieses System durch Fortschritte in der Biometrie: So kann zum Beispiel ein Handy mit einer höchstpersönlichen Wischbewegung entsperrt werden. Dank eines grenzen- und manchmal auch skrupellosen Neurokapitalismus wird bereits heute mit Nachdruck an Updates für das menschliche Gehirn und die drahtlose Vernetzung aller menschlichen Gehirne gearbeitet. Die Verbindung von kollektiver Humanintelligenz mit digitaler Intelligenz etwa durch Hirnimplantate steht bevor.

Die Neuroindustrie boomt: Betrug der globale Markt rund 24 Milliarden US-Dollar, so sollen es 2030 schon mehr als 30 Milliarden US-Dollar sein. Hirnboosting und Brainchats, also Steuerung und Wahrnehmung von allem durch Gedankenkraft mit und ohne spezielle Implantate und Neurochips, werden bereits jetzt praktisch erforscht und erprobt durch Facebook, Google und Co. Auch Biohacking, die Verbesserung der körperlichen wie mentalen Leistungsfähigkeit und die Verlängerung des Lebens unter anderem durch implantierte Chips, wird immer populärer. So wird der Mensch immer durchschaubarer, die Forschung jedoch intransparenter: Private US-Konzerne wie Google und Apple werben seit Jahren die besten KI-Forscher von den Universitäten ab und sorgen dafür, dass die größten Fortschritte nicht mehr in der öffentlichen Forschung gemacht werden. Noch undurchsichtiger ist die Lage in China, wo sich die großen Konzerne wie Tencent und Baidu nicht in die Karten schauen lassen.

Die flächendeckende Wirkung und der Einsatz von KI wird gewaltig sein. Die Unternehmensberatung McKinsey prognostiziert, dass sich ab 2025 weltweit mit KI-Programmen und damit verbundenen Dienstleistungen jährlich 130 Millionen Milliarden US-Dollar umsetzen lassen. Nach Schätzungen des Beratungsunternehmens Pricewaterhouse-Coopers wird KI der globalen Wirtschaft bis 2030 zusätzliche 15,7 Billionen US-Dollar bringen – mehr als der wirtschaftliche Output von China und Indien zusammen.

Es dürfte kaum eine Branche geben, die nicht von KI revolutioniert wird. Mensch und Maschine können zusammen mehr bewirken, als allein, was nicht nur bedrohlich ist. In traditionellen Berufen werden Arbeitsplätze verloren gehen, dafür eröffnen sich aber auch neue Gelegenheiten. Die Fortschritte bei der Digitalisierung von Produkten und Dienstleistungen zeigen bereits jetzt, dass es auch Vorteile gibt und zunehmend mit besserer Qualität produziert wird. Was bereits digitalisiert wurde, wird nun kognifiziert, also durch die Einbindung von KI vermenschlicht.

Ein wichtiges Thema wird künftig die Arbeitsteilung zwischen Mensch und Maschine sein. Für viele Jahre werden beide parallel agieren. In absehbarer Zeit werden sich Fragen stellen, in welchen Bereichen Empathie, Kreativität oder die Zusammenarbeit über die Grenzen von verschiedenen Disziplinen hinweg besser von Menschen ausgeführt werden sollten – trotz erster Fortschritte beim Herstellen von emotionalen Computern und Robotern. Eindeutig ist jedoch heute schon: KI und Roboter führen nicht automatisch zu einem Ende der Arbeit. In jedem Fall verstärkt KI auch andere Technologietrends und findet in sämtlichen Branchen bei großen und kleinen Unternehmen Anwendung. Es besteht also ein riesiges Potenzial nicht nur zur Verbesserung von Produkten und Dienstleistungen, sondern zur Revolutionierung von ganzen Geschäftsprozessen und Wertschöpfungsketten.

Leider gilt dies nicht nur für den zivilen Bereich. Nach der Erfindung des Schießpulvers und der Atombombe steht durch die Spitzenentwicklung im Bereich der KI die dritte Revolution der Waffentechnik bevor. Autonome Waffensysteme werden die Art des Krieges für immer verändern. Schon heute gibt es die ersten so genannten letalen autonomen Waffensysteme (LAWS), die von UNO-Experten als Massenvernichtungsmittel bezeichnet werden.

Es gibt zum Beispiel so genannte Slaughterbots, kleine Killerdrohnen, die – ausgerüstet mit ein paar Gramm Sprengstoff und einem Gesichtserkennungsprogramm – ausgesetzt werden, um eigenständig ihre Zielperson zu suchen und auch innerhalb von Gebäuden zu töten. Im Gegensatz zu den heute verbreiteten Kampfdrohnen, deren Waffensysteme immer noch durch einen Menschen ausgelöst werden, handeln LAWS vollkommen autonom. Wenn das System einmal programmiert ist, handelt es während des Einsatzes vollkommen selbstständig. Ab diesem Zeitpunkt spielt sich der Akt des Tötens nur noch zwischen Mensch und Maschine ab. Der Unsicherheitsfaktor Mensch wird so gänzlich ausgeschaltet.

Schon seit 2015 fordern Experten das Verbot von solchen autonomen Waffen aufgrund der Sorge, dass sie wie das Sturmgewehr AK 47 zu einem Albtraum in den Händen von Terroristen, kleineren Staaten und Kriminellen werden können. Denn die Waffen sind billig herzustellen, allgegenwärtig und von tödlicher Präzision. Es überrascht nicht, dass es Widerstand gegen ein solches Verbot vor allem von den führenden Herstellern USA, China, Russland, Großbritannien, Israel und Südkorea gibt.

An der 250 Kilometer langen demilitarisierten Zone zwischen Süd- und Nordkorea hat Südkorea 5 000 Wachposten aufgebaut, rund alle 50 Meter also einen Posten. Das bedeutet, pro Jahr werden bis zu 120 000 Soldaten zur Bewachung der Grenze benötigt; ein großer Aufwand. Deshalb hat Samsung Techwin 2006 das Waffensystem SGR-A1 entwickelt und getestet. Dies ist mit einem Maschinengewehr ausgerüstet und gilt als der erste vollautomatische Kampfroboter der Welt. Er ist mit Kameras ausgestattet, unter anderem mit einer Infrarotkamera, die bei völliger Dunkelheit Objekte in 10 Kilometer Entfernung identifizieren kann. Der Roboter patrouilliert mittlerweile an der Grenze, kann eigenständig einen ganzen Sektor überwachen und bei verdächtigen Bewegungen das Zielobjekt verfolgen und eliminieren. Er hat eine Sprachfunktion und kann Personen ansprechen, akustisch warnen und angeblich auch Tiere von Menschen unterscheiden.

Killer-Roboter wie der Samsung SGR-A1 unterlaufen die Bemühungen der Vereinten Nationen zur Kontrolle von Waffen. Auf politischer Ebene gab es bis jetzt nur wenig Fortschritte, autonome Waffen einzudämmen, man konnte sich nicht einmal auf eine genaue Definition dieser Systeme verständigen.

China hat angekündigt, bis 2030 zu einer Weltmacht für selbstlernende Maschinen aufzusteigen; die Volksrepublik will 150 Milliarden US-Dollar in diesem Bereich investieren, unter anderem auch in Raketen mit einem hohen Grad an künstlicher Intelligenz. Bereits heute ist schon die Landwirtschaft in China stark technologiegeprägt: Von 135 Millionen Hektar landwirtschaftlicher Flächen in China werden bereits 6 Millionen Hektar von Drohnen bewirtschaftet. Nicht ohne Grund ging der von China gekaufte schweizerische Agrarkonzern Syngenta im April 2018 eine Partnerschaft mit dem weltweit größten zivilen Hersteller von Drohnen, DJI aus Shenzhen, ein.

Neben den chinesischen Bemühungen nehmen sich die 18 Milliarden US-Dollar, die die USA bis 2020 in ferngesteuerte Drohnen investieren wollen, eher gering aus. Allerdings soll die Drohnentechnologie des Pentagons mithilfe von Google im Rahmen des Projektes Maven massiv verbessert werden. Mittels KI sollen Drohnen Objekte besser erkennen und auswerten können und damit tödlicher werden. Bereits heute verwendet das US-amerikanische Militär Minidrohnen. Dutzende von diesen werden aus Flugzeugen abgeworfen und vereinigen sich in der Luft zu einem Schwarm von einigen 100 Killer-Drohnen, die dann ein vorbestimmtes Ziel anstreben, es umzingeln und entsprechend der vorher einprogrammierten Opferparameter nach Geschlecht und Alter töten. Im Gegensatz zu China löst allerdings in den USA die Zusammenarbeit des Militärs mit zivilen Tech-Firmen heftige Kontroversen aus. Doch die Militärs vieler Staaten testen bereits zu Meer und zu Land autonome Maschinen wie beispielsweise computergesteuerte Fahrzeuge oder auch ein 40 Meter langes Roboterschiff, das selbstständig gegnerische U-Boote aufspüren und verfolgen kann.

Die Bewaffnung dieser autonomen Vehikel wird zunehmend anspruchsvoll. So wurde ein Sichtgerät mit acht Pupillen entwickelt, das auf einem ferngesteuerten Maschinengewehr befestigt ist. Auch der russische Waffenhersteller Kalaschnikow kündigt einen Kampfroboter an, der Ziele autonom identifizieren und die Entscheidung treffen kann, ob er schießt oder nicht.

Die womöglich wichtigste ethische Frage besteht darin, ob künstliche Intelligenz die letzten Geheimnisse des menschlichen Gehirns lösen könnte. Durch die Anwendung und Fusion neuester Methoden wie Big Data, Automatisierung und KI werden Forschungserkenntnisse ebenso wie Experimente in Anzahl und Umfang explodieren. Die große Gefahr ist, dass diese Geheimnisse in den Safes und Tresoren von einzelnen Staaten oder noch schlimmer Einzelfirmen verschwinden, ohne dass sie der Öffentlichkeit zugute kommen.

Die bevorstehende Verschmelzung von Mensch und Maschine im Alltag, die 2030 bereits existierenden Cyborgs, Humanoide, Roboter, Avatare, optimierte Menschen sowie selbstlernenden Maschinen werden das Leben im Allgemeinen wie Konkreten revolutionieren. Die neue Heilslehre der Digitalisten geht sogar noch weiter und erhofft eine Erlösung der Menschheit von allen Übeln durch KI: Die Überwindung der menschlichen Schwächen könne nur durch eine Überwindung des Menschseins erreicht werden, behaupten sie. Mensch und Maschine müssten zu einer Superspezies fusionieren. Die Posthumanisten hingegen träumen gar von einer neuen Welt, in der altmodische Nur-Menschen womöglich keinen Platz mehr haben werden.

Nicht zuletzt deswegen gibt es Initiativen wie die unabhängige Stiftung zur Erforschung des menschlichen Bewusstseins *Mindfire* in Zürich. Diese will weltweit die besten Köpfe zur Erforschung von KI versammeln und die Ergebnisse ihrer Arbeit in einer Blockchain sicher und für alle nachvollziehbar publizieren und damit der Öffentlichkeit zugänglich machen.

Immer mehr Vordenker, Tech-Unternehmer und Wissenschaftler warnen vor den Risiken, die mit künstlicher Intelligenz einhergehen. Algorithmen sind allgegenwärtig, immer mehr wird vorhergesagt und vorhergedacht. Algorithmen nehmen uns immer mehr das Denken und Entscheiden ab – sie analysieren Datenspuren, entschlüsseln unsere Verhaltensmuster und messen unsere Stimmungen. Zunächst dient dies dazu, herauszufinden, was gut für uns ist. Doch die Gefahr einer Algokratie, einer nur noch durch Algorithmen geprägten und gesteuerten Gesellschaft, in der selbstlernende Maschinen den Menschen nicht nur unterstützen und begleiten, sondern auch kontrollieren, ausspionieren und bewerten, ist evident und durchaus real.

Das Worst-Case-Szenario wäre, dass sich die künstlichen Maschinen so weit optimieren, dass sie die unzuverlässigen Menschen eliminieren. Dann wäre KI die letzte Erfindung der Menschheit gewesen.

EURASIA – »ASEAN plus« versus »EU minus«

Sowohl Asien als auch Europa sind pluralistische, multikulturelle Räume voller Vielfalt und Widersprüche. Durch die laufende Erweiterung der Europäischen Union, durch die wachsende Aufnahme und Integration geografisch wie kulturell immer weiter entfernt von der ursprünglichen EU liegender Mitgliedstaaten versucht Europa im Grunde, eine multireligiöse und multiethnische Einheit zu werden. In dieser werden verschiedene Sprachen gesprochen, Kulturen gepflegt, idealiter unter einer Regierung und mit einem Haushalt eine einheitliche Innen- und Außenpolitik gestaltet. Einige asiatische Vielvölkerstaaten haben schon vorgemacht, wie eine solche multikulturelle Vielvölkerdemokratie aussehen und wie sie erfolgreich sein kann, allen voran Indien und Malaysia.

Dies gibt Anlass zur Hoffnung. Schiere Größe ist kein Hinderungsgrund für den Erfolg, so umfasst beispielsweise Indien allein ein Vielfaches an Fläche und Bevölkerung der gesamten Europäischen Union. Hinzu kommt, dass Europa tendenziell eine homogenere Kerngruppe an Ländern umfasst als Asien, nicht zuletzt aufgrund der gesamteuropäischen Erfahrung der beiden Weltkriege. Der Prozess des asiatischen Zusammenwachsens dürfte noch mehrere Jahrzehnte in Anspruch nehmen, was angesichts der Dimension und historischen Ausgangslage auch nicht verwunderlich ist. Ob er sich nun des Vehikels der »ASEAN-plus-X« oder einer neu zu gründenden Organisation bedient, ist nebensächlich. Dieser stetig ablaufende Prozess stellt in jedem Fall eine Herausforderung für den Rest der Welt dar.

Herausforderungen für die EU

In einer multipolaren Welt haben supranationale Entitäten, die eine lange Erfahrung mit multikulturellen Integrationsprozessen aufweisen, einen natürlichen Vorteil gegenüber monolithischen Kulturen und Staaten, die weniger Assimilations- und Integrationserfahrung besitzen. Die Größe Asiens, die wirtschaftliche Dynamik und das weitere Entwicklungspotenzial bieten gerade für europäische Unternehmen enorme Chancen, aber auch Herausforderungen.

Nur wenn es gelingt, die europäische Wettbewerbsfähigkeit – unter anderem durch verstärkte Investitionen in Forschung und Entwicklung, Bildung und Ausbildung – zu erhöhen, hat Europa eine Chance, die dramatischen demografischen und wirtschaftlichen globalen Entwicklungen erfolgreich zu gestalten. Doch Europa und Deutschland können kaum noch mithalten. Deutschland lag 2014 im Innovationsranking der IMD Business School noch auf dem sechsten Platz, 2018 jedoch auf dem dreizehnten und bei Digitalisierung gar auf dem siebzehnten Platz.

Im hochgelobten Mittelstand hat sich der Anteil der innovativen Unternehmen in den Jahren 2012 bis 2017 halbiert, nur noch die rund 1600 Hidden Champions halten den Anschluss. Sie machen aber gerade einmal 0,1 Prozent aller Mittelständler aus. Während viele deutsche Patente nur noch Prozessoptimierung betreffen, werden die meisten transnationalen Patente für autonome Produktionssysteme von den USA, Japan und China angemeldet. Zugleich arbeiten über 60 000 deutsche Toptalente mittlerweile im Silicon Valley. Dies ist ein Musterbeispiel gelungener US-amerikanischer Industriepolitik unter Einbindung des Militärkomplexes, der schon im Jahre 1958 die Innovationsagentur DARPA gegründet hatte, wodurch unter anderem die Grundlagen für GPS, Internet, Spracherkennung und den Touchscreen gelegt wurden. In Europa hingegen ist die Spitzenforschung zersplittert und oftmals nationalen Interessen untergeordnet. Einzig das CERN in Genf, die Europäische Organisation für Kernforschung, könnte als Vorbild einer europaweiten Innovationsagentur dienen; auch die Schweizer Innosuisse, die schweizerische Agentur für Innovationsförderungen, deren Wurzeln zurück bis 1943 reichen, könnte beispielgebend sein.

Zudem ist ein Umdenken und eine Beschleunigung bei der Integration Europas vonnöten. Die nur zögerlichen Fortschritte und Schwierigkeiten bei der Umsetzung einer europäischen Verfassung, bei der Delegierung nationaler Macht an die EU, die nur unzureichend handlungsfähig und unzureichend demokratisch legitimiert ist, wie auch die Bürokratisierung ergo Verwässerung wichtiger Reformen erschwert ein Reagieren auf diese gewaltigen Herausforderungen. Die Verwerfungen, die durch den Aufstieg Asiens entstehen, betreffen zunehmend die Mittelschicht und können in Kombination mit globalen Vorgängen wie Öl- und Nahrungsmittelpreisschocks oder galoppierender Inflation den politischen und sozialen Konsens gefährden. Darum ist eine Wiederbelebung und zum Teil erstmalig herzustellende Handlungsmacht der europäischen Politik genauso wichtig wie nationale Reformen. Die EU taumelt jedoch von Herausforderung zu Herausforderung, von Krise zu Krise: Einem drohenden Grexit folgt der tatsächliche Brexit und ein möglicher Italixit. Problematisch ist auch die allmächtige Europäische Zentralbank (EZB), die eine europäische Transferunion ermöglicht und fixiert und damit einer verschwenderischen und zugleich selbstherrlichen EU-Kommission in die Hände spielt. Statt europaweite Industriepolitik und Schwerpunktforschung zu betreiben und existenzielle Themen für europäische Unternehmen wie Batteriezellenproduktion, künstliche Intelligenz und Digitalisierung voranzutreiben, versickern weiterhin Milliarden Euro im Agrarsektor oder in schwarzen Löchern in den Staatshaushalten mancher Mitgliedsstaaten. Es gibt immer weniger inneren Zusammenhalt, und nach außen hat es diesen in Ermangelung einer einheitlichen Sicherheit- und Außenpolitik ohnehin noch nicht gegeben. Europa ist in einer permanenten Identitäts-, Euro-, Wirtschaft- und Haushaltskrise – und doch scheint ein engeres Zusammenwachsen das einzige Mittel gegen eine vollständige Marginalisierung zwischen den immer selbstbezogener und aggressiver auftretenden globalen Mächten wie den USA, China und Russland.

Das politische und wirtschaftliche Gewicht Europas in Südostasien ist im Vergleich mit Chinindia, Japan und den USA gering. Nichtsdestotrotz spielt es noch immer eine Rolle als Handelspartner, Know-how-Lieferant, Entwicklungshilfegeber und als institutionelles Referenzmodell. Die gilt in besonderem Maße für Deutschland. Doch wie lange noch ist das Land aufgrund seiner Wirtschafts- und Innovationskraft ein attraktiver Partner und Investitionsziel? Wie lange kann sich Europa als Mittler, Brücke und Vorbild zwischen Asien und den USA halten? Wird es im Jahre 2030 noch eine globale Rolle spielen?

Nur wenn sich Europa seiner Rolle, seiner Herkunft und seiner Besonderheiten bewusst ist, kann es weiterhin sein besonderes Profil zum allseitigen Nutzen zur Entfaltung bringen. So haben für Südostasien wie für Europa die jeweiligen Beziehungen zu den USA, Russland und immer stärker China Priorität. Gleichwohl bietet es sich an, die beiderseitig bestehenden vielfältigen, oftmals informellen Verbindungen untereinander auszubauen und zu intensivieren, und sei es nur, um die realpolitischen Abhängigkeiten abzumildern.

In jedem Fall ist es nach vierhundert Jahren eurozentrischen Denkens und Handelns in Asien allerhöchste Zeit, sich der veränderten Weltlage anzupassen. Europa lag lange an der Peripherie der zivilisierten Welt und hatte durch eine Vielzahl von Faktoren, zu denen auch Glück – manchmal des Tüchtigen – gehörte, eine Zeit lang Gelegenheit zu dominieren. Seit Ende des Zweiten Weltkriegs rücken jedoch Asien und Europa zurück auf ihre alten Plätze: Asien ins Zentrum und Europa an die Peripherie der Welt der Macht und des Wohlstands.

Alte Wege, neue Ziele?

Allein die demografischen Umwälzungen werden in der dynamischsten Region der Welt bis 2030 und 2050 gewaltig sein. Während dann Indien schätzungsweise 1,6 Milliarden, China 1,4 Milliarden und die ASEAN-Staaten 1 Milliarde Einwohner haben, steht zu erwarten, dass die Bevölkerung Europas von derzeit 730 Millionen auf 650 Millionen Einwohner schrumpfen wird. Im Gefolge der abnehmenden und schnell alternden Bevölkerung kommt es in Europa aller Voraussicht nach zu einem weiterem Produktivitäts- und Innovationsverlust. In Asien hingegen wird das rasante Bevölkerungswachstum verbunden mit einem starken Anstieg von Profitabilität, Effizienz und Volumen in Produktion sowie Forschung und Entwicklung zu einer immer größeren Belastung der Umwelt und der natürlichen Ressourcen führen.

Der Aufstieg Asiens zu einer Wissens- Wirtschafts-, Finanz- und Militärmacht löst einen gewaltigen sozioökonomischen Anpassungsdruck innerhalb und außerhalb dieser Region aus. Bedingt durch die schon jetzt großen Unterschiede insbesondere in Süd- und Südostasien dürfte die Heterogenität hinsichtlich des Entwicklungsstandes, des politischen Systems und der weltanschaulichen Werte zunehmen, falls nicht durch eine wachsende Integration wirtschaftlicher Art und die weitere politische Verdichtung Asien als Region zusammenwächst. Das nationale Identifikationsgefühl könnte durch das Entstehen eines panasiatischen Gemeinschaftsgefühls ersetzt oder zumindest so stark ergänzt werden, dass trotz aller Unterschiede die Einheit hinter der Vielheit zutage tritt.

Europa könnte versuchen, sich in diesen Prozess mit seinen eigenen Erfahrungen als Moderator, Referenzmodell und Dialogpartner einzubringen. Dies setzt aber voraus, dass eine zu offensichtliche Eigennützigkeit vermieden und insofern ein Teil der historischen Verantwortung für Kolonialisierung und Realpolitik in dieser Region übernommen wird.

Europa hat in Bezug auf Komplexität, Vielfalt und Geschichte viel mit den Staaten Asiens gemeinsam. Immerhin teilt man sich auch die Eurasische Landplatte, deren kulturelle und wirtschaftliche Lebensader seinerzeit die Seidenstraße war. Eine stärkere Rückbesinnung auf alte Wege – im wahrsten Sinne des Wortes – könnte sich im Hinblick auf neue und vielleicht auch gemeinsame Ziele als heilsam und segensreich erweisen.

Besonders die ASEAN-Staaten sollte Europa im Blick behalten. Mit zehn Mitgliedstaaten und einer Gesamtbevölkerung von beinahe 650 Millionen ist ASEAN größer als die EU, aber nationalstaatliche Souveränität wurde nur sehr limitiert an gemeinschaftliche Institutionen übertragen. Es ist allerdings beeindruckend, was alleine in den letzten Jahren erreicht wurde. So wuchs zwischen 1980 und 2016 das Pro-Kopf-Einkommen von 1399 US-Dollar auf 11 5595 US-Dollar, die Bevölkerung von 315 Millionen auf 647 Millionen, aber auch die Rüstungsausgaben von 4,4 Milliarden US-Dollar auf 37,8 Milliarden US-Dollar. Mit der ASEAN-Wirtschaftsgemeinschaft ist ein gemeinsamer Markt und Produktionsstandort mit einem freien Waren-, Dienstleistungs-

und Kapitalverkehr im Entstehen. Hierzu gehört die Verabschiedung, nationale Ratifizierung und vor allem die Umsetzung einer Vielzahl von Rechtsvorschriften zum Beispiel zur Liberalisierung des Güter-, Dienstleistungs- und Kapitalverkehrs, zum Schutz geistigen Eigentums und zur Freizügigkeit von Hochqualifizierten.

Bereits jetzt wurden 99,65 Prozent aller Zölle zwischen den höher entwickelten »ASEAN-6« – Brunei, Indonesien, Malaysia, Philippinen, Singapur und Thailand – abgeschafft; für die neueren ASEAN-Mitglieder Vietnam, Laos, Kambodscha und Myanmar wurden 99,96 Prozent aller Zölle auf immerhin unter 5 Prozent reduziert.

Ein Zusammenwachsen der hoch liquiden Wirtschaftsräume im Nahen Osten und in Asien in den nächsten Jahren ist wahrscheinlich. Es liegt auf der Hand, dass dabei die muslimisch geprägten Länder Asiens eine wichtige Brückenrolle spielen. Doch auch die ethnischen Chinesen, von denen rund 60 Millionen in Südostasien leben, haben eine große wirtschaftliche Bedeutung. Bis zum heutigen Tag ist diese zusätzliche »Schattenvolkswirtschaft« der Auslandschinesen, zusätzlich auch und gerade durch Taiwan und Hongkong, ein Trumpf Chinas, über den die Rivalen Japan und Indien nicht oder nicht im gleichen Masse verfügen. In Thailand ist die fundamentale Entwicklung mittelfristig weiter positiv. Indonesien hat sich gut entwickelt und bleibt weiterhin auf solidem Wachstumskurs. Die enormen Rohstoffvorkommen sind noch lange nicht ausgebeutet. Deshalb dürfte bereits der stufenweise Aufbau einer liberalisierten Wirtschaftsunion wichtige Konsequenzen haben – auch wenn noch nicht das ganze Regelwerk des gemeinsamen Marktes fertig ist:

1. Der Handelsaustausch innerhalb der Mitgliedsstaaten der ASEAN ist bislang mit etwa 30 Prozent am Gesamthandel noch gering, dürfte sich aber tendenziell erhöhen.
2. Für ausländische Direktinvestitionen entstehen vergleichbare Rahmenbedingungen. Die EU ist immerhin mit 18,3 Prozent der Gesamtinvestitionen aus dem Ausland derzeit noch größter Investor. Japan folgt mit 13,4 Prozent. Neue Investitionsbedingungen würden umfassendere Marketingstrategien erlauben, könnten sich auf gemeinsame Regeln stützen und verursachen damit tendenziell geringere Kosten.

Der ASEAN-Markt wird somit auch attraktiver für Firmen, die nur in einem oder zwei Mitgliedstaaten aufgestellt sind.

3. Die wachsende Attraktivität des ASEAN-Marktes dürfte das Interesse weiterer asiatischer Partner daran erhöhen. Bereits jetzt umfasst das Freihandelsabkommen zwischen ASEAN und China einen Markt mit 1,9 Milliarden Menschen. Zählt man die Abkommen mit Japan, Korea, Australien und Neuseeland und deren Bevölkerungen hinzu, ferner das Abkommen mit Indien sowie dessen Bevölkerung, entsteht hier ein gigantischer Markt.
4. Gemeinsame Private-Public-Partnership-(PPP)-Projekte werden attraktiver. Für die Mekong-Staaten Laos, Myanmar, Vietnam und Thailand planen China und Japan in getrennten Initiativen zusätzliche Aufbauprojekte, China mit aktiver Involvierung der Asian Development Bank (ADB).
5. Letztlich wird ASEAN nachhaltiges Wachstum nur durch vermehrte Zusammenlegung seiner Ressourcen in der Wissenschaft- und Technologiepolitik schaffen.

Bereits heute sind die ASEAN-Staaten mit einer Gesamtgröße von 2,3 Billionen US-Dollar und einer durchschnittlichen Wachstumsrate während der letzten 15 Jahre von durchschnittlich 6 Prozent die dritte Wachstumssäule in Asien. Das durchschnittliche BIP beträgt rund ein Drittel dessen von China, ist aber immerhin schon größer als das von Indien – und beträgt 3 Prozent des weltweiten BIP.

Die ASEAN-Staaten sind eine mittlere Einkommensregion mit rund 3600 US-Dollar Jahreseinkommen pro Kopf. Noch gibt es große Unterschiede: Während Brunei über ein jährliches Pro-Kopf-Einkommen von 29000 US-Dollar und Singapur über eines von 59000 US-Dollar verfügen, beträgt es in Myanmar wie Kambodscha gerade einmal 900 US-Dollar.

Die Bedeutung der ASEAN liegt jedoch vor allem in der Errichtung der bislang größten Freihandelszone der Welt. Neben zahlreichen Handelserleichterungen, Zollabschaffung und Liberalisierung im Investmentbereich sind auch Luft- und Schifffahrt deutlich wettbewerbsfähiger. Besonders wichtig ist die Zusammenarbeit bei der Währungspolitik. Dabei kann der chinesische Renminbi (RMB) eine wichtige Rolle spielen.

Langfristig besteht in China kein Zweifel an seiner Rolle als weltweite Reserve-, Handels- und womöglich Leitwährung.

Last, but not least ist es in den ASEAN-Staaten aufgrund zahlreicher weicher Faktoren wie Sprache, Arbeitsmarkt, Rechtssicherheit oder Antikorruptionskampagnen, leichter und angenehmer Geschäfte zu machen als in anderen Ländern.

Den Aufschwung Asiens zur ökonomisch bedeutendsten Region der Welt sollten Unternehmer und Unternehmen nicht verpassen. Dabei gilt es, Asien als ein dynamisches Ganzes zu verstehen, das sich zunehmend arbeitsteilig integriert. Bereits heute wird jeder zweite Euro des asiatischen Exports im innerasiatischen Handel erzielt. Die Abhängigkeit vom Westen ist zwar noch vorhanden, nimmt jedoch stetig ab. Eine ganzheitliche Analyse samt soziokultureller, politischer und historischer Trends und Tendenzen innerhalb Asiens ist unabdingbar und für den Erfolg entscheidend.

Epilog

Nach Angaben des Internationalen Währungsfonds (IWF) hat China, zumindest nach Kaufkraft gemessen, schon 2014 die USA als weltgrößte Volkswirtschaft überholt; diese hatten seit dem späten 19. Jahrhundert diesen Platz gehalten. Schon heute befinden sich laut IWF drei der vier größten Volkswirtschaften in Asien: Nach China liegt Japan an dritter und Indien an vierter Stelle.

2030 werden zwei Drittel der Weltbevölkerung in Asien leben, in den USA nur 5 Prozent und in der EU mit Großbritannien gerade einmal 7 Prozent. Asien wird dann Nordamerika und Europa hinsichtlich der Bevölkerungszahl, Bruttoinlandsprodukt, Investitionen in Technologie, Patenten und Militärausgaben bei weitem überholt haben.

Im 19. Jahrhundert war Europa weltweit prägend, im 20. Jahrhundert übernahm die USA den Platz an der Sonne, und im 21. Jahrhundert ist Asien, insbesondere China, die Rolle der globalen Supermacht zugefallen. Es ist eine komplexe, multipolare Welt, in der neben China auch Indien, die USA, Japan und Russland eine wichtige Rolle spielen. Aufgrund der fünftausendjährigen Tradition und Übung wird dies China kaum stören. Im Gegensatz zum Westen hat das Reich der Mitte zumindest einen langfristigen geopolitischen und wirtschaftlichen Strategieplan. Trotz aller damit verbundenen Unannehmlichkeiten für den Westen steht die Legitimität dieses Plans außer Frage und ist auch nicht das Problem des Westens – dies ist vielmehr das Fehlen einer langfristigen Strategie im Allgemeinen und das Fehlen europäischer Einheit im Besonderen.

China wird im Jahr 2030 wohl eine eher passive Weltmacht sein und nicht aufgrund einer militärisch aggressiven Grundhaltung versuchen, die Welt unter Einsatz aller erforderlichen Mitteln nach seinen Vorstellungen neu zu gestalten. Die Thukydides-Falle – der Aufstieg zur neuen Großmacht mittels Krieg gegen den bisherigen Hegemon – muss sich nicht unbedingt verwirklichen – solange die USA loslassen können und dies im angemessenen Ausmaß.

Die derzeitige Rückbesinnung auf nationale Prioritäten mit den einhergehenden Reibereien und Handelskriegen muss nicht von Dauer sein. Vielmehr könnten wir im Jahre 2030 eine G2-Welt haben mit China und den USA als globalen Führungsmächten und starken Regionalmächten wie Saudi-Arabien, Iran und Russland neben Indien und Japan.

In jedem Falle bleiben jedoch Wirtschaft und technischer Fortschritt zentral. Der rasante Fortschritt durch Digitalisierung und künstliche Intelligenz bringt Effizienz und Produktivitätsgewinne, die jetzt noch gar nicht abzuschätzen sind. Er bietet zudem neue Chancen und Risiken, eine Gesellschaft, ein Land und eine Region zu dominieren und zu kontrollieren.

China ist ohne jeden Zweifel eine »Smart Power«: Geschickt setzt es Soft und Hard Power langfristig und strategisch ein, fast wie bei einem globalen Go-Spiel. Das »Great Game« der Chinesen weist Parallelen auf zum Aufstieg der westlichen Supermächte Großbritannien und dem Nachfolger USA im 19. und 20. Jahrhundert, zum Beispiel in Fragen der Technologie- und Produktionsführerschaft sowie der massiven Marineaufrüstung als Grundlage globaler Macht. Dazu gehört auch die demonstrative Zurschaustellung von Raketenbasen und Flugzeugträgerverbänden im Südchinesischen Meer. Dies ist Kanonenbootpolitik im 21. Jahrhundert, die sich im Weltraum wiederholt.

Auch in anderen Gebieten drängt China an die Spitze, zum Beispiel in der Forschung zur künstlichen Intelligenz. Da der Fortschritt in diesem Bereich schneller ist als erwartet, könnte es schon im Jahr 2030 zu einer Singularität kommen, was bedeutet, dass Maschinen sich mithilfe von KI so vermehren und optimieren, dass die Ergebnisse für Menschen nicht mehr vorhersehbar sind. Noch haben die bereits existierenden Supercomputer die Kapazität eines Mäusegehirns – aber bald könnten sie an ein menschliches Gehirn heranreichen. Nur wenig später könnte die Rechenleistung die komplette Menschheit umfassen. China ist weltweit einer der größten Investoren in künstliche Intelligenz. Die gewaltigen Ressourcen an Material und Menschen des Riesenreichs werden verbunden mit großer Innovationskraft in naher Zukunft zwangsläufig zu Durchbrüchen führen.

Das Reich der Mitte ist eine digitale, grüne, globale Supermacht, die im Jahre 2030 wirtschaftlich, politisch und militärisch die Welt dominieren könnte – doch dass die Volksrepublik dies tun könnte, ist nicht sehr wahrscheinlich, zumindest nicht auf direktem Weg.

Trotz zahlreicher Konflikte, die jederzeit zu Katastrophen führen können, birgt das 21. Jahrhundert die Chance zu einem nie da gewesenen materiellen und spirituellen Reichtum der Menschheit. Es ist aber auch zu bedenken, dass die Bevölkerung Afrikas bis 2030 von heute 1 Milliarde Menschen auf rund 1,5 Milliarden und bis 2050 gar auf 2,2 Milliarden Menschen anwachsen wird, während die Einwohnerzahl des benachbarten Europas weitestgehend bei 500 Millionen stagnieren wird. Die Demografie ist in Afrika sogar noch günstiger als in Asien. Doch das jährliche BIP pro Kopf wird kaum über die heutigen 2 600 US-Dollar hinauskommen. Es ist also zu erwarten, dass ein enormer Migrationsdruck entstehen wird, wenn die Probleme Afrikas nicht energisch angepackt werden, wozu Europa derzeit weder willens noch in der Lage zu sein scheint. Einmal mehr könnte die Rettung aus Asien kommen, der Region, in der die Sonne aufgeht.

Das sich weiter rasant entfaltende asiatische Jahrhundert könnte im Rückblick eine entscheidende Rolle in der Geschichte der Menschheit spielen. Es ist allerhöchste Zeit für Europa, sich zu entscheiden, ob es furchtsam und griesgrämig zusehen oder mitspielen und damit mitgestalten will.

Literatur

Grundlegende Literatur

Auslin, Michael R.: *The End of the Asian Century. War, Stagnation, and the Risks to the World's Most Dynamic Region*, New Haven and London: Yale University Press, 2017

Bertelsmann Stiftung (Hg.): *Innovationsfaktor Asien. Wie Europas Unternehmen auf den Innovationsdruck der neuen asiatischen Wirtschaftsmächte reagieren*, Gütersloh 2016

Darwin, John: *Der Imperiale Traum. Die Globalgeschichte großer Reiche 1400–2000*, Frankfurt/New York: Campus, 2017

Friedman, Thomas L.: *Was zu tun ist. Eine Agenda für das 21. Jahrhundert*, Frankfurt/Main: Suhrkamp, 2008

Goldin, Ian/Kutarna, Chris: *Die zweite Renaissance. Warum die Menschheit vor dem Wendepunkt steht*, München: Finanzbuchverlag, 2016

Kennedy, Paul: *Aufstieg und Fall der großen Mächte. Ökonomischer Wandel und militärischer Konflikt von 1500 bis 2000*, München: Fischer 1989

Khans, Parag: *Connectography: Mapping the Future of Global Civilization*, New York: Random House, 2016

Landes, David S.: *Wohlstand und Armut der Nationen. Warum die einen reich und die anderen arm sind*, Berlin: Siedler, 1999

Miegel, Meinhard: *Epochenwende. Gewinnt der Westen die Zukunft?*, Berlin: Propyläen, 2005

Morris, Ian: *Wer regiert die Welt? Warum Zivilisationen herrschen oder beherrscht werden*, Frankfurt/New York: Campus, 2011

Morris, Ian: *Krieg. Wozu er gut ist*, Frankfurt/New York: Campus, 2013

Pilny, Karl: *Das asiatische Jahrhundert. China und Japan auf dem Weg zur neuen Weltmacht*, Frankfurt/New York: Campus, 2005

Pilny, Karl: *Tanz der Riesen. Indien und China prägen die Welt*, Frankfurt/New York: Campus, 2006

Pilny, Karl: *Tiger auf dem Sprung. Politik, Macht und Märkte in Südostasien*, Frankfurt/New York: Campus, 2008

Pilny, Karl: *Investment Guide Asien. Chancen, Risiken und Profite für Ihr Depot*, München: Finanzbuchverlag, 2010

Rachmann, Gideon: *Easternisation: War and Peace in the Asian Century*, London: The Bodley Head, 2016

Schmidt, Helmut: *Die Mächte der Zukunft. Gewinner und Verlierer der Welt von morgen*, München: Siedler, 2004

Seitz, Konrad: *Wettlauf ins 21. Jahrhundert. Die Zukunft Europas zwischen Amerika und Asien*, Berlin: Siedler, 1999

Walkenhorst, Peter: »Was hält asiatische Gesellschaften zusammen?«, Bertelsmann Stiftung, *Asia Policy Brief*, 20.2.2018

Winkler, Heinrich August: *Zerbricht der Westen? Über die gegenwärtige Krise in Europa und Amerika*, München: C. H. Beck, 2017

Neue Mächte

Benner, Thorsten u. a.: *Authoritarian Advance – responding to China's growing political influence in Europe*, hrsg. von GPPI und Merics, Februar 2018

Bertelsmann Stiftung (Hg.): *China 2030: Szenarien und Strategien für Deutschland*, Studie 2018

Bertelsmann Stiftung (Hg.): *Innovationsstudie Indien*, Gütersloh, 2016

Bertelsmann Stiftung (Hg.): *Transformation and Social Cohesion in India*, Gütersloh, 2016

Bertelsmann Stiftung/Ernst & Young/Confederation of Indian Industry (CII): *Indian Investments in Germany. Prospects for Shared Prosperity*, Gütersloh, 2017

Collins, Larry/Lapierre, Dominique: *Freedom at Midnight*, HarperCollins, London, 1997

Guha, Ramachandra/Nair, Murali: *Indiens Weg der Modernisierung*, Bertelsmann Stiftung, Asia Briefing, 8.5.2018

Hanemann Thilo/Huotari, Mikko: *Record Flows and Growing Imbalances. Chinese Investment in Europe in 2016*, Merics Papers on China Nr. 3, 2017

Heilmann, Sebastian: *Red Swan: How unorthodox policy making facilitated China's Rise*, Peking: The Chinese University Press, 2018

Holtkamp, Bernhard/Iyer, Anandi: *Industrie 4.0. Die Zukunft der industriellen Zusammenarbeit zwischen Deutschland und Indien*, Bertelsmann Stiftung (Hg.), Gütersloh, 2018

Kissinger, Henry: *China. Zwischen Tradition und Herausforderung*, München: Bertelsmann, 2011

Matthias Stepan u. a.: *China kennen, China können. Ausgangspunkte für den Ausbau von China-Kompetenz in Deutschland*, Merics China Monitor, Mai 2018

Neelsen, John P.: »Indien: Kooperation des Misstrauens?«, in: *WeltTrends*, Nr. 136, Februar 2018, S. 37 ff.

Pilny, Karl: *Japan Inc.*, Hamburg: Osburg, 2011

Pilny, Karl: *Korea Inc.*, Hamburg: Osburg, 2014

Sen, Amartya: *The Argumentative Indian. Writings on Indian History, Culture and Identity*, London: Penguin Books, 2005

Winchester, Simon: *Pacific: Ocean of the Future*, London: HarperCollins, 2015

Neue Märkte

Arthur D. Little/eco (Hg.): *Die deutsche Internetwirtschaft 2015–2019*; https://www.eco.de/wp-content/blogs.dir/studie_internetwirtschaft_2015-2019.pdf

Bremmer, Manfred: »KI in Deutschland: Viel Forschung, wenig Nutzen« (Studie des VDI zur KI), computerwoche.de, 26.4.2018; https://www.computerwoche.de/a/ki-in-deutschland-viel-forschung-wenig-nutzung,3544816

Ernest & Young (Hg.): *How will 3D printing make your company the strongest link in the value chain? Global 3D Printing Report 2016*; http://www.ey.com/Publication/vwLUAssets/ey-global-3d-printing-report-2016-full-report/$FILE/ey-global-3d-printing-report-2016-full-report.pdf

Frankopan, Peter: *Licht aus dem Osten. Eine neue Geschichte der Welt*, Berlin: Rowohlt Berlin, 2016

KPMG (Hg.): *Global Automotive Executive Survey 2018*; https://assets.kpmg.com/content/dam/kpmg/nl/pdf/2018/sector/automotive/global-automotive-executive-survey-2018.pdf

Marshall, Tim: *Die Macht der Geographie. Wie sich Weltpolitik anhand von 10 Karten erklären lässt*, München: dtv, 2017

N. N.: »Geschäftswert der künstlichen Intelligenz (KI) wird 2018 auf 1,2 Billionen Dollar geschätzt« (Studie des IT-Research und Beratungsunternehmen Gartner), April 2018; http://ap-verlag.de/geschaeftswert-der-kuenstlichen-intelligenz-ki-wird-2018-auf-12-billionen-dollar-geschaetzt/43476/

Pilny, Karl/Reid, Gerard: *Asiens Energie Hunger. Rohstoffe am Limit*, München: Finanzbuchverlag, 2011

Radermacher, Franz Josef/Beyers Bert: *Welt mit Zukunft. Die ökosoziale Perspektive*, Hamburg: Murmann, 2011

Roland Berger/Forschungsgesellschaft Kraftfahrwesen mbH Aachen (Hg.): *Index Elektromobilität Update 2017*; https://www.rolandberger.com/de/Publications/pub_e_mobility_index_for_q2_2017.html

Roland Berger (Hg.): *Digitale Transformation des Großhandels 2016*, München

Neue Menschen

Bess, Michael: *Make Way for the Super Humans. How the science of bio enhancement is transforming our world, and how we need to deal with it*, London: Icon Books, 2016

Chatelain, Antoine u. a.: »Elektroautos: Trends in Electric Vehicle Design«, McKinsey, März 2018; https://www.mckinsey.com/industries/automotive-and-assembly/our-insights/what-a-teardown-of-the-latest-electric-vehicles-reveals-about-the-future-of-mass-market-evs/de-de

Hayek, Friedrich August von: *Der Weg zur Knechtschaft* (1944), München: Olzog Verlag, 2009

Pilny, Karl: »Die Renaissance des Konfuzianismus«, in: *Cicero*, April 2006, S. 4 ff.

Rifkin, Jeremy, *Die Null-Grenzkosten-Gesellschaft. Das Internet der Dinge, kollaboratives Gemeingut und der Rückzug des Kapitalismus*, Frankfurt/New York: Campus, 2014

Register